Von Walter Pause im BLV:

Berg Heil – 100 schöne Bergtouren in den Alpen
Von Hütte zu Hütte – 100 alpine Höhenwege und Übergänge
Klassische Alpengipfel – 100 Touren in Eis und Urgestein
Im Kalkfels der Alpen – 100 klassische Gipfeltouren in den Kalkalpen
Im schweren Fels – 100 Genußklettereien in den Alpen
Im extremen Fels – 100 Kletterführen in den Alpen
Wandern bergab – 100 schöne Abstiegswege in den Alpen
Münchner Hausberge
Ski Heil – Die 100 schönsten Skipisten der Alpen
Abseits der Piste – 100 stille Skitouren in den Alpen

W0095553

Walter Pause

BLV Verlagsgesellschaft
München Bern Wien

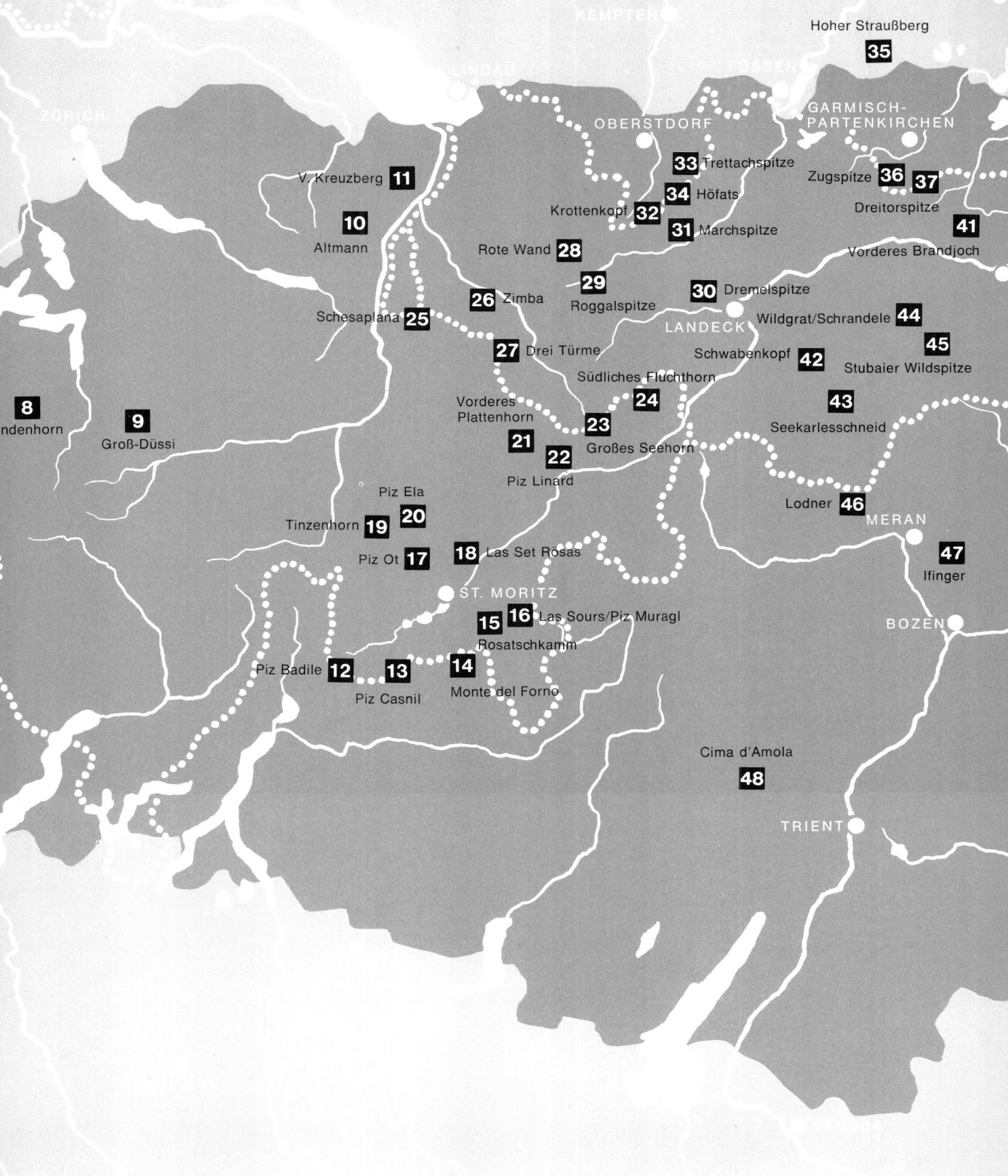

Im leichten Fels

100 leichte Kletterführen
in den Alpen

CIP-Kurztitelaufnahme der Deutschen Bibliothek

Pause, Walter:
Im leichten Fels: 100 leichte Kletterführen in
d. Alpen / Walter Pause. [Ill. u. Vorsatzskizzen:
Hellmut Hoffmann]. – München, Bern, Wien:
BLV Verlagsgesellschaft, 1979.
  ISBN 3-405-10824-1

Dank an meine Mitarbeiter

Bei der Vorbereitung dieses schon vor elf Jahren geplanten, immer wieder verschobenen und schließlich mit Sohneshilfe durchgezogenen »letzten« alpinen Pause-Buches half mir vor allem mein alter, herzensguter, früh verstorbener Wiener Freund Hubert Peterka: ihm und seiner tapferen Frau Pepi zuvorderst mein erster, herzlicher Dank! Ohne Hubert Peterka kein »letztes« Pause-Bergbuch! . . . Nach Hubert Peterkas frühem Tod unterstützte mich sein einstiger Seilgefährte Willi End: ein echter Wiener aus Baden, ein Dachstein- und Gesäuse-Kletterer von hohem Rang. Willi End zeichnete die meisten Vorskizzen für die von Grafiker Hellmut Hoffmann druckreif ausgeführten Originale . . . Was die 100 Texte betrifft, so habe ich sie schon vor sieben Jahren begonnen; später half mir mein Sohn Micki – inzwischen reichlich mit dem Genuß von Kletterfreuden vertraut –, die restlichen Texte zu schreiben und eine letzte Durchsicht des Manuskriptes vorzunehmen. Sehr viele Bilder stammen von meinem nun ebenfalls »alten« Mitarbeiter, dem fliegenden Fotografen Franz Thorbecke, der – weil es sich hier um ein Kletterbuch handelt, wobei eine möglichst gut erkennbare Struktur der Felsen und Wände besonders wichtig ist – das Buch tatsächlich außerordentlich verbesserte. Allen diesen Mitarbeitern, Freunden und Helfern gilt auf Lebenszeit mein herzlicher Dank. Kein abgeschlossenes Bergbuch-Werk aus meiner Hand ohne ihre gute, kostbare Hilfe!   WALTER PAUSE

ISBN 3-405-10824-1

Erklärung der Zeichen und Abkürzungen siehe Seite 211.

Im leichten Fels klettern

Man weiß es doch: Wer einmal die Faszination der Berge empfunden hat, der wird irgendwann auch Wanderer, Jochbummler, Bergsteiger und endlich Kletterer. Fast jeden Wanderer juckt es früher oder später, es auch mit dem steilen Fels, mit dem Klettern zu versuchen. Da schickt ihn dann die erste Klettertour mit einem verwandelten Bewußtsein wieder heim; er steigt weiter im »leichten Fels«, oder, wenn er jung ist, springt er eilig zu den Touren im »schweren Fels« über, die in der Erstausgabe dieser Buchreihe »100 Genußklettereien« hießen. Die leichten, die schwierigen, selbst die extrem schwierigen Touren sind nur relativ leicht, schwierig oder äußerst schwierig. Das muß man natürlich wissen; denn abseits von Steig und bezeichnetem Weg beginnt auch in einer Zeit, in der das Bergsteigen endgültig Bestandteil des Massentourismus wird, das eigentliche Abenteuer, sozusagen » der unerhörte Reiz des gefährlichen Lebens«. Man könnte diesbezüglich auf weitere Aussprüche Nietzsches verweisen . . .
Natürlich ist es ein bedeutender, ja ein schicksalhafter Übertritt vom Bergwandern und Bergsteigen zum Felsklettern. Das beweist die Auswahl dieses Buches: Hier ist jede Kletterführe, ob leichter oder schwieriger, ernst zu nehmen. Klettern heißt nun einmal »Hand an den Fels legen« – mit vier statt mit nur zwei Gliedern gipfelwärts steigen. Heißt obendrein, stets die Augen weit aufzumachen, den Geist wach und federnd zu halten, und – ich betone es ausdrücklich – immer schauend Distanz vom Fels zu halten. Das heißt genau: sich nicht ängstlich an die Wand zu drücken, sondern bei guten Griffen und Tritten sich immer so weit vom Fels zu entfernen, daß man die Überschau nicht verliert, die Griffe sieht. Mit wie vielen Freunden war ich schon am Seil, die keinen Griff entdeckten, weil sie sich ängstlich an den Fels drückten . . . Wer zum Kletterer geworden ist, hat eine Leidenschaft mehr, eine Leidenschaft, die freilich ihre exakte Kontrolle fordert. Ein Fehlgriff, ein Fehltritt ins Leere kann die Leidenschaft für immer beenden.
Im »leichten Fels«, ob im Kalk oder in Granit und Gneis, hat man es immer mit den offiziellen, mittlerweile auch international verbindlichen Schwierigkeitsgraden I (= geringe Schwierigkeiten) und II (= mäßige Schwierigkeiten) zu tun. Die schwierigsten Touren in meiner Auswahl von 100 »leichten« Kletterführen weisen den Schwierigkeitsgrad III – (= mittlere Schwierigkeiten, unterer Grad) auf; ab dieser Stufe gibt es nämlich (auch offiziell) die Zusätze + (plus) und – (minus), was jeweils die obere bzw. die untere Grenze des jeweiligen Bereiches anzeigt. Beim Grad III – beginnen auch für geübte Geher die Schwierigkeiten. Je niedriger der Schwierigkeitsgrad ist, den ein Bergsteiger noch beherrscht, desto ausschlaggebender ist jede einzelne Stufe der Bewertung. Wer einen »Dreier« schon öfter gegangen ist, der wird, wenn es notwendig ist, auch einmal eine »Vierer«-Stelle bewältigen; Erfahrung und klettertechnische Gewandtheit werden ihm weiterhelfen. Steht aber ein Wanderer vor einer »Einser«-Stelle oder ein »Einser«-Geher vor einem »Zweier«, so endet das in vielen Fällen nach wenigen Metern mit einem nicht ungefährlichen Rückzug.
Die Auswahl dieser Kletterführen »im leichten Fels« geht – entsprechend den anderen Bänden der 100er-Reihe – über die ganzen Alpen, also von der Aiguille Dibona im Dauphiné bis zum Prisojnik der Julischen Alpen. Wir klettern im Gneis und Granit des Alpenhauptkammes und im griffigen Kalkfels der südlichen und nördlichen Kalkalpen. Natürlich gibt es für den passionierten Kletterer berühmte Spiel- und Klettergärten – wie Dolomiten, Wilder Kaiser, Gosaukamm oder Lienzer Dolomiten –, aus ihrer Fülle könnte man leicht zwei 100er-Bände machen . . . aber ich bin meinem alten Prinzip der Alpen-Auswahl treu geblieben, und ich habe dabei auf allereinsamste Bergfahrten in den großen Höhen des Schweizer und österreichischen Urgesteins nicht verzichtet. So kommt es, daß in diesem Buch neben exponierten, aber eben versicherten Klettersteigen hochalpine Touren wie der Stüdlgrat am Großglockner oder der Westgrat auf das 4000 m hohe Lagginhorn zu finden sind! Deshalb muß jeder sich selbst prüfen, muß er das eigene Leistungsvermögen ohne falschen Stolz kritisch, ehrlich und richtig abschätzen, bevor er das »gefährliche Leben« beginnt.

WALTER PAUSE

Inhalt

Tour	Seite
1 Aiguille Dibona	8
Der Nordgrat aus der Brèche Gunneng	
2 Mont Aiguille	10
Knapp 500 Jahre nach den Erstersteigern	
3 Aiguille du Moine	12
Von der Couvercle-Hütte durch die Südflanke	
4 Riffelhorn	14
Die »Skyline«, eine von zwölf Führen	
5 Lagginhorn	16
»Leichter Fels« am Westgrat	
6 Dent de Ruth	18
Im Kalk der Westschweizer Vorberge	
7 Hohjägiburg	20
In den Kalkzähnen der Engelhörner	
8 Wendenhorn	22
Im Urgestein über dem Sustenpaß	
9 Groß Düssi	24
Zwischen Tödi und Oberalpstock	
10 Altmann	26
Im Schaffhauser und Südkamin	
11 V. Kreuzberg	28
Luftige Grate und Fenster überm Rhein	
12 Piz Badile	30
Fugenloser Granit in der Südostwand	
13 Piz Casnil	32
Zwischen Forno- und Albignabecken	
14 Monte del Forno	34
Überschreitung über dem Fornobecken	
15 Rosatschkamm	36
Tribünengang vor der Bernina-Szene	
16 Las Sours/Piz Muragl	38
Klettergarten über Pontresina	
17 Piz Ot	40
Am Südostgrat hoch über Val Bever und Engadin	
18 Las Set Rösas	42
Genußkletterei unterm Piz Ot	
19 Tinzenhorn	44
Am Normalweg durch die Nordostwand	
20 Piz Ela	46
Über Frühstücksplatte und Sphinx	
21 Vorderes Plattenhorn	48
Am Westgrat aus der Steintälischarte	
22 Piz Linard	50
Südwestgrat und Südflanke	
23 Großes Seehorn	52
Westflanke und Nordwestgrat	
24 Südliches Fluchthorn	54
Durch die Weilenmannrinne	
25 Schesaplana	56
Am Lichtensteiner Weg auf den höchsten Berg des Rätikon	
26 Zimba	58
Nordostgrat und Westgrat	
27 Drei Türme	60
Das ,,schönste Dreigestirn'' der Nördlichen Kalkalpen	
28 Rote Wand	62
»Leichter Fels« über der Schwarzen Furka	
29 Roggalspitze	64
In den Rippen und Rinnen der Flaigführe	
30 Dremelspitze	66
Die Südwestflanke am Purtschellerweg	
31 Marchspitze	68
Am Westgrat auf den Spuren Hermann von Barths	
32 Großer Krottenkopf	70
Am Nordgrat des höchsten Allgäuer Berges	
33 Trettachspitze	72
Überschreitung Nordostgrat – Nordwestgrat	
34 Höfats	74
Traverse des kühnsten Grasberges der Ostalpen	
35 Hoher Straußberg	76
Der Westgrat hinterm Tegelberg	
36 Zugspitze	78
Am Jubiläumsgrat	
37 Dreitorspitze	80
Von der Meiler-Hütte zum Leutascher Platt	
38 Wörner	82
Nordwestgrat und Westflanke	
39 Benediktenwand	84
Über den Maximiliansweg	
40 Rumerspitze	86
Schöner Westgrat über der Arzler Reißen	
41 Vorderes Brandjoch	88
2000 Meter über Innsbruck	
42 Schwabenkopf	90
Über Planggeroßferner und Schwabenjoch	
43 Seekarlesschneid	92
Theaterwandl zwischen Planggeroß- und Seekarlesferner	
44 Nördliche Wildgratspitze – Schrandele	94
Überschreitung aus der Wildgratscharte	
45 Stubaier Wildspitze	96
Über Schaufel- und Daunkogelferner	
46 Lodner	98
Am scharfen Nordwestgrat	
47 Großer Ifinger	100
Hoch über Passaier- und Sarntal	
48 Cima d'Amola	102
Über den Nordostgrat	
49 Rosengartenspitze	104
Über Gartlschlucht und Santnerpaß	
50 Große Fermeda	106
Platten, Risse, Bänder und Edelweiß in der Südwand	

Tour	Seite
51 Über den Sellastock .... 108 Sellapaß – Piz Selva – Pisciadusee – Grödnerjoch	
52 Daint de Mesdi .... 110 Normalweg überm Val de Mesdi	
53 Marmolata .... 112 Der Westgrat auf den höchsten Dolomitengipfel	
54 Civetta .... 114 Via Alleghesi und Via Tivàn	
55 Monte Pelmo .... 116 Normalweg über das »Ballband«	
56 Große Zinne .... 118 Normalführe in der Südflanke	
57 Zsigmondyspitze .... 120 Südgrat – Genußkletterei über dem Schwarzsee	
58 Rötspitze .... 122 Der Nordostgrat in Fels und Firn	
59 Lasörling-Runde .... 124 Zwischen Virgen- und Defereggental	
60 Ohrenspitzen .... 126 Zwischen Riepen- und Jägerscharte	
61 Hornköpfe .... 128 Überschreitung von der Klammerscharte zum Hornkees	
62 Großglockner .... 130 Auf dem Stüdlgrat	
63 Hohe Warte .... 132 Über den »Kriegssteig« der Nordwand	
64 Wolayer Seekopf .... 134 Von der Pichl-Hütte über den Südgrat	
65 Lienzer Seekofel .... 136 Die Nordwand am Domeniggweg	
66 Östlicher Wildsender .... 138 Die Nordostkante aus dem Laserztörl	
67 Laserzspitze .... 140 Die Bügeleisenkante	
68 Roter Turm .... 142 Exposition im Schmittkamin	
69 Teplizer Spitze .... 144 Die Nordwand vom Kerschbaumerweg	
70 Ruchenköpfe .... 146 Westgrat mit »Fensterl« und »Weiberschreck«	
71 Kampenwand .... 148 Klettergarten um West- und Ostgipfel	
72 Scheffauer .... 150 Die Nordwand auf dem Leuchsweg	
73 Drei Halten .... 152 Kleine Halt – Gamshalt – Ellmauer Halt	
74 Totenkirchl .... 154 Über Führerweg und Schmidtrinne	
75 Karlspitzen .... 156 Ein wenig bekannter Kaiseranstieg	
76 Ackerl-/Hochgrubachspitze .... 158 Hohe Kaisergrate	
77 Leoganger Dürrhörner .... 160 Einsame Überschreitung hinterm Birnhorn	
78 Fahnenköpfl/Mitterhorn .... 162 Überschreitung aus der Mittagsscharte	
79 Watzmann .... 164 Die Wiederroute aus dem Watzmannkar	
80 Schönfeldspitze .... 166 Weltweite über dem Steinernen Meer	
81 Großer Hundstod .... 168 Südwestgrat vom Dießbachegg	
82 Werfener Hochthron .... 170 Der Südgrat – hoch überm Salzachdurchbruch	
83 Große Bischofsmütze .... 172 Durch die Mützenschlucht	
84 Hohes Dirndl .... 174 Pfannl-Maischberger-Führe	
85 Eselstein .... 176 Gruberscharte – Direkter Westgrat – Feisterscharte	
86 Kleiner Koppenkarstein .... 178 Die Bänder der Südwestwand	
87 Spitzmauer .... 180 Die Gruberrinne über der Klinserscharte	
88 Temelberg .... 182 Nordostkante vom Prielschutzhaus der Polsteralm	
89 Vordere Kopfwand .... 184 Über Eisgrube und Reinlweg	
90 Vordernberger Griesmauer .... 186 Der Fledermausgrat	
91 Gamskögelgrat .... 188 Im letzten Urgestein des Alpenhauptkammes	
92 Hochtor .... 190 Der Roßschweif überm Tellersack	
93 Planspitze .... 192 Ein Pichlweg über dem Gesäuse	
94 Fölzstein .... 194 Im südlichen Vorwerk des Hochschwab	
95 Hochschwab .... 196 Vom Trawiessattel durch die Südwand	
96 Prisojnik .... 198 Nordwestwand mit Felsenfenster	
97 Wildes Gamseck .... 200 Der Nordwestgrat vom Sattel	
98 Peilstein .... 202 Über den Hahnenkamm	
99 Schneeberg .... 204 Über den Stadelwandgrat	
100 Hohe Wand .... 206 Der Tirolergrat am klassischen Wiener Hausberg	
Klettern im »leichten Fels« .... 208 Kommentare, Ratschläge, Hinweise	
Erklärung der Zeichen und Abkürzungen 211	

1 Aiguille Dibona
Der Nordgrat aus der Brèche Gunneng

TALORT Les Etages, 1590 m, im Val Vénéon zwischen St. Christophe-en-Oisans und La Bérarde.

STÜTZPUNKT Refuge Soreiller, 2700 m, CAF, im Südkessel unter dem markanten Südgrat der Aiguille Dibona bzw. Aiguille du Pain de Sucre (Bezeichnung in der alten Karte). – Zweistöckiger Bau für gut 50 Besucher. – Etwa 3 Std. Aufstieg ab Les Etages.

EINSTIEG In der Brèche Gunneng, 3048 m, oder auch aus der Brèche des Clochetons, 3078 m: beide Scharten dicht gegenüber dem Nordgrat (Bild). – Zeit für Anstieg bis zum Einstieg etwa 1 Std.

CHARAKTER/SCHWIERIGKEIT II, an einigen kurzen Stellen II+. An einer Stelle des sehr exponierten schmalen Grates Grad –III! Abstieg wie Aufstieg, gut sichern!

FÜHRER/KARTEN Auswahlführer Haute Dauphiné, Devies/Laloue; Rother-Verlag, München (deutsch). – Guide du massif des Ecrins, Bd. II, Devies/Laloue; Verlag Arthaud, Paris. – CdF-Karte, Nr. 2, St. Christophe-en-Oisans, 1 : 20 000 (sehr gut).

HINWEIS Als »Zugabe« kann man nach dem Abstieg die benachbarte Aiguille Centrale du Soreiller folgen lassen: meist II, mit einer –III-Stelle!

BILD Die kühne Aiguille Dibona stellt sich hier mit ihrem kurzen scharfen und ungewöhnlich exponierten Nordgrat dar, dem unsere Einstiegsscharte – Brèche Gunneng – vorgelagert ist. Im rechten unteren Bildeck der untere Südgratsockel von der Aiguille Soreiller. Im Hintergrund (südwärts) sehen wir das Vallon des Etages, darüber stehen (von links) die Grande Aiguille de la Bérarde, der Rocher de l'Encoula, die Cime de Clot Châtel, die Pointe du Vallon des Etages, 3564 m. Rechts oben ist noch der Skigipfel von Les Rouies, 3589 m, zu sehen.

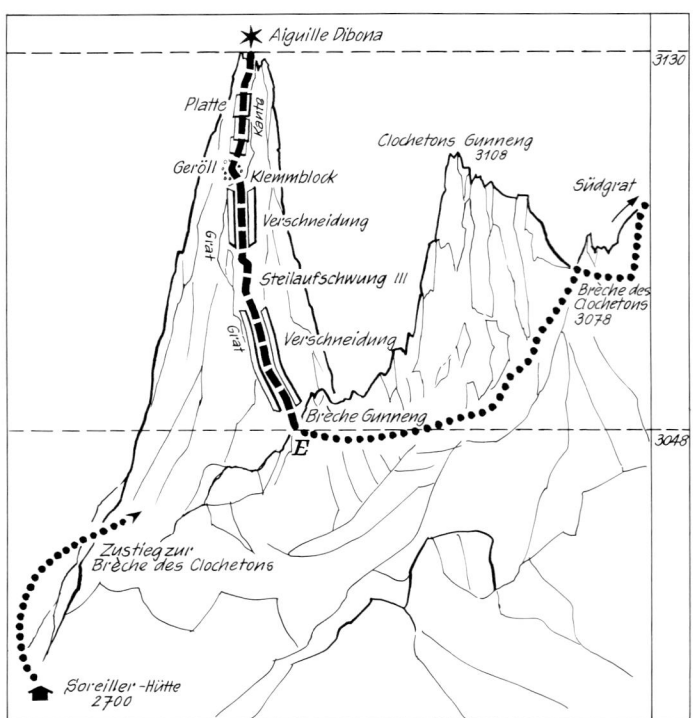

Wer im Zentrum des Dauphiné von La Bérarde westwärts fährt, gelangt nach 3 Kilometern in das winzige Straßendorf Les Etages; hierher zielt hoch von Süden herab der schmale Vallon des Etages wie ein felsiger Pfeil. Ihm gegenüber führt nordwärts, entlang der wilden Amont-Schlucht, der gute Weg zum großen, zweigeschossigen Refuge Soreiller empor, das man nach knapp 3 Stunden erreicht. Der geräumige Bau für gut 50 Gäste bietet »modernen« Stil – mit für manch einen ungemütlichen Resopaltischen und Gummi-Hüttenschuhen vor der Tür –, aber auch einen Kochraum für Selbstverpfleger, obwohl die Hütte vorzüglich bewirtschaftet ist . . . Kurioserweise ergab beim letzten Besuch vor einigen Jahren die Lektüre des dicken Hüttenbuches, daß wir damals die ersten deutschen Gäste nach zwei Jahren waren. – Wer dort hinaufmarschiert mit dem festen Vorsatz, am nächsten Tag die Aiguille Dibona zu »packen«, der wird auf halbem Wege, schon nahe dem Schluchtende, plötzlich hilflos erschrecken: Der erste Blick auf dieses unverhofft elegante Felshorn lähmt die Nerven – ein wilder Obelisk schießt dicht vor der Hütte in den Himmel! Derselbe Obelisk ist an seinem Gratsockel auch noch direkt mit dem Gratansatz der Aiguille Centrale du Soreiller verbunden . . . Diese betörende Aiguille Dibona bietet insgesamt 16 Kletterführen an, von denen die am scharfen, kurzen Nordgrat die am meisten begangene ist. In allen alten Karten heißt diese atemberaubende Nadel übrigens noch Pain du Sucre, also »Zuckerhut« . . . Die Einstiege zu den schwierigen, oft begangenen Südwand-Führen sind nur wenige Minuten von der Hütte entfernt. Unseren Einstieg »im leichten Fels« (weil nur III –!) erreichen wir nach einer knappen Stunde Aufstieg durch Granitschutt und über Felsbänder – dann stehen wir in der Brèche Gunneng oder, dicht daneben, in der nur wenig höheren Brèche des Clochetons. Hier sieht man, ähnlich wie auf unserem Bild, den schmal aufziehenden, immer schärfer werdenden Nordgrat der Aiguille Dibona unmittelbar vor sich. Seitwärts stürzt der Fels rechts und links in unabsehbare Tiefen: ein Schwert aus Granit – heiße Salbe für flatternde Nerven! – Die Kletterei am Nordgrat ist zwar von ernstem Reiz, doch übersteigen die Schwierigkeiten nur an einer sehr exponierten Stelle den II. Grad, reichen also einmal kurz in den IIIer hinein. Der Neigungswinkel des Urgesteingrates beträgt im Schnitt 45 Grad. Der Fels ist eisenfest und etwas abgeklettert – doch nicht vom Schweiß lackiert! Es beginnt mit zwei kleinen Verschneidungen, dann kommt – bei wenigen und kleinen Griffen – die einzige, kurze –IIIer-Stelle. Es folgt prompt ein eckiger Vorsprung, dann geht es scharf an der Kante ums Eck zu einer fast 30 Meter hohen steilen Platte mit vielen kleinen Rissen: Genußkletterei ohne Makel! – Am Gipfel, wenig später, stellen sich uns die gewaltigen Meije-Hochkare vor und der Rateau: großartige Dauphiné-Sterne, zu neuen Fahrten stimulierend . . . möglicherweise noch am gleichen Tag an der benachbarten Aiguille Centrale de Soreiller.

9

2 Mont Aiguille

Knapp 500 Jahre nach den Erststeigern

TALORT St. Michel-les-Portes, 900 m, 40 km südlich von Grenoble (auf der Route Nationale 75 bis 4 km nach Monestier-de-Clermont).

STÜTZPUNKT Unbewirtschaftete Hütte im Wald bei Fontaines Rousses, siehe Karte! Tour aber leicht auch an einem Tag mit Anstieg aus dem Tal möglich, da Fahrstraße bis auf 1350 m Höhe. Hier auch Zeltplatz.

EINSTIEG Zum rot markierten Normalweg (VN = Voie Normale) in die Nordwestwand, vorbei am ebenfalls rot markierten Einstieg zur nicht versicherten »Voie des cheminées tubulaires« (nicht schwieriger als Normalweg, auch mit Abseilhaken, teilweise sehr exponiert). Am richtigen Einstieg steht man erst, wenn man, etwa in der Mitte der Nordwand, einige massive Abseilringe über sich entdeckt, dazu eine rote Markierung!

CHARAKTER/SCHWIERIGKEIT II, trotz der Versicherungen. – Zeit für den Aufstieg: 3 Std.

ABSTIEG Am Aufstiegsweg in rund 2 Std. zum Einstieg.

FÜHRER/KARTEN Escalades du Vercors et de la Chartreuse, Coupé, Paris. – CdF-Karte, Vercors.

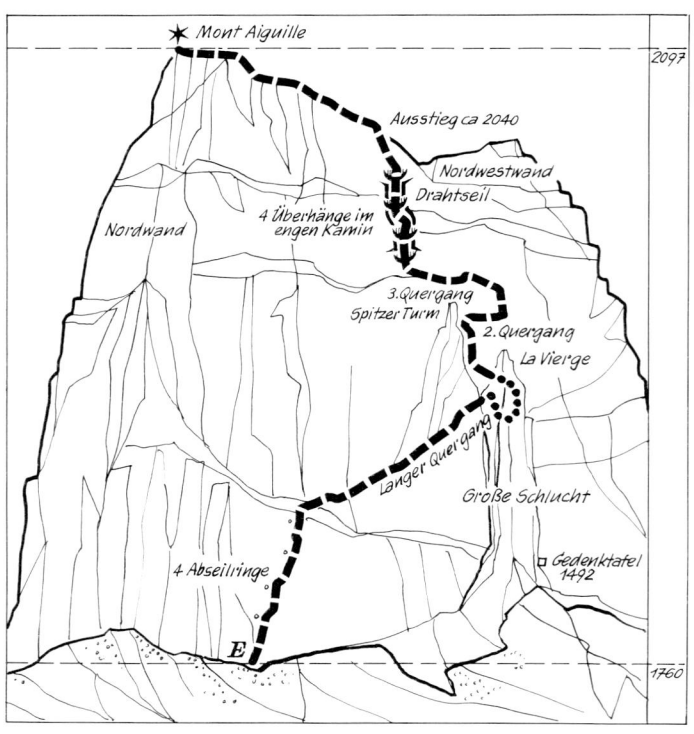

1492 – das Jahr der Entdeckung Amerikas, aber auch das Jahr der ersten Klettertour »mit künstlichen Mitteln«: Auf Befehl von König Karl VIII. hatte Hauptmann Antoine de Ville mit zehn Jägern, einem Abbé, einem Notar und einem »königlichen Leiterträger« den »Mons inaccessibilis« – den unersteigbaren Berg – zu ersteigen. Die Expedition blieb gleich sechs Tage auf der Gipfelwiese, man las eine Messe, errichtete drei Kreuze, machte das Ergebnis notariell und stieg erst dann wieder ab. Auf den Spuren jenes königlichen Leiterträgers bin auch ich mit Freunden 1965 auf diesem Mont Aiguille gewesen, einem der »Sieben Wunder der Dauphiné«, bei dessen Anblick von Osten her man wahrhaftig erschrickt. Glücklicherweise entdeckt man beim Näherkommen eine schwarze Schlucht zwischen Nordwand und der angelehnten Felssäule der Vierge. Diese Schlucht erreicht man, indem man vom deutlich markierten Einstieg her erst kurze vier Seillängen gerade emporklettert, von einem geschmiedeten Ringhaken zum andern, worauf man nach rechts aufwärts recht ausgesetzt, jedoch mehrfach an einem Drahtseil, rund hundert Meter in jene Schlucht hinüberqueren kann. Hier guter Rastplatz. Es folgen 6 Meter Abstieg jenseits eines Durchschlupfes an der Vierge in einen kleinen Kessel, dann ein gerader Anstieg auf der gegenüberliegenden Seite. Nun den roten Markierungen folgend nach links aufsteigend in die steile Flanke eines spitzen Turms, und, dem brüchigen Schluchtgrund links ausweichend, zu einem zweiten, kürzeren Quergang nach rechts, der etwa 40 Meter lang ist. Nun 15 Meter wieder gerade empor, Quergang nach links zurück, diesmal etwa 60 Meter, dann Einstieg in den langen, von sechs Überhängen durchsetzten, ziemlich schmalen und engen Kamin, der zum Ausstieg führt. Auch hier sind Drahtseile befestigt, die mittlerweile etwas gelockert, aber noch brauchbar sind. Mit ein wenig Stemm- und Spreiztechnik kommt man aber leicht und genußreich über diese Stellen hinweg, Kaminhöhe etwa 100 Meter; 12 Meter unterm Kaminende Ausstieg nach links, bei Nebel heikel auf steilen Grasstufen – dann steht man auf der langen grünen Gipfelwiese, einem schrägen Fußballplatz, der die gewaltige Felssäule mit ihren bis zu 900 Meter hohen Felswänden krönt. Die Kletterhöhe am Normalweg beträgt gute 300 Meter. Gemsen gibt es zwar keine auf der Gipfelwiese, ich kann's beschwören, aber wir sahen eine dicke, silberfarbene Maus, und schon deren Herkunft gab uns Rätsel auf. – Der seltsame Kalkberg wird am eindrucksvollsten von Süden, also von Gap her, erreicht, durch die einsame, von auffallenden Querriegeln markierte Hochlandschaft von Trièves: unversehrtes Bergland, stille Dörfer, unerschöpflich weites Hinterland. Autofahrer können bis auf 1350 Meter Höhe hinauffahren, wo man zelten kann, wo es bei Fontaines Rousses seit einigen Jahren auch eine unbewirtschaftete Hütte gibt. – Am »Voie des Cheminées tubulaires« bietet der Mont Aiguille auch eine ungesicherte, wenig schwierigere Aufstiegsmöglichkeit an.

Blick von Nordost auf den Kalkzahn des Mont Aiguille; ein Berg mit Geschichte: seine Erstersteigung liegt fast ein halbes Jahrtausend zurück. Heute wird er freiwillig auch ohne königlichen Befehl gerne bestiegen, da er sehr leicht zugänglich ist und nur eine knappe Stunde von der Alpengroßstadt Grenoble entfernt liegt.

3 Aiguille du Moine
Von der Couvercle-Hütte durch die Südflanke

TALORT Chamonix, 1040 m.

STÜTZPUNKT Refuge du Couvercle, 2687 m, CAF, unter dem Südostgrat der Aiguille du Moine. Geräumige, moderne Bergsteigerhütte in großartiger Lage! 3–4 Std. ab Bahnstation Montenvers, 1909 m. Steig und Übergang am Mer de Glace bzw. auf dem Taculgletscher sind markiert.

EINSTIEG In etwa 2900 m Höhe an der Randspalte des kleinen, in die Südflanke des Berges eingelagerten Glacier du Moine. Von der Couvercle-Hütte auf Steig zwischen großen Blöcken, später über den Gletscher ansteigend, in etwa 1.30 Std. zu erreichen.

CHARAKTER/SCHWIERIGKEIT III −, meistens nur II. − Zeit für Zweierseilschaft ab Einstieg: 2.30–3.30 Std., bei einer Wandhöhe von rund 500 m!

ABSTIEG Nur auf dem Anstiegsweg durch die Südwand. − Etwa 3–4 Std. bis zur Hütte!

FÜHRER/KARTEN Guide Vallot, La chaine du Montblanc, Bd. III, Devies/Henry; Verlag Arthaud, Paris (französisch, detailliert, sehr gut!). − Führer der Montblanc-Gruppe, Schubert/Werner, Rother-Verlag, München (bei dieser Tour weniger ausführlich als der sehr gute französische Führer). − CdF-Karte, Nr. 5–6, Chamonix. − TCI-Karte Nr. 12, Grupo del Monte Bianco.

BILD Blick in die Südflanke der Aiguille du Moine. Unser Einstieg befindet sich nahe dem rechten Bildrand. Die Aufstiegsroute bleibt im rechten Teil der Flanke. Links der ganze Südgrat (Schwierigkeitsgrad IV +).

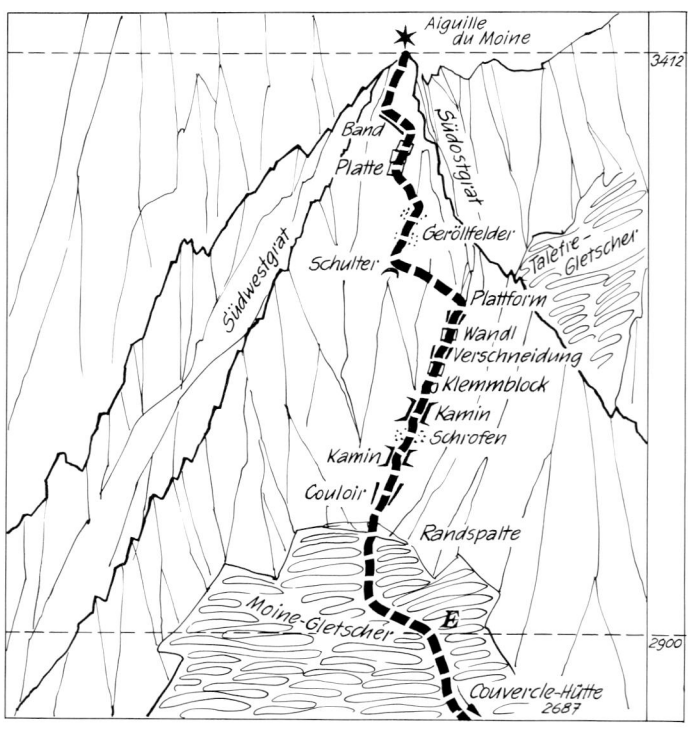

Wie eine Kanzel steht die Aiguille du Moine, südlicher Eckpfeiler der von der Aiguille Verte herabziehenden Moine-Kette, über dem dramatischen Zusammenfluß von Glacier du Talèfre, Glacier de Leschaux und Glacier du Tacul zum mächtigen Mer de Glace. An diesem Berg erleben die Augen eine Sternstunde, gleich, ob man über den schwierigen Südwestgrat mit seiner Ver-Stelle oder aber, wie wir, auf dem Normalweg im »leichten Fels« hinaufgeklettert ist. Die schwarze Mauer der Grandes Jorasses im Osten, dann gegenüber, mit der Aiguille des Grands Charmoz beginnend, die berühmte Granitnadelkette der Aiguilles von Chamonix, dazu Montblanc, Dent du Géant, die Verte und die beiden Drus − das alles ist kaum absehbar und schlägt uns vollkommen in seinen Bann. − Im ausgezeichneten französischen Montblanc-Führer von Lucien Devies/Pierre Henry steht im Vorspann der Beschreibung des Normalweges: »Eine der am häufigsten begangenen Routen der Montblanc-Kette. Sie ist kurz und nicht sehr schwierig; aber der richtige Weg ist nicht immer leicht zu finden . . .« − Zu diesem Orientierungsproblem meint Gaston Rébuffat in seinem Montblanc-Buch: »Bemerkt man, daß der Fels nicht mehr durch häufiges Begehen glatt und ›abgeschmiert‹ ist, so deutet dies auf einen Verhauer hin.« Zu dem Problem der Suche nach der Diagonale des idealen Wegverlaufes kommen an der Moine noch die große Höhe und die − vor allem für Anfänger nicht zu unterschätzende − Umstellung auf Urgesteinskletterei! Im Prinzip hält sich die Route an eine »Folge von Rissen, Kaminen und Verschneidungen, die, immer wenn sie schwierig werden oder unterbrochen sind, durch rechts oder links weiterleitende Bänder mit anderen Rissen, Kaminen und Verschneidungen verbunden werden, die den Weiterweg vermitteln« (Rébuffat). − Von der Couvercle-Hütte hat man nach knapp 1.30 Stunden die Randkluft und damit den Einstieg zum großen, kaminartigen Couloir rechts der Gipfelfallinie erreicht. In diesem Couloir geht es erst nur wenige Meter hinauf, dann hält man sich mehr rechts und erreicht durch zwei große Kamine bald einen grasigen Hang mit deutlichen Trittspuren. Den Spuren folgend, zuerst rechts, dann links, gelangt man durch einen weiteren, aber kurzen Kamin mit einem Klemmblock zu einem kleinen Vorsprung über dem Couloir. Über der rechten Seite dieses Couloirs folgen einige unschwierige Wandln und zwei kurze, kaminartige Verschneidungen bis zu einer guten Plattform, die das Couloir dominiert. Man quert nun das Couloir nach links und steigt über ein langes Band zu einer breiten Schulter in der Wand, von der aus man bereits den Gipfel sieht. Nun rechts halten, zwei Geröllfelder und weiter oben nach links eine Art Sporn queren, dann 100 Meter über leichte Wandln, Platten und Risse zu einem flachen, wieder nach links führenden Band. Nun entweder direkt zum Gipfel oder weiter nach links bis nahe an den Südwestgrat zu einem großen Couloir. In ihm über kleine Stufen, schließlich durch einen kurzen Kamin zum Gipfel.

4 Riffelhorn

Die »Skyline«, eine von zwölf Führen

TALORT Zermatt, 1620 m. Bahn von Visp im Rhônetal. Mit Kfz nur bis Täsch, 1438 m; dann Bahn.

STÜTZPUNKTE Wenn nötig, dann Hotel Riffelberg, 2566 m, an der Gornergratbahnstation gleichen Namens. Zugang zum Einstieg ab Station Roterboden, 2815 m. – Hotel Gornergrat, 3090 m (Station).

EINSTIEG Dicht über dem Kleinen Riffelsee am Ostsockel des Riffelhorns, etwa 2820 m. Dorthin am schmalen Fußweg, nur wenige Minuten ab Station: Man beginnt mit dem schrofigen Pyramiden-Vorbau.

CHARAKTER/SCHWIERIGKEIT Bei abgegriffenem festen Fels gering, meist Grad II, an wenigen Stellen II+ (drittleichtester Weg zum Gipfel). – Abstieg am Normalweg oder am Aufstiegsgrat bei gehöriger Rücksicht auf ansteigende Kollegen.

FÜHRER/KARTEN SAC-Führer Walliser Alpen, Band III a. – SLK, Nr. 1348, Zermatt, 1 : 25 000; oder Nr. 284, Mischabel, 1 : 50 000.

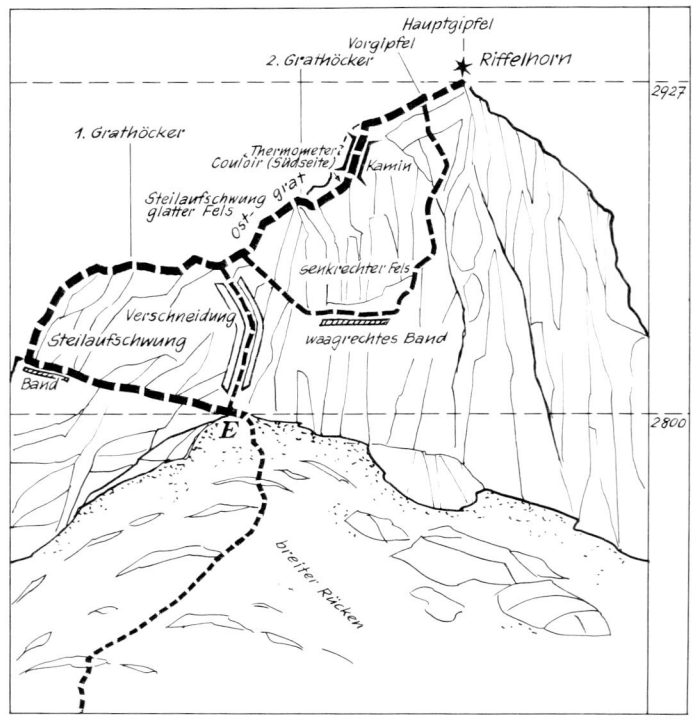

Riffelhorn und Matterhorn nebeneinander, wie wir sie im Bild sehen – ein harmloser Klettergarten und der überfirnte Viertausender: ein Spiel der Pyramiden! Hier runde Granitbuckel, dort die scharfgeschnittenen Grate des berühmtesten Alpenberges . . . Natürlich ist jeder Zermatter Sommergast, der am Roten Boden die Gornergratbahn verläßt, von der Doppelung der Formen entzückt. Während er zum Einstieg unserer Ostgratführe am Riffelhorn bummelt, schielt er zu dem mit Träumen und Tragödien behängten »Hörnligrat« des Matterhorn hinüber . . . Ganz unter uns: Am Hörnligrat wie am Riffelhorn treffen wir auf den Normalwegen echten »leichten Fels«, also Grad II+ hier wie dort, nur kurze Hörnlistellen sind III. Grad. Beim Vergleich darf man natürlich nicht an Höhensturm und Wetterumschlag denken! . . . Diese »Skyline« am Ostgrat des winzigen Riffelhorn ist die drittleichteste der dort vorhandenen zwölf Routen; ich selber habe sie mit gnädigem Ernst abgeklettert und am »Gipfel« meinen Spaß gehabt. – Von Station Roterboden also am schmalen Weg südwestwärts vor den breiten Rücken des Ostgrates und an den Fuß einer (im Bild gut sichtbaren) kaminartigen, hellen Verschneidung. Wir lassen sie rechts liegen, um auf einem schrägen Band zum Ostgrat hinaufzusteigen. Man bleibt nun an dem gratartigen Kamm aus rauhem Urgestein, nimmt den ersten kleinen Aufschwung, passiert am zweiten einige Schritte auf sehr glattem steilen Fels. Dann wird der folgende Aufschwung zum Gipfel in einem fast senkrechten leichten Kamin bezwungen, der die Fortsetzung des in der Gornergratflanke aufziehenden »Thermometer-Couloirs« bildet. Man kann aber auch ausweichen und drei Meter weiter rechts die senkrechte Stufe nehmen und mittels Spreizschritt wieder in den nun weniger steilen Kamin gelangen. Überall, dies als seriösen Trost, wird Grad –III nie überschritten! . . . Der Gipfel, 2927 m hoch, lohnt mit herrlich aufregenden Ausblicken unsere kuriose Plage. Monte Rosa, das »Original« Matterhorn, dazu Breithorn, Lyskamm, Zwillinge, Rimpfischhorn und Gabelhörner sättigen unsere alpinen Träume – während das winzige Riffelseelein am Roterboden verschämt blitzt und lächelt. Natürlich entdecken wir bei unserer Rundschau auch, daß an »unserem« Riffelhorn der uns entgegengesetzte Westgrat einen Spaziergang darstellt. – Für den Abstieg wählen wir den »Normalweg«, der unsere »Skyline« am Ostanstieg in etwa begleitet, viel leichter ist und jene helle Verschneidung benützt. Damit kommen wir gesund zu den kleinen Riffelseen hinab, legen kühl badend die Unwürden des »Anfängers« ab und lesen dann mit Hilfe des ebenso interessanten wie amüsanten SAC-Führers alle zwölf Kletterrouten an diesem Monsterberg von seinen Felsen ab. Glückliche Augen führen uns schließlich hinab vor die blitzweiße Zermatter Dinnerlandschaft – oder in die bierfreundliche Bahnhofsgegend. Bergsteiger scheinen in dem Ort unterm Matterhorn mittlerweile eine vielbestaunte, seltene Spezies zwischen den kamerabewehrten Amerikanern und Japanern zu sein.

14

Das Riffelhorn, von Osten gesehen, mit dem Matterhorn. Links unten im Bild unser Einstieg in die »Skyline«, die links nahe am Bildrand den Sockel des ersten Aufschwunges erreicht. Die helle Verschneidung benützen wir im Abstieg. An den beiden Riffelseen im unteren Bildteil vorbei bummeln wir nach Zermatt zurück oder zu den Stationen der Gornergratbahn.

5 Lagginhorn

»Leichter Fels« am Westgrat

TALORT Saas-Grund, 1559 m (Bus von Stalden oder Visp).

STÜTZPUNKT Weißmies-Hütten, 2726 m, SAC, an der Stirnmoräne des Hohlaubgletschers. Bewartet von Juni bis Mitte Oktober. – Von Saas-Grund mit Seilbahn bis Kreuzboden, dann noch 45 Min. zur Hütte.

EINSTIEG In etwa 3280 m Höhe am orogr. rechten Rand des Lagginhorngletschers, der direkt unter der Westflanke des Lagginhorns eingebettet ist. – 1.30 Std. von den Weißmies-Hütten.

CHARAKTER/SCHWIERIGKEIT Im unteren Teil II, sonst leichter, teilweise Trittspuren. Man bedenke jedoch stets die große Höhe (4010 m) sowie die witterungsbedingt sich stets ändernden Verhältnisse am Grat. Steigeisen und Pickel sind unbedingt mitzuführen. – Zeit für Zweierseilschaft: 2.15 Std. (ab Einstieg).

ABSTIEG Auf der Anstiegsroute. – Gleiche Zeit wie Aufstieg.

FÜHRER/KARTEN SAC-Führer, Bd. IV, Walliser Alpen. – Auswahlführer Walliser Alpen, Königer/Weh; Rother-Verlag, München. – Die Viertausender der Alpen, Blodig/Dumler; Rother-Verlag, München – SLK, Nr. 274, Visp, 1 : 50 000.

HINWEIS Die Tour sollte nur bei guten Verhältnissen unternommen werden. Auskünfte erteilt das Bergführerbüro in Saas-Grund.

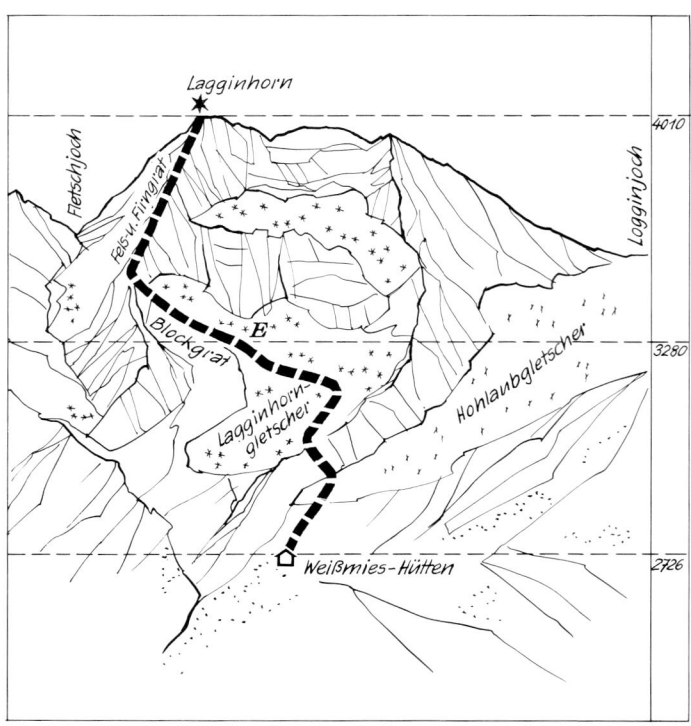

Zwischen Simplonpaß und Saastal stehen die nördlichsten Hauptgipfel der Walliser Alpen; ihre Lage etwas abseits des großen alpinen Rummels um Matterhorn und Monte Rosa ist ihr besonderer Reiz. Das Lagginhorn, niedrigster Viertausender in der stolzen Runde der Berge um Saas Fee, nimmt unter ihnen eine Sonderstellung ein, denn es besteht fast ausschließlich aus Fels, nirgends reicht Gletschereis bis zum Gipfel. Zusammen mit dem um so mehr vergletscherten Weißmies (4023 m) im Süden und dem »Fast-Viertausender« Fletschhorn (3996 m) im Norden bildet es die Weißmies-Gruppe. Auch seine Ersteigung am 28. August 1856 fällt etwas aus dem Rahmen, denn es war damals der Dorfpfarrer von Saas-Grund, J. Imseng, der mit einigen Begleitern als Erster diesen Gipfel betrat. Dabei wurde auch unser Westgrat, der heute übliche Normalweg, erstmals begangen. Diesem alpin sehr rührigen Gottesmann setzte man ein Denkmal auf dem Kirchplatz von Saas Fee, von wo aus er auf sein Lagginhorn hinaufschaut. – Unseren Ausgangspunkt, die Weißmies-Hütten, erreichen wir per Seilbahn und einem anschließenden kurzen Fußmarsch, der erregende Ausblicke auf die Eiswände der Mischabel-Gruppe bietet. Früh am nächsten Morgen – wir befinden uns in den Westalpen! – folgen wir dann der schmalen Pfadspur über Moränenschutt zum kleinen Lagginhorngletscher, der unter der behäbigen Westflanke unseres Berges eingebettet ist. An seinem nördlichen Rand steigen wir in etwa 3300 Meter Höhe an einem Sporn des Westgrates in den rauhen Urgesteins-Fels ein. An dem Sporn folgt ein abwechslungsreicher, gestufter Blockgrat, der jedoch nirgends besondere Schwierigkeiten aufweist; dabei sollte man sich aber von seiner »alpinen Spürnase« auf der Suche nach dem günstigsten Weg leiten lassen, denn besonders markante Stellen fehlen hier. Dieser Teil des Anstiegs, eigentlich schon das interessanteste Stück, endet in einem Sattel in etwa 3400 Meter Höhe, von dem aus der Westgrat nun breit und ziemlich gerade zum höchsten Punkt emporführt. Je nach Verhältnissen – die sich in den Westalpen schnell ändern und einen sonnengewärmten leichten Felsgrat im Nu in eine eisüberzogene Schneide verwandeln können! – kann man hier auch auf steilen Firn treffen, was sicheres Gehen mit Steigeisen voraussetzt. Vom recht kleinen Gipfelblock genießen wir dann eine herrliche Aussicht. Im Süden können wir am sanft überfirnten Weißmies den oberen Teil des langen, messerscharfen, mit Hunderten von Zacken und Türmchen bestückten Nordgrates gut verfolgen. Die Schwierigkeiten liegen dort zwar nur einen Grad höher als an unserem Westgrat, dennoch benötigen wir Kletterer im »leichten Fels« noch viel Übung und vor allem Erfahrung, bis wir uns an diese sehr ernst zu nehmende Genußkletterei heranwagen dürfen. Und diese Erfahrung sammeln wir halt am besten an Bergen wie unserem Lagginhorn . . . Die »klassische« Tour an unserem Berg ist die Überschreitung von Fletschhorn und Lagginhorn (im Aufstieg über den Nordgrat / III).

16

Fletschhorn (links) und Lagginhorn stehen mit ihren Granitsockeln wie unnahbar über den Geröllmeeren und ersten Grünbuckeln um die Weißmies-Hütte (rechts unten außerhalb des Bildes). Direkt über dem großen schwarzen Felsdreieck im unteren Drittel unseres genau auf die Bildmitte zielenden Lagginhorn-Westgrates erreichen wir vom kleinen Gletscher über den deutlich sichtbaren Sporn ansteigend die Grathöhe. Im oberen Teil des Anstiegs ist gut der Wechsel zwischen Fels- und Firnpartien zu erkennen.

17

6 Dent de Ruth

Im Kalk der Westschweizer Vorberge

TALORTE   Im Fang, 922 m, und Jaun, 1017 m, an der Jaunpaßstraße zwischen Bulle (Montreux, Fribourg) und dem Simmental.

STÜTZPUNKT   Chalet du Soldat de Fribourg, 1752 m, privat, am Fuß der Sattelspitzen (zwischen den Tälern von Stillwasserwald und Petit Mont). Bedingt geeignet als Ausgangspunkt für den Dent de Ruth, jedoch idealer Stützpunkt für Touren in der Gastlosenkette. – Kfz-Zufahrt von beiden Seiten bis 1 Std. unter die Hütte!

EINSTIEG   Vom Parkplatz bei der Alpe Schanis, 1424 m, über den Bach und auf der Westseite des Petit-Mont-Tales zur letzten Alm. Ab dort weglos zur großen Schuttreiße unter dem Capucin und über sie steiler zum Einstieg an der Felsrinne, ca. 1900 m, die zur Scharte zwischen Capucin und Dent de Ruth hinaufleitet.

CHARAKTER/SCHWIERIGKEIT   III – am ausgesetzten Gipfelgrat und am Übergang zum Hauptgipfel, sonst leichter! – Zeit vom Einstieg zum Hauptgipfel: gut 1.30 Std., rund 300 m Höhenunterschied.

ABSTIEG   Über den Südwestgrat; anfangs drei Seillängen leichte Kletterei, dann Steiglein durch steile Grasflanken. – 1 Std. vom Gipfel bis zum Wandfuß.

FÜHRER/KARTEN   SAC-Führer, Préalpes Fribourgeoises, Brandt. – SLK, Nr. 262, 252, 253, 263, alle 1 : 50 000; Nr. 1245, Chateau d'Oex, 1 : 25 000.

BILD   Aufblick aus dem Petit-Mont-Tal gegen die Nordwestflanke des Dent de Ruth mit dem links danebenstehenden Capucin. Wir steigen durch die auf dem Bild noch teilweise mit Schnee gefüllte Rinne in die Scharte zwischen den beiden Gipfeln. Dann erklettern wir den Ostgipfel am scharfen Kalkgrat, überschreiten die Scharte zum Hauptgipfel und steigen im »leichten Fels« über die deutlich sichtbare Schulter » Canapé de Ruth« wieder ab.

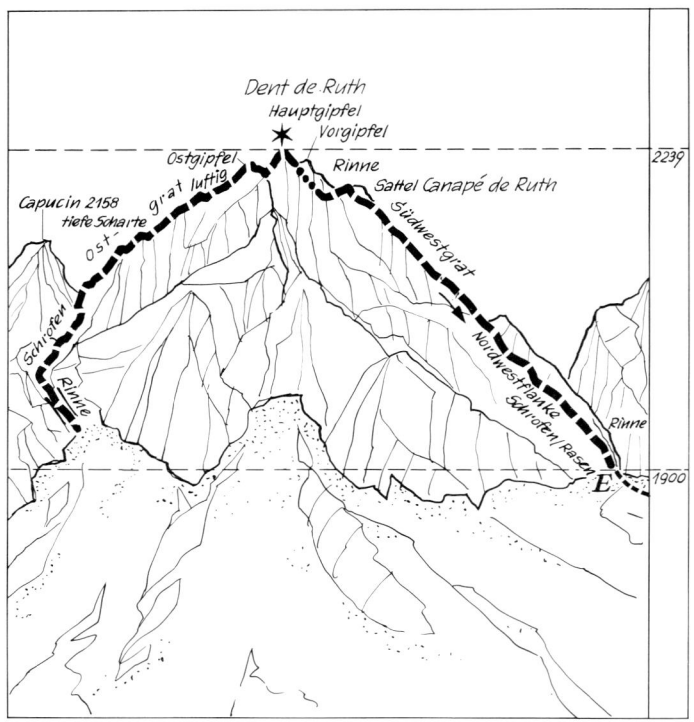

Dicht nördlich vom Westschweizer Fremdenverkehrskarussell um Zweisimmen, Gstaad und Château d'Oex – von Jaunbach und Jaunpaß gebremst – rennen mehrere Kalkketten in sturen Südwest-Diagonalen mitten durch die Sprachgrenze. Dazu gehören außer Gastlosen und Sattelspitzen die auffallend schönen Kammgipfel Dent de Ruth, 2236 m, Dent de Savigny, 2252 m, Les Pucelles und Rochers de Naye. Hüben wie drüben leuchtend grüne Talfurchen mit frischen Wasseradern unter schweren Waldgürteln. Alles in allem ein Stück lieblicher »oberbayerischer« Voralpenlandschaft à la Tegernsee oder Schliersee – aber wir sind in den Préalpes Fribourgeoises, auf Welsch einfacher »Freiburger Alpen« . . . Ein besonders feiner, »leichter« Kletterberg in diesem Schweizer Musterfelsgarten ist unser Dent de Ruth, den wir im Bild von Norden, aus dem Petit-Mont-Tal mit seinen schönen Almen sehen: Links erst den Capucin, unter dessen senkrechter Wand wir zur Scharte zwischen Capucin und unserem Ostgrat auf den Dent de Ruth ansteigen. Zuerst mühsam über den breiten Geröllkegel, dann durch die breite, mit kleinen Wandstufen durchsetzte Rinne unter der Nordwand des Capucin vorbei in die Scharte. Hier können wir noch einmal tief Luft holen und den Ausblick jenseits vom Berner Oberland bis zum Wildstrubel-Stock bewundern, bevor wir den eigentlichen Ostgrat anpacken. Anfangs wechseln sich Felspartien und Grasflanken ab. Dann bleiben wir durchwegs an der immer schärfer werdenden Gratschneide und verspüren am luftigen Kalkkamm jenes Nervenflattern, ohne das die Kletterei nur halb so reizvoll wäre. In ähnlicher Manier schaffen wir schließlich auch den Übergang vom Ostgipfel zum Hauptgipfel (dieser Schartenübergang kann unter Umständen auf der Südseite über Bänder und eine Rinne umgangen werden!). Über ein kleines Wandl und eine kurze Verschneidung gelangen wir dann in die Scharte zwischen Hauptgipfel und südlichem Vorgipfel, von wo uns eine mit patenten »Potschamperl«-Griffen übersäte Rinne zur Schulter des »Canapé de Ruth« bringt. Was folgt, ist ein gemütlicher Abstieg durch Grasflanken: zuerst am Rücken des Südwestgrates bis zur (auf dem Bild sichtbaren) Schulter, dann auf einem Steig durch die steilen Grashänge in die Rinne unter der Scharte zwischen Dent de Ruth und Dent de Savigny. Nun an dessen Wandfuß entlang und in großem Bogen ins Petit-Mont-Tal zurück. – Kletterberge wie diesen Dent de Ruth, also seriöse, leichte Vorbergziele, gibt es in den Freiburger Alpen viele; sie reihen sich zwischen Gratfluh und Rochers de Naye auf einer Kammlänge von 12 Kilometern aneinander. Der Kalkfels treibt auch hier sein tolles Formenspiel: Wuchtige, grifflose Wände wechseln mit feinen Nadeln und Zacken ab, Risse, Rinnen, Kamine, Verschneidungen, Überhänge und Kanten gibt es in allen »Preislagen« . . . Hier üben die jungen und alten Kletterfreunde aus Fribourg, Bern, Montreux und Lausanne die Lust des »gefährlichen Lebens«. Hier ist der Anfänger im Foyer der Kletterkunst.

7 Hohjägiburg
In den Kalkzähnen der Engelhörner

TALORTE Meiringen, 595 m, im Haslital (von Thun-Interlaken oder Luzern-Brünigpaß). – Kaltenbrunnersäge, 1208 m, Wirtshaus im Reichenbachtal an der Straße Meiringen–Rosenlaui. – Rosenlauibad, 1328 m.

STÜTZPUNKT Engelhorn-Hütte, 1901 m, AAC Bern, am Eingang ins Ochsental; 60 Personen, nicht ständig bewartet, 2 Std. von Kaltenbrunnersäge, 1.30 Std. von Rosenlauibad.

EINSTIEG Im Ochsental auf etwa 2100 m Höhe, direkt unter dem Simelisattel. – Hierher von der Hütte auf Wegspuren in gut 40 Min.

CHARAKTER/SCHWIERIGKEIT II+ bei trockenem Fels! – Zeit vom Ochsental bis Gipfel Hohjägiburg: 2.30 Std.

ABSTIEG Am Aufstiegsweg, wobei von der Hohjägiburg auf Bändern (unter der Vorderspitz) direkt zum Grat Simelisattel–Vorderspitz gequert wird. – 1.30–2 Std. ins Ochsental.

FÜHRER/KARTEN AAC Bern, Engelhorn-Führer. – SLK, Nr. 255, Sustenpaß, 1 : 50 000, Nr. 1210, Innertkirchen, Nr. 1230, Guttannen, beide 1 : 25 000.

HINWEIS Im Anstieg zum Simelisattel besteht Steinschlaggefahr, wenn in der Westflanke der Vorderspitz noch Schnee liegt! Bei Schlechtwetter-Einbruch rechtzeitig umkehren, da Orientierung nicht leicht!

BILD Diese Luftaufnahme erlaubt uns einen angenehm detaillierten Einblick in den Routenverlauf unserer Tour. Die Gipfel von links nach rechts: Tennhorn (im Vordergrund der Zahn des Groß-Simelistocks), Hohjägiburg, Vorderspitz (Doppelgipfel), Gertrudspitze, Ulrichspitze, Mittelspitze und Klein-Engelhorn. Die Traversierung vom nicht sichtbaren Gemsensattel bis zur Vorderspitz ist eine lange, aber beliebte Kletterei im III. Schwierigkeitsgrad (mit mehreren Abseilstellen).

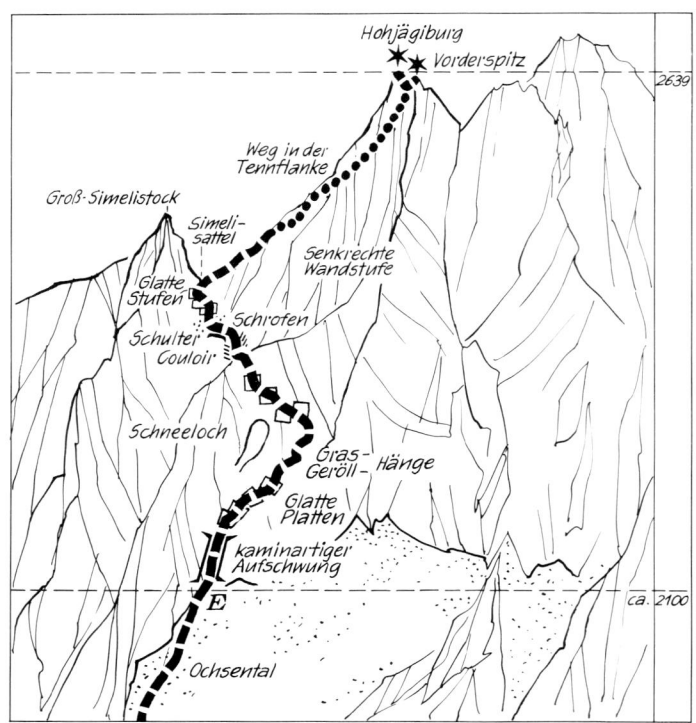

»... von großem landschaftlichen Reiz«, so schreibt der Engelhorn-Führer über unsere Tour. Ein Blick auf die Schweizer Landeskarten Nr. 254 und 255 zeigt uns den Grund zu dieser Beurteilung: Zwischen Haslital und Urbachtal befinden wir uns wie in einer Theaterloge unmittelbar gegenüber den Eisriesen der Wetterhorn-Gruppe ... Was uns die Karte allerdings nicht zeigen kann, das sehen wir auf unserem Luftbild: Hier stehen wir in kühn strukturiertem Kalkfels, während sich die blau-schimmernden Gletscher dort durch dunkles Berner Urgestein zwängen. – Ausgangs- und Endpunkt unserer Kletterei im »leichten Fels« ist die großartig gelegene Engelhorn-Hütte des Akademischen Alpenclub Bern. Wir erreichen sie am bequemsten vom Gasthaus Kaltenbrunnersäge, gemütlich durch Wald und Almwiesen ansteigend, vorbei an Groß-Rychenbach und vorbei am Graaggistein – für Etymologen hier aufgestellt! – und Gemschistein, in kurzweiligen 2 Stunden (wer vom Streß auch im Gebirge nicht lassen kann, der rennt mühsamer von Rosenlaui in 1.30 Std. zur Hütte). – Unser Einstieg zu Vorderspitz und Hohjägiburg befindet sich im Ochsental, direkt unterm Simelisattel und dem spitzen Zahn des Groß-Simelistock. Den unteren Steilabfall der Wand durchziehen drei Rinnen, an deren am weitesten rechts liegender wir uns halten! Die klettertechnischen Schwierigkeiten und Gefahren sind bei unserer Tour nicht unüberwindbar: Kamine, Platten, leider auch kurze Gras- und Geröllhänge, schließlich eine weitere Steilstufe bringen uns auf abwechslungsreiche Art zum Sattel hinauf. Worauf wir bei dieser Tour jedoch achten müssen, das sind möglicher Steinschlag von der Vorderspitze (hauptsächlich im Frühjahr) und richtige Orientierung. Deshalb studiere man genauestens den Engelhorn-Führer mit seinen anschaulichen Skizzen! ... Am Sattel oben wenden wir uns nach rechts, bleiben zunächst etwas unterhalb des Grates zur Vorderspitze auf der Ochsentalseite. Unterhalb eines auffallenden Felszahnes wechseln wir allerdings in die Tennflanke über und umgehen ihn so. Über ihm auf dem gut gestuften Rücken weiter und später auf Wegspuren durch die Tennflanke zum Gipfel ... Die verdiente Brotzeit zögern wir aber noch eine knappe halbe Stunde hinaus, indem wir über den teilweise recht schmalen und ausgesetzten Grat zur Hohjägiburg klettern bzw. balancieren. Am Gipfel zeigt sich dann, daß diese Tour durchs Ochsental wahrhaftig keine Ochsentour war – wir genießen froh die himmlischen Ausblicke von den Engelhörnern – werfen auch einen Blick auf die greifbar nah gegenüberliegende Kingspitz-Gruppe, den südlichen Ast der Engelhörner. Wie die Zähne eines Sägeblatts ragen die hellen Kalkriffe aus dem Ochsental empor, verbergen uns ihre leichten Anstiege, die von Südwesten auf die Gipfel führen ... Immerhin Grad II–III – man könnte »vor lauter Arbeit« schier die danebenstehenden Berner Eisriesen vergessen! Das Luftbild zeigt uns die immer leicht brüchige Kalkstruktur des Gesteins: Hier ist also ständig Vorsicht geboten!

8 Wendenhorn

Im Urgestein über dem Sustenpaß

TALORTE Wassen, 916 m, an der Gotthardstraße. – Färnigen, 1455 m, an der Sustenstraße/Ostrampe (Postauto ab Wassen bis Sustlibrüggli). – Chli Sustli, 1907 m.

STÜTZPUNKT Sustli-Hütte, 2257 m, SAC – 1 Std. ab Sustlibrüggli.

EINSTIEG In etwa 2700 m Höhe, wo vom rechten Arm des Sustlifirns ein breites Schnee- und Felscouloir zum Südostgrat hinaufzieht; beim Zustieg werden kurze Gletscherdecken mit Spalten passiert!

CHARAKTER/SCHWIERIGKEIT II, mit einigen Stellen III −; schöne Gratkletterei in gutem Granit. – Vom Einstieg zum Gipfel knapp 2 Std.

ABSTIEG Entweder am Anstiegsweg oder über den Westgrat (Abseilen stellenweise möglich) zum Sustlijoch.

FÜHRER/KARTEN SAC-Führer, Urner Alpen – West. – SLK, Nr. 255, Sustenpaß, 1 : 50 000. – Nr. 1211, Meiental, 1 : 25 000.

BILD Blick aus dem Flugzeug auf die Südflanke und den gesamten Südostgrat des Wendenhorn. Deutlich ist die Gratschulter zu erkennen, die wir durch eine Rinne in der (im Schatten liegenden) Nordseite erreichen; deutlich sind aber auch die großen Spalten im Zustieg zu sehen. Rechts oben die Haube des Kleinen Titlis mit Seilbahn-Station und Antennenanlagen.

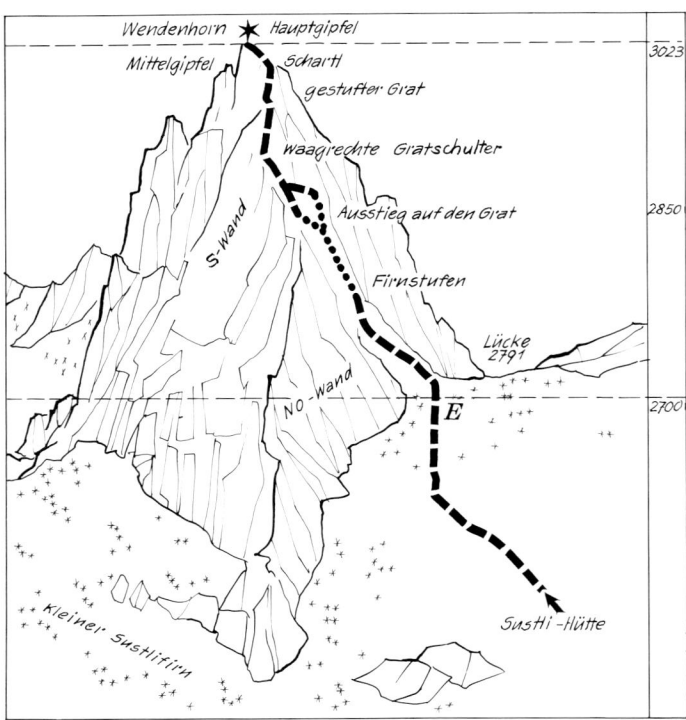

Architektonisches Gedränge schon vor den Schweizer Westalpen, dort wo man aus dem dicht mit Abgaswolken gefüllten Reusstal auszubrechen sucht, um bei Wassen blitzschnell durch drei kleine Tunnels ins stille Meiental zu schlüpfen. Der Sommerbergsteiger erlebt hier den März erst im Mai und den Mai im frühen Juli. Die Auffahrt gleicht einem Triumphzug der Augen, das holde Grün weicht der strengen Uröde in Schutt und Felsgewänd . . . Um Husen, Dörfli, Chappele und Färnigen streift man noch hölzerne Wohnhäuser aus dem letzten Jahrhundert: dicht zusammengedrängt, klein, arm, dürftig ohnegleichen – man lehnt sich rastend ans schwarz verbrannte Holz. Ringsum künden stürzende Bergwasser von Stufen und Seitentälern. An der großen Kurve der Posthaltestelle Sustlibrüggli steigen wir aus, wandern 300 Höhenmeter den Bachwassern entlang aufwärts und erreichen glücklich das saubere »Sustlihüttli« des SAC, hoch oben auf dem »Pöschenstöckli«: eine frohe Einkehr! Hier regiert Bergführer Alois Furrer aus Erstfeld und erklärt uns alle interessanten Kletterziele ringsumher: Zum Beispiel das Wendenhorn, dessen Urgesteinssockel rechts und links von kleinen, steilen und nicht ganz spaltenfreien Gletscherchen, dem Chli Sustlifirn, umspült wird. Von der Sustli-Hütte müssen wir auf und ab zum Plateau der »Stöss« wandern, von dem wir auf dem rechten Arm des Sustlifirns in Richtung zur »Lücke« zwischen Wasenhorn und Wendenhorn ansteigen. Schon bald wenden wir uns nach links, wo ein auffallend breites Schnee- und Felscouloir vom Südostgrat des Wendenhorns herabzieht. Das Überqueren der Randkluft schafft zuweilen mehr Probleme als der folgende Kletteranstieg durch die Felsrinne. Immerhin ist der Fels fest und so griffig, wie es Granit erlaubt. Haben wir den Grat erreicht – das geschieht an der »Schulter« –, dann geht es in festem Urgestein anregend weiter zum Gipfel. Aber es sind deren drei, man kann wählen oder alle drei übersteigen. Die höchste Spitze wird von rechts her, also von Norden erreicht. – Wer den gesamten Grat mit allen Türmen genießen will, steige von der »Stöss« im Bogen um den Sockel des Berges herum, wo ein breites, östlich aufziehendes Band den Einstieg markiert. Man verfolgt nun das Band, bis uns ein Couloir einlädt, nach links über leichtere Felsen zum Grat zu steigen. – Der Abstieg erfolgt am besten am Aufstiegsweg oder – mit Abseilstelle! – über den Westgrat zum Sustlijoch: siehe diesbezüglich den Führer Urner Alpen – West! . . . Unser Bild deutet den Umblick an, die SLK Nr. 255 (Sustenpaß) erklärt, was die Augen nicht fassen: der Titlis ganz nah nordwärts, das Sustenrevier südwärts, ringsum ein imponierender Klettergarten um Fünffingerstock, Wasenhorn, Grassen – gegenüber die Firnwellen um Damma- und Galenstock: zuviel für das Auge, zuviel für das Herz! – Niemand lasse sich von den sonst so vorzüglichen Schweizer Topographen verwirren, die auf ihren Landeskarten zuweilen ein Durcheinander stiften: Sie stellen u. a. diverse Fünffingerstöcke vor; auch das Wendenhorn.

9 Groß Düssi
Zwischen Tödi und Oberalpstock

TALORT Bristen, 782 m, im Maderaner Tal (Bus von Amsteg an der Gotthardstraße). Auffahrt mit eigenem Pkw bis Platten, 832 m. Oder mit Jeep bis Balmenschachten, 1185 m, bzw. Hotel Alpenclub auf Balmenegg, 1349 m.

STÜTZPUNKTE Hüfi-Hütte, 2334 m, SAC, über dem oberen Maderaner Tal,
zwischen den beiden Zungen des Hüfifirns. – Von Amsteg 6 Std., von Bristen
5 Std., vom Hotel Alpenclub 3 Std.

EINSTIEG Von der Hüfi-Hütte südlich den Gratrücken entlang, auf den Hüfi-
firn (Vorsicht, Spalten!), ein Stück nach Südosten hinauf, dann, je nach Lage
der Spalten, südwestlich scharf abbiegen zur Scharte bei P.2819 m. – Von der
Hütte knapp 1.30 Std.

CHARAKTER/SCHWIERIGKEIT II, sowohl am Nordwestgrat wie am Südgrat. –
Zeit Einstieg – Gipfel: 2 Std.

ABSTIEG Am Südgrat mit 2 Möglichkeiten: a) durch die Südwestflanke, vor
dem Chli (Klein) Düssi durch eine Steilrinne in die Mulde »Schattig Düssi« und
zum Weg, der zur Düssialp und nach Hinterbalm führt. Oder b) am Südgrat über
den Chli Düssi auf den Tschingelfirn, über Moränenschutt und Grashänge zu
P.2192 (der am weitesten gegen das Tal vorspringende Grasrücken), auf einem
schmalen Pfad ins Brunnital und nach Hinterbalm. – Zeit Gipfel – Hinterbalm:
2–2.30 Std.; Hinterbalm – Balmenschachten: 0.50 Std.

FÜHRER/KARTEN SAC-Führer, Urner Alpen – Ost (ausgezeichnet! Man beachte weitere Touren im »leichten Fels«!). – SLK, Nr. 246, Klausenpaß; Nr. 256,
Disentis, 1 : 50000.

HINWEIS Der Zustieg zum Nordwestgrat führt kurz über einen Gletscher, Pik-
kel notwendig! In Spaltenzonen nur angeseilt, evtl. stellenweise gesichert
gehen!

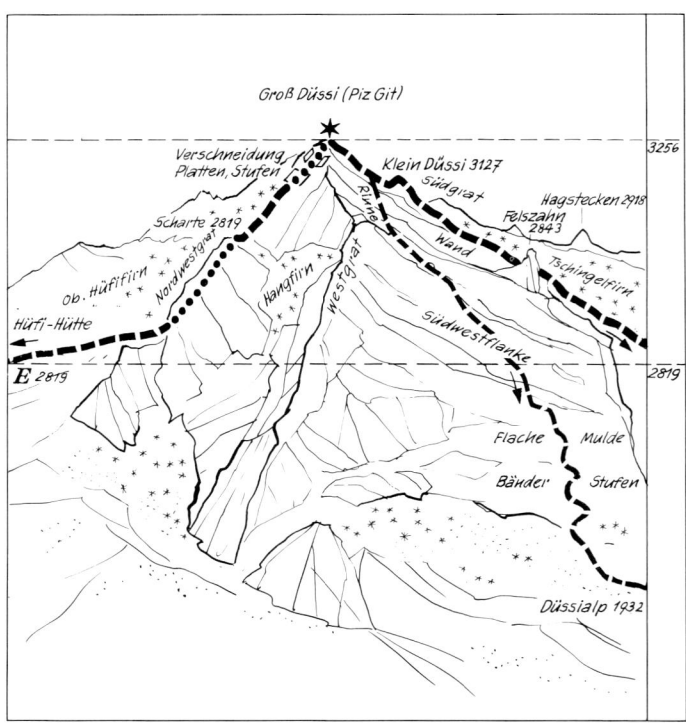

Ein interessantes Kletterparadies der Zentralschweiz ist
seit kurzem leichter erreichbar, denn die nagelneue,
kühn angelegte Gotthard-Autobahn führt mittendurch!
Das enge Reusstal, durch das Goethe auf zwar unbe-
queme, aber tief eindrucksvolle Art seinem Italien-
Traum entgegenreiste, wird durch Asphalt und Beton
sicherlich nicht schöner, aber die in die Urner Alpen
abzweigenden Täler haben darunter kaum gelitten. Wer
sich nur wenige Minuten mit dem Auto aus dem dröh-
nenden Tal entfernt, den hat die Natur wieder . . . Ganz
besonders reizvoll ist für uns das Gebiet östlich des
Reusstales, also die Kette zwischen Groß Düssi und
Oberalpstock, die das Maderaner vom obersten Rheintal trennt. Der SAC-Führer »Urner Alpen-Ost« verzeichnet allein in dieser Kette fast 50 Touren im »leichten
Fels«. – Eine interessante Grat-Kombination stellt die
Überschreitung des Groß Düssi über Nordwest- und
Südgrat von der Hüfi-Hütte aus dar. Diese Hütte erreichen wir aus dem Maderaner Tal, einem auffallend stillen Hochgebirgstal, das dem alten Klischee eines
Schweizer Bergtales in nahezu vollendeter Weise ent-
spricht. Die kleine Hütte der Sektion Pilatus steht auf
dem breiten Sockel des Groß Düssi zwischen den Zungen des Oberen und Unteren Hüfifirns. Unser Nordwestgrat baut sich steil direkt über ihr auf. Der Einstieg liegt
allerdings rund 500 Meter über dem Hüttenplatz, da der
untere Teil des Grates nicht sehr attraktiv ist. Wir erreichen ihn, indem wir von der Hütte immerzu am rechten
(westlichen) Rand des Oberen Hüfifirns aufsteigen, bis
wir die markante Scharte P. 2819 am Nordwestgrat von
links her erreichen. Die nun folgende, höchst anregende Kletterei im dunklen Urner Urgestein hält sich meist
an die Gratkante, nur einige Male weicht sie kurz links
oder rechts der Kante aus. Vorsicht und sorgfältiges
Sichern erfordern einige plattige, stellenweise etwas
brüchige Felsstufen im oberen Teil. Den letzten Aufschwung umgehen wir nördlich (links). Dann gelangen
wir durch eine flache Verschneidung wieder auf den
Grat und stehen nach wenigen Schritten am Gipfel . . .
Der genußvollen Kletterei folgt ein prächtiger Ausblick:
Im Westen locken hinter Sustenhorn und Dammastock
die Berner Viertausender, in unmittelbarer Nachbarschaft stehen die Windgällen, Schärhorn, Clariden und
Oberalpstock und, besonders attraktiv, der wuchtige
Tödi. – Beim Abstieg folgen wir zuerst dem Südgrat, den
wir dann entweder schon vor dem Gipfel des Chli Düssi
nach rechts verlassen, um durch eine südwestwärts
hinabziehende Rinne in die Mulde »Schattig Düssi« und
weiter unten auf den Weg nach Hinterbalm überm Brun-
nibach zu gelangen. – Oder wir bleiben weiter am Südgrat, klettern über Chli Düssi weitere 150 Meter am Grat
und steigen erst dann rechts über Firn, Moränenschutt
und Grasmulden in Richtung Brunnital ab . . . Beide
Spuren-Wege treffen in Hinterbalm (Unterkunft ist hier
in Almhütten möglich) wieder zusammen. Dort zieht ein
breiter Almweg zu Erlenwäldern, duftenden Wiesen und
Wasserspielen im Maderaner Tal zurück.

Sonne und Schatten markieren die in Platten gestufte Südwestflanke und die steilen Nordwest- und Nordflanken des Groß Düssi. Deutlich ist die Einstiegsscharte am Nordwestgrat zu erkennen. Die Hüfi-Hütte liegt knapp außerhalb des linken unteren Bildecks. Links hinter dem Groß Düssi die beiden Gipfel des Piz Cambrialas.

10 Altmann

Im Schaffhauser und Südkamin

TALORTE Wasserauen, 868 m, im Norden (Endstation der Appenzeller Bahn). – Wildhaus, 1090 m, im Süden (Postbus von Buchs im Rheintal oder Neßlau). – Schwägalp, 1352 m, (Postbus von Urnäsch, Talstation der Säntisbahn).

STÜTZPUNKT Berggasthaus am Rotsteinpaß, 2120 m, dicht nordwestlich unterm Altmann. Aufstiege dorthin: 1. Von Wasserauen über Seealpsee, »Schrennenweg«, Meglisalp (Nächtigung möglich) in 5 Std. – 2. Von Wildhaus über Alp Thurwies, Schafboden in 4 Std. – 3. Von Schwägalp mit Schwebebahn oder über Chammhalde auf den Säntis; ab hier über Lisengrat auf gesichertem Steig, 1.30 Std.

EINSTIEG Nahe am Rässeggsattel, ca. 2275 m; vom Rotsteinpaß am Normalweg durch die Flyswand hinab, dann am Weg zum Zwinglipaß hinab, um den Südwestfuß des Altmann herum und an den Südabstürzen entlang steil zum Rässeggsattel. – Ca. 1 Std.

CHARAKTER/SCHWIERIGKEIT Im Schaffhauser Kamin mäßig schwierig (II−). – Als Fleißaufgabe: Südkamin, ebenfalls mäßig schwierig (II−). – Zeiten zwischen 1 Std. und 1.30 Std.

ABSTIEG Auf dem Normalweg (I+) in der Nordflanke, weiter auf teilweise gesichertem Steig durch die Flyswand zum Rotsteinpaß. – 1 Std.

FÜHRER/KARTEN Säntis-Führer, Schatz; Fehr'sche Buchhandlung, St. Gallen. – SLK, Nr. 1115, Säntis, 1 : 25 000; Nr. 227, Appenzell, 1 : 50 000.

Als freistehende Kalkfestung sehen wir das Säntismassiv zwischen Bodensee und Zürich aus den grünen Appenzeller Buckeln ragen. Erst aus der Nähe erkennen wir die seltsam wilden Felsstrukturen, die im Alpsteingebiet vor Millionen Jahren entstanden sind. Wer interessante, ja einzigartige geologische Einzelheiten über diesen Bergstock erfahren will, der findet sie samt Skizzen im Säntis-Führer von Ruedi Schatz. – Auch wir Kletterer halten uns an dieses gute Führerwerk, das für den Altmann, höchste Erhebung zwischen Säntis und Mutschen, zwölf verschiedene Anstiege verzeichnet – darunter gleich mehrere im »leichten Fels«. – Wir packen den Altmann von Südwesten, wo sich zwischen den aneinandergepreßten Schichtplatten einige Kamine als ideale Anstiegswege anbieten. Der Einstieg zum Schaffhauser Kamin befindet sich am Rässeggsattel, den wir vom Rotsteinpaß wie vom Zwinglipaß her schnell erreichen. Die Kletterei beginnt mit einem Steilaufschwung, der uns schon nach wenigen Metern zur »Schlüsselstelle« unseres Aufstieges bringt: in einen etwa 5 Meter hohen, engen Riß. Mehr oder weniger elegant kraxeln wir in ihm und über ihn zur Hauptrinne, an deren rechtem Rand wir dann aufsteigen. Griffe finden wir im festen Kalk genug, einige enge Seitenrinnen und Absätze vermehren den Spaß. Wir halten uns immer an den rechten Rand der Rinne, bis diese den Grat erreicht und wir links über leichtes Schrofengelände zum Gipfel gelangen. – Hier erhalten wir aus der Vogelperspektive den schönsten Einblick in die eigenartige Struktur des Alpstein: Von dem zentralen Gipfelkamm Säntis – Altmann – Mutschen fließen parallel Falten und Mulden gegen Rheintal und Toggenburg ab. Im Südwesten ziehen die sieben Pultdächer der Churfirsten den Blick auf sich, darüber schimmert die Eiskappe des 3600 Meter hohen Tödi. – Da Wiederholung erlerntes Wissen festigt – und da Albert Wyss-Schlepfer am Rotsteinpaß das Bier nicht so schnell ausgeht –, steigen wir schnell über die Nordflanke die 70 Meter bis zum Altmannsattel ab, umrunden den Westgrat und steigen etwa 200 Meter vor Erreichen des Rässeggsattels noch einmal ein. Hier bietet sich im Südkamin wieder leichte Genußkletterei bis zum Gipfel! – Wer nun immer noch nicht genug hat, der findet im Führer einen weiteren Anstieg, diesmal allerdings −III. Und spätestens jetzt *muß* er – vorher *sollte* er! – diesen Schatz-Führer zur Hand nehmen, da auch der Altmann in diesem Buch nur eine Textspalte erhält . . . Genießer allerdings heben sich noch viel Zeit für den Abstieg ins Tal auf. Der schönste führt vom Zwinglipaß nach Brülisau-Weißbad, erst unter den Fälentürmen, dann unter Hundstein und Freiheit hindurch zum felsumschatteten Fälensee, zum sanften Sämtisersee und hinaus nach Brülisau. Eine feine Wanderung (wenn auch nur selten in absoluter Einsamkeit!) – durch die Bilderbuchlandschaft des zweitkleinsten Kantons der Schweiz, der immer noch – und wohl auf unabsehbare Zeit – urdemokratisch regiert und verwaltet wird. Natürlich nur von den Männern! Denn so ist die Schweiz . . .

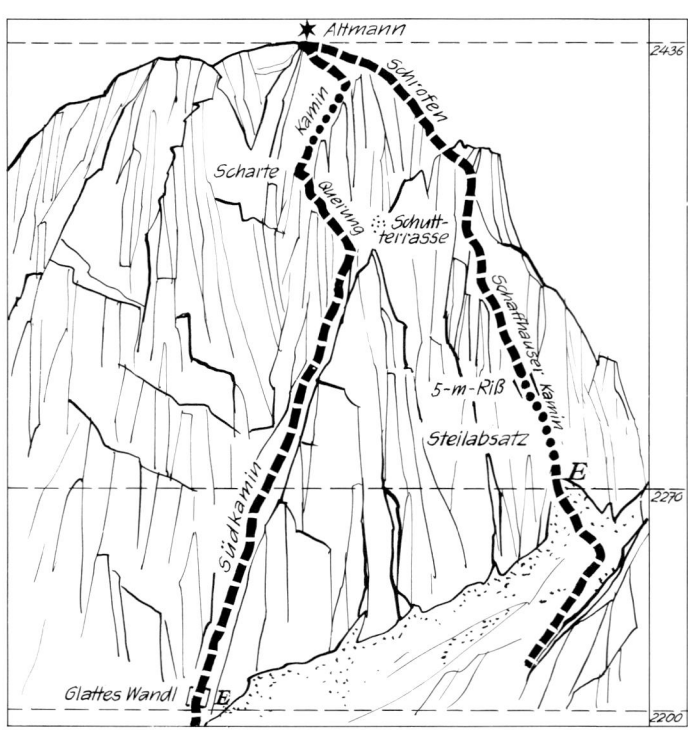

26

Blick in die Südwand des Altmann mit seinen interessanten Felsstrukturen. In der rechten unteren Bildecke der Rässeggsattel mit unserem hier noch verfirnten Einstieg. Der weitere Verlauf des Kamins ist leicht verdeckt, bis zu der Stelle, wo die Route den Grat erreicht und links zum Gipfel abbiegt.

11 V. Kreuzberg
Luftige Grate und Fenster überm Rhein

TALORTE Brülisau, 922 m (Eisenbahn Appenzell – Weißbad, dann Fahrstraße bzw. Bus bis Brülisau). – Sax, 483 m.

STÜTZPUNKTE Bollenwies, 1470 m, am Fählensee (Gasthaus). Daneben SAC-Hütte Hundstein. Unterkunft auch in den nahen Sennhütten möglich, evtl. auf Roslenalp. – Bollenwies ab Brülisau in 2.30 Std., ab Sax über Saxerlücke 3.30 Std.

EINSTIEG In etwa 1925 m Höhe, nördlich der Roslenalp. Steigspuren. – Bequem in 1 Std. ab Bollenwies zu erreichen.

CHARAKTER/SCHWIERIGKEIT II+. – Kletterei in relativ festem Kalkgestein, landschaftlich und klettermäßig sehr hübsch.

ABSTIEG Am Anstiegsweg oder durch die Nordflanke (II).

FÜHRER/KARTEN Säntis-Führer, Schatz; Fehr'sche Buchhandlung, St. Gallen. – SLK, Nr. 1115, Säntis, 1 : 25 000; Nr. 227, Appenzell, 1 : 50 000.

HINWEIS Die leichtesten (weil über begrasten Fels führenden) Routen sind bei Nässe am schwierigsten!

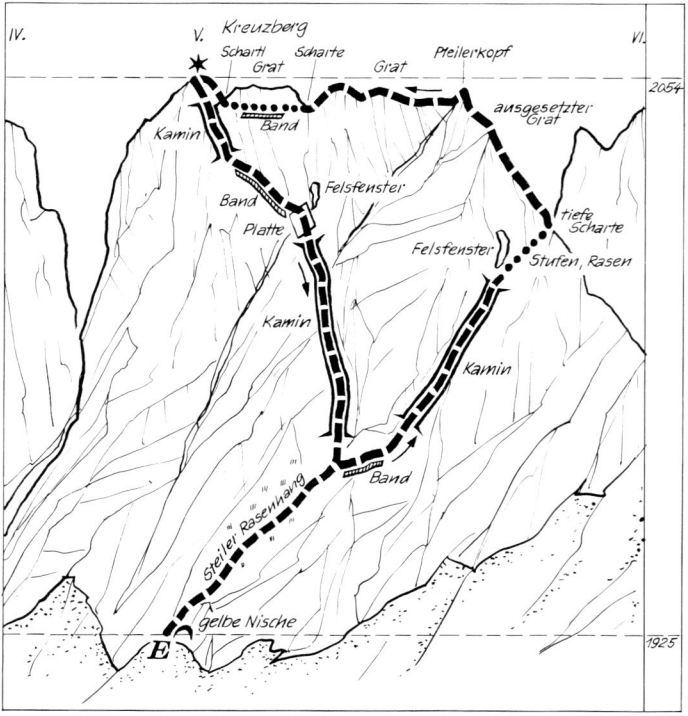

Als das »schönste Gebirge der Erde« und eines der lehrreichsten zugleich bezeichnete der berühmte Schweizer Geologe Arnold Heim am Beginn unseres Jahrhunderts das Säntisgebiet. Lehrreich, weil in ihm alle Vorzüge eines »Demonstrationsobjektes« vereinigt sind, das die erdgestaltenden Kräfte hervorgebracht haben. Was die Schönheit betrifft, so dachte der Gelehrte dabei an die acht Kreuzberge, die sich in strammer Reihe über dem 1500 Meter tiefer gelegenen Rheintal aufschwingen: ein Bündel senkrecht aufgestellter Schichtplatten über grünen Steilflanken. Niemand, der sie einmal aus dem Rheintal gesehen hat, der sie bei einer Alpstein-Wanderung von der Roslenalp aus der Nähe betrachten konnte oder der sie gar erklettert hat, wird Heims Aussage anzweifeln. Der junge feste Kalk der Schichtplatten, das dichte Gefüge der Risse, Kanten und Kamine haben die Kreuzberge zu einem natürlichen und berühmten »Klettergarten« gemacht, in dem alle Schwierigkeitsgrade anzutreffen sind. Der ausgezeichnete Säntis-Führer von Ruedi Schatz verwendet in seiner 10. Auflage (1976) allein für die Kletterführen auf die Kreuzberge volle 38 Seiten! Da muß natürlich auch »leichter Fels« dabei sein! Als Beispiel diene der luftige Normalanstieg über den Westgrat auf den V. Kreuzberg. Kamine, Stufen, Bänder, exponierte Gratstellen, alles bietet dieser Anstieg, dazu ein riesiges Felsfenster! Die Tour beginnt etwa in der Mitte der Nordwand des V. Kreuzberges, dort, wo wir auf Bändern nach rechts zum Fuß des Kamins unter dem großen Felsfenster queren. Am reizvollsten ist es, nun durch den Kamin ins Felsfenster aufzusteigen und auf der Südseite – also der Rheintalseite – nach rechts über einen grasdurchsetzten Hang und eine kleine Wandstufe zur Scharte zwischen V. und VI. Kreuzberg zu klettern. Wer gute Nerven hat, der folgt dem luftigen, aber mit guten Griffen versehenen Grat in echter Genußkletterei weiter bis zum Gipfel; wer dabei weiche Knie bekommt, der darf sich auf einem fast waagrechten, leichten Band der Nordseite kurz erholen, am Ende muß er aber wieder auf den Grat zurück! – Für den Abstieg bieten sich drei Möglichkeiten an: a) noch einmal die genußreiche Turnerei über den Anstiegsweg; b) durch die Nordflanke (Schwierigkeitsgrad II, siehe Skizze); oder c) über die Ostkante mit ihrer Abseilstelle, wobei man dann den V. Kreuzberg überschritten hätte (Führer genau studieren!). – Zwar ist unser Anstieg über den Westgrat eine außerordentlich schöne und dankbare Tour, aber sie hat uns nur eine Stunde unserer Zeit »gekostet«, die wir in den Kreuzbergen geradezu verschwenden wollen. Deshalb der Tip: Man beginnt am II. Kreuzberg, überschreitet den III. und IV und beschließt die Turnerei, nachdem man den Einstieg zum Westgrat des V. Kreuzberges entlang dem Wandfuß erreicht hat, mit der oben beschriebenen Route. Alles »leichter Fels«, niemals über den II. Schwierigkeitsgrad hinausgehend. Die verschiedenen Anstiegsrouten sind im erwähnten Säntis-Führer mit sympathischer Sorgfalt ausführlich beschrieben.

Die gewaltige Kalkplatte des V. Kreuzberges von Nordwesten gesehen. Bänder, Fenster, Grate und Kamine von Auf- und Abstieg sind bis ins Detail zu verfolgen. Wer würde bei diesem Anblick ahnen, daß das Gebirge auf der anderen Seite plötzlich 1600 Meter tief ins Rheintal abbricht?

12 Piz Badile
Fugenloser Granit in der Südostwand

TALORTE San Martino, 923 m. – Bagni del Masino, 1172 m. Vom Comersee über Berninapaß oder Stilfserjoch durchs Valtellina zu erreichen.

STÜTZPUNKT Capanna Gianetti (Cap. Badile), 2534 m, CAI, im oberen Val Porcellizzo. Von Bagni del Masino in Serpentinen und über Grashänge zur Hütte. – Ca. 3.30 Std.

EINSTIEG In knapp 3000 m Höhe am Sockel des Südgrates, dessen Rücken von Westen her über ein Fels- und Rasenband erreicht wird – 1 Std. von der Hütte (siehe Bild!).

CHARAKTER/SCHWIERIGKEIT Am Normalweg nicht über II+. Er wird von vielen Begehern der Nordkante als schneller Abstieg benützt! Der Fels ist fester Granit, dessen rauhe Oberfläche zum Reibungsklettern geradezu herausfordert. – Kletterzeit Einstieg – Gipfel: 1.45–2.30 Std.

ABSTIEG Am Anstiegsweg.

FÜHRER/KARTEN SAC-Führer, Bd. IV, Südliche Bergeller Berge und Monte Disgrazia. – Guida CAI, Bonacossa, Masino, Bregaglia, Disgrazia. – Kleiner Bergell-Führer, Nigg/Philipp; Rother-Verlag, München. – SLK, Nr. 278, M. Disgrazia, 1:50 000; Nr. 1296, Sciora, 1:25 000.

BILD Fast ebenso aufregend schön wie die faszinierende Nord- und Nordostflanke des Piz Badile zeigt sich hier die Südseite. Dicht unter dem rauhen Kar des Vordergrunds liegt die Gianetti-Hütte, 2534 m. Links unterm breiten Badile-Gipfelstock die Punta Trubinasca, 3171 m. Es folgt der Badile mit seiner verschatteten Südwestwand, die von der scharfen Diagonale des Südgrates (teilweise unser Anstiegsweg) abgeschnitten wird. Rechts außen der Felskopf des Piz Badilet, 3195 m. Im Hintergrund die nebelverschleierte Oberengadiner Seenplatte, darüber der den Julier überkrönende Piz Kesch.

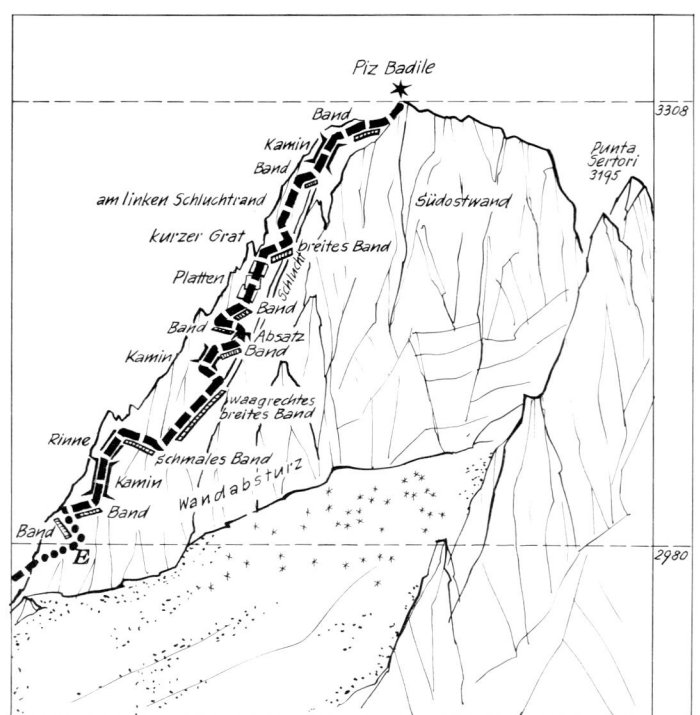

Die Nordkante des Piz Badile im Bergell ist Kletterern ebenso ein Begriff wie Skigenießern das Vallée Blanche bei Chamonix oder Kajakfahrern die junge Ammer im oberbayerischen Pfaffenwinkel. Die Badilekante ist berühmt wegen ihrer einzigartig schlanken Gratschneide mit den steilen, rauhen Plattenschüssen über dem Val Bondasca. Allein, sie ist zu schwer für uns, die wir den »leichten Fels« suchen. Trotzdem müssen wir weder auf den »jungen« Tertiärgranit noch auf Reibungskletterei verzichten und schon gar nicht auf den Gipfel des Piz Badile ... Wir erreichen ihn nur auf einem einfacheren Weg von Süden. Wenn auch der Anmarsch von der italienischen Seite zur Gianetti-Hütte seine Reize nicht verbergen muß, er bleibt einem doch ewig als langer »Hatscher« in Erinnerung! Der Zustieg von der Nordseite ist dagegen ungleich eindrucksvoller, denn unmittelbar unter den scheinbar ungebrochen in den Himmel stoßenden Kanten steigt dort der Weg zur Sciora-Hütte, dem Bondascabach entlang, durch Lärchenwald und Almflanken. Beim Übergang zur Gianetti-Hütte passiert man dann den Vadrec da la Bondasca und den Passo di Bondo, wobei die niemals ungefährliche Gletscherbegehung (!) – und somit dieser gesamte Aufstieg – vom Zustand des spaltenreichen Vadrec da la Bondasca abhängt. Autofahrer werden nicht zuletzt wegen dieses Risikofaktors lieber durchs italienische Val Porcellizzo ansteigen. Der Einstieg zu unserer Südostwand befindet sich genau dort, wo der Südgrat des Piz Badile mit einem Sporn fest verankert ist (auf nebenstehendem Flugfoto genau zu erkennen). Wir steigen zu diesem Gratrücken an dessen südlichem Ende von Westen über Fels- und Rasenbänder auf und folgen ein kurzes Stück der Kante. Bald aber weichen wir auf ein breites Band in der Südostflanke aus, queren weiter über ein kurzes Kriechband, um gleich darauf durch einen nach links oben ziehenden Kamin wieder den scharfen Grat zu erklettern. Abermals bleiben wir nur kurz am Grat, bevor wir endgültig in die Südostwand abschwenken, in der uns eine absteigende Querung und einige kurze Wandstellen zur breiten Gipfelschlucht führen. Wir halten uns hier an ihre Westseite, in der wir bis zum langgestreckten Gipfelgrat in rauhen Kaminen und an festen Wändchen emporturnen. Am höchsten Punkt, der etwa in der Mitte der Gipfelschneide liegt, empfängt uns rund 3 Stunden nach dem Aufbruch von der Hütte ein Steinmann ... Von dort oben betrachten wir die Nordabstürze höchst verblüfft aus anderer Perspektive, entdecken aber auch den krassen Gegensatz zwischen dem breiten Talboden des Oberengadin und den tief eingegrabenen Furchen des Bergell. – Übrigens: Wer sich im »leichten Fels« absolut sicher bewegt und wer einen erfahrenen, zuverlässigen Partner dabei hat, der muß am Piz Badile nicht einmal auf seine »Kante« verzichten. Er steigt nach der im Schweizer Bergell-Führer beschriebenen zweiten Variante immer an der Schneide des Südgrats entlang und quert erst eine Viertelstunde unter dem Gipfel rechts in die Südostwand!

13 Piz Casnil
Zwischen Forno- und Albignabecken

TALORTE Vicosoprano, 1067 m, an der Maloja-Paßstraße auf der Bergeller Seite (Buslinie Chiavenna – Maloja – St. Moritz). – Maloja, 1815 m.

STÜTZPUNKTE Albigna-Hütte, 2238 m, SAC, bewartet. – 45 Min. von der Bergstation der Werksseilbahn zur Albigna-Stauseemauer (Fahrzeiten der Bahn im Tal erfragen!), zu Fuß aus dem Tal 4 Std. – Forno-Hütte, 2574 m, SAC. – 4 Std. ab Maloja, oder 3 Std. ab Alp da Cavloc, wenn Kfz-Auffahrt möglich.

EINSTIEG Am Pass da Casnil Dafora, 2975 m. – Von Forno- wie von Albigna-Hütte jeweils 2 Std. (Gletscherüberquerung von der Forno-Hütte, Firnfelder auf der Albignaseite; Vorsicht bei Ausaperung!)

CHARAKTER/SCHWIERIGKEIT Bei der genußvollen Kletterei am Südgrat II; Kletterhöhe: rund 200 m. – Kletterzeit: 1–2 Std.

ABSTIEG Am Nordgrat, II+, oder bei Vorsicht über das steile Schneefeld in der Westflanke! Den Abstieg von der Forcola del Riciöl zur Forno-Hütte bitte meiden! Lieber über einen der beiden Casnil-Pässe ins Fornobecken.

FÜHRER/KARTEN SAC-Führer Bündner Alpen, Bd. IV, Südliche Bergeller Berge und Monte Disgrazia. – Das Bergell, Nigg/Philipp; Rother-Verlag, München. – SLK, Nr. 268, Julierpaß, Nr. 278, Monte Disgrazia, beide 1 : 50 000.

HINWEIS Das Massiv des Piz Bacun, 3243 m, des nördlichen Nachbarberges, bietet ebenfalls anregende Touren im »leichten Fels« (bis III –). Erfahrene Geher überschreiten beide Berge von der Forno-Hütte.

BILD Blick aus dem durch den Fornokessel fliegenden Flugzeug auf die Ostseite des Piz Casnil mit dem steilen Südgrat aus dem Pass da Casnil Nord, dem langen Ostgrat aus dem Fornobecken selbst und schließlich mit dem flachen Nordgrat zur Forcola del Riciöl. Dahinter Piz Bacun und Cima dal Largh.

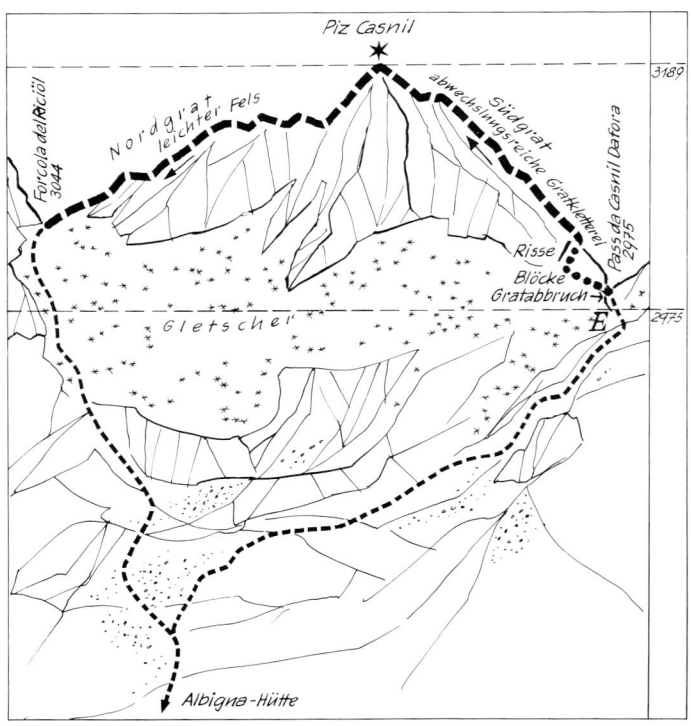

Der Piz Casnil, was Höhe und Aussehen betrifft eher bescheiden in dieser einzigartigen Landschaft, verbucht einige Pluspunkte, die mich dazu bewogen, ihn zu den »schönsten Führen im leichten Fels« zu zählen. Da ist zunächst einmal der unbeschwerliche Anstieg zur Hütte: In wenigen Minuten entschwebt man per Werksseilbahn dem tiefen, dunklen Bergeller Tal bei Vicosoprano, steht an der Albigna-Staumauer und hat nur noch eine Dreiviertelstunde Fußmarsch zur berühmten Kletterer-Hütte. Ein weiterer Reiz dieses Gebietes ist ein richtiger »Urgesteins-Klettergarten« gleich hinter der Hütte. Wer also früh genug ankommt, der marschiert nachmittags noch schnell zum Piz dal Päl und absolviert auf Bändern und in Rissen seine Finger- und Zehenübungen. Dies sind sozusagen die »Zuckerl«, die uns ins Albignabecken locken. – Der Piz Casnil steht unmittelbar im Trennungskamm zwischen Forno- und Albignamulde; er weist drei ausgeprägte Grate auf, wobei der Ostgrat eine der lohnendsten Klettereien in diesem Kamm darstellt, freilich mit seiner Schlüsselstelle im IV. Grad für uns noch nicht in Frage kommt. So bleiben also der Südgrat über dem Pass da Casnil Dafora und der Nordgrat, der sich zur Forcola del Riciöl hinabsenkt … Der Weg von der geräumigen Albigna-Hütte zur Einscharung am Gratansatz ist leicht zu finden; es ist der meistbenutzte Übergang zur Forno-Hütte, von der wir ja ebenso leicht ansteigen können. Die Kletterei vom Paß zum Gipfel überwindet nur rund 200 Meter Höhe und dauert eine Stunde – gleichbedeutend mit einer Stunde Hochgenuß! Skitourenläufer benützen diesen Anstieg übrigens im Frühjahr … Am Anfang ein wenig Blockkletterei, dann ein Aufschwung, der an Rissen auf der Fornoseite umgangen wird, schließlich am deutlicher werdenden Grat im festen Granit zum höchsten Punkt. Rund hundert Jahre nach den Erststeigern des Piz Casnil bewundern wir den gleichen Ausblick zum Berninamassiv, zu den nahen Steilwänden von Badile und Cengalo mit den Führen im »extremen Fels«, schauen zum »schönsten häßlichen« Berg der Alpen, zum Monte Disgrazia hinüber. – Der Abstieg über den Nordgrat ist kinderleicht. Bereits nach einer halben Stunde stehen wir in der Forcola del Riciöl, studieren noch den besten Zugang zum Ostgrat des Piz Bacun, bevor wir über Firnfelder, Moränenschutt und an kleinen, stillen Seeaugen vorbei zur Hütte absteigen … Diese Hütte mit dem einfachen Zugang stellt einen idealen Ausgangspunkt für mehrere Gipfel im Kamm des Casnil wie auch für einen Übergang zur Forno-Hütte mit ihren zahlreichen Gipfeln dar. Für diesen Übergang sollte niemand die Forcola del Riciöl benützen, sondern nur den Pass da Casnil Dafora. Fast jeder, der vom Casnil zu dieser Scharte abstieg und vor dem Bacun stand, wird ein weiteres Mal hierher aufsteigen, um eben diesen Pic Bacun »zu packen«. Nord- und Ostgrat gehen nicht über III – hinaus, bieten interessante Kletterei im fast sprichwörtlich griffigen Bergell-Granit. Den Führer genau durchzulesen, lohnt sich auch hier!

32

14 Monte del Forno
Überschreitung über dem Fornobecken

TALORT Maloja, 1815 m, am Malojapaß zwischen Bergell und Oberengadin.

STÜTZPUNKT Forno-Hütte, 2574 m, SAC, am Ostrand des Fornogletschers. – Etwa 4 Std. von Maloja; falls Auffahrt mit Kfz bis Alp da Cavloc möglich, nur 3 Std.

EINSTIEG Von der Forno-Hütte in nördlicher Richtung über Gras und Schrofen zu einer Moränenterrasse (P. 2729) und weiter zum Westsporn des Pizzo dei Rossi, der bei einer kleinen Einsattelung erreicht wird. – 2 Std. von der Hütte.

CHARAKTER/SCHWIERIGKEIT Nicht über II, meist leichte Blockkletterei am Nordwestgrat des Monte del Forno. – Zeit für Aufstieg über Pizzo dei Rossi: etwa 4 Std.

ABSTIEG Am besten über den Südgrat zur Sella del Forno. – Knapp 2 Std. zur Hütte.

FÜHRER/KARTEN SAC-Führer Bündner Alpen, Bd. IV, Südliche Bergeller Berge und Monte Disgrazia. – Das Bergell, Nigg/Philipp; Rother-Verlag, München. – SLK, Nr. 268, Julierpaß, Nr. 278, Monte Disgrazia, beide 1 : 50 000, Nr. 1276, Val Bregaglia, 1 : 25 000.

BILD Der Monte del Forno aus der Vogelperspektive. Vom Malojapaß her anfliegend sieht der Flugfotograf den gesamten Aufstiegsgrat. Im Vordergrund der Pizzo dei Rossi, dahinter unser Nordwestgrat zum Monte del Forno. Im Hintergrund Monte Disgrazia (links) und Cima di Vazzeda.

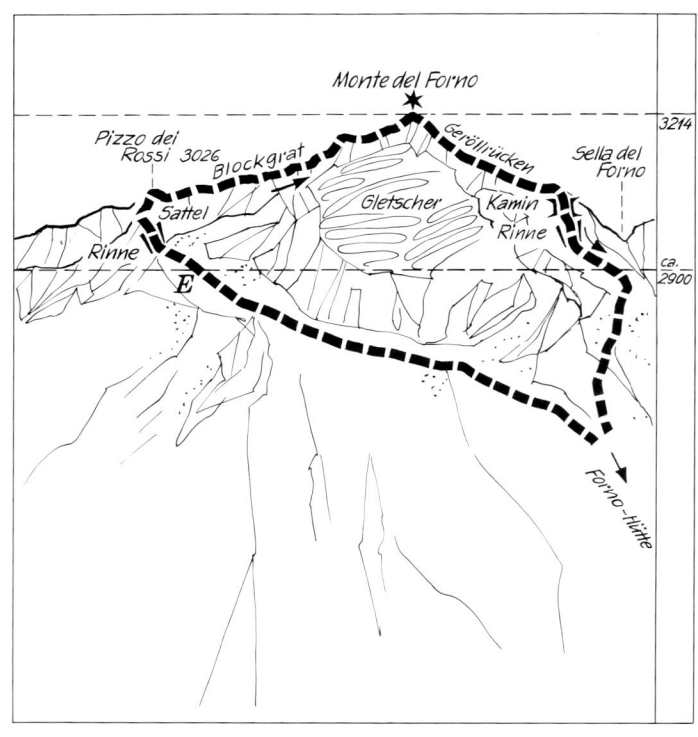

Wo das über 1700 Meter hoch liegende Sonnenland des Oberengadin westwärts seiner reinen Seenplatte am Malojapaß plötzlich in die dunklen Schattengrüfte des Bergell stürzt, da zieht unmittelbar vom Paß das Fornotal südwärts: Schuttströme, wilde Bergwasser und eine steile Gletscherzunge – das Fornobecken. Rechts und links des Eisstromes erwarten den Kletterer so wohlbekannte Gipfel wie Cima dal Largo, Piz Bacun, Piz Casnil, Cima dal Cantun und Cima di Rosso. Unser Monte del Forno, immerhin 3214 Meter hoch und in vier Flanken mit faul ausapernden Eisflanken gepanzert, spielt unter der eben aufgezählten Bergeller Prominenz keine besondere Rolle. Aber wir Kletterer im »leichten Fels« finden dort genau, was wir suchen. Das ist der lange Kamm zwischen dem Pizzo dei Rossi, 3026 m, und dem Sattel der Sella del Forno, 2775 m, in dem der Gipfel des Monte del Forno die höchste Erhebung bildet. – Von der Forno-Hütte her, die bereits gute 150 Meter über dem breiten Eisbecken des Fornotales liegt, steigen wir in nördlicher Richtung über Gras und Schrofen zum kleinen Moränenseelein bei P. 2729 und queren dann weiter zum Westsporn des Pizzo dei Rossi. Über Blöcke gelangen wir in eine kleine Einsattelung am Grat. Ihm folgen wir bis zum Gipfel, manchmal etwas nach Süden ausweichend. Auf dieser Aussichtskanzel, 1200 m über dem Malojapaß und dem Oberengadin, haben wir eine erste Rast verdient; wir können dabei in aller Ruhe unseren weiteren Anstieg zum Monte del Forno studieren. Was folgt, ist leichte Genußkletterei an dem über einen Kilometer langen, erst im zweiten Teil steiler ansteigenden, festen Nordwestgrat, dessen beide Flanken Gletschereis umspült. Dieser Grat stellt uns einige Türme und Buckel entgegen, die alle leicht zu überklettern sind – aber auch zu umgehen. Erst am Gipfel zeigt uns der Monte del Forno, wie bedeutend er wirklich ist. Denn wir sehen uns nach dem Ablegen des Seiles auf einem Aussichtspunkt ohnegleichen: Dicht westlich gegenüber prangt die Garde der Bergellgipfel, jener junge, helle Bergell-Granit mit seinen mächtigen, ungebrochenen Tafeln und Platten, Blöcken und Türmen – in der Tat um das Dreifache jünger als der benachbarte Bernina-Granit! Im Süden haben wir den vollkommen freien Blick auf die Rinnen, Rippen und Hängegletscher des Monte Disgrazia. – Um unsere Überschreitung zu vollenden, steigen wir über Schutt den Südgrat hinunter. Ein gutes Stück vor der Sella del Forno verlassen wir den Rücken, gelangen durch einen Kamin und ein anschließendes Couloir auf den Gletscherfirn unter dem Sattel und westwärts zur Hütte. – Noch ein Tip für Konditionswunder: Über der Sella del Forno befindet sich am Einstieg zum Nordostgrat des Monte Rosso der wilde »Kluckerzahn«, ein beliebter Kletterfels. Eine Viertelstunde Anstieg aus der Scharte ist uns die Übungsstunde im Reibungsklettern schon wert: wenig Griffe, rauhes Gestein, rauhe Plattenränder, gut kletterbare Risse und Verschneidungen – mangels Griffen oft »auf Sohlendruck« balancierend zu überwinden.

15 Rosatschkamm

Tribünengang vor der Bernina-Szene

TALORTE   St. Moritz, 1822 m. – Silvaplana-Surlej, 1809 m (Talstation der Kabinenbahn zum Corvatsch-Murtel). – Pontresina, 1805 m.

STÜTZPUNKTE   Restaurant Hahnensee, 2153 m, (einfach, angenehm) im Aufstieg zur Fuorcla Surlej, 4 Std. – Restaurant Fuorcla Surlej, 2755 m, (auch gute Nächtigung). – Mittelstation der Corvatschbahn, 2699 m, (keine Nächtigung).

EINSTIEG   Am Südsockel des Munt Arlas, etwa 2840 m, unmittelbar am Südgrat. – 20 Min. ab Fuorcla Surlej.

CHARAKTER/SCHWIERIGKEIT   II – am Munt Arlas, und zwar am Süd- und am Nordostgrat bei stellenweise brüchigem Fels (Granit). Etwas Klettererfahrung durchaus nötig! Kein Leichtsinn! Wenn ganze Überschreitung, niemals ohne Pickel für mögliche Firnstellen! Absolut komplette Kleidung für große Höhe, Proviant für sehr lange, bei Wetterumschlag oft heikle Hochtour!

ABSTIEG   Man studiere genau die SLK, Nr. 268, um dabei festzustellen, daß der Abstieg für erfahrene Alpinisten beinahe von jedem Gipfel möglich ist, aber *nie* rechts (südwärts!) in der gefährlichen Val-Roseg-Flanke – immer nur nordwestwärts Richtung Hahnensee – St. Moritz! Oder im Sinne der idealen Überschreitung des Rosatschkammes ab letztem Gipfel Piz Mezdi am schmalen Grat zum Piz da Staz, 2847 m, ab hier in nicht ganz leichter Schrofenkletterei, dann frei (markiert) über Muottas Schlarigna nach Pontresina (reiner Abstieg ab letztem Gipfel knapp 2 Std.). – Die komplette Überschreitung Fuorcla Surlej – Piz da Staz – Pontresina bzw. St. Moritz kostet mindestens 10 – 11 Std. Zeit!

FÜHRER/KARTEN   Bernina-Führer, Flaig; Rother-Verlag, München. – SLK, Nr. 268, Julierpaß, 1 : 50 000.

Wo sich Ostalpen und Westalpen treffen, in der genauen Mitte des Alpenhauptkammes, überragt der einzige Viertausender der Ostalpen – der Piz Bernina, 4049 m – das kristallklare Oberengadin wie die heißen Weinböden des Puschlav. Dieser hochalpine Berninakern besitzt in dem nordwärts vorgelagerten Rosatschkamm eine Tribüne, auf der steigend, kletternd oder rastend der Mensch jenes große Bild immerfort wie aus einer Theaterloge genießt. Deshalb empfehle ich den Rosatschkamm allen hochgestimmten Anfängern in der Felskletterei zum Übersteigen – und zwar von der Fuorcla Surlej, 2755 m, bis hinüber zum Piz Mezdi, 2992 m, über sechs Gipfel . . . wovon aber nur der erste, unser Munt Arlas, 3127 m hoch, andauernd leichte, reizvolle Kletterei anbietet. Die Fuorcla Surlej hat man mit der Corvatsch-Kabine ab Surlej-Talstation und anschließender ebener Hangquerung erreicht. Der gierige Kletterer steigt von dort sofort um den nahen Arlas-Sockel, zuerst skeptisch, dann begeistert, packt den Südgrat in reizvoll leichter Kletterei (1 Std.). Dann steigt er am wenig schwierigen Nordostgrat ab – erst in eine kleine Einsenkung, dann über viele Gratzacken, hinterher links vom Grat in etwas brüchigem Fels, dann über Platten, eine herrliche Felsnadel und viele Stufen zu einem kleinen Eiscouloir in der Westwand. Ab hier wieder zu einem Absatz am Grat und dann rechts an der letzten Steilstufe vorbei in Richtung Scharte, 2984 m. Jetzt sollte man möglichst immer dem Grat treu bleiben, auch bei den nun folgenden Gipfeln, wobei man sich nur noch am Piz Rosatsch ein wenig festhalten muß. – Der kühle Kletterer schließt das Unternehmen meist hinterm Munt Arlas ab und kehrt ins Tal zurück. Der Alpinist aber, der nicht total blind im Auge und Herz ist, wandert nach dem Munt Arlas von Gipfel zu Gipfel, vergißt den architektonischen Schutt des Weltluftkurortes St. Moritz, genießt aber um so inniger das kaum faßbare hochalpine Weltbild ringsum: die strenge kalte Seenplatte des Oberengadin mit dem alten Julier darüber, das weiß schäumende Eis an Palü, Morteratsch, Bernina und Roseg, die schwarzblaue, heiße Weinböden bergende Schlucht des Puschlav südwärts. Mit dem SAC-Führer im Rucksack und der besten aller Karten, nämlich der Schweizer Landeskarte Nr. 268 (Julierpaß) und vielleicht auch mit dem liebsten Menschen, den man kennt, sollte diese Überschreitung des ganzen Rosatschkammes zu einem kostbaren Abenteuer werden.

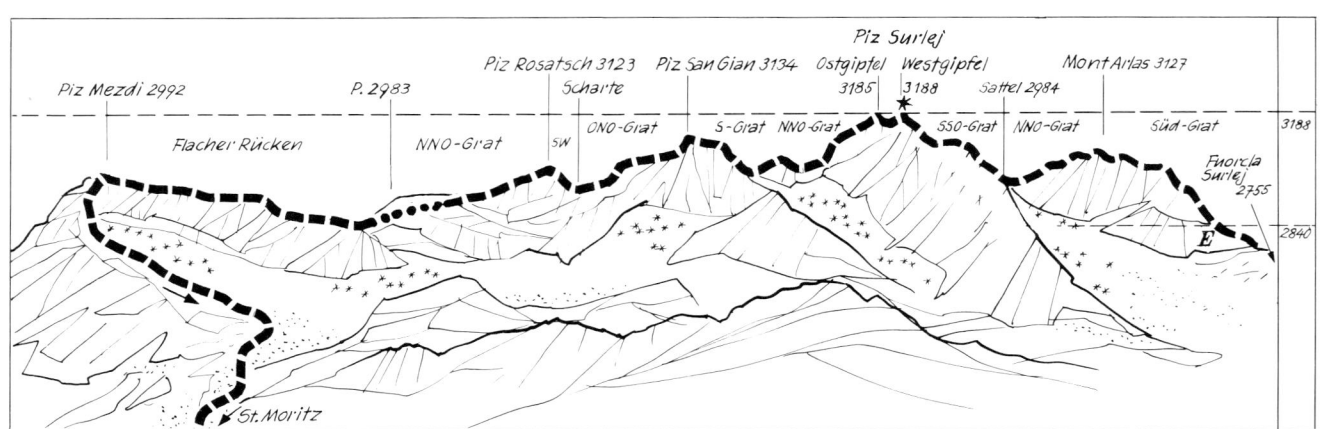

Das bis an seine Granitgrate mit gleißendem Eis überspülte Kernstück der Bernina-Gruppe – aus dem Flugzeug betrachtet. Kaum weniger eindrucksvoll zeigt sich dieses großartige »Alpengemälde« von dem im Vordergrund sichtbaren Rosatschkamm, den wir auf dieser »leichten« Riesentour zur Gänze überschreiten. Rechts der Munt Arlas (unser erster Gipfel) mit seinem gezackten Nordostgrat, links der Piz Surlej. Im Mittelgrund von links nach rechts Piz Morteratsch, (rechts darunter) Piz Tschierva, Biancograt zum Piz Bernina, Piz Scerscen und Piz Roseg. Zwischen Piz Morteratsch und Piz Bernina lugen Piz Zupo und Piz Argient hervor.

37

16 Las Sours/Piz Muragl
Klettergarten über Pontresina

TALORTE Pontresina, 1804 m. – Punt Muragl, 1738 m (Talstation für Muottas Muragl).

STÜTZPUNKT Muottas Muragl, 2453 m, an der Bergstation der Seilbahn von Pontresina/Punt Muragl (Hotel-Restaurant).

EINSTIEG Es gibt 2 Möglichkeiten: a) Bergstation Muottas Muragl, Zustieg durch Val Muragl von 2453 m auf 2709 m an der Fuorcla da la Chamanna, 1.30 Std. – Einstieg zu Las Sours auf Höhe 2800 m. – b) direkter Aufstieg (ohne Bahn) Pontresina-Fuorcla da la Chamanna, also von 1804 auf 2709 = ca. 900 Höhenmeter = 2.30 Std. (bei stetig sich erweiterndem Nahblick ins Bernina-Gefüge gegenüber).

CHARAKTER/SCHWIERIGKEIT Las Sours (»Die Schwestern«) und ihr Beherrscher Piz Muragl, 3157 m, bieten leichte Kletterei (II +), sehr reizvoll, bei Varianten. Wer den kleinen amüsanten Klettergarten überschreitet, sollte den »logischen« Höhepunkt des nahen Piz Muragl mitnehmen, bei leichtem Fels eine berühmte Kanzel vor der Bernina.

ABSTIEG Ab Sockel Las Sours oder vom Piz Muragl am angenehmsten durch das ganze Val Muragl, also nord-, dann westwärts hinab ins Tal.

FÜHRER/KARTEN SAC-Führer, Bündner Alpen, Bd. X, Mittleres Engadin und Puschlav. – SLK, Nr. 1257, St. Moritz, 1 : 25 000 (ideal!); Nr. 268, Julierpaß, 1 : 50 000. – FBK, Nr. 51, Bernina, 1 : 100 000.

BILD Das Luftbild zeigt vor dem Hintergrund der Bernina-Gruppe um Piz Cambrena, Piz Palü und Bellavista den »Klettergarten« der Las Sours (Die Schwestern) im Vordergrund. Wir können sehr gut die Felsstruktur einsehen: leichte Kletterei. Dicht links außerhalb des Fotos überragt der Piz Muragl die beiden Granitschwestern.

Angesichts von Palü, Bernina und Morteratsch den Anstieg zu den Las Sours zu wagen, zu einem kleinen Granitklettergarten hoch über dem Val Muragl und dicht vor dem Piz Muragl, erscheint absurd. Aber vielleicht überzeugt den Leser schon unser feines Luftbild und die darin spürbare absolute Einsamkeit um die beiden Granitschwestern. Man ist als Freund leichter Kletterei von der Überschreitung dieser beiden griffigen Gratköpfe sehr angetan, und mancher nimmt sich die Zeit, eine der 2978 und 3008 Meter hohen Zinnen auch noch über ihre Ostflanken zu erklettern, um dann erst den diesen Klettergarten wuchtig überragenden Piz Muragl, 3157 m, anzugehen. Man tut das am Westgrat, klettert zuerst über Blöcke, läßt dann die scharfe Gratschneide links und kommt über schöne Bänder zum Gipfel – einer wahren »Fürstenloge« vor dem Bernina-Theater. Es gibt steile Zuwege direkt von Pontresina über die Westflanke zur Fuorcla da la Chamanna, 2079 m – also schon in die nächste Nähe der »Schwestern«. Man genießt auf diesem kaum begangenen Steig die absolute Stille . . . Wer es bequem haben will, fährt natürlich mit der Bergbahn nach Muottas Muragl auf, also von 1738 auf 2453 m, und promeniert von dort durch das Val Muragl zum Einstieg südlich der Fuorcla da la Chamanna . . . Was den »leichten Fels« an den Las Sours betrifft, so unterschlage ich nicht, daß es von Westen her auf die westliche Spitze, 2978, sogar einen Fußweg gibt. Aber der muß uns ja nichts angehen! Wir begehen – von der nahen Segantini-Hütte kommend, von Westen her – den Geröllrücken bis zum Steinmann des ersten Gipfels, klettern dann am scharfen Grat fast eben hinüber bis zum zweiten Steinmann vor dem steilen Gratabbruch. Um von hier auf die östliche Spitze zu kommen, klettert man in der Ostflanke des Grates durch einen Riß empor und dann über Platten zum Gipfelkamm; über diesen Kamm gelangt man unschwer in die Senke zwischen erster und zweiter Spitze! Hier folgt ein Steilaufschwung, der über schöne, gutgriffige Blöcke erklettert wird. Ungefähr in der Mitte des Grataufschwungs steigt man etwas nach links in die Plattenwand der Südflanke und über diese steil zum Gipfelsteinmann: gutgriffiger Granit überall, sehr anregend. – Am schönsten ist die Traversierung von Las Sours mit der anschließenden Besteigung des Piz Muragl über dessen bereits beschriebenen Westgrat. – Der Abstieg von hier in den Talschluß des Val Muragl muß mit Bedacht gesucht werden, am besten überwandert man im großen Südostbogen die Türme des ganzen Grates, der zuletzt nördlich bis zur kleinen Fuorcla Muragl, 2891 m, zieht; hier entdeckt man den Weg hinaus ins Val Muragl. Nur erfahrene Bergsteiger dürfen es wagen, direkt zu den großen, verlockenden Sandströmen abzusteigen.

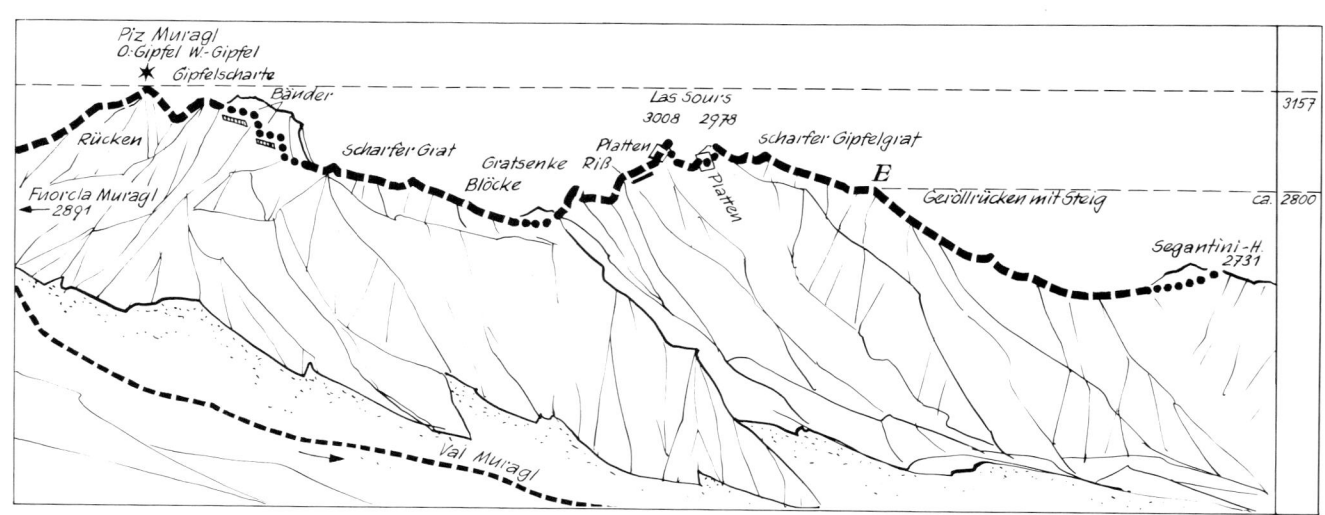

17 Piz Ot

Am Südgrat hoch über Val Bever und Engadin

TALORTE   St. Moritz, 1822 m (Seilbahn zur Corviglia). – Samedan, 1705 m.

STÜTZPUNKT   Bergrestaurant/Hotel Corviglia, 2486 m; dann nichts mehr bis ins Tal. – Länge der Tour Corviglia-Samedan gut 7–8 Std.!

EINSTIEG   Man quert über der Station Corviglia nordwärts in großem Links-Rechts-Bogen das ganze Val Saluver bis hinüber zu den Trais Fluors und dicht hinter ihnen über die Padellascharte, 2736 m; ab hier westwärts hinüber zum Sockel des Piz da la Funtauna, 3092 m. Erste leichte Kletterei auf den Gipfel. Dicht dahinter fängt die richtige »leichte« Kletterei an.

CHARAKTER/SCHWIERIGKEIT   II + in gutem Fels; abwechslungsreiche Kletterei über die 11 Höcker und zwei großen Steilstufen (Mitte und vor dem Gipfelstock).

ABSTIEG   Am ausgesetzten, aber gesicherten Steig durch die steile Ostwand ins Val Valletta und dann über die Alp Muntatsch ostwärts nach Samedan hinab.

FÜHRER/KARTEN   SAC-Führer, Bündner Alpen, Bd. VI, Albula. – SLK, Nr. 1257, St. Moritz, 1 : 25 000 (beste Karte!).

BILD   Flugfoto von unserer ganzen Klettertour: Blick von Südost über die Trais Fluors hinweg (unten im Bild, daneben rechts unser Übergang an der Padellascharte) auf den Vallettakessel und links oben Startbuckel zum langen Südgrat des Piz Ot (verkürzt, der Grat ist sehr lang!). Am Gipfel und am halben Grat sieht man die sehr steilen Aufschwünge. Unterm Gipfel rechts die steile Flanke des Abstiegsweges (Steig) in den Kessel der Valletta hinab.

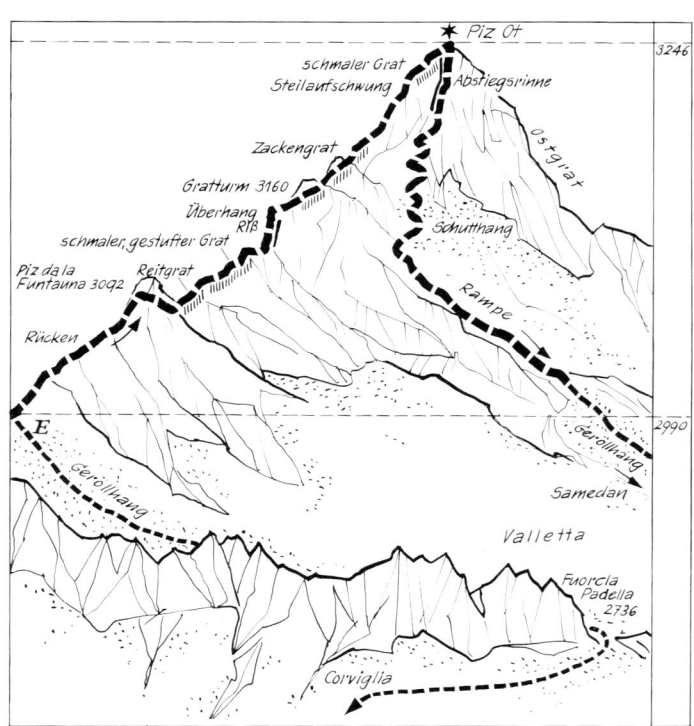

Beim Anstieg von der Bergbahnstation Corviglia, 2486 m, durch das obere Val Saluver zur Padellascharte, 2736 m, dicht am Klettergarten der Trais Fluors, schwirren auch im Sommer Wolken von Skigeistern um uns . . . Aber wir bleiben allein. Auch dann noch, wenn wir in der Nordseite, hoch überm Vallettakessel hin, den längst sichtbaren Südgrat des Piz Ot ansteuern. Wir sind auch noch am Piz da la Funtauna allein, an dem wir zu klettern beginnen. Dieser ist nur ein unbedeutender Vorhöcker, aber gleich hinter ihm legen wir das Seil an: Da kommt als erstes ein messerscharfer, wenn auch nur wenige Meter langer Reitgrat – recht exponiert. Wir hangeln in der spiegelglatten Flanke hinüber, die Finger wie Schraubklammern am spitzigen Grätchen, und schon haben wir die erste freundliche Überraschung hinter uns. Der ganze lange, erst flache und scharfe, dann mit diversen Stufen und Buckeln durchsetzte Südgrat liegt vor uns, steilt sich aber erst mit dem mittleren Abbruch richtig auf. Nach drei Seillängen schauen wir zum ersten Mal um, verschnaufen, begreifen die Funktion dieses Südgrates zwischen Val Bever und Engadin, erkennen drüben im Ostgrat des Piz Ot den allen guten Kletterern wohlvertrauten Crasta-Spinas-Grat zum Piz Spinas – sehen aber keinen Palü, keine Bellavista, keinen erst tags zuvor überstiegenen Rosatschkamm. Fremde, rätselhafte Albula-Wildnis um uns, kaum absehbar . . . Wir steigen, teilweise in der Gratflanke kletternd, in die tiefste Senke des Südgrates, haben es dabei mit vielerlei Scharten und Zacken zu tun, umgehen oder überklettern sie alle. Ein zweites, fast messerscharfes Gratstück folgt; man ist immerzu angespannt. Dieser Südgrat sieht immer so brav aus, wenn man von seiner Steilstufe im obersten Teil absieht; aber er streckt sich. Nur an wenigen Stellen gehen wir am gespannten Seil, dann muß man wieder klettern und sichern. Später nähert man sich jenem fast senkrechten Abbruch – aha, jetzt geht's los! Wir treffen auf lockere Platten, kommen vom Grat nach links ab, klettern hübsch exponiert durch Plattenrisse, auch über einen ganz netten Überhang. Man könnte ihn links einfacher umklettern. Zwei folgende Zacken sind gut zu umgehen, andere überklettern wir, weil der Fels dazu einlädt, und immer steiler geht es schließlich zum Gipfel hinauf. Mitten hinein in einen kleinen Knäuel Bergsteiger, die, nach ihrem Aufstieg über den gesicherten Normalweg, ihren Gipfelsieg feiern. Dann steigen sie alle ab, wir folgen ihnen mit großem Abstand, sehen diese fast senkrechte Ot-Ostflanke dicht unterm Gipfel wie im Bild: Aber dort windet sich der Klettersteig hindurch, viele winzige Serpentinchen, dann eine freie Rampe mit Sitzplätzen zum Genießen der gegenüberstehenden Crastas-Spinas-Szenerie . . . Wir bummeln weit hinab in die Stille der Valletta, rätseln, wie man da jemals wieder herauskommt, finden eine Markierung in ein felsiges Nichts hinein und erkennen plötzlich – jenseits des Inn – die Gipfel von Muragl und Languard. Wir atmen auf, sind glücklich: also doch auf dem richtigen Planeten . . .

Schweiz / Albula-Gruppe / Granit /
3044 m / II+

18 Las Set Rösas

Genußkletterei unterm Piz Ot

TALORT Samedan, 1705 m.

STÜTZPUNKTE Keine!

EINSTIEG Bei P. 2957 in der Scharte zwischen Piz Ot und Las Set Rösas. Von Samedan nordwestwärts zur Alp Muntatsch, weiter zum flachen Sattel am Eingang der Valletta; in das Tälchen hinein, dann scharf nach Nordwesten zur Funtauna Fraida, P. 2694, dann am Fußweg weiter an den Fuß der Testa Naira, hier rechts über Trümmer und kleine Firnflecken direkt zur Scharte. – Gute 3.30 Std. von Samedan. – Oder einfacher: Seilbahn Corviglia, dann zu Fuß über die Padellascharte und am Piz Ot rechts vorbei zum Einstieg, 2–3 Std.

CHARAKTER/SCHWIERIGKEIT II+ in festem Granit. – Zeit für gesamte Überschreitung: 2 Std.

FÜHRER/KARTEN SAC-Führer, Bündner Alpen, Bd. VI, Albula. – SLK, Nr. 268, Julierpaß, 1:50 000, Nr. 1257, St. Moritz, 1:25 000 (besser!).

BILD Las Set Rösas (»Die sieben Rosen«) von Süden. Im nächsten Augenblick taucht das Flugzeug über die Trais Fluors (Vordergrund) hinweg in den weiten Kessel der Valletta. Am linken Bildrand der kleine See bei P. 2774, darüber die Scharte, in der sich unser Einstieg befindet.

Den meisten Skipistenknechten sind die »Drei Blumen« (Las Trais Fluors) hoch über St. Moritz und seinem Val Saluver ein Begriff – genau nördlich dieser drei felsigen Blumen steht der spitzige Kegel des Piz Ot, 3246 m. Diese aus Granit und Gneis gebaute Pyramide entsendet ostwärts einen langen Grat in Richtung Samedan: Wo sich dieser Grat nach der Einschartung bei P. 2957 gabelt, da stehen Las Set Rösas, »Die sieben Rosen«. An jenem Punkt beginnt unsere Traversierung West-Ost über Gipfelblock und die exponierte »Platte« als interessantestem Teil hinaus in die Grube der Valletta . . . Wir verlassen also den weltberühmten Boden des Oberengadin dicht nördlich von Samedan bei St. Moritz, steigen nordwestwärts auf alten Wegen durch die Traumlandschaft der Waldgrenze und der Alp Muntatsch, bis uns ein breiter, sanfter Sattel unser Ziel vor Augen stellt. Hinab nun in die Valletta, dem mächtigen Piz Ot entgegen, und unter seinem Ostgrat nordwärts zu dessen P. 2957. Hier stehen wir am Einstieg einer reizenden Genußkletterei, die von Felsstruktur und Exposition her saftige Würzen empfängt. Der Fels könnte nicht besser sein! Aber wenn wir nach dem gut dreistündigen Anmarsch Hand an ihn legen, wird es gleich ernst: direkt an der Kante aufwärts, steil aber gestuft, und erst in halber Höhe von ihr in die Südflanke und durch eine Rinne wieder hinauf zum westlichen Eckturm des mehrgipfeligen Massivs. Nun am Gipfelgrat interessant weiter über Blöcke und Scharten bis zum steil ansetzenden Gipfelblock, den man in seiner Westflanke (siehe Skizze im Führer) erst schräg gegen die Wandmitte, hier teils waagrecht auf Leisten, dann fast senkrecht hinauf zur höchsten Kante erklettert – bei wenigen, aber recht soliden Griffen! Jenseits dieser fesselnden Eskapade geht es leicht südlich der Gratkante über Platten zur nächsten Gratscharte und hier nach einigen Zacken auf einen scharfen Felshöcker zu, dessen spitze Schneide direkt erklettert werden muß. Die interessanteste Stelle dieser Tour wäre aber (siehe Führerskizze) südlich, nicht gerade sehr angenehm, zu umgehen. Wieder am höckerreichen Grat, turnen wir an Blöcken und Zacken in eine breitere Senke, um den P. 2990 am Ostende der Kletterei zu erreichen. Über lockeren Schutt und Rasen stolpern wir dann, erlöst oder glücklich befriedigt, zur einsamen Funtauna Fraida hinab, ins wohltätig Ebene. Der Name sagt uns genug: frische Fontäne – also das klarste und reinste Bergwasser für den Durst. Hinüber dann zur Alp Muntatsch, hinab nach Samedan. Diese Genußkletterei ist längst berühmt . . .

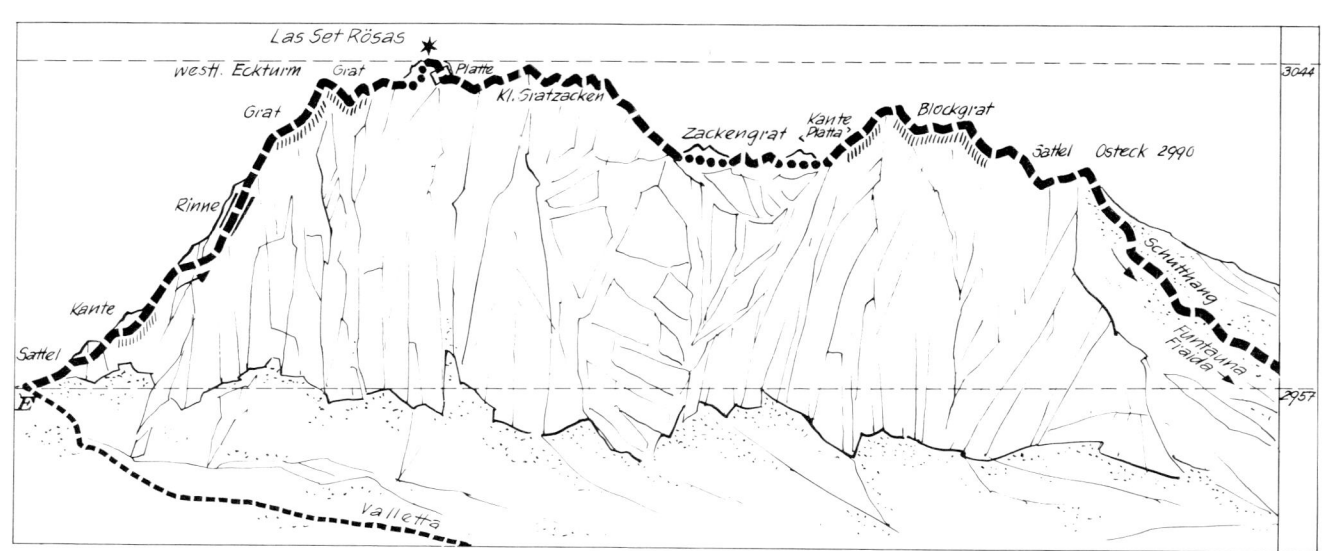

19 Tinzenhorn

Am Normalweg durch die Nordostwand

TALORTE Filisur, 1032 m. – Bergün, 1367 m. Beides Stationen an der Albulabahn; mit Pkw von Tiefencastel oder vom Engadin über den Albulapaß. – Evtl.
Tinizong (Tinzen), 1232 m, im Oberhalbstein an der Julierpaßstraße.

STÜTZPUNKT Ela-Hütte, 2250 m, SAC, nördlich unterm Elapaß, meist unbewartet, offen. – Gute 3 Std. ab Filisur durchs Val Spadlatscha, gute 3 Std. ab
Bergün über Uglix.

EINSTIEG Von der Hütte am Steig zum Elapaß bis südlich des Bot Radond,
dann nördlich zu einem Einschnitt in der Schrofenwand (Trittspuren). – 1 Std.
ab Hütte.

CHARAKTER/SCHWIERIGKEIT Nicht über II, erst im oberen Teil fester Fels! –
Zeit Einstieg – Gipfel: 2.30–3 Std.

ABSTIEG Am Anstiegsweg mit der Variationsmöglichkeit über den Fil da S-
chidier. – Oder über den Westgrat, II, mit verwickelter Wegführung, deshalb
genau nach SAC-Führer gehen! – 4 Std. bis ins Tal nach Tinizong.

FÜHRER/KARTEN SAC-Führer, Bündner Alpen, Bd. VI, Albula. – SLK,
Nr. 258, Bergün, 1 : 50000, Nr. 1236, Savognin, 1 : 25000 (besser!).

BILD Blick aus dem Flugzeug auf den Nordostgrat des Tinzenhorn und in den
tiefen Gravaratschas-Kessel unter der Nordwand. Die Vogelperspektive verzerrt
die Höhenunterschiede, deshalb ein Hinweis: Der Gipfel der Felspyramide
thront fast 700 Höhenmeter über dem untersten, im Schatten liegenden
Schneefeld des Kares. Links vorne, mit riesigen Plattenschilden, der Fil da
S-chidier, 2836 m, den wir im obersten Teil unseres Anstiegs verfolgen (der untere Teil wird vom Fil da S-chidier verdeckt). Über dem Einschnitt von Oberhalbstein, dem Tal der Julierpaßstraße, der wuchtige Klotz des Piz Platta,
3392 m.

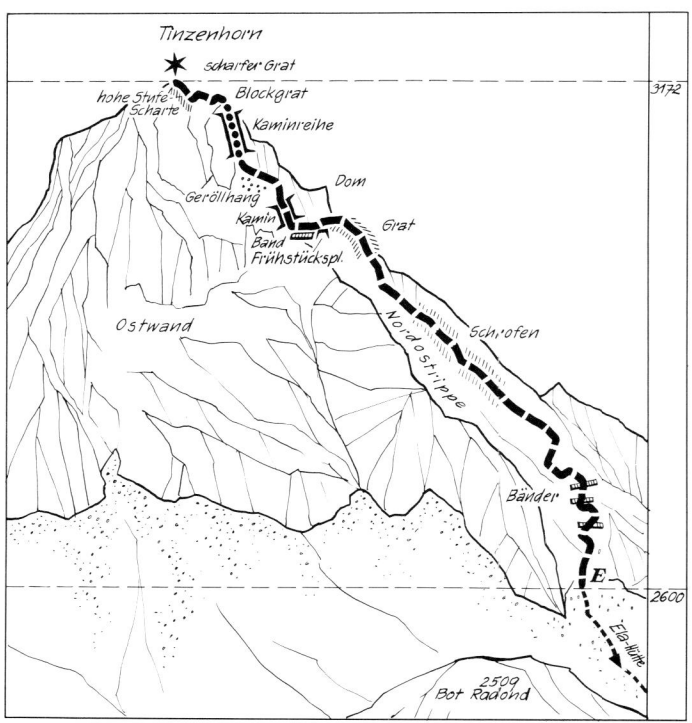

Die erste Besteigung des Tinzenhorn gelang einer Frau
bereits vor einigen hundert Jahren, als Bergsteigen von
der für die Untertanen denkenden und handelnden Ob-
rigkeit verboten war. Ein Mädchen aus Filisur soll es
gewesen sein, das im Mondschein auf die Spitze des
Tinzenhorn gestiegen war; ihr »Verbrechen« mußte sie
dann als Hexe auf dem Scheiterhaufen mit dem Leben
bezahlen! So zumindest erzählt es eine alte Sage im
Bergüner Land. Der gute Schweizer Alpenclub-Führer
kommentiert diese Geschichte mit dem urschweizeri-
schen, trockenen Humor: »In unserer humaneren Zeit
kommen die ersten Bergsteiger nicht mehr auf den
Scheiterhaufen, sondern in die Zeitung.« Sicherlich in
der Zeitung wurde die »offizielle« Erstersteigung durch
den Engländer D. W. Freshfield mit Fr. Devouassoud
sowie die Schweizer E. Hauser mit P. Jenny und A. Flury
am 7. August 1866 festgehalten. Sie suchten sich ver-
ständlicherweise den einfachsten Anstieg, der auch uns
im »leichten Fels« auf den Gipfel dieses kühnen Horns
zwischen Piz Ela und Piz Mitgel leiten soll. Die Probleme
am Normalweg durch die Nordostwand liegen dabei
weniger in den klettertechnischen Schwierigkeiten, die
nur den II. Grad erreichen, als vielmehr an der Orientierungssinn verlangenden Wegführung. Anfangs ist's allerdings noch recht leicht: Mit dem Seil im Rucksack
geht es von der Ela-Hütte am Steiglein zum Elapaß bis
südlich des Bot Radond, dann nördlich zu dem Einschnitt, der nordwestlich dieses Felshöckers zwischen
den Schuttkaren unter der Nordostwand liegt. Zunächst
über Rasen, später über Geröll und in Kehren steil durch
die von Bändern durchzogene Schrofenwand aufwärts
bis unter die aus dem Nordostkamm aufragende Fels-
bastion des »Dom«. Hier legen wir das Seil an und queren auf einem Band unter den Domfelsen in die Nordostwand hinein, erklettern über kaminartige Runsen
eine Steilstufe, berühren möglichst kurz einen rutschi-
gen Geröllhang und gelangen schließlich auf eine Fels-
kanzel und über ihr zur Gratkante. Nun in anregender
Kletterei mit wenigen Abweichungen immer am Grat
bleibend, die »Hohe Stufe«, eine 4 bis 5 Meter hohe,
leicht überhängende Wand kann nördlich leicht umgangen werden, schließlich über den teilweise scharfen
Gipfelgrat zum höchsten Punkt. Wie sein mächtiger
Nachbar, der Piz Ela, dessen Westflanke wir während
unseres Aufstiegs genau studieren konnten, ist auch
das Tinzenhorn ein Aussichtsberg ersten Ranges. Zwar
soll er der meistbestiegene des Bergüner Dreigestirns
Ela – Tinzenhorn – Mitgel sein, dennoch ist man hier
meist allein. – Für den Abstieg bietet sich der Anstiegsweg an, den man variieren kann, indem man vom
»Dom« über den langen Nordostarm des Tinzenhorn,
den Grat des Fil da S-chidier (in der Landeskarte mit Fil da
Stidier angegeben) ins blumenreiche Val Spadlatscha
verfolgt. Vom Gipfel bis ins Albulatal bei Filisur dürfen die
Knie dabei über 2000 Höhenmeter hinunterschnackeln . . .
Die weichen Knie sind übrigens auch beim Abstieg über
den Westgrat nach Tinizong »garantiert«.

44

20 Piz Ela
Über Frühstücksplatte und Sphinx

TALORTE Filisur, 1032 m. – Bergün, 1367 m. Beide Stationen der Albulabahn. Mit Kfz von Chur über Tiefencastel oder vom Engadin über den Albulapaß erreichbar.

STÜTZPUNKT Ela-Hütte, 2250 m, SAC, nördlich unterm Elapaß, meist unbewartet, offen. – Gute 3 Std. ab Filisur durch das schöne Val Spadlatscha oder gute 3 Std. ab Bergün über Uglix.

EINSTIEG Ca. 100 m nördlich der Elascharte (P. 2871) in etwa 2850 m Höhe. – Von der Ela-Hütte auf dem Weg zum Elapaß, in Höhe des Bot Radond links über Geröllhänge auf eine Blockterrasse und steil zum Einstieg. – 1.30 Std.

CHARAKTER/SCHWIERIGKEIT Unser Aufstieg über den Westgrat ist eine häufig benutzte Route, die sich zum größten Teil im II., stellenweise im −III. Schwierigkeitsgrad bewegt. Die Tour zeichnet sich durch ihre besondere Länge aus (gute 4.30 Std. für den Aufstieg, weitere 3.30 Std. für den Abstieg) und teilweise durch verwirrende Routenführung; man beachte deshalb genauestens den Führer! – Achtung auf Steinschlag!

ABSTIEG Wie Aufstieg

FÜHRER/KARTEN SAC-Führer, Bündner Alpen, Bd. VI, Albula. – SLK, Nr. 258, Bergün, 1 : 50 000, Nr. 1236, Savognin, 1 : 25 000.

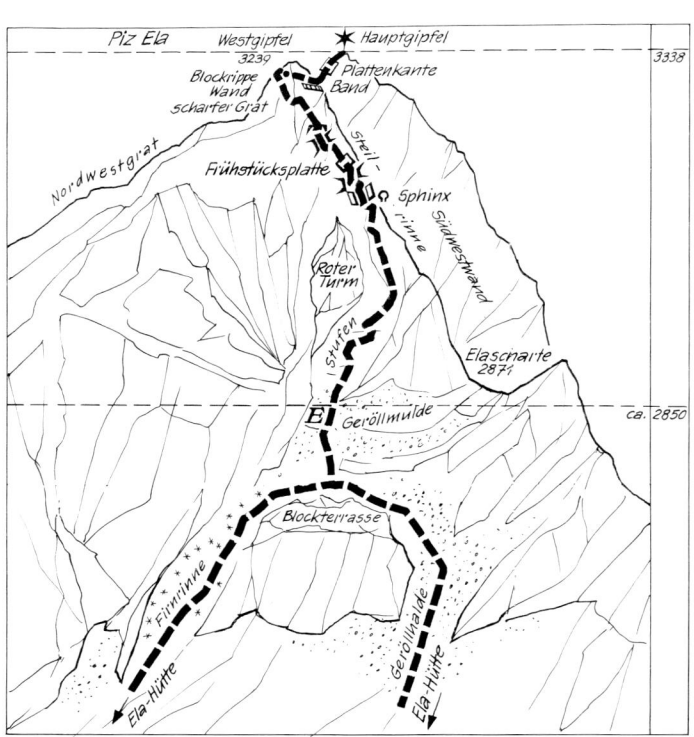

Wandert man eines der kleinen Täler des Bergünerstocks hinauf, zwischen den Straßen von Julierpaß und Albulapaß gelegen, entlang an flinken Gebirgsbächen, durch lichten Wald, über runde Grasbuckel und unter gewaltigen Schuttkaren, dann bleibt man immer wieder schier fassungslos vor den mächtigen Kalkburgen des Massivs stehen: Piz Mitgel, Tinzenhorn und Piz Ela heißen die das Gebiet beherrschenden Gipfel. Obwohl alle am gleichen Hauptkamm aufgereiht sind und obwohl alle drei Berge von diesem Kamm mit Graten und Mulden nach Norden und Nordosten ausgreifen, sind sie sich in der Form kaum ähnlich. Dem Tinzenhorn – dem »Matterhorn der Albulaberge« – steht der Piz Ela als »gewaltiger Dom mit herrlicher, in weitem Bogen geschwungener Kuppel« gegenüber. Dieser majestätische Koloß, »natürlich« die höchste Erhebung der Gruppe, verbirgt übrigens eine nette Überraschung in seinen Falten: die »Fora d'Ela« – ein großes Loch mitten im Berg, 30 Meter unter dem Grat, durch das die Sonne einmal im Jahr, (am 14. März) bis nach Bergün hinab scheint. Weniger eine Überraschung als vielmehr fast schon eine Selbstverständlichkeit ist es, daß wir im relativ festen Hauptdolomit des Piz Ela eine schöne, allerdings auch recht lange Klettertour im »leichten Fels« finden. Markante und teilweise groteske Felsgebilde, Platten und Höcker bilden bei unserem Aufstieg am Westgrat wichtige Orientierungspunkte in den manchmal verwirrenden Geröllbändern und Steinrunsen. Die Kletterei ist meist mäßig schwierig, an einigen Stellen schwierig (−III). – Den Einstieg nahe bei der Elascharte (P. 2871 auf der SLK) erreichen wir in etwa eineinhalb Stunden von der einsam gelegenen Ela-Hütte. Wir verfolgen zuerst den Weg zum Elapaß, zweigen südlich des Grasbuckels »Bot Radond« links ab und erreichen mühsam über eine steile Geröllhalde die Blockterrasse unterhalb der Elascharte. Der erste Teil der Kletterei bewegt sich in der Schrofen- und Geröllwand, die zwischen der Westwand und einem markanten roten Turm eingebettet liegt. Über Bänder und Stufen gewinnen wir schnell an Höhe. Wir bleiben nun immer links der Kante, nähern uns ihr einige Male bis auf wenige Meter – wie bei dem »Sphinx-Felsen«, einem von weit unten sichtbaren, bizarren Felsgebilde –, betreten den Grat aber erst oberhalb eines Kamins bei einer großen Platte. Von dieser »Frühstücksplatte« geht es nun in teilweise ausgesetzter, aber genußvoller Kletterei über Bänder, Leisten, Kamine und schließlich über eine steile Blockwand zum Westgipfel (man halte sich immer genau an den guten SAC-Führer). – Am Gipfelgrat erwartet uns kurz vor der Scharte zwischen West- und Hauptgipfel die letzte Kletter-Delikatesse des Piz Ela: ein gewaltiger, ins Leere drängender Block, an dem wir uns auf einer schmalen Leiste aber doch vorbeimogeln. Auf den letzten Metern bleiben Hände und Augen am Fels, auch wenn die Aussicht noch so verlockend ist. Wir genießen sie dann später umso länger bei einer einsamen Gipfelrast in der schönsten »Königsloge« des Bergün . . .

Tinzenhorn (links) und Piz Ela, von Westen gesehen, mit ihren Süd- bzw. Südwestwänden, am rechten Bildrand verbunden durch den Elapaß. Deutlich erkennt man unseren Einstieg an der aperen Geröllhalde unterm Westgipfel des Piz Ela. Der Anstieg parallel zum und am Westgrat liegt in der beschatteten Wand unter dem Westgipfel. Zwischen Tinzenhorn und Piz Ela ein weiterer Bündner Riese: der Piz Kesch.

21 Vorderes Plattenhorn
Am Westgrat aus der Steintälischarte

TALORT Klosters, 1206 m, im Prätigau (Graubünden). Bus und Bahn von Landquart.

STÜTZPUNKT Berghaus Vereina, 1943 m, privat, ganzjährig bewirtschaftet. 4 Std. von Klosters, aber auch Bus von Klosters. Kfz-Fahrverbot ab Monbiel!

EINSTIEG Vom Vereina-Haus hinauf ins Steintäli und steil in die Steintälischarte, 2788 m. Dort unmittelbar Ansatz des Westgrates und Beginn der Kletterei. Gut 3 Std. Am Grat entlang oder in die linke Vernelaseite ausweichen zum Hochfirn (über der Bildmitte) und weiter im oberen Gratteil zum Gipfel.

CHARAKTER/SCHWIERIGKEIT II bis III – (einige Stellen). – Der Übergang vom West- zum Ostgipfel ist etwas schwieriger (III), aber schön.

ABSTIEG Für erfahrene Geher über Ostgipfel-Ostgrat zur östlichen Plattenscharte – vor P. 3101 (schwierig, III). Die Steilabbrüche des Ostgrates werden dabei in der Nordseite umgangen. – Leichter: von der Trennscharte zwischen West- und Ostgipfel direkt nach Südwest zu den Miesböden im Süsertal (Schuttrinne, Grad II, Steinschlaggefahr, 1 Std.).

FÜHRER/KARTEN AV-Führer, Silvretta, Flaig; Rother-Verlag, München. – SLK, Nr. 248, Prätigau, Nr. 249, Tarasp, beide 1:50 000; evtl. auch Nr. 1198, Silvretta und 1197, Davos, beide 1:25 000. – Für Überblick: FBK, Nr. 37, Rätikon/Silvretta, 1:100 000.

HINWEIS Schöne, interessante Kletterei in Hornblendegneis, elegant, Gipfelstrecken durchaus »schneidig«. Ab Trennungsscharte (zwischen beiden Gipfeln) eine markante, steile Rinne (oft Schnee) bis hinab zu den Miesböden.

BILD Blick (aus dem Flugzeug) von Norden auf die beiden Vorderen Plattenhörner. Rechts der ganze Westgrat mit der am oberen Rand zu begehenden Firnplatte. Links oben die beiden Gipfel, 3216 m und 3220 m, unter ihnen die Vernelaflanke.

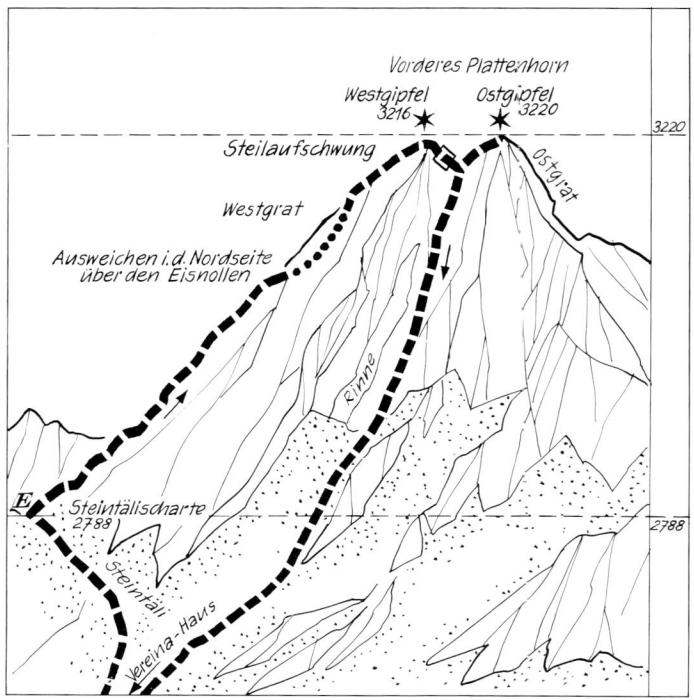

Die Plattenhörner gehören nicht mehr zum großen »Hufeisen« der Silvretta-Gruppe – sie stehen südlich davon im starken Südkamm des Piz Linard und machen dort zwischen Vernela und Süser Tal einen starken Eindruck. Unser Luftbild sagt genug: grobes, schweres Urgestein mit vereinzelten Firntafeln, die 3200-Meter-Grenze überschreitend. Eine Gneisfestung, von der man durch das Val Sagliains bis ins Unterengadin blinzeln kann . . . Statt Steigen oder Wegspuren gibt es nur riesige Schuttströme, die man beim 700-Meter-Anstieg aus dem Süsertalboden durchs Steintäli in die Steintälischarte, 2788 m, »genießen« kann: weil im reizend besonnten Südhang. Um so schöner dann aber der Westgrat, seine Scharten und Türme, seine ausgesetzten Gratkanten und dann – beim Passieren der großen Firnplatte in der Vernelaflanke (Bild!) – auch noch ein richtig hochalpines Manöver. Die kalte Strenge der Silvretta, die der Kalkkletterer von Alpstein, Wetterstein, Karwendel und Wildem Kaiser ganz unmittelbar und nicht ohne flotten Pulsschlag empfindet, spürt man schon auf unserem Flugbild. Wer noch die Karten genauer studiert, sieht, daß unser Hörnerkamm Unghürhörner – Plattenhörner recht vereinsamt zwischen zwei stillen, leeren Tälern steht und nur recht umständlich von Klosters über das Vereinatal zu erreichen ist. Den wuchtigen Piz Linard, wilder noch als die breite Granitburg des Piz Kesch, haben wir am oberen Grat immer vor Augen. Das Luftbild zeigt deutlich – besser als die Skizze! – den Verlauf unserer hochalpinen Klettertour. Dort sieht man auch genau, wie man das Firnquadrat am rechten Felsrand gut umgehen kann – und daß, wer immer direkt an der Westgratkante ansteigt, oben nur den felsigen Firnrand passiert: etwas exponiert, aber leicht und fast mühelos! Dann folgt der steile, grobe Gipfelbau, teils Gneiswand, teils Gneisrinnen, Furchen, Blockwerk und Bänder. Unsere Skizze deutet an, daß man jenseits des ersten Gipfels, 3216 m – nach dem steilen Wändchen in die Scharte hinab – schon die Abstiegsrinne hinunter ins Süsertal vor sich hat. Dabei eine Warnung: Der Übergang vom Westgipfel, 3216 m, über die Scharte zum Ostgipfel, 3220 m, verlangt die Beherrschung von Grad III; damit wäre der »leichte Fels« ein wenig überschritten! Auch der anschließende Ostgrat zur östlichen Plattenscharte ist nicht leicht. – Unsere Tour ist trotz prickelnd ausgesetzter Gneiskletterei natürlich mühsam, dies bezieht sich hauptsächlich auf den steilen Zustieg vom Süserbach her, der vorher ab Vereina-Haus auch noch fast eben abzulaufen ist . . . Beim Abstieg hat man wenigstens die Chance, abseits der Schrofenhänge im groben Silvrettaschutt auf Absätzen »abfahren« zu können. Der frische Neuschnee im Flugbild ist während der Klettersaison nur selten anzutreffen, meist verdunstet er im Hoch- und Spätsommer so schnell, wie er vom Himmel gefallen ist. – Ab und bis Vereina-Haus: das wird ein Tag von gut 7 bis 8 Stunden! Man schmeckt sie auf der Zunge, unten am Süserbach – oder beim ersten Bier vor dem Vereina-Haus.

22 Piz Linard
Südwestgrat und Südflanke

TALORT Lavin, 1420 m, im Unterengadin. Haltestelle der Bahn Schuls-Samedan.

STÜTZPUNKTE Linard-Hütte, 2327 m, SAC, unbewirtschaftet, offen. – Ab Lavin knappe 3 Std. – Evtl. Berghaus Vereina, 1943 m. Für Linard-Geher langer Anmarsch!

EINSTIEG Von Linard-Hütte 1.30 Std. zur Fuorcla da Glims, 2802 m. – Oder von Berghaus Vereina 4 Std. über Vereinapaß und quer durch das Val Sagliains.

CHARAKTER/SCHWIERIGKEIT II–III. – Zeit Einstieg–Gipfel 2.30 Std., bis 3.15 Std.

ABSTIEG Durch die Südflanke, I–II. – Erst kurz am Grat, dann Schutt.

FÜHRER/KARTEN AV-Führer, Silvretta, Flaig; Rother-Verlag, München. – SAC-Führer Bündner Alpen, Bd. VIII, Silvretta–Samnaun. – SLK, Nr. 249, Tarasp, 1:50 000. – SLK, Nr.1198, Silvretta, 1:25 000.

BILD Blick in die Ost- und Südflanke des Piz Linard. Links der Anstiegsweg am Südwestgrat: Deutlich sind oben die Türme zu erkennen, die wir alle übersteigen – oder auf der Talseite vorsichtig umgehen können. Der Abstieg zieht durch das große Geröll- bzw. Firnfeld der hier sichtbaren Südflanke.

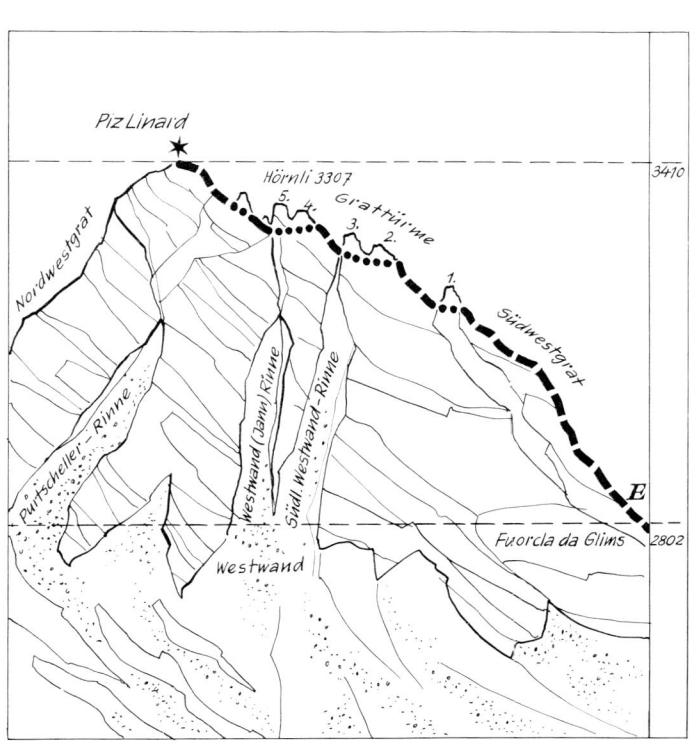

Der Piz Linard stellt nicht nur wegen seiner Kletterführen ein reizvolles Ziel für Freunde des »leichten Fels« dar. Er ist schon von Gestalt und Struktur her ein beeindruckender Berg: Seine vierseitige Pyramide, das Wahrzeichen des 2000 Meter tiefer liegenden Unterengadin, hat unbestritten die schönste Bergform der Silvretta. Auch die reiche Flora am Piz Linard hebt diesen aus dem Meer der anderen Alpengipfel heraus. Da der Linard Anno 1835 vom Schweizer Botanik-Professor Oswald Heer bestimmt nicht aus Freude am Klettern erstiegen worden ist und seine Gipfelflora seitdem noch oft untersucht wurde, stellt dieser Granitstock ein wertvolles Untersuchungsgebiet für Botaniker dar. Deren Exkursionen auf der sonnigen Linard-Südseite ergaben, daß die Flora sich im Laufe der Zeiten durchaus veränderte und dabei gleichzeitig in immer größere Höhen vordrang. So fand man noch in 3200 Meter Höhe 32 verschiedene Arten von Blütenpflanzen! . . . Die Bitte in SAC- wie auch AV-Führern, »die Gipfelflora oberhalb 3000 Meter unberührt(!) zu lassen«, kann gar nicht oft genug wiederholt werden. Mit Oswald Heer ist bereits ein wichtiger Name aus der interessanten Ersteigungsgeschichte gefallen; in ihr finden wir so berühmte Kletterpioniere wie die Brüder Zsigmondy aus Wien oder den Salzburger Ludwig Purtscheller, der 1887 im Alleingang eine neue Führe durch die nördliche Westwandrinne fand. Auch Walter Flaig, dessen Silvretta-Führer uns die überwältigende Aussicht vom Piz Linard zwei kleingedruckte Seiten lang in allen Einzelheiten beschreibt, gelang 1922 noch eine Erstbesteigung über den Nordwandpfeiler. – Unser Ziel ist jedoch nicht die schattige Nordwand, sondern der oben mit mehreren Türmen bestückte Südwestgrat. – Ausgangspunkt ist die von Lavin in knapp 3 Stunden erreichbare, unbewirtschaftete Linard-Hütte im engen Hochtal der Glims. Von ihr steigen wir durch den Talkessel zu unserem Einstieg an der Fuorcla da Glims, 2802 m. Dorthin senkt der starke Südwestgrat eine kräftige Rippe nach Süden ab, die wir aus der Scharte heraus angehen. Zuerst wird ein Turm östlich umgangen, dann erreichen wir bei einem kleinen Kegel die eigentliche Grathöhe. Die folgenden Türme können alle südseitig umgangen werden, wozu es auch großer Vorsicht bedarf – der geschulte Bergsteiger aber verschenkt den großen Spaß nicht, den die Überkletterung aller Türme bietet, da man sich von jedem Turm in die nächste Scharte abseilen kann. Nach dem letzten Turm – dem »Hörnli« – wird die Kletterei sofort leichter . . . und was uns dann dicht vor und auf dem Gipfel erreicht, muß in Flaigs Führer nachgelesen werden: Es geht um ein starkes Erlebnis! – Abgestiegen wird schon aus Zeitgründen am spurenreichen Südwand-(Kar-)Weg, wobei man die in der Bergmitte ruhenden Schutthalden als Rutschbahn benützt. Könner fahren die ganze Flanke ab, Ungeübte müssen langsam absteigen und die Abrutschgefahr begreifen! Denn bei allem Spaß am »Abfahren« (in großen Sprüngen!) ist Trittsicherheit unentbehrlich. Dort oben wartet kein Arzt.

23 Großes Seehorn
Westflanke und Nordwestgrat

TALORTE Gaschurn-Partenen, 1000–1050 m, im obersten Montafon. – Galtür, 1584 m, im Paznaun, östlich des Zeinisjoches.

STÜTZPUNKT Saarbrücker Hütte, 2538 m, AV. – 2–2.30 Std. von der mit Bus erreichbaren Bielerhöhe, 2036 m, oder ab Vermuntstausee, 1753 m, in 3 Std. durch das Kromertal.

EINSTIEG Ab Saarbrücker Hütte über die Seelücke, 2776 m, zur (meist vorhandenen) Randspalte. Man steigt links des plattigen Sockelwulstes direkt überm Joch ein.

CHARAKTER/SCHWIERIGKEIT III −, bei etwa 350 Höhenmeter. – Etwa 2.30 Std., Varianten im AV-Führer.

ABSTIEG Am besten an der Aufstiegsroute!

FÜHRER/KARTEN AV-Führer, Silvretta, Flaig; Rother-Verlag, München. – AV-Karte, Nr. 26, Silvretta-Gruppe, 1:25 000. – FBK, Nr. 373, Silvretta-Schruns-Ischgl, 1:50 000.

HINWEIS Einen entscheidenden Einfluß auf Gelingen und Schwierigkeit haben Menge und Zustand der Schnee- bzw. Firnplatten in der Wand.

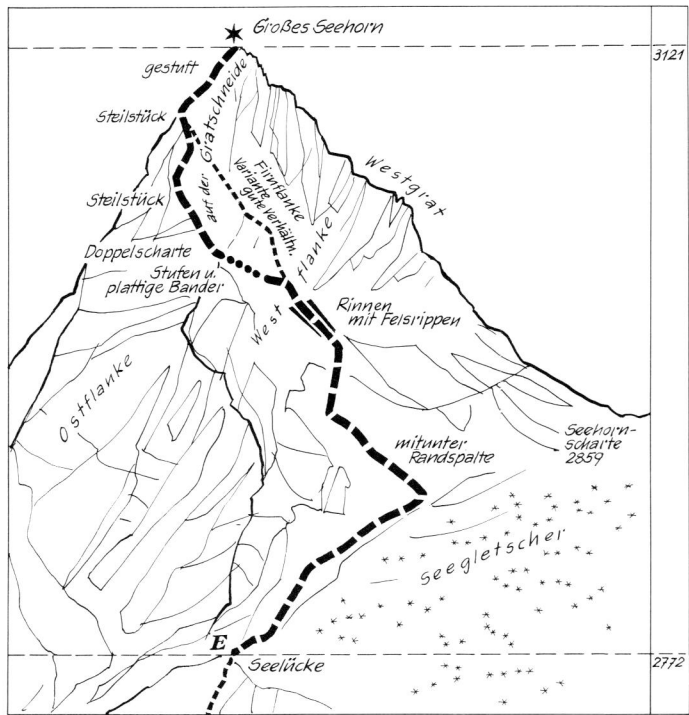

Dieselbe Silvretta, auf deren Hauptkamm von Norden her acht Täler eilen, begreift man am besten aus dem Unterengadin, das die über den Reschenpaß romwärts rasenden Autokolonnen meiden. Aber wirklich: Zwischen Nauders und Lavin, wo an gnadenreich versteckten Hangterrassen die Urdörfer Tschlin, Sent, Ftan, Ardez und Guarda stehen, von dort, besser noch von den Nordhängen der Nationalparkberge unter Piz Pisoc, Lischana, Minger und Plavna Dadaint – von dort haben wir alle Silvretta-Fürsten vor uns liegen: Linard, Plattenhörner, Verstankla, Buin, Dreiländerspitze, Augstenberg und Tasna. Nur die drei Fluchthörner und unser edles Paar Grosslitzner-Seehorn verstecken sich in der Kulisse, dort wo derselbe Hauptkamm schwere Eisbrüste gegen den Norden wendet . . . Litzner-Seehorn sind das nordwestliche Vorwerk der Silvretta. Aus Montafon, Vermunt und Prättigau ziehen die Täler zu ihren Granitsockeln auf, Kromerlücke, Seelücke und der ins Verhupftäli weisende Litznersattel fördern den Verkehr, die Saarbrücker Hütte dicht unterm Litznergletscher – schon 2538 Meter hoch gelegen – regelt ihn. Diese Hütte ist in nur 2 Stunden vom nördlichen Vermunt- und vom Silvretta-Stausee zu erreichen. Dieser leider vielbefahrene Vermuntpaß verbindet das Montafon mit dem Rhein und das Paznaun mit dem Inn. Aber nun schnell ans Große Seehorn über der Seelücke, 2772 m, die wir von der Hütte in 40 schönen Minuten erreichen: Die Beine steigen, die Augen verlieren sich am lockenden Fels! . . . Um »im leichten Fels« den Gipfel des Großen Seehorn zu erreichen, steigen wir von der Lücke (bitte Bild genau studieren!) in das erste Firnfeld links vom Sockel ein, queren auf Rippen und Stufen den zweiten Firnkessel, entrinnen ihm in gleicher Richtung über Bänder und eine Doppelscharte und klettern endlich am Grat, zwei Steilaufschwünge in leichtem Fels, zu den letzten Stufen unterm schönen Gipfel . . . Wer sich nicht ängstlich an den Fels drückt, sondern sich weit zurücklehnt, sieht unsere Führe als wirklich »normalen« und damit leichtesten Anstieg ohne Kopfschmerzen. Im übrigen: Wer sich wirklich verliert vor lauter Respekt, der ist noch lange nicht verloren. Diese ganze Nordwestflanke ist passabel, man studiere nur das alte Foto im Flaig-Führer, Silvretta – da entdeckt man erst richtig, wie lang und fromm sich der Grat in Wahrheit aufrichtet. Alle von »unten« geschossenen Fotos machen das nicht steile Seehorn »steil« . . . Schwierigkeiten, dies beachte man, könnten nur von Schnee kommen. Das »trockene« Seehorn ist leicht, das mit harten oder auch weichen Firnflecken dekorierte Seehorn kann besondere Umstände provozieren; das ist von Fall zu Fall verschieden. Aber der Umgang mit Firnbändern in Kletterwänden gehört nun mal zur guten Erziehung des Bergsteigers. – Abgestiegen wird natürlich im Bereich des Aufstiegsweges. Auch hier: Vorsicht auf Firnbrettern und verschneiten Bändern! . . . Skibergsteiger sind in die Silvretta verliebt, noch bevor sie sie gesehen und erlebt haben – warum soll es Kletterern anders ergehen!

Das überm Kleinlitzner aus Nordnordwest aufgenommene Flugfoto zeigt unten den Grat nahe der Kromerlücke, den Litznergletscher, und (von links oben) Großlitzner, Eisscharte, Groß-Seehorn und dessen Nordwest- und Westgrat. Wir klettern vom Ende der deutlich sichtbaren Anstiegsspur nach der Randspalte diagonal steil nach links oben, zuletzt auf der Nordwestgratschneide zum Gipfel.

24 Südliches Fluchthorn
Durch die Weilenmannrinne

TALORTE Galtür, 1584 m, oder Ischgl, 1376 m, im Paznauntal (Bus Landeck).

STÜTZPUNKTE Jamtal-Hütte, 2165 m, DAV, vor dem Jamtalferner, 3 Std. von Galtür, 1.30 Std. vom Ende der Fahrstraße bei der Scheiben-Alm, 1833 m. – Heidelberger Hütte, 2264 m, DAV, im Fimbertal, 4 Std. von Ischgl, 2 Std. vom Ende der Autostraße bei der Bodenalpe, 1842 m.

EINSTIEG In etwa 2900 m Höhe am Beginn der »Weilenmannrinne« in der Südflanke des Hauptgipfels. – 2 Std. von beiden Hütten.

CHARAKTER/SCHWIERIGKEIT II-III, je nachdem, welcher Weg am Gipfelstock gewählt wird (siehe Führer). – Zeit vom Einstieg: ca. 2.30 Std.

ABSTIEG Am Anstiegsweg, 2–2.30 Std.

FÜHRER/KARTEN AV-Führer, Silvretta, Flaig; Rother-Verlag, München. – AV-Karte, Silvretta-Gruppe, 1 : 25 000. – FBK, Nr. 373, Silvretta-Schruns-Ischgl, 1 : 50 000. – SLK, Nr. 249, Tarasp, 1 : 50 000.

HINWEIS Die Weilenmannrinne ist der Normalweg! Neben unserem Südgipfel hat das Fluchthorn noch den Mittelgipfel, 3397 m, und den Nordgipfel, 3309 m, deren Überschreitung jedoch schwierig ist.

BILD Das wuchtige Urgesteinsmassiv der drei Fluchthörner von Südwesten gesehen. Links der Fluchthornferner, rechts der Moränenschutt des Kronenferners. Vom rechten Bildrand (knapp außerhalb liegt das Zahnjoch) zum Hauptgipfel, 3399 m, ziehend der Südostgrat im Profil, mit dem markanten Gratturm der »Pagode«. Dieser Südostgrat bietet übrigens ebenfalls »leichten Fels«. Unsere Führe durch die Weilenmannrinne ist deutlich zu verfolgen: Sie beginnt in der Mitte des rechten Bildrandes und steigt über die gut sichtbaren Felsrippen zur Südscharte, die genau unter dem Hauptgipfel liegt; ein Vergleich mit der Skizze zeigt dann die Details am Gipfelaufschwung.

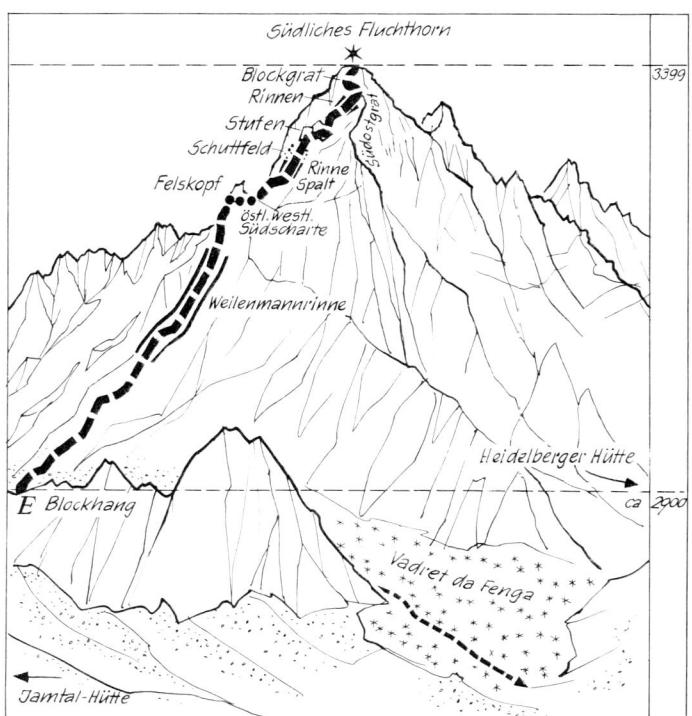

Klettern im »leichten Fels«, das bedeutet sehr oft den Spuren der Ersteigter folgen. Das war für uns am Lagginhorn nicht anders als an der Großen Zinne, und das ist auch an den Fluchthörnern so. Es ist ja nur logisch und vernünftig, einen unbestiegenen Felsberg mit seinen vielen Gefahren zuerst einmal dort zu überwinden, wo die geringsten klettertechnischen Schwierigkeiten zu erwarten sind. Johann Jakob Weilenmann, dem großen Schweizer Alpenpionier, verdanken wir am Fluchthorn den Anstieg im »leichten Fels«. Wir begegnen seinem Namen in diesem Buch hier nicht zum einzigen Mal, hat er doch auf seinen etwa 1500 Bergtouren (!) Silvretta, Adula, Bernina und Ötztaler Alpen zu einem großen Teil erschlossen. Den leichtesten Weg auf das Fluchthorn fand Weilenmann durch jene zwei langen Geröllrinnen in der Südflanke, die im Frühsommer meist noch eine Firnauflage tragen. Wir erreichen ihren Einstieg sowohl von der Jamtal-Hütte durch das Futschöltal wie auch von der großen Heidelberger Hütte, durch das Fimbertal und über das Zahnjoch (Grenze). Diese Heidelberger Hütte ist übrigens eine wahre Goldgrube für den Wirt, denn sie liegt auf zollfreiem Gebiet. – Der linke, westliche Zweig der Doppelrinne ist die Weilenmannrinne. Unseren Einstieg am Auslauf markiert ein Steinmann. Zuerst geht es – teilweise auf Steigspuren – über Geröll gegen die rechte (östl.) Rinne aufwärts. Wir bleiben jedoch zunächst links der Trennungsrippe, die wir erst im oberen Teil betreten. Ihre treppenartige Struktur läßt nie Langeweile aufkommen. Teilweise über kleine Stufen kletternd, teilweise auf breiten Bändern bummelnd, gelangen wir wesentlich bequemer in die Südscharte als mit nervenzermürbendem Schutttreten. Walther Flaig, 1972 verstorbener Erschließer der Silvretta sowohl als Kletterer wie auch als Autor, bietet für den nun folgenden Schlußanstieg am felsigen Steilaufschwung des Gipfels einige hübsche Varianten an. Auf jeden Fall müssen wir von der westlichen zur östlichen Südscharte und in den Schutt- bzw. Firnwinkel unmittelbar am Gipfelaufbau. Ab hier ist die Route auf nebenstehendem Bild besonders gut zu verfolgen: durch einen Felsspalt zu einer Rinne und über Schuttstufen zum großen Schneefeld, an dessen linker Begrenzung die deutlich erkennbare Rinne einmündet, die fast direkt zum höchsten Punkt führt. Sie böte die leichteste Anstiegsmöglichkeit; »etwas schwieriger, aber landschaftlich die schönste« (Flaig) ist unsere Variante über den obersten Südostgrat, den wir über das Schuttfeld (nach rechts querend) und einige nette Wandln und Rinnen bereits ein gutes Stück oberhalb der »Pagode« erreichen, eines markanten Felsturms in der Mitte des Südostgrates. Ein schöner, rauher Urgesteins-Blockgrat bildet dann sozusagen das Tüpfelchen auf das i unseres Anstiegs. Und vom aussichtsreichen Gipfel schlägt uns – trotz des Namens – nichts so schnell in die Flucht . . . Der Südostgrat bietet übrigens auch »leichten Fels«: bei schlechten Verhältnissen in der Weilenmannrinne eine gute Ausweichmöglichkeit!

54

Schweiz / Österreich / Rätikon / Dolomit / 2964 m / II—III

25 Schesaplana
Am Liechtensteiner Weg auf den höchsten Berg des Rätikon

TALORTE Seewies im Prättigau, 941 m (Station Valzeina oder Grüsch der Rätischen Bahn, dann Postbus). — Nenzing, 515 m, Jeep-Verkehr ins Gamperdonatal zum Nenzinger Himmel, 1370 m. — Weitere Talorte: Steg in Liechtenstein oder Brand im Brandner Tal (siehe Flaig-Führer Rätikon).

STÜTZPUNKTE Schesaplana-Hütte, 1908 m, 4 Std. von Seewies. — Pfälzer Hütte, 2108 m, 2.30 Std. von Steg, gute 2 Std. vom Nenzinger Himmel. — Mannheimer Hütte (früher Straßburger Hütte), 2679 m. — Beschreibungen der verschiedenen, reizvollen An-/Abstiegsmöglichkeiten (z. T. versicherte Steiganlagen) siehe Flaig-Führer.

EINSTIEG Am Salarueljoch, 2243 m, 1 Std. von der Schesaplana-Hütte, 1.30 Std. von der Pfälzer Hütte.

CHARAKTER/SCHWIERIGKEIT Am Panüeler Schafberg Kletterei im Schwierigkeitsgrad II—III, sonst teilweise versicherte Steiganlagen (Liechtensteiner Weg, Schweizer Weg); Zeit von der Schesaplana-Hütte mit Besteigung des Panüeler Schafberges und der Schesaplana zur Mannheimer Hütte gute 9 Std.! Die Schesaplana erst am nächsten Tag zu besteigen, empfiehlt sich.

ABSTIEG Am teilweise versicherten Schweizer Weg durch die Alpsteinwände zur Schesaplana-Hütte; auf der österreichischen Seite zur Mannheimer Hütte.

FÜHRER/KARTEN AV-Führer, Rätikon, G. u. W. Flaig; Rother-Verlag, München. — SAC-Führer, Bündner Alpen, Bd. VII, Rätikon. — SLK, Nr. 238, Montafon, 1 : 50 000; Nr. 1156, Schesaplana, 1 : 25 000.

HINWEIS Auch die Schesaplana soll von zukunftsblinden Vorarlberger Fremdenverkehrsdirektoren als Sommerskigebiet »erschlossen« werden: eine späte Sünde! Die Schweizer Seite bleibt jedoch ruhig!

Diese Tour auf die Schesaplana ist an einem Tag zu bewältigen – aber auch nur »zu bewältigen«. Wer es versteht, das Bergsteigen zu genießen, dem empfehle ich: Nimm Dir zwei Tage Zeit und mach mal Pause! . . . Worum handelt es sich also: Um eine Route, die Steiganlagen benützt, die mittendrin Kletterei im »leichten Fels« aufweist, die einen kleinen Gletscher berührt, und die – bei entsprechendem Wetterglück – eine Fernsicht bis zu Monte Rosa, Dom und Finsteraarhorn bietet. – Unser Weg läßt sich in mehrere Abschnitte einteilen. Der Beginn von der Schesaplana-Hütte auf der Schweizer Seite des Alpstein, wie der Schesaplana-Stock im Prättigau genannt wird, ist gemächlich, eine Wanderung mit einem steilen Anstieg an ihrem Ende, wo es in Kehren zum Salarueljoch (oder Klein Furka) hinaufgeht. Hier treffen wir auf den Liechtensteiner Höhenweg, der von der Pfälzer Hütte herüberkommt, durch die Südflanken des Panüeler Schafberges zum Schwarzen Sattel und weiter zum Schaflochsattel am Brandner Gletscher quert. Den Abschnitt vom Salarueljoch zum Schwarzen Sattel gestalten wir uns noch reizvoller, als dies die Erbauer des Liechtensteiner Wegs getan haben. Vom Joch folgen wir kurz dem Weg, bis er den Grat verläßt und sich in die Südflanke des Panüeler Schafberges wendet. Wir legen das Seil an und bleiben an diesem Grat, der uns in abwechslungsreicher Kletterei (II—III) zum Gipfel bringt. Bei schwierigen Aufschwüngen weichen wir am besten in die Südflanke aus. – Drei Stunden dürfen wir uns schon Zeit lassen bis zur ersten Gipfelrast, dann geht es wieder leicht weiter über den Ostgrat zum Schwarzen Sattel, wo wir mit wenigen Schritten wieder den Liechtensteiner Weg erreichen. Eigentlich steht hier direkt der Westgrat des Salaruelkopf vor uns, aber er ist uns zu brüchig, so daß wir auf dem Steig bleiben und durch seine Südflanke in 45 Minuten zum Schaflochsattel gelangen. Hier stellt sich nach der sechsten Stunde unserer Tour die Frage: Geht's direkt zur nahen Hütte – und zum kühlen Bier – oder wird die Schesaplana auf dem Weg dorthin noch »mitgenommen«? Genießer – und zu denen zähle ich – befolgen jetzt meist den Rat der trockenen Kehle und streben der vorbildlich geführten Mannheimer Hütte (früher Straßburger Hütte) zu. Dauerläufer jedoch bleiben am Kamm zwischen Brandner Gletscher und den Steilwänden im Süden; in gemütlichem Auf und Ab geht es über die Schafköpfe in einer guten Stunde zum Schesaplanasattel. Hier trifft man auf den Normalweg von der Mannheimer Hütte, dessen Steiglein durch Schutt- und Schrofenhänge zum Südostgrat und schließlich zum Gipfel in 2964 Meter Höhe führt. Wer beim gesamten Anstieg oft genug gerastet, also den einzigartigen Ausblick auf Alpenhauptkamm und Vorberge genossen hat, der wird nun mit schweren Gliedern, aber frischer Seele zur Hütte absteigen.

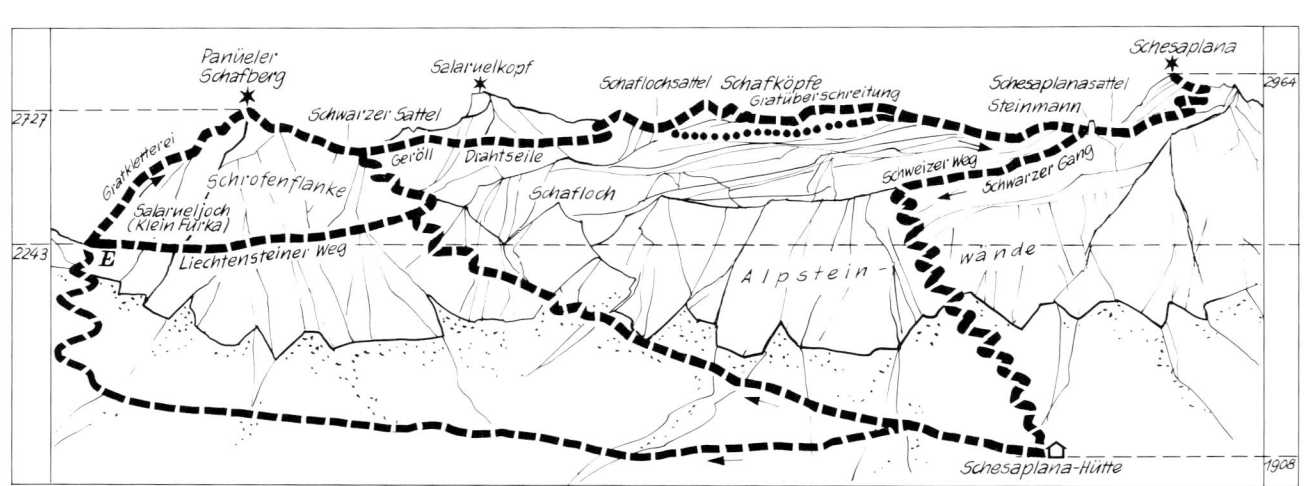

Einblick in ein Paradies: der grüne Almboden des Nenzinger Himmel. Rechts darüber die Horn-
spitz, 2537 m, links der Panüeler Schafberg mit unserem Anstiegsgrat. An den äußersten linken
Bildrand drückt sich noch der Salaruelkopf.

26 Zimba

Nordostgrat und Westgrat

TALORT Bludenz, 585 m, vor Montafon und Klostertal. – Brand, 1047 m, im Brandner Tal (Bus von Bludenz).

STÜTZPUNKT Sarotla-Hütte, 1611 m, ÖAV, im oberen Sarotlatal, direkt am Zimbasockelfels. – 2 Std. von Brand, 2.15 Std. ab Bushaltestelle Tschapina, 924 m.

EINSTIEG Ab Hütte kurz in Richtung Steintäli, dann rechts auf den unteren Nordostgrat und bis auf den ersten Gratkopf. Von dort weiter über einige schrofige Absätze bis zur ersten Steilstufe.

CHARAKTER/SCHWIERIGKEIT II, am kürzesten Zimba-Anstieg. – Kletterzeit vom Einstieg zum Gipfel: 1.45 Std.

ABSTIEG Am Westgrat (Normalanstiegsweg) meist auf guten Spuren. Der Flaig'sche AV-Führer zeigt drei Westgratführen an, wobei man die etwas schwierige, dafür sehr reizvolle »Sohm-Platte« umgehen – oder genießen kann. Man kommt ans Zimbajoch, um auf Steigen nordwärts zur Sarotla-Hütte oder südwärts zur Heinrich-Hueter-Hütte abzusteigen.

FÜHRER/KARTEN AV-Führer, Rätikon, Flaig; Rother-Verlag, München. – SLK, Nr. 238, Montafon, 1 : 50 000 (beste Karte!).

BILD Die schönste Pyramide zwischen Rhein- und Inntal steht, der Riesenmauer des Rätikon exponiert vorgesetzt, zwischen Brandner und Rellstal: die Zimba, hier im Bild von Norden gesehen. Wir schauen auf den Nordostgrat, an dem wir unseren Aufstieg vollziehen, und sehen rechts Teile des Westgrates (Normalanstieg). Links oben der elegante Ostgrat (III) mit der unübersehbaren Abseilstelle in die schmale Scharte. Genau links im Hintergrund die drei Türme der Drusenfluh. Rechts unten am Bildrand (Westgratsockel) das Zimbajoch.

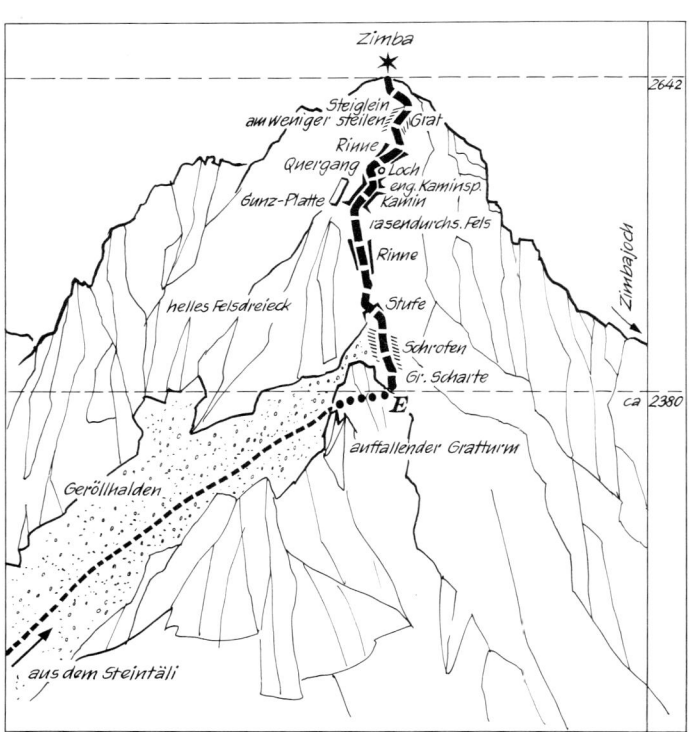

Es ist schwer, den schönsten Kletterberg des Rätikon zu loben, ohne Superlative aneinanderzureihen: die ideale Pyramide, drei einladende Klettergrate, die Exposition zwischen Brandner und Rellstal, die unvergleichliche, weil exponierte Aussichtskanzel vor dem gesamten Rätikonkamm. Dazu fester Kalkfels – und das alles über riesigen Schutthalden rundum, um die Kontraste zu schärfen. Drei Grate, also drei Klettergrate! Wir haben sie im Bild: 1. links den bereits schwierigen, aber herrlich abwechslungsreichen Ostgrat mit den Knalleffekten von Rotem Turm (von links unten), Roter Steilplatte, Abseilstelle, Grattürmen, Steigbaumstelle, Grad III +. – 2. in Bildmitte unseren Nordostgrat in etwas unvorteilhafter Draufsicht, auch er interessant mit Stufen, Rinnen, engen Kaminen, einem griffarmen Wulst links oder an seiner statt ein 8-Meter-Wandl rechts, diverse Felsköpfe nach der »Gunz-Platte« und endlich der sich zurücklehnende Bug des Grates vor dem Gipfel (alles Grad II). – Schließlich 3. der sehr beliebte (weil leichteste) Westgrat mit scharfen Scharten, riß- und schluchtartigen Kaminen, einer exklusiven »Sohm-Platte« mit dem Quergang am oberen Plattenteil, steilen Schichtplatten, einem Abseilring, einer ausgesetzten Querung, ja selbst mit einem senkrechten Kamin in der Gipfelwand (Grad II). . . . Unser Nordostgrat, auch als Abstiegsroute sehr beliebt, weil überschaubar und von festem Gestein, sieht im Profil besser aus als unser Luftfoto mit der Draufsicht. Natürlich ist oben der flachere Gipfelgrat und unten ein ähnlich flacher, leicht grünender Auslauf, aber im Zentrum gibt es eben doch den wuchtigen steilen Hauptaufschwung mit der griffarmen Ausbauchung unten, der 8-Meter-Stufe, der großen Scharte vor dem steilsten Gratstück oben (bis wohin man auch ohne Kletterei aus dem Steintäli kommt) . . . dann das 30 Meter hohe helle Felsdreieck, das spitzig ausläuft und das man rechts durch eine Rinne überlistet. Es folgen grasdurchsetzte, nicht sehr steile – aber am Grat eben doch immer exponierte – Stellen zu zwei schluchtartigen, oben sich verengenden Kaminen. Erst nach deren amüsanter Durchsteigung folgt die breite »Gunz-Platte«, die uns oben einen Überhang vorstellt. Da heißt es also zuvor: im rechten Kamin an den Fuß der »Gunz-Platte«, dann durch die enge Kaminschlucht rechts von ihr bis vor ein großes Felsloch im Berg, durch das man jenseits wieder ins Freie käme. Wir aber klettern vor dem Loch links hinauf auf die Platte, queren an ihrem oberen, abdrängenden Rand nach links, steigen in eine Rinne und in ihr hinauf und so schnell als möglich wieder auf den Grat. Der ist hier wieder flacher, und es führt sogar eine Art Steig zum höchsten Punkt der Pyramide. – Die »Gunz-Platte« kann umgangen werden (weniger schwierig), indem man unterhalb der beiden schluchtartigen Kamine von der Spitze des oben erwähnten Felsdreiecks nach links auf den Grat steigt und zu einer letzten Rinne vor dem Gipfelschutt. – Der Leser merkt: aha, ein ausgezeichneter Klettergarten, ein steiler Aufstieg in die Reize des »gefährlichen Lebens« . . .

Österreich / Rätikon / Kalk / 2830 m / III −

27 Drei Türme
Das »schönste Dreigestirn« der Nördlichen Kalkalpen

TALORT Tschagguns, 684 m, im Montafon, von dort Straße zum Bergdorf Latschau, 980 m, Talstation der Golmerbahn.

STÜTZPUNKT Lindauer Hütte, 1774 m, DAV, im oberen Gauertal, schnellster Zugang von der Bergstation der Golmerbahn, – 1.30 Std., von Latschau 2.30 Std.

EINSTIEG Von der Hütte auf dem Drusentorweg bis zur Wegteilung in 2170 m Höhe, nach rechts auf Weg, später auf Steigspuren in den Sporasattel südlich des auffallenden Sporaturms. Durch den Sporatobel in die Einsattelung zwischen Kleinem und Mittlerem Turm.

CHARAKTER/SCHWIERIGKEIT Der Kleine Turm ist ein reiner Kletterberg (II–III), während sich die beiden anderen Türme von Norden leicht besteigen lassen. Bis weit in den Sommer hinein sind im Sporatobel Altschneefelder anzutreffen, ein Pickel kann nützlich sein. Die Westseite des Großen Turms hinab in den Eistobel ist mäßig schwierig, der kleine Gletscher bis in den Frühsommer leicht zu begehen, bei fortschreitender Ausaperung wird er immer schwieriger (blankes Eis!), evtl. Pickel und Steigeisen notwendig, manchmal Randkluft!

ABSTIEG Über das Gletscherchen des Eistobels zur abschließenden Stufe, die man von rechts oben nach links unten überlistet, durch das Schuttkar dann talaus zum Öfapaßweg und rechtsum zur Hütte.

FÜHRER/KARTEN AV-Führer, Rätikon, G. u. W. Flaig; Rother-Verlag, München. – SLK, Nr. 238, Montafon, 1 : 50 000; Nr. 1157, Sulzfluh, 1 : 25 000.

BILD Blick aus dem Flugzeug, von Norden anfliegend, auf die Drei Türme, Drusenfluh-Ostgipfel und den Hauptgipfel ganz rechts. Deutlich zu erkennen sind auch der Sporaturm, der seinen langen Schatten in den Sporatobel wirft, und im Schatten am Eisjöchli Stockzahn und Sauzahn.

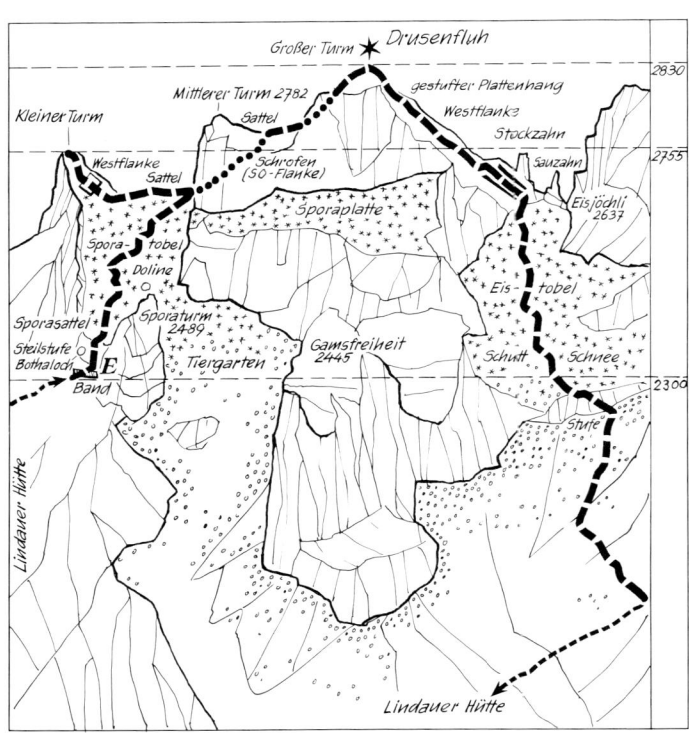

Mit der unmittelbar anschließenden, fast auf den Meter gleichhohen Drusenfluh bilden die Drei Türme ein gewaltiges Felsmassiv, das mächtigste im Rätikon. Das Wort »Fluh« charakterisiert den Südabfall des Bergstocks mit seinen glatten Kletterwänden; die Nordseite ist dagegen ein stark gegliedertes Gelände mit tief eingeschnittenen Tobeln, in denen mehrere kleine Gletscherchen und Eisfelder lagern. Die Drei Türme mit ihrer unverkennbaren Gliederung sind das Wahrzeichen des Gauertales und der Lindauer Hütte. Dabei ist der Kleine Turm ein auffallender spitzer Zacken, der selbst auf dem leichtesten Weg Kletterei von II–III erfordert. Die beiden anderen Türme zeigen sich als abgerundete, behäbige Felsköpfe, die man aus dem Sporatobel leicht anpacken kann, ja, die beliebte, rassige Frühjahrsfahrten sind. – Als Auftakt für den kommenden Klettergenuß bietet bereits der Anstieg unter den Drei Türmen eine nette Überraschung: das »Bothaloch«, kurz vor Erreichen des Sporasattels. Es ist ein höhlenartiger Durchschlupf, der allerdings auch in offenem Gelände über Schrofen umgangen werden kann. Durch das Hoch- und Steilkar des Sporatobels führt ein Steiglein in die Einsattelung zwischen dem Kleinen Turm und den beiden anderen Türmen. Bevor wir diese beiden Gipfel ansteuern, überschreiten wir den Kleinen Turm, im Aufstieg über dessen Westflanke, im Abstieg über den kurzen Südgrat. Der Anstieg beginnt mit Schrofen, bringt uns über Blöcke und Rinnen zu einer Steilstufe in halber Wandhöhe. Die Steilstufe wird nach links oben überwunden, und wir gelangen auf eine Geröllplatte, die durch eine weitere Stufe überragt wird. Vom obersten Winkel der Platte erkennen wir links zum Grat hinaufziehend die vollkommen glatte »Blodig-Platte«. Im innersten Winkel, den die Platte mit der Wand bildet, stemmen wir uns zum Grat empor. Während wir noch verschnaufen, geht es leicht, aber ausgesetzt am Grat die letzten Meter zum Gipfel. Anregend wie der Aufstieg gestaltet sich der Abstieg: mit einer Abseilstelle! Wo der luftige Südgrat steil zu einem Turm absinkt, befindet sich ein Abseilhaken, mit dessen Hilfe wir in die kleine Scharte vor dem Gratturm abfahren. Links (südl.) um den Turm herum und vom nächsten Schartl durch eine steile Verschneidung in der Westflanke zum Anstiegssteiglein zurück. Die behäbigen runden Felsköpfe von Mittlerem und Großem Turm sind nun herrliche Spaziergänge; beide Gipfel liegen übrigens ganz auf österreichischem Boden, da die Grenzlinie mit der Schweiz genau an der Oberkante der Südwände, also am Südrand des Gipfelplateaus entlang verläuft. Die Gipfelrasten könnten ewig dauern, der freie Ausblick nach Westen und Süden reicht bis zum Koloß des Tödi. Der letzte Teil unserer Tour, der Abstieg über die Westflanke des Großen Turms zum Eistobel, bietet noch einmal großartigste landschaftliche Impressionen: ungewöhnlich der Blick auf den Drusenfluh-Ostgipfel, aufregend der Tiefblick in die Südflanke, reizvoll die Einsicht in das »Verborgene Kar« – die intime Szene ist faszinierend.

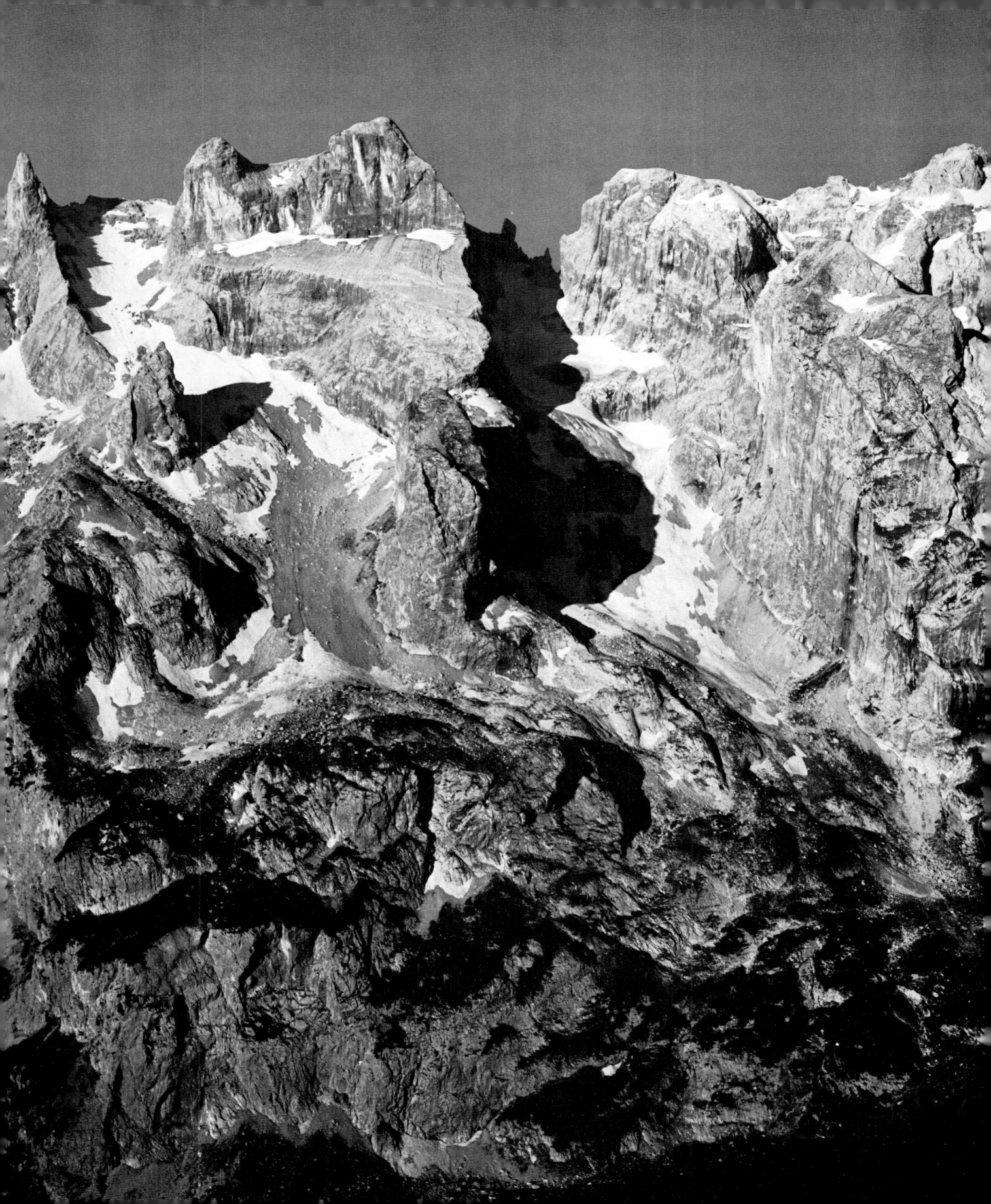

28 Rote Wand
»Leichter Fels« über der Schwarzen Furka

TALORTE Lech, 1445 m, im obersten Lechtal, weiterführende (neue) Straße bis zur Formarin-Alm, 1871 m (vor dem Formarinsee). – Dalaas, 916 m, im Klostertal.

STÜTZPUNKT Freiburger Hütte, 1918 m, AV, oberhalb des Formarinsees. – 20 Min. vom Straßenende oder knapp 3 Std. von Dalaas.

EINSTIEG Auf dem AV-Weg »Rote Wand« über den »Grünen Bühel« bis unter die Schwarze Furka zwischen Rothorn und Roter Wand Hier nach rechts am Wandsockel entlang bis zum Einstieg. – 1.15 Std. ab Hütte.

CHARAKTER/SCHWIERIGKEIT II. – Die Wand ist 400 m hoch und stark gegliedert, es sind immer wieder Bänder eingestreut. Steinschlaggefahr! Trittsicherheit im Schrofengelände unerläßlich! Bei Nässe gefährlich: nicht einsteigen!

ABSTIEG Nord- und westseitig auf dem AV-Steig. – Bis zur Hütte etwa 2–2.30 Std.

FÜHRER/KARTEN AV-Führer, Bregenzerwald und Lechquellengebirge, Flaig; Rother-Verlag, München. – Österr. Karte, Nr. 142, Schruns, 1:50 000.

BILD Das Flugfoto zeigt den westlichen Teil der Südwand der Roten Wand mit dem Hauptgipfel (Kreuz) links oben, an dessen kleinem Firnbrett unsere Führe ausmündet. Rechts oben der Jungferngipfel. Beim Vergleich mit der Skizze ist unsere Südwand-Führe im linken Bildteil bis ins Detail auszumachen.

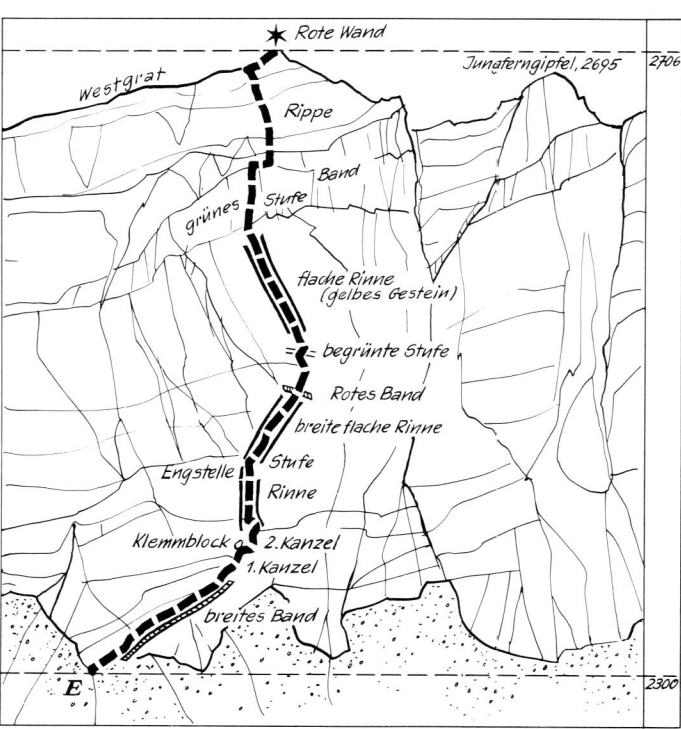

Wo südlich des Klostertales – zwischen Bludenz und St. Anton am Arlberg – das dunkle Urgestein des Verwall-Dreiecks ins Auge des Reisenden springt, erheben sich nordwärts die westlichen Ausläufer der Lechtaler Alpen, – neuerdings »Lechquellengebirge« genannt. Hier regiert wieder der Kalkfels, und Roggalspitze und Rote Wand präsentieren ihn als den idealen Kletterfels. Auch für uns vorsichtige Brüder vom »leichten Fels« warten da schöne Kletterführen, ich habe hier Roggalspitze-Westwand und die Südwand der Roten Wand ausgewählt . . . – Letztere ist eine eineinhalb Kilometer breite Kalkfestung, stark von Rinnen und Runsen zerfurcht – während die Nordflanke trotz vieler Rippen und Grate, ja selbst trotz einem Gipfelgletscherchen im Ansehen abfällt. Unser Luftbild erzeugt kühne, wenn nicht gar ängstliche Erwartung: Aber wer es im Vergleich mit der Skizze studiert und sich des sehr genauen Flaig-Textes im AV-Führer annimmt, dessen Füße werden so flink wie seine Augen dieser »Südwand«-Führe Herr. – Die Rote Wand überragt bei beträchtlichen 2704 Meter Gipfelhöhe allen Kalk zwischen Flexenpaß und Großem Walsertal, und von ihrem Gipfel studieren sich die Urgesteinsbastionen von Verwall und Silvretta wie auf einer großen Bergbühne. Diese Rote Wand kann natürlich auf einem besonders artig ausgebauten AV-Steig bezwungen werden, der über die Schwarze Furka bis in die Nordflanke vordringt. Diesen AV-Steig benützen wir aber erst beim Abstieg; beim Aufstieg nur bis unter die Schwarze Furka, wo wir nach rechts zu unserem Einstieg queren. – Die Struktur der Südwand, das geben bereits Skizze und Bild preis, erlaubt dem Geübten einen raschen Durchstieg. Man trifft auch auf Schrofengelände, das besondere Trittsicherheit verlangt; überhaupt ist vor Steinschlag zu warnen. Das Gestein ist rötlich, daher der Name, an heißen Sommertagen ist es warm bis heiß in diesem Fels. – Nach dem Einstieg auf breitem Schuttband geht es allerdings in schönen Fels: Die beiden Kalkkanzeln, der Klemmblock, die sich nach oben verengende Kaminrinne und das schräge Felsdach zum Roten Band machen großen Spaß, so daß wir gerne die breite grüne Stufe in Kauf nehmen. Über ihr haben wir uns dann in der langen flachen Rinne mit gelblichem Gestein abzuraufen. Dann folgt schon das erlösende zweite Rasenband, und endlich packen wir die gratartige Rippe zum Ausstieg am obersten Westgrat. Das klingt kurz und gut – ist aber seriöse 400 Meter hoch! Man kann als geübter Kletterer in 1.30 bis 2 Stunden leicht durchsteigen – kann den Reiz des gefährlichen Lebens aber auch über 3 Stunden hinziehen, kann eine weitere Stunde des Genießens dranhängen mit einer hindernislosen Aussicht auf Verwall, Silvretta, Rätikon und bis zum Säntis. – Vorsicht ist an der Roten Wand alles! Trittsicherheit ist unentbehrlich! Wir sind nicht in eisenfestem Granit, sondern im stellenweise schon etwas mürben Kalkfels: uralte Meeresböden, vom Wetter der Jahrmillionen ausgewaschen und mit Stufen, Kanzeln und Bändern versehen!

29 Roggalspitze
In den Rippen und Rinnen der Flaigführe

TALORT Lech am Arlberg, 1441 m, ab hier neuerdings Zufahrtsstraße (Maut) über Zug bis Brazer Stafel (dicht vor der Ravensburger Hütte bzw. Spullersee, 1826 m).

STÜTZPUNKT Ravensburger Hütte, 1948 m. AV. – 40 Min. ab Spullersee.

EINSTIEG Auf dem markierten Weg Richtung Madlochjoch bis an den Bergsockel, dann rechts durch die gestufte grüne Sockelwand hinauf bis zum obersten, teils noch begrünten Band. Hier Einstieg in genauer Höhe des ersten markanten Felsabsatzes der Nordkante links. – Knapp 2 Std.

CHARAKTER/SCHWIERIGKEIT Den geschulten Kalkkletterer erwartet hier in plattigem Oberrätkalk eine echte Genußkletterei des Grades II (mit wenigen kurzen Stellen II+ bzw. III–).

ABSTIEG Am schnellsten und sichersten durch die westliche Südwandschlucht (I) oder auf der Rippe zwischen beiden Südwandrinnen (II). – Etwa 1.30 Std. bis zur Hütte.

FÜHRER/KARTEN AV-Führer, Bregenzerwald und Lechquellengebirge, Flaig; Rother-Verlag, München. – AV-Karte, Nr. 3/2, Arlberggebiet, 1:25 000 (sehr gut!). – FBK, Nr. 48, Arlberggebiet, 1:100 000.

BILD Die Roggalspitze von Westen. In Bildmitte die von der Sonne scharf markierte Roggalkante mit ihren drei deutlich sichtbaren Absätzen (Grad III und IV). Unten der gedoppelte grüne Vorbau, dessen oberste grüne Kante wir von unten links her ersteigen. Beim Vergleich von Bild und Skizze verfolgen wir genau die fast parallel zur Nordkante aufziehenden feinen Risse am rechten Rand der riesigen, in der Mitte diagonal geteilten Plattentafeln.

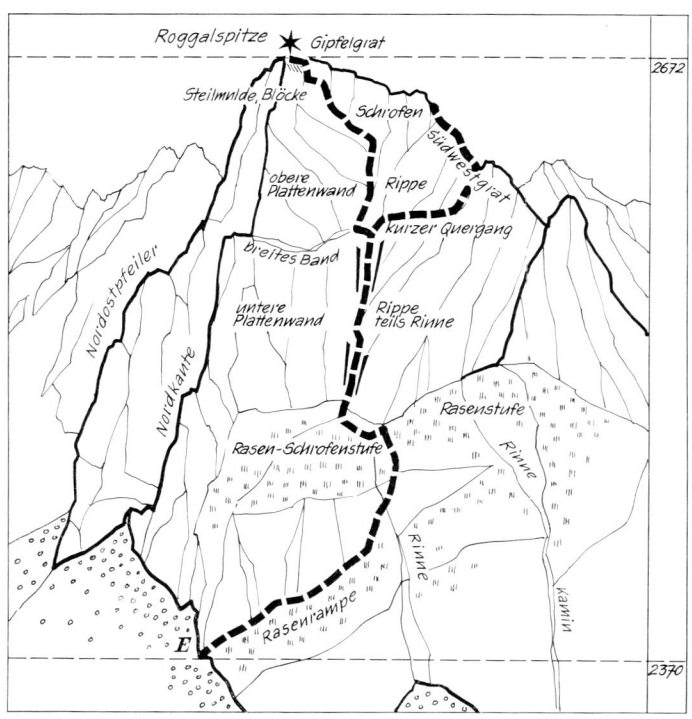

Vor knapp 40 Jahren behaupteten ostalpine Kletterpäpste wie Richard Hechtel, Hias Rebitsch und Erwin Schneider, jetzt gäbe es neben der Badile-Nordkante im Bergell eine zweite »schönste Kletterkante der Alpen« – das sei die Nordkante der Roggalspitze (Grad III und IV). Diese allerschönste Nordkante, von Walther Flaig als »zwingender Anruf für jeden Gipfelstürmer« gepriesen, kam in der Tat in große Mode, bleibt aber für alle Zeit den Graden III und IV zugeteilt – wir Freunde des »leichten Fels« haben dort nichts zu suchen. Aber wie schön: Dicht neben jener Idealkante gibt es in der südlichen Westwand (Bild) der Roggalspitze eine alte »Flaig-Führe«, die einen beinahe geraden Kletteranstieg in festem Riffkalk verbürgt und meist nur Grad II verlangt. Nur wenige Stellen haben den Grad III–. Das Luftbild zeigt beide Führen nebeneinander – links die scharf markierte Nordkante, rechts daneben am rechten Rand der senkrechten Plattentafeln die leichte »Flaig-Führe«. Der in Diagonalen aufziehende Vorbau verkürzt die »Flaig-Führe« auf die Hälfte der Nordkante: Der Einstieg ist – nach der Skizze – erst in der genauen Bildmitte zu erkennen, wo sich nach oben hin ein ganzes Sortiment gerader und leicht diagonaler Risse und Rinnen anbietet. Es gibt gute Griffe und Tritte ganz unten und ganz oben im Überfluß, in der Mitte der glatten Tafelkalkzone aber nur bescheiden. – Wir steigen also am grün gepolsterten Vorbau bis zur letzten diagonal nach rechts oben ziehenden Rasenrampe, um den Beginn der fast schnurgerade aufstrebenden Verschneidungen in den glatten Platten zu erreichen. Beim Näherkommen erweisen sie sich als Risse und Rinnen, die unterhalb wie oberhalb des die Platten teilenden, nur andeutungsweise begrünten Querbandes in die sich ganz oben zurücklehnende Gipfelfelszone führen. Da unser Luftbild die Westwand als beinahe »senkrecht« vorstellt, muß gesagt werden, daß die Wand in Wahrheit nur gut 40 Grad Neigung aufweist: Man klettert also bis hinauf in die flachere Gipfelschrofenzone in einer noch angenehmen Neigung. Schnaufpausen bieten die Querbänder und Verschneidungen an und der ganz kurze Quergang nach links zwischen den beiden Riesentafeln. Die Rippen und Rinnen bilden stellenweise enge Kamine aus, welche die Exposition verringern. Der Kalkfels ist fest und wird nur in den begrünten Steilmulden der Gipfelzone etwas unzuverlässig. Am schnellsten und sichersten steigt man an erkennbaren Spuren in den Schrofen, Rinnen und Rippen der westlichen Südwandschlucht ab oder auf der starken Rippe zwischen beiden Südwandrinnen (Grad II) – nur bei Regen oder Nässe unangenehm. – Eine nachdenkliche Nebenbemerkung zum Roggalspitzen-Problem für Kletterer: Die berühmte Nordkante wurde mir durch meinen Pasinger Freund Richard Hechtel mit dem Grad IV vorgestellt. 15 Jahre später senkte man den »Preis« auf Grad III+ – und heute kriegt man sie schon als Grad III angeboten ... was sicher mit einigen fixen Haken an den Schlüsselstellen und farbenfrohen Markierungen zu tun hat.

64

30 Dremelspitze
Die Südwestflanke am Purtschellerweg

TALORT Boden, 1357 m, im Bschlabser Tal (Südliches Seitental des Lechtales, Abzweigung bei Elmen, 978 m).

STÜTZPUNKT Hanauer Hütte, 1918 m, DAV, auf dem Parzinnbühel unter Gufelseejöchl und Vorderer Dremelscharte. − 2,30 Std. ab Boden.

EINSTIEG Ab Hütte südlich über steilen Schuttsteig in Richtung Steinsee-Hütte bis in die Vordere (westl.) Dremelscharte, 2434 m. − 1.30 Std.

CHARAKTER/SCHWIERIGKEIT II −. − Der alte Schuttsteig und neuerdings die Purtschellerroute sind markiert, was uns sehr zugute kommt, weil die mächtige Südwestflanke stark durch Rinnen und Rippen gegliedert und zugleich zerfressen ist. Besonders beim Abstieg genau auf Markierung achten! − Im Fels viel Schrofen, teilweise Schutt, kleinsplittriger Kalkfels: Trittsicherheit also wichtiger als Kletterkunst!

ABSTIEG Nur auf dem markierten Anstiegsweg.

FÜHRER/KARTEN AV-Führer, Lechtaler Alpen, Groth; Rother-Verlag, München. − FBK, Nr. 35, Lechtaler-Allgäuer Alpen 1 : 100 000.

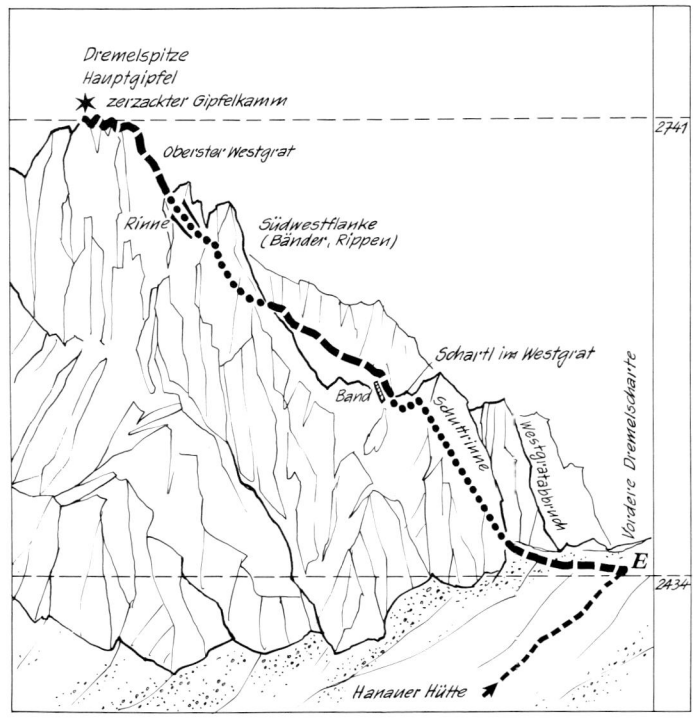

Es sind die Pyramide über mächtigen Schuttflanken und die senkrecht aufgestellten Schichttafeln, die hier eine klassische Lechtaler Szene darstellen. Der erfahrene Kletterer weiß sofort, daß diese Dremelspitze zu den »schönsten Touren im brüchigen Fels« gehört, geht aber dennoch hinauf, genießt die sandige Idylle um die wohlversteckte Hanauer Hütte und steigt wohlgemut ein. Der AV-Weg Hanauer Hütte − Steinsee-Hütte führt uns an der Vorderen Dremelscharte direkt an den Einstieg (links Dremel-, rechts Steinkarspitze). − Wir schauen südwärts ins tief eingegrabene Inntal bei Imst, entdecken den breiten Promenaderücken des Venetberg, über dem vielfältig das hohe Eis der Ötztaler blitzt. − Dann wird also auf der Nordecke der Scharte eingestiegen, es geht erst in einer steilen Schuttrinne empor zu einer zweiten auffallenden Scharte, von hier einige Meter südwärts hinauf auf ein Band der Steinkarseite, das dann 50 Meter weit verfolgt wird. Neue und gute Bänder führen aufwärts bis vor die riesige Schlucht (die unser Bild in der genauen Bildmitte andeutet), die auch die ganze Südwand durchklafft. Noch unmittelbar vor der Schlucht klettert man durch einen engen (aber sicheren) Felsspalt 15 Meter empor zu einem wohltuend freien Vorsprung. Hier übersehen wir wieder das ganze Konzept: Rinnen, Schutt, Bänder, Rippen en masse − aber man muß immer umsichtig klettern, aufmerksam dem lockeren Fels oder dem Schutt ausweichen. Die alten, nun etwas radikal erneuerten Farbkleckse führen uns durch das Rinnen-Bänder-Labyrinth lustig gipfelwärts, zuletzt ganz auf dem Südwestgrat, an dem der Kletterer mehr zu seinem Recht kommt. Am Gipfel hat man gute 300 Meter Höhendifferenz geschafft und ist froh ob der Aussicht, froh auch, daß man in dem Rippen-Rinnen-Labyrinth der Kletterei dem anderen Labyrinth der vielen »Varianten« entkommen ist − Varianten, die dieser Schuttberg nun einmal anbietet und die unsichere Bergsteiger zwischen diesen vielen Rippen und Bändern sowieso anpeilen . . . Erst am Gipfel entdeckt man, 2100 Meter über dem Inntalboden, wie souverän dieser prächtige Bruchberg der Dremelspitze den reichen Kalkkamm der Lechtaler Alpen über Lech und Inn beherrscht; nur die benachbarte Große Schlenkerspitze ist 90 Meter höher. Aber, wie alles Lechtaler Gebirg, auch schuttgrau. Genau gegenüber steht südwärts der Venetberg überm Inn, flach, nur 2513 Meter hoch, aber aus Granit. Wer von diesem verlassenen Urgesteinskamm auf die Lechtaler Kette schaut, sieht nur (weil Südflanken) hellbesonnten, eintönig weißen Kalkschutt. Aber kletternd fühlt man sich im Lechtaler Kalk eben doch froh, ja glücklich. Und ein wenig Hochgefühl ist allemal dabei, wenn man aktiv sein muß, wenn man Schwierigkeiten bei der Orientierung und raffiniertes Klettern am zuweilen brüchigen Fels meistert. − Im Abstieg turnt man am − markierten − Aufstiegsweg zur Scharte hinab und ist dort keinen Funken weniger glücklich als nach einem flotten Abstieg vom Totenkirchl oder von der Trettachspitze . . .

Aufblick von Norden – vom Parzinnbühel oberhalb der Hanauer Hütte – zur Dremelspitze. Links beschattet die Nordostflanke, rechts besonnt die Nordwestflanke, rechts am Bildrand die für unseren Einstieg in die Südwestflanke wichtige Vordere Dremelscharte, 2434 m. Links oben die Hintere Dremelscharte. Den besonnten Westgrat rechts oben, in dessen Südflanke wir ansteigen, berühren wir einmal kurz beim Klettern.

31 Marchspitze
Am Westgrat auf den Spuren Hermann von Barths

TALORT Elbigenalp, 1040 m, im mittleren Lechtal (Bus von Reutte).

STÜTZPUNKT Hermann-v.-Barth-Hütte, 2131 m, im Wolfebnerkar, DAV (bewirtschaftet). – Von Elbigenalp bezeichneter Weg, 3 Std.

EINSTIEG Von der Hermann-v.-Barth-Hütte am Verbindungsweg zur Kemptner Hütte über das Schafschartl, 2320 m, in das Hermannskar. Hier unter der Marchspitze-Südwestwand entlang und aufwärts in die Spiehlerscharte, 2390 m (zwischen Marchspitze rechts und Östlicher Faule Wandspitze links). – 2 Std. Jenseits der Scharte abwärts, dann nördlich unter dem Westgratbeginn zum Einstieg.

CHARAKTER/SCHWIERIGKEIT II+. – Zeit für Zweierseilschaft 1.30 Std.

ABSTIEG In der Nordflanke. Dann unter dem Westgrat entlang zurück zum Einstieg, 45 Min. – und weiter zur Hermann-v.-Barth-Hütte hinab, 1.30 Std.

FÜHRER/KARTEN AV-Führer, Allgäuer Alpen, Zettler/Groth; Rother-Verlag, München. – AV-Karte, Allgäuer- und Lechtaler Alpen, Ost- und Westblatt, jeweils 1:25 000. – Kompaß, Nr. 3, Allgäuer Alpen – Kleines Walsertal. – 1:50 000. FBK, Nr. 35, Lechtaler-Allgäuer Alpen, 1:100 000.

HINWEIS Interessant an diesem Anstieg ist die Überschreitung der »blätterförmig gespaltenen Felszacken« am unteren Westgrat, der sogenannten »Kartenblätter«. Diese Barth'sche Bezeichnung hat sich bis in die heutige Zeit erhalten: Der Normalanstieg, unser Abstieg, umgeht diese kuriosen Gratzacken.

BILD Die Marchspitze von Nordwesten. Links die Marchscharte, vom Gipfel nach rechts abfallend unser Westgrat mit seinen markanten Gratzacken, den »Kartenblättern« Hermann von Barths. Am rechten Bildrand die Östliche Faulewandspitze.

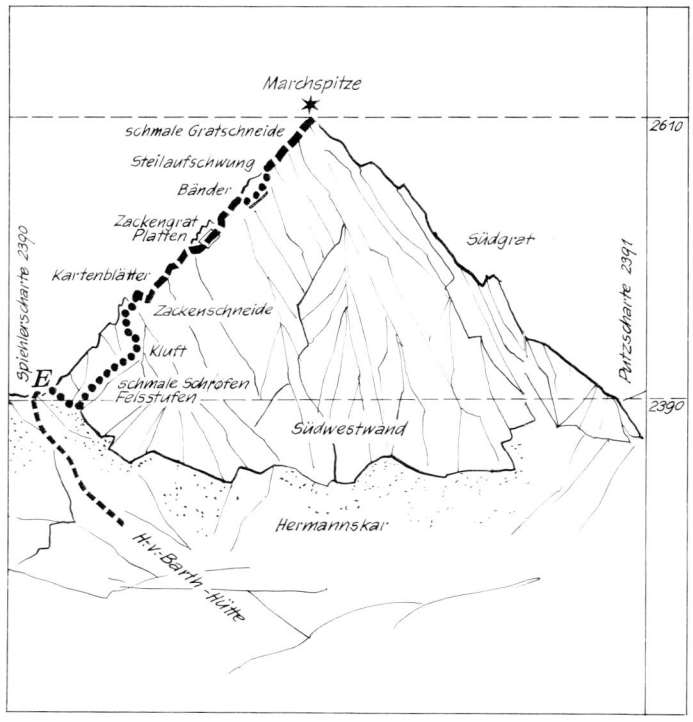

»... frank und frei steht sie da – wohl der schönste Gipfel in der Hornbachkette«, schrieb Felix von Cube über die Marchspitze, deren Südgrat er als erster begangen hat. Mit 2610 Meter Höhe ist sie zudem der siebthöchste Gipfel der Allgäuer Alpen. Dennoch ist sie wenig überlaufen, weil schon die Zugangswege etwas mühsam sind, und der leichteste Gipfelanstieg, unser Westgrat, hat eben den Schwierigkeitsgrad II+ ... – Wer aus dem oberen Lechtal von Elbigenalp durch das Bernhardstal ansteigt, der erlebt bei stetigem Höherkommen eine eindrucksvolle Steigerung der Ausblicke: Nacheinander öffnen sich die Täler der Lechtaler Alpen im Süden, Wetter- und Vorderseespitze fallen ins Auge, weiter oben herrscht schließlich die Parseierspitze souverän über die gesamte Kette ... Wenn man dann von der Zargenalp steil hinauf gestiegen und auf dem Weg von der Hermann-v.-Barth-Hütte zur Kemptner Hütte weiter bis zum Schafschartl gelangt ist, dann muß man erst einmal rasten, muß die sich gegenseitig übertreffenden öden Urlandschaften von Birger- und Hermannskar bestaunen, in denen nur noch Gemsen Leben signalisieren ... Unter den wilden Wänden von Hermannskarspitze und -turm nach Norden querend, gelangt man, zum Schluß steil ansteigend, in die Spiehlerscharte, wo der Westgrat der Marchspitze ansetzt ... Dessen 220 Höhenmeter hat der Ersteiger der Marchspitze, Hermann v. Barth, sehr detailliert und eindrucksvoll beschrieben. Der »Weg« sieht von der Scharte aus nicht allzu schwierig aus; die ersten Meter im Fels festigen diesen Eindruck noch, die Kletterei wird beinahe zur Spielerei im Fels ... Bis man dann durch eine sich immer mehr verengende Kluft unter die gespaltenen Zacken der Gratschneide gelangt, die Hermann v. Barth als »Kartenblätter« bezeichnete. Auch der Ersteiger war hier leicht schockiert, wie sich seinem Bericht entnehmen läßt: Er sah sich »genötigt, über die Schneide der Zacken selbst zu klettern und – was noch schlimmer ist – von einem dieser ›Kartenblätter‹ auf das andere überzugehen. Jedem anderen, als dem mit der Natur dieser ›Dolomitenschrofen‹ Vertrauten, müßte ein solcher Versuch als Wahnsinn erscheinen, und nur die außerordentlich rauhe und brüchige Natur des Felses läßt ihn gelingen. Man klimmt an der Felsstufe der rechten Seite der bisher verfolgten Kluft hinan auf den ersten Zacken und an ihm seitwärts vorbei, steht mit gespreizten Füßen über dem Einrisse beider, faßt jenseits eine Steinmasse und schwingt sich hinüber, klettert zur Schneide hinauf und läßt sich endlich an derem scharfen Abfall bis zum Einschnitt im Grate vorsichtig hinabgleiten. In wenigen Minuten hat man diese heikle Stelle im Rücken.« Was Barth auf so dramatische Weise beschrieben und gar als Wahnsinn bezeichnet hat, das läßt sich in der Nordflanke – natürlich ohne Nervenkitzel – leicht umgehen. Im oberen Drittel legt sich der Grat langsam zurück, bietet noch einige ausgesetzte Passagen an der schmalen Schneide, einige Platten, schließlich den geröllbedeckten Gipfel mit viel Aussicht und wenig Bier ...

32 Großer Krottenkopf

Am Nordgrat des höchsten Allgäuer Berges

TALORTE Oberstdorf, 815 m, bzw. Spielmannsau, 991 m, im Trettachtal. − Elbigenalp, 1040 m, im mittleren Lechtal (Bus von Reutte).

STÜTZPUNKTE Kemptner Hütte, 1846 m, DAV, von Spielmannsau zum Trettach-Talschluß und durch den Sperrbachtobel, 2.30 Std. − Hermann-v.-Barth-Hütte, 2131 m, DAV, im Wolfebnerkar, von Elbigenalp am bez. Weg, 3 Std.

EINSTIEG In der Hermannskarscharte, 2443 m, zwischen Hornbachspitze und Großem Krottenkof − 1.30 Std. von der Kemptner Hütte.

CHARAKTER/SCHWIERIGKEIT Meist II, nur an zwei Stellen (Umgehung der Überhänge) III −. − Zeit vom Einstieg zum Gipfel: gut 1 Std.

ABSTIEG Am Normalweg über den Südrücken zur Krottenkopfscharte, 2350 m (Verbindungsweg Kemptner Hütte − Hermann-v.-Barth-Hütte).

FÜHRER/KARTEN AV-Führer, Allgäuer Alpen, Zettler/Groth; Rother-Verlag, München. − AV-Karte Allgäuer und Lechtaler Alpen, Ost- und Westblatt, 1 : 25 000. FBK, Nr. 35, Lechtaler-/Allgäuer Alpen, 1 : 100 000.

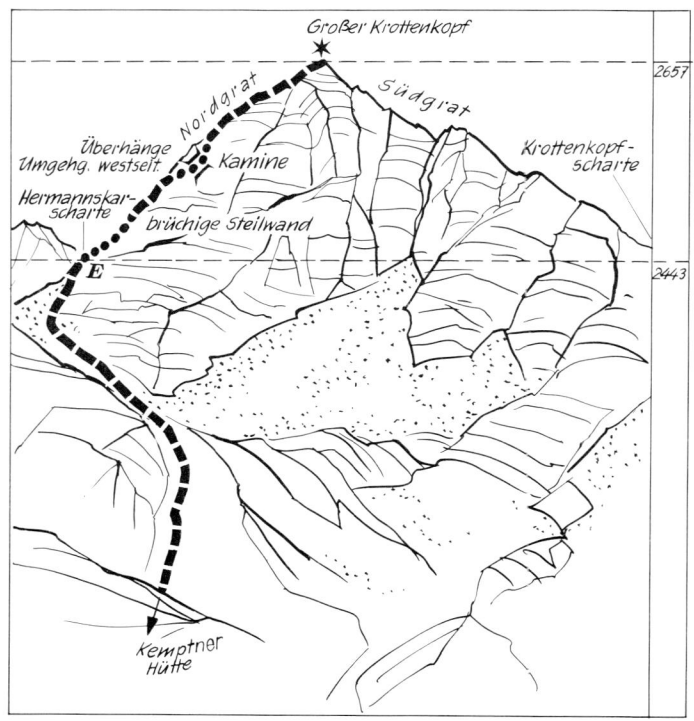

Der Große Krottenkopf im genauen Zentrum der Allgäuer Hauptkette steht krönend über den vier Talschlüssen von Trettach-und Hornbachtal, Herrmannskar und Höhenbachtal. Weil er der höchste aller Allgäuer Gipfel ist, setzt er sich souverän von der Hauptkreuzung ein wenig ab. Man muß ihn respektieren, auch wenn nicht immer edler, fester Kletterfels seine Flanken und Grate auszeichnet, sondern nach bestem Allgäuer Brauch oft leicht brüchiges Gestein . . . Der Name Krottenkopf klingt nicht sehr originell, aber er verrät den Kern: denn »Grott«, aus dem später »Krott« wurde, bedeutet nichts anderes als Geröll, Schutt, Bruch und anderes Kletterer-Elend. Riesige Schuttreißen umgeben diese Kalkpyramide wie eine enge Manschette, für den Kletterer das untrügliche Zeichen, daß der Fels über den Karen locker und brüchig ist, also zum Klettern eigentlich wenig taugt . . . Um so kurioser, daß ausgerechnet unser Nordgrat festes Gestein aufweist und eine Struktur, die man den Freunden im »leichten Fels« durchaus empfehlen kann. − Man kommt normalerweise von der Kemptner Hütte auf der Obermädelealp − die zerschlagenen Mauern des Kratzers und der Krottenspitzen passierend − über das Östliche Mädelejoch, 2033 m, ins Öfnerkar und muß von dort über eine steile, anstrengende Schuttrinne bis hinauf in die enge Hermannskarscharte, 2443 m: dem Einstieg zu unserem Nordgrat. Wenige Meter nördlich hinaufgeklettert, und wir können den Grat in aller Ruhe studieren. Dabei erkennen wir seine treppenartige Struktur, entstanden durch die vielen am Grat abbrechenden Kalktafeln, die den ganzen Berg aufbauen; da diese Tafeln leicht schräg abbrechen, ist die »Kalktreppe« leichter zu ersteigen als erwartet. − Die Kletterei beginnt mit einer brüchigen Steilwand, die bald auf den Grat leitet. Der Grat selbst ist dann unverhofft fest, ermutigt zum Klettern und bietet nur an zwei Überhängen den Schwierigkeitsgrad III. Man vergißt die Bruchhalden und Schotterzonen im Nu. Die beiden etwas brüchigen Kamine − Schlüsselstellen der Tour − führen wieder zum Grat. Der legt sich weiter oben immer mehr zurück und wird leichter. Man vergißt die Schotterflanken und erreicht in Hochstimmung den Gipfel in 2657 Meter Höhe − eben den höchsten Gipfel der Allgäuer Alpen. − Beim Abstieg stolpert man am bezeichneten Weg über viel Geröll und kurze Felsstufen den Südrücken zur Krottenkopfscharte hinunter, von der aus man rechts abbiegend wieder zur Kemptner Hütte gelangt, oder links abzweigend durch stille Hochkare zur Hermann-v.-Barth-Hütte bummelt (vom Gipfel jeweils gut 1.45 Std.). − Dieser Krottenkopf kann zwar vom Aussehen her niemals mit Hochvogel, Trettachspitze oder Höfats konkurrieren, er weist aber einen der eindrucksvollsten Ausblicke im Allgäu auf: Im Süden falten die Lechtaler Alpen ihre einsamsten Täler auf, im Osten kann man die Anstiege auf die Marchspitze aus nächster Nähe studieren − vielleicht die Tour für den nächsten Tag? Abseits von den in der Regel überlaufenen Allgäuer Höhenwegen zwei stille Anstiege für Genießer.

70

Die wuchtige Kalk- und Schuttpyramide des Großen Krottenkopfes, vom Mädelejoch gesehen. Links die Hermannskarscharte, in der unser Nordgrat ansetzt. Nach rechts senkt sich der Südrücken mit unserem Abstiegsweg zur Krottenkopfscharte ab.

33 Trettachspitze
Überschreitung Nordostgrat–Nordwestgrat

TALORT   Oberstdorf, 815 m.

STÜTZPUNKT   Waltenberger-Haus, 2094 m, DAV, am Rande des Bockkars – 2.30 Std. ab Einödsbach auf bez. Steig durchs Bader Loch.

EINSTIEG   In etwa 2200 m Höhe im großen Geröll- und Firnkessel am Nordfuß; hierher vom Waltenberger-Haus über Punkt 2096 in 1.30 Std.; evtl. direkt ab Einödsbach in 3.30 Std. über Einödsberg und Wildengundkopf.

CHARAKTER/SCHWIERIGKEIT   Aufstieg Nordostgrat II, eine Stelle – III. Abstieg Nordwestgrat II+. – Zeit für Zweierseilschaft (Auf- und Abstieg bis Wandfuß): 2.30–3.30 Std.

FÜHRER/KARTEN   AV-Führer, Allgäuer Alpen, Zettler/Groth; Rother-Verlag, München. – BLVA-Karte, Allgäuer Alpen, 1 : 50 000.

HINWEIS   Die Trettachspitze ist unter den Allgäuer Kletterzielen das beliebteste. Dadurch sind die beiden Führen an Nordost- und Nordwestgrat von den Geröllablagerungen (das Gestein ist nicht ganz fest) leidlich gesäubert. Es ist aber immer noch hohe Vorsicht geboten: Man prüfe jeden Griff, und man vermeide vor allem, Steinschlag auszulösen!

BILD   Die Trettachspitze mit dem Firn- und Geröllkessel unter ihrer Nordwand. Links der Nordostgrat, mit dem unsere Überschreitung beginnt, rechts der Abstiegsweg des Nordwestgrates. An der linken oberen Ecke des Schneefeldes erkennt man die plattige Wasserrinne, in der bzw. an deren linker Begrenzung der Einstieg erfolgt. Am äußersten rechten Bildrand ist noch der Gipfel der Mädelegabel zu sehen.

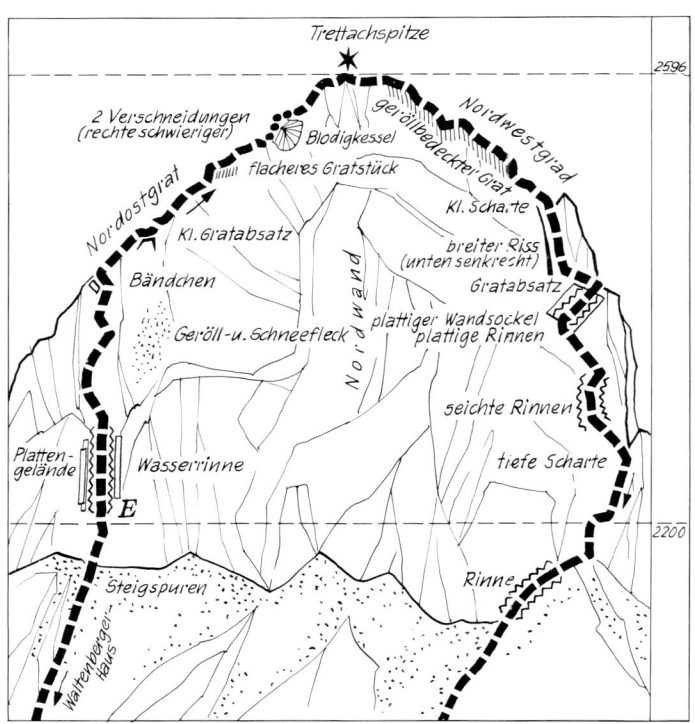

Die Trettachspitze in den Allgäuer Alpen ist keineswegs ein so plumpes, breites Felsdreieck, wie es unser von Norden aufgenommenes Bild zeigt. Von Osten wie von Westen – mit dem berühmten Trettachblick von Einödsbach – her gesehen, erscheint dieser beliebteste Kletterberg des Allgäu als überaus kühnes Felshorn mit ausgesprochen elegantem Profil. Nicht umsonst pflegen es eifrige Werbe-Kommentatoren das »Matterhorn des Allgäu« zu nennen. Immerhin ist sein Ruf unter der ständig wachsenden Zahl von Kletterfreunden bedeutend und seine Überschreitung Nordostgrat-Nordwestgrat ein Hochgenuß: relativ guter Fels, prickelnde Exposition, keine heikle Stelle. Die Verfasser des AV-Führers wußten sehr wohl, warum sie in den Vorspann der Tourenbeschreibungen folgenden Satz aufnahmen: »An schönen Sommertagen herrscht am Berg oft ein die Kletterfreude beeinträchtigendes Getümmel«. Ausgangspunkt für die Mehrzahl der Trettach-Aspiranten ist das vor wenigen Jahren renovierte Waltenberger-Haus, das hoch über dem Bacherloch am Rande des Bockkars steht, zu Füßen der Berge der Guten Hoffnung. Vom Waltenberger-Haus gelangen wir, das Mädelegabelkar und die Grashänge unter dem nordwestlichen Vorbau der Trettachspitze querend, schließlich nach Osten abbiegend, nach gut 1.30 Stunden in den großen Geröll- und Firnkessel unter der Nordwand der Trettachspitze (siehe Bild). Die Genußkletterei beginnt an den steilen, gutgriffigen Platten der Wasserrinne am linken oberen Ende des nordwärts vorgelagerten Schneefeldes oder an deren linker Begrenzung (die Wasserrinne ist zuweilen steinschlaggefährdet). Von dem bald erreichten Schneefleck klettern wir ohne Schwierigkeit auf den eigentlichen Grat, der ruhig doppelt so lang sein könnte – so reizend ist seine Begehung. Wo dieser teilweise luftige Nordostgrat unter dem wuchtigen, hornartigen Überhang (im Bild links des Gipfels gut erkennbar) endet, queren wir links in den »Blodigkessel«, um dort vor die Wahl gestellt zu werden: links eine etwas brüchige Verschneidung im »leichten Fels« oder rechts daneben eine feste, allerdings etwas schwierigere Verschneidung zu erklimmen. Bald darauf stehen wir am Gipfel in der besten Gesellschaft – nämlich allein oder unter unseresgleichen – und wenden uns schließlich nach Nordwesten, wo sich ein geröllbedeckter Gratrücken mählich zu Grat und Kante formt. Wir klettern diesen Nordwestgrat bis in ein auffallendes Schärtchen ab, um von hier aus in der Nordflanke die anregendste Passage des Abstieges zu bewältigen: einen unten senkrecht endenden Riß, aus dem wir nach rechts (westl.) herausspreizen, um auf gut gestuftem Fels den markanten Gratabsatz zu erreichen. Von hier geht es über plattige Rinnen wieder in die Nordflanke zu der tief eingerissenen Scharte südlich des auffallenden Turmes hinab und von dort in den Karboden, aus dem wir »unsere« Trettachspitze zufrieden und mit stolzgeschwellter Brust noch einmal betrachten können. »Unerhört« – was wir geleistet haben . . .

34 Höfats
Traverse des kühnsten Grasberges der Ostalpen

TALORT Oberstdorf, 815 m.

STÜTZPUNKT Gerstruben, 1154 m, Gasthaus (Sommersiedlung im malerisch unter dem Westgipfel der Höfats gelegenen Dietersbachtal; Naturschutzgebiet); Bus ab Oberstdorf bis Viehscheid, dann zu Fuß 1.45 Std.

EINSTIEG In etwa 1900 m Höhe bei der Bergwacht-Biwakschachtel neben der »Gufel«; von Gerstruben gute 2 Std. auf Steigspuren. Weg: Innerer Höfatstobel – Unterer Rücken des Südwestgrates – dann lange Querung über Runsen zur »Wanne« über dem Absturz des Tobels.

CHARAKTER/SCHWIERIGKEIT II−, an der Traverse einige Stellen III−. – Zeit für Zweierseilschaft: »Gufel« – Westgipfel 45 Min.; Westgipfel – Ostgipfel 1.15 Std. (sehr luftig); Ostgipfel – Südsüdostgrat – Älpele 45 Min.

ABSTIEG Entweder vom Ostgipfel ein kurzes Stück den Südsüdostgrat hinab, dann rechts über ein sehr steiles, sehr ausgesetztes Steiglein durch Grasflanken zur »Gufel« und am Aufstiegsweg nach Gerstruben (2.30 Std.). Oder über den gesamten Südsüdostgrat zum Älpele und in 2 Std. nach Gerstruben.

FÜHRER/KARTEN AV-Führer, Allgäuer Alpen, Zettler/Groth; Rother-Verlag, München. – Waltenberger/Groth, Ringbuchführer Allgäu; Rother-Verlag, München. – BLVA-Karte, Allgäuer Alpen, 1:50 000. – Kompaß-Karte, Nr. 3, Allgäuer Alpen – Kleines Walsertal, 1:50 000.

HINWEIS Die Höfats niemals bei Nässe begehen! – Wem die Traverse zu luftig oder zu schwierig ist, der steigt vom Westgipfel wieder zur »Gufel« ab (1 Std.) und klettert von dort über den Südsüdostgrat zum Ostgipfel (+ 30 Min.).

BILD Blick aus dem Flugzeug auf die bis zu 80 Grad steilen Grasflanken der Höfats. Die Gipfel von links: Ostgipfel, Mittelgipfel, Zweiter Gipfel, der den Westgipfel verdeckt. Das Kar links der Bildmitte ist das »Rote Loch«.

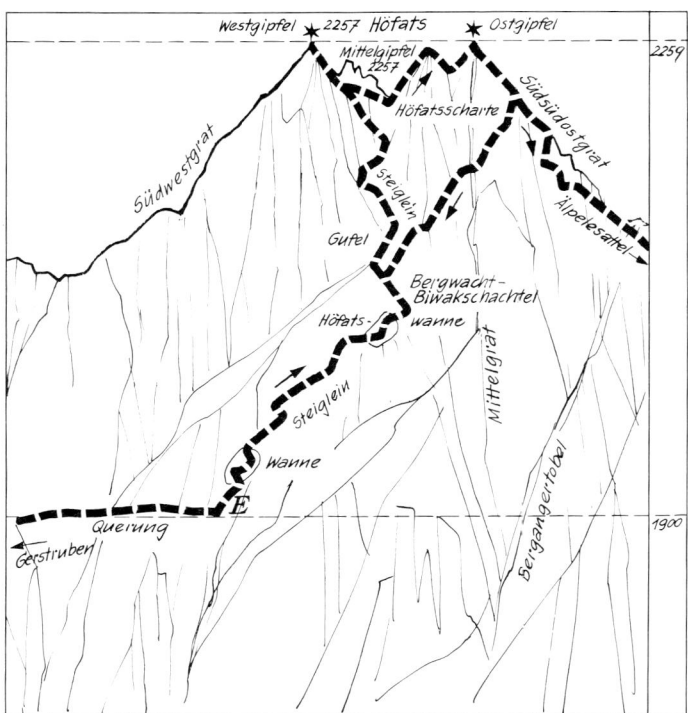

Die Höfats – ein Kletterberg? Wer aus dem Talgrund bei Gerstruben oder vom Laufbacher Eck diesen eigenartigsten Berg der Allgäuer Alpen bewundert, der wird zuerst einmal an alles andere, nur nicht an einen Kletterberg denken. Steile und glatte Flanken zwar, aber grün – fast so grün wie die Almwiesen der Allgäuer Täler ringsherum. Der reine Kletterer wird also nicht sehr viel Freude haben – der Naturfreund um so mehr. Die Höfats bezeugen nicht nur von der Form, sondern auch von der Flora her ihre Eigenart, weshalb ihr Reichtum an seltenen Bergblumen (Edelweiß, Zarter Enzian, Waisenmädchenhaar) von der Bergwacht behütet werden muß. – Der schönste Aufstieg geht von Gerstruben aus über die »Wanne« und die spaltartige Hornsteinhöhle der »Gufel«, also durch die steile Südflanke. Man verläßt den Weg, der von Gerstruben zur Dietersbach-Alpe führt, wenige Minuten nach einem Felsblock, auf dem ein eisernes Kreuzlein steht, und steigt nun steil auf Trittspuren über einen Anschwemmungskegel zur Schlucht, die von der »Wanne« herunterzieht. Auf den Fußpunkt des Südwestgrates zielend, überwindet das Steiglein steile Grashänge und mehrere Felsstufen, bis es da dann waagrecht über den zum Höfatstobel abbrechenden Wänden nach Osten zur »Wanne« quert. Rund 2 Stunden, nachdem wir den Talboden verlassen haben, stehen wir kurz darauf an der »Gufel« und an der Biwakschachtel der Bergwacht. Hier erst beginnt die Kletterei, die kaum den II. Schwierigkeitsgrad erreicht. Allerdings ist der Weg von der »Gufel« über eine Felsrippe und den sich anschließenden 30 Meter hohen, extrem steilen Grashang, wenig später erneut über steile Grasstufen zur Felsklamm unter der Scharte zwischen West- und Zweitem Gipfel und durch sie zum Westgipfel von kühner Exposition – und bei Nässe gefährlich!! Die eigentliche »Traverse« vom Westgipfel über Zweiten und Mittelgipfel zum Ostgipfel ist der Clou der »Kletterei im Grünen«, erreicht aber bereits den Bereich eines Illers! Die Gratzähne werden teils überklettert, teils umgangen, die Gipfelkante zum Zweiten Gipfel wird unmittelbar oder dicht an der Kante erklettert. Eine pfeilerartige, etwas brüchige Kante führt aus der Höfatsscharte zur waagrechten Schneide des Mittelgipfels (Buch), die überschritten oder dicht unterhalb begangen wird. Am Ostgipfel hat man dann eine gutgriffige Gratkante mit einem kleinen Überhang zu bezwingen. Der reizvollste Abstieg vom Ostgipfel führt über den Südostgrat, wobei bald nach dem Gipfel eine steile, ausgesetzte Felsschneide abzuklettern oder »abzureiten« ist. Dann wendet man sich auf Trittspuren über steile Grashänge zur Gufel hinab, um von dort auf dem gewöhnlichen Weg über die Wanne nach Gerstruben zu gelangen. Den abwechslungsreicheren Weg hat allerdings, wer am Südsüdostgrat bleibt und zum Älpelesattel absteigt. Da die Grashänge der Höfats früher grundsätzlich nur mit Steigeisen erstiegen wurden, ist aus den Trittspuren am unten immer gemütlicher werdenden, selten exponierten Grat mittlerweile ein »Steiglein« geworden . . .

35 Hoher Straußberg
Der Westgrat hinterm Tegelberg

TALORT Hohenschwangau-Schwangau, 814 m, bei Füssen (Talstation der Kabinenbahn auf den Tegelberg, 1720 m).

STÜTZPUNKTE Tegelberg-Haus, 1700 m, AV (3 Min. ab Bergstation. – Evtl. Tegelberg – Bergstation (Hotel), 1720 m. – Nach Südwest-Abstieg: Bergwirt Bleckenau, 1160 m (ab hier 1 Std. zu Fuß nach Hohenschwangau. Kfz verboten, aber sommers stündlich Bus zur Talstation).

EINSTIEG Ab Tegelberg-Bergstation südlich hinab, bald eben am markierten Steig, unter der Ahornspitze südwestlich durch und nach der Wegverzweigung streng südlich hinauf und auf Spuren zum Sockelfuß des Tegelberg-Westgrates, gut 1.15 Std.! Dieser Westgratsockel wird in der südlichen Abdachung (Mulde) umgangen, bis man nach 60 m Höhendifferenz links oben an einem reizvollen Türmchen den Grat erreicht.

CHARAKTER/SCHWIERIGKEIT II, in festem Kalkfels, bei stellenweise großer Ausgesetztheit.

ABSTIEG Nach Erreichen des westlichen Gipfelkammes wird der ganze Grat überschritten und am höchsten Punkt in streng südlicher Richtung verlassen: Es geht sehr steil am grasverwachsenen Hang direkt 550 Höhenmeter zum Pöllatbach (durchwaten) und drüben zum Weg in die Bleckenau, 1030 m. Man kann aber auch einfacher über Straußberg-Ost- oder Westkamm zum Tegelberg-Haus zurücksteigen (knapp 2 Std.), dann Kabine oder Weg ins Tal.

FÜHRER/KARTEN Kleiner Führer, Ammergauer Alpen, Seibert; Rother-Verlag, München (leider nur knapp). – FBK, Nr. 35, Lechtaler-Allgäuer Alpen, 1 : 100 000. – Österr. Karte, Nr. 85, Vils, 1 : 50 000 (besser).

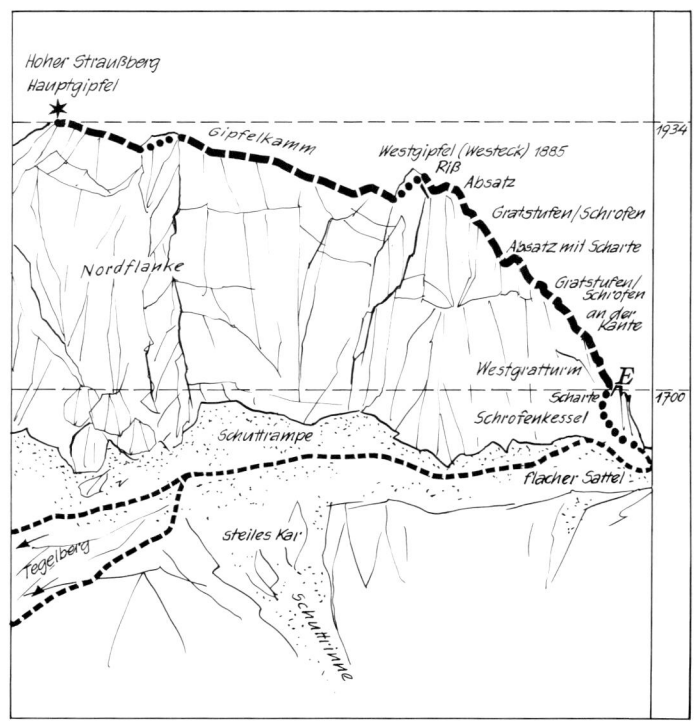

Hoher Straußberg? Niemand kennt ihn. Aber wir haben seinen Westgrat überklettert, sind vom Gipfel den 600 Meter hohen steilen Südhang zum Pöllatbach hinabgestiegen und dann – nach einer herrlichen Brotzeit beim Bleckenauwirt – zum Parkplatz der Tegelbergbahn, dicht an König Ludwigs Traumschloß, hinausgetrabt. Dieser Berg liegt also im Ammergauer Vorgebirg, dicht östlich von Füssen, wo der Arlberger Lech aufgeregt seinem ersten Kraftwerk zufließt. Weil Wetterstein, Karwendel, Wilder Kaiser und Lechgebirg den Münchner faszinieren, und gleich dahinter auch noch Stubaier, Zillertaler und Rofan, so bleibt der Hohe Straußberg fast vergessen. Man fährt mit der Tegelbergbahn bis unter den Gipfel, rennt dann knappe 1.30 Std. – eher weniger – südwärts zum Westsockel jenes schon vom Tegelberg aus markanten Westgrates (Bild) – und steigt zunächst nicht in den Sockelfels ein: umgeht ihn vielmehr dicht südwärts in der nächsten Mulde, quert dann aus ihr nach links zum Einstieg, dort wo das erste freche, weiße Kalktürmchen zum Klettern lockt. Das ist etwa 60 Meter über dem Westgratsockel . . . Was folgt, ist reizende Genußkletterei nach dem Herzen begeisterter Feiglinge: also schlicht »leichter Fels«. Schwierigkeitsgrad II, eindeutig, der Kalkfels fest, die Exposition stark. Es gibt überall Griffe und Tritte, falls man seine Nerven vergißt, den Körper weit weg vom Fels hält: Denn nur dann findet man alle Griffe. Zum »leichten Fels« kommt aber die Ausgesetztheit des Grates: Es geht nun mal links und rechts meist senkrecht hinab. Aber man hat bald soviel Spaß am Gratklettern bekommen, daß man jedes neue Türmchen, jedes scharfe Gratstück, die kleinen Kaminchen und Verschneidungen und am Ende sogar noch einen kurzen senkrechten Riß – natürlich mit Prachtgriffen, wenn man die Augen offen hat! – mit Lust begrüßt. Es sind nur reichliche 220 Meter Höhenunterschied, aber da eben reine Kalkkletterei, exponiert, doch griffig . . . Alle übrigen Kletterfreunde der Alpen finden hier nicht her; ein paar Füssener, das ist alles. Am Westeck des Gipfelgrates spaziert man wie ein feiner Herr über den Kalksteg zum höchsten Punkt und tut, was der königliche Ludwig hier auch getan hat: Man schmeckt die wunderbare Spannung zwischen Gebirg und Flachland, die Kapriolen der Lechwasser, die ungeheure Stille und Verlassenheit. Weithin streckt sich das schöne Land nordwärts, mit See- und schweren schwarzen Waldplatten garniert . . . Vom Gipfel kann man ost- und westwärts über Schrofen absteigen und zum Tegelberg zurückmarschieren – aber das ist falsch! . . . Man steigt umgekehrt ab, streng nach Süden, weglos, einen volle 550 Meter direkt in den Pöllatbach ziehenden Steilhang, über dem jenseits das Wegerl zum Bleckenauwirt bzw. nach Füssen und Talstation Neuschwanstein wartet. – Diese leichte Grattour wird wenig gemacht, der Hohe Straußberg ist vom Vorland gar nicht zu sehen. Er liegt wohlversteckt im tiefen Gamsgebirg – nur die Kletterer der Umgebung kommen manchmal – trotz Gimpel und Roter Flüh . . .

Blick von Norden auf den Hohen Straußberg. Rechts der Westgrat. Wo dieser oben einen ersten runden Vorgipfel ausbildet, beenden wir die Kletterei und steigen gemütlich zum höchsten Punkt. Links der mögliche Abstiegs-Ostkamm. Im unteren Bildteil, rechts der Mitte, verläßt unser Einstiegsweg den talwärts ziehenden AV-Steig. Der Einstiegssattel am Westgrat ist ganz rechts nur knapp verdeckt.

36 Zugspitze
Am Jubiläumsgrat

TALORTE Garmisch, 700 m. – Ehrwald 1000 m.

STÜTZPUNKTE (als Startplatz) Münchner Haus am Zugspitzgipfel, 2964 m, DAV. Erreichbar mit drei Bergbahnen ab Garmisch, Eibsee, Ehrwald! Unterwegs kein Stützpunkt bis Kreuzeck-Haus oder Bergstation Osterfelderkopf (also erst nach 6–9 Std.!)

EINSTIEG Am Zugspitzgipfel.

CHARAKTER/SCHWIERIGKEIT Diese Tour ist kein Aufstieg, sondern eine riesenlange Gratwanderung im Schwierigkeitsgrad II+, stellenweise leichter, mit einer möglichen Abseilstelle. Erster Teil: Jubiläumsgrat – das ist der Riesengrat Zugspitze-Hochblassensockel; zweiter Teil: Übergang Grieskarscharte – Alpspitze – Kreuzeck – Garmisch! Die Tour (nur teilweise ist sie Abstieg!) erfordert flinke, trittsichere und aufmerksame, im Hochgebirge erfahrene Bergsteiger! Die ersten 4 Std. immer in knapp 3000 m Höhe. Nur bei zuverlässigem Wetter. Mit Ausrüstung für evtl. Wetterumschwung, Kälteschutz vor allem; Notproviant.

FÜHRER/KARTEN AV-Führer, Wetterstein, Pfanzelt; Rother-Verlag, München. – AV-Karte, Nr. 4/2, Wetterstein, Mittleres Blatt, 1:25000 (unerläßlich!).

Das Wettersteingebirge besteht aus drei mächtigen Kämmen: 1. dem nördlichen Riffelwand-Waxensteinkamm, 2. dem Höllentalspitzen-Blassenkamm, 3. dem Wettersteinkamm Platt-Hochwanner-Dreitorspitzen-Wettersteinwand, dazwischen liegen das tiefe schmale Höllental und das überlange flache Reintal. Der mittlere Kamm mit den drei Höllentalspitzen und dem Hochblassenmassiv schließt noch die Alpspitze ein und beginnt an der Ostmauer des Münchner Hauses, also auf und am Zugspitzgipfel: einst »Deutschlands höchster Berg« (lernte ich in der Schule), heute der Bundesrepublik höchster Rummelplatz (durch drei Bergbahnen geschändet) . . . Dennoch behaupte ich mit Überzeugung, verläuft in dem am Zugspitzgipfel beginnenden, bald hoch über Höllental und Reintal verlaufenden mittleren Kamm der Höllentalspitzen die schönste und (für alpin geschulte Bergfreunde) großartigste hochalpine Gratwanderung weitum. Normalerweise begeht man diesen als »Jubiläumsgrat« bekannten, einst hoch respektierten Grat von Ost nach West, also aufwärts – wir können ihn ebensogut abwärts begehen, vom Zugspitzgipfel in aller Herrgottsfrühe aufbrechend, ostwärts. Das beginnt recht einladend: Vom Gipfel weg ist man nach 30 Schritten schon am Gratanfang, und dann geht es endlos an ihm dahin, erst brav am breiteren Grat, dann über erste Höcker, dann von einem auffallenden Turm plötzlich steil am glatten Fels (neuerdings einige kurze Drahtseile und Haken) in die erste tiefe Scharte vor der Inneren Höllentalspitze, 2737 m. Sie wird als einziger Gipfel nicht am Grat, sondern nach kurzem Abstieg in die Südflanke von dort her erreicht. Bald ist man wieder am »Jubiläumsgrat« oben, entdeckt ein nach rechts unten weisendes Schild »Zur Knorr-Hütte« (für Notabstieg gedacht), erreicht die Mittlere Höllentalspitze (leeres Aluminiumhüttchen für Notfälle), wandert ostwärts weiter, nun in höflicher Gegenwart eines neuen, überflüssigen Drahtseiles, stößt direkt an den wuchtigen Sockel des Hochblassenmassivs, weicht am Drahtseil nach links aus, steigt dicht am Blassensockel sehr steil zur »Falschen Grieskarscharte« ab – längst die nahe Alpspitze als Ermunterung im Auge –, kommt in die richtige Grieskarscharte und steigt nun kurz und bündig in gutem Fels auf den Alpspitzgipfel . . . Vorher kann man (bei Schlechtwettereinbruch oder aus Faulheit) 1. links von der Grieskarscharte an Drahtseilen, dann frei und überaus eindrucksvoll steil (und ungefährlich) ins Höllental absteigen; oder 2. harmlos durchs Grieskar westwärts zum Bernardeinweg und Kreuzeck. Man spart damit die Alpspitze aus, obschon sie den kürzesten und allerschönsten »Weg« zum Kreuzeck darstellt. 7 bis 10 Stunden in größter bundesdeutscher Höhe, immer knapp unter 3000 bzw. 2800 Meter.

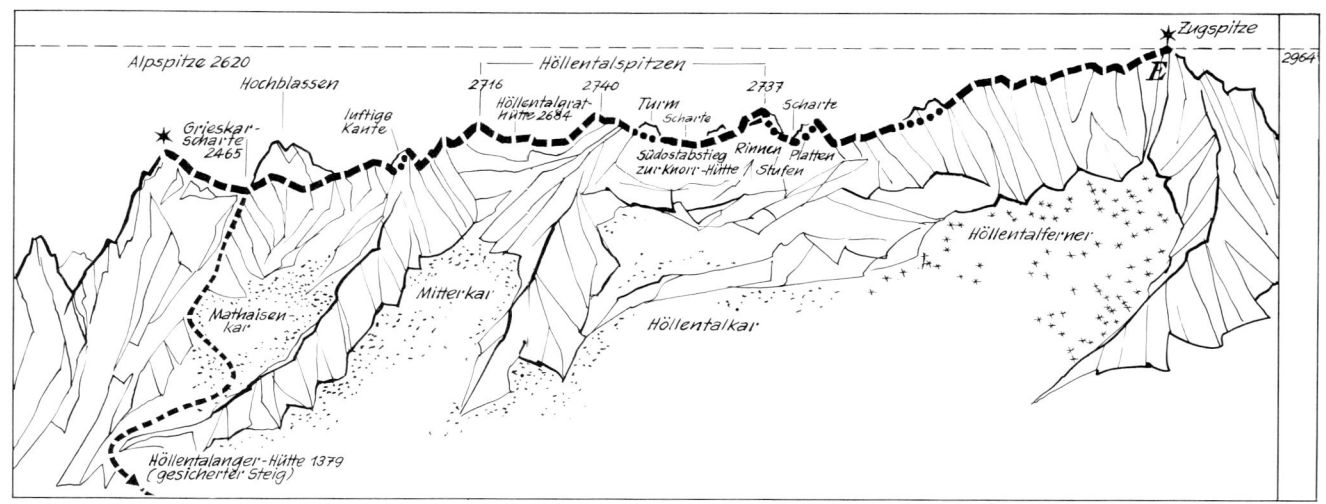

Der Jubiläumsgrat von der Alpspitze (links oben) und den (nach rechts folgenden) drei Höllentalspitzen (Äußere, Mittlere, Innere, letztere mit dem wichtigen Steilabbruch, dem man südlich ausweicht) bis wenige Meter unterm Einstieg am Zugspitzgipfel, links die steile, schattige Flanke ins tiefe Höllental.

Deutschland / Wettersteingebirge / Kalk / 2606 m
(2634 m) / II +

37 Dreitorspitze

Von der Meiler-Hütte zum Leutascher Platt

TALORTE Garmisch-Partenkirchen, 715 m. – Unterleutasch-Lochlehn, 1070 m, Gastwirt »Donnerrose«.

STÜTZPUNKTE Schachen-Haus (Wirt), 1866 m, 3 Std. ab Partenkirchen durch die Partnachklamm. – Meiler-Hütte, DAV, 2366 m, über dem Frauenalpl; knapp 1.30 Std. ab Schachen, gute 3 Std. aus der Leutasch über den Söllerpaß.

EINSTIEG Wenige Schritte von der Meiler-Hütte in Schrofengelände auf die Signalkuppe, dann links des Grates zum Sattel vor dem Nordostgipfel. Hier Einstieg.

CHARAKTER/SCHWIERIGKEIT Meistens II und sehr genußvoll; nur beim Überwinden des ersten Klemmblocks im rechten der beiden Kamine II–III, unter dem oberen Klemmblock schlüpft man hindurch und verläßt sofort nach links den Kamin.

ABSTIEG Ab Westgipfel am versicherten Steig, dann am Plattboden dicht unter den Südostwänden der Dreitorspitzen in 1.15 Std. zur Meiler-Hütte zurück.

FÜHRER/KARTEN AV-Führer, Wettersteingebirge, Pfanzelt; Rother-Verlag, München. – AV-Karte, Wetterstein-Mieminger, Östliches Blatt, 1 : 25 000.

BILD Blick vom Musterstein in die Ostseite des Nordostgipfels der Partenkirchener Dreitorspitze. Rechts am Bildrand die Signalkuppe, links im Hintergrund die Leutascher Dreitorspitze. Von dem nach links abfallenden Ostgrat unserer Dreitorspitze hebt sich undeutlich der Bayerländerturm mit seiner plattigen Ostwand ab. Im Gegensatz dazu sind unsere »Schlüsselstellen«, zwei Klemmblöcke, im rechten der zwei Kamine unter der Scharte zwischen Vorgipfel und Hauptgipfel genau auszumachen.

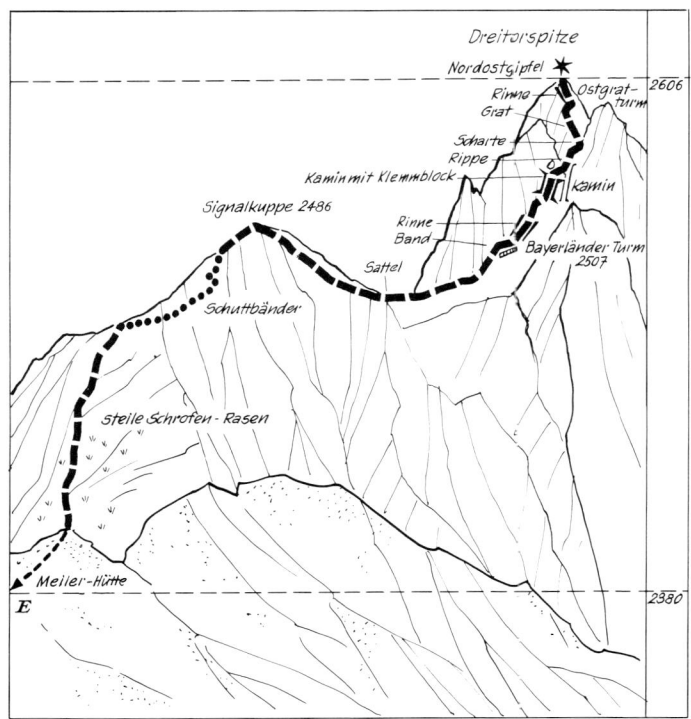

In großer Stille, abseits vom Kronschatz des Wettersteingebirges um Waxensteine, Höllental, Blassenkamm und Plattzirkus, rennt der südliche Wettersteinkamm ostwärts über Hochwanner, Dreitorspitzen und Wettersteinspitzen weit hinaus bis vor die junge Isar um Mittenwald: zuletzt hinter den Drei Scharten – ein allereinsamstes Bergsteigerrevier. Wilder Rummel unter der Zugspitze, strenge Stille ostwärts der Meiler-Hütte und jenseits der Dreitorspitzen. Diese Dreitorspitzen, Partenkirchner wie Leutascher, haben bereits Distanz zum Zugspitzquartier, denn gute 4 Gehstunden trennen sie von der nassen Partnachklamm. Die feuchte Einkehr am Schachen-Haus mildert die Anstrengung nur wenig, aber dann nochmals bergan und übers stille Frauenalpl unmittelbar vor die Tür der Meiler-Hütte gestiegen – und man bricht glücklich zusammen und trinkt Tee, Tasse um Tasse, der eine mit Zucker, – der andere mit Salz. Denn so geschah es mir und meiner Frau, als wir in ärmster Nachkriegszeit um Tee baten und, trocken bis in die Adern hinein, statt Zucker – versehentlich Salz in den Krug schütteten . . . Damals stiegen wir in »leichter«, aber aufregend umständlicher Kletterei auf den Musterstein und nach den vielen Scharten auch noch über den ganzen riesigen Wettersteinkamm bis hinaus und hinab nach Mittenwald. – Diesmal steigen wir von der Meiler-Hütte westwärts über die Partenkirchner Dreitorspitzen hinweg – »leichte« Kletterei, kein Zweifel. Das Traversieren dieser blockigen Dreitorspitzgipfel und Scharten ist schön, interessant, ja aufregend. Es beginnt, wie im Bilde sichtbar, mit dem sanften Überschreiten der Signalkuppe, dann geht es steil und interessant zu den zwei kurzen, parallel zur höchsten Scharte ziehenden Kaminen. Hier bald vom ersten Band in gutem steilen Fels in den rechten Kamin, dort über einen Block hinweg, sofort unter einem dicken Klemmblock durch – dann nicht im Kamin weiter, sondern gleich links über den griffigen, senkrechten Fels auf die Rippe zwischen den Kaminchen, in eine Scharte und auf der Gratschneide zum Nordostgipfel . . . Alles Grad II und sehr reizvoll! Die Überschreitung der drei Gipfel steht exakt im AV-Führer. Nun erst in die tiefste Scharte vor dem Mittelgipfel, dann links und wieder rechts bis zum höchsten Punkt, schließlich etwas umständlicher zum Westgipfel – an dem der eisenbewehrte »Hermann-v.-Barth-Weg« beginnt. Er führt uns nach der Rast exponiert, aber sicher aufs Leutascher Platt hinab und zurück zur Meiler-Hütte. – Wer sich's zutraut, nimmt die gegenüber lockende Bastei der Leutascher Dreitorspitze noch mit; steige vom Westgipfel der Partenkirchner am Steig ab, bis er den zur Leutascher Spitze ziehenden Grat berührt, und klettere dann – genau nach Führer – an und neben dem Verbindungsgrat hinüber und hinauf. Achtung beim Abstieg durch die steile »Eisrinne«, meist eine Schnee- oder Firnrinne: wenn gefroren, dann gefährlich (nie ohne Pickel und Seil!) – dann am Aufstiegsgrat zurück. – »Leichten Fels« finden wir hinter der Meiler-Hütte auch am Musterstein-Westgrat!

38 Wörner
Nordwestgrat und Westflanke

TALORT Mittenwald, 913 m.

STÜTZPUNKTE Hochland-Hütte, 1630 m, AV (unbewirtschaftet, meist bewartet, Kochgelegenheit). Nur mit AV-Schlüssel! 2.30 Std. ab Mittenwald über Kälberalmen. – Evtl. Krinner-Kofler- Hütte (Ferein-Alm), 1407 m, (unbewirtschaftet, bewartet, Kochgelegenheit); 3 Std. durch den Seinsgraben ab Mittenwald.

EINSTIEG Am Gratsockel, der direkt auf dem Wörnersattel, P. 1989 m, aufsitzt. Das ebene Einstiegsplatzerl, zugleich oberste Wasserscheide zwischen Kälberalpl- und Seinsbachwassern, ist von der Hochland-Hütte in gut 1 Std., von der Krinner-Kofler-Hütte in knapp 2 Std. zu erreichen.

CHARAKTER/SCHWIERIGKEIT II —, bei stellenweise brüchigem Fels!

ABSTIEG Nur am Aufstiegsweg, aber mit besonderer Vorsicht in den groben Schuttstücken (Steinschlag!).

FÜHRER/KARTEN AV-Führer, Karwendelgebirge, Klier/März; Rother-Verlag, München. – AV-Karte, Karwendelgebirge, Westliches Blatt, 1 : 25 000 (hervorragend!). – FBK, Nr. 32, Karwendelgebirge, 1 : 100 000 (zur Information gut).

HINWEIS Man besteige den Wörner nicht zu früh im Sommer, weil da in den Rinnen und Schluchten noch zuviel Altschnee liegt! Die Gefahr ist dann beim Abstieg größer als beim Aufstieg!

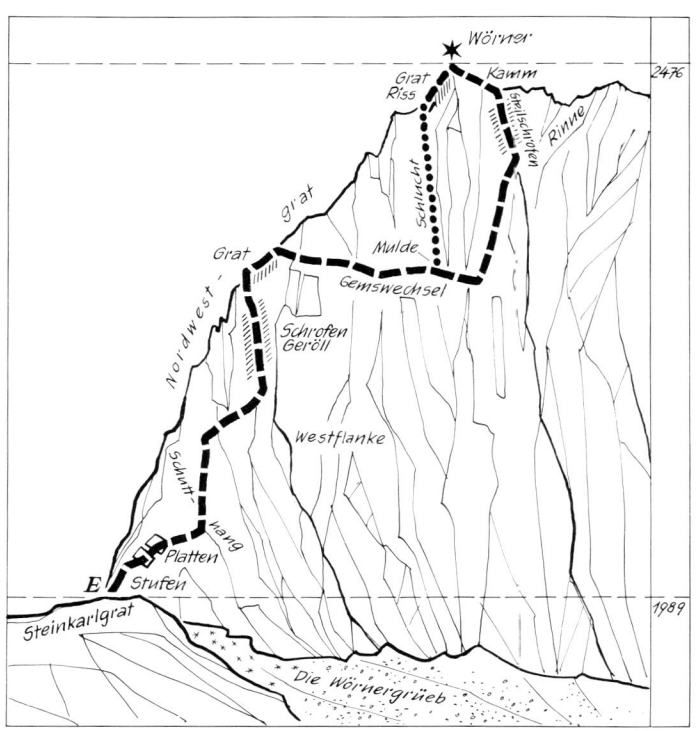

Wer am Wochenende von München via Partenkirchen und Mittenwald ins Inntal fährt, schaut ab Kaltenbrunn unausgesetzt auf unseren Wörner mit seinem schönen Nordwestgrat – ist entzückt von dem ebenmäßigen Halbrund seiner Westflanke: zieht die Bremse . . . Wer dann die alte gute AV-Karte betrachtet, ist vollends begeistert: Die felsige »Wörnergrüeb« steigt in der Tat wie ein Theaterparkett auf, links vom Steinkarl-, rechts vom Steinklippengrat eingefaßt. Es gibt keinen Spazierweg auf den Wörner, der Kletterern schuttverdächtig ist, den aber fast alle einmal besteigen. Natürlich auch über den leichten Nordwestgrat, natürlich auch der Aussicht zuliebe: aus dem Zweiten und Dritten »Rang« seiner Gratmulden entdeckt man sich nämlich den Charakter des Wettersteinkammes gegenüber bis in die versteckten Heimlichkeiten von Höllental, Reintal und Berglental, während der starke Bug der auf Mittenwald zielenden Wettersteinwand den höchsten Trumpf ausspielt . . . Frühmorgens stehen wir am ebenen Idealplatzerl des Wörnersattels, der 1989 Meter hoch liegt und eine Rast-, Brotzeit- und Schauoase ohnegleichen ist. Endlich einmal erfährt man bis in die Details, was sich nebenan in der bröckeligen Soiern-Gruppe alles tut. Man sieht zu, wie Wolken und Wetter aufziehen und ist nur verwundert, weil die 5000 Autos drunten auf der Garmischer Schnellstraße lautlos kriechen . . . Ob Wörnergrat oder Steinkarlgrat: Der Einstieg kann nicht eleganter markiert sein, wir packen es . . . Wir wissen, daß wir in der rechten, also südlichen Flanke des Nordwestgrates einsteigen und daß wir den Grat selber erst in seiner Mitte und dann auch nur kurz begehen. Kletterspuren und Steinmänner bringen uns in die Höhe. Erst also einfach gerade hinauf über Stufen und Platten, dann immer mehr nach rechts in die Wand bis auf ein großes, teilweise ergrünendes Schuttfeld. Von da auf Spuren gerade nach oben, wieder gratwärts, und nach einem von der Felsstruktur vorgeschriebenen und von Gehspuren bestätigten Bogen nach rechts wieder zum Grat zurück, zuletzt auf ihn hinauf. Aus Geröll sind Schrofen geworden, aus Stampfen wird Klettern. Nun immer dicht unterm Grat den Spuren und Steindauben folgend weiter und dann überraschend – aber vom steilen Fels über uns vorgeschrieben – rechts hinaus auf einen ausgeprägten Gemswechsel: ein ebenes Band, das brav die Westflanke durchschneidet, einige Rinnen quert und schließlich leicht bergab in die Westflanke und damit vor eine auffallende, kaminähnliche Rinne zieht. Wir stehen in der Fallinie des Wörnergipfels, links vor uns zieht diese Kaminrinne schnurgerade nach oben und verbreitert sich dann. Achtung, wenn in der Rinne noch Schnee liegt! Man klettert ohnehin besser an ihrer rechten, also südlichen Begrenzung. Der Fels legt sich mählich zurück, wir können schon vor Erreichen des Gipfelgrates nach links oben aus der Rinne heraus, kürzen die letzte Wegstrecke ab. Der kurze Grat ist leicht, lustig zu steigen. Dann stehen wir froh vor dem Gipfelkreuz, hoch überm Tal und den fliehenden Ängsten . . .

Wir blicken aus dem Flugzeug auf Wörner (links oben), Wörnergrüeb und Mitterkar, über schattigen Sandreißen die drei Großkarspitzen. Die Hochland-Hütte steht in der Fallinie des Wörnergipfels in der höchsten Waldregion (Latschenfeld). Wir sehen genau, wie sicher der unterste Felssockel unseres Westgrates (links oben), des Steinkarlgrats, aufsitzt, erkennen auch den ganzen Verlauf unserer leichten Führe.

39 Benediktenwand
Über den Maximiliansweg

TALORTE Benediktbeuern, 617 m, am Fuß der Benediktenwand. – Lenggries, 679 m, im Isarwinkel unter dem Brauneck, dem östlichen Abschluß des Benediktenwandkamms (Auffahrt mit Seilbahn).

STÜTZPUNKT Tutzinger Hütte, 1327 m, DAV, in einer Mulde unter den Nordabstürzen der Benediktenwand. – 3 Std. von Benediktbeuern.

EINSTIEG Auf einem deutlichen Steiglein über Gras- und Latschenhänge zum Einstieg, der direkt in der Gipfelfallinie liegt. – Knapp 30 Min. von der Hütte.

CHARAKTER/SCHWIERIGKEIT Nur an einer Stelle II, sonst I und Gehgelände. Der Maximiliansweg ist die leichteste der rund 20 Nordwandführen.

ABSTIEG Hier bieten sich mehrere Wanderungen bergab an, je nachdem, welchen Talort man ansteuert. Wer unbedingt zur Tutzinger Hütte zurückgehen muß, der kann zwischen Ost- und Westweg wählen. Ansonsten bestehen Abstiegsmöglichkeiten direkt nach Benediktbeuern über den Westweg und die Glaswandscharte (von hier auch in die Jachenau), über Brauneck nach Lenggries, oder zwischen den Waldbuckeln der Längental-Alm hinaus nach Arzbach an der Isar.

FÜHRER/KARTEN AV-Führer, "Benediktenwand-Gruppe, Estergebirge und Walchenseeberge, W. u. G. Zimmermann; Rother-Verlag, München (enthält alle Benediktenwand-Anstiege). – BLVA-Karte, Bad Tölz – Lenggries und Umgebung, 1 : 50 000 (beste Karte!).

BILD Der mittlere Teil der Benediktenwand-Nordseite. Durch die schrofige Flanke rechts der Gipfelfallinie führt unser Maximiliansweg. Im Vordergrund die Tutzinger Hütte.

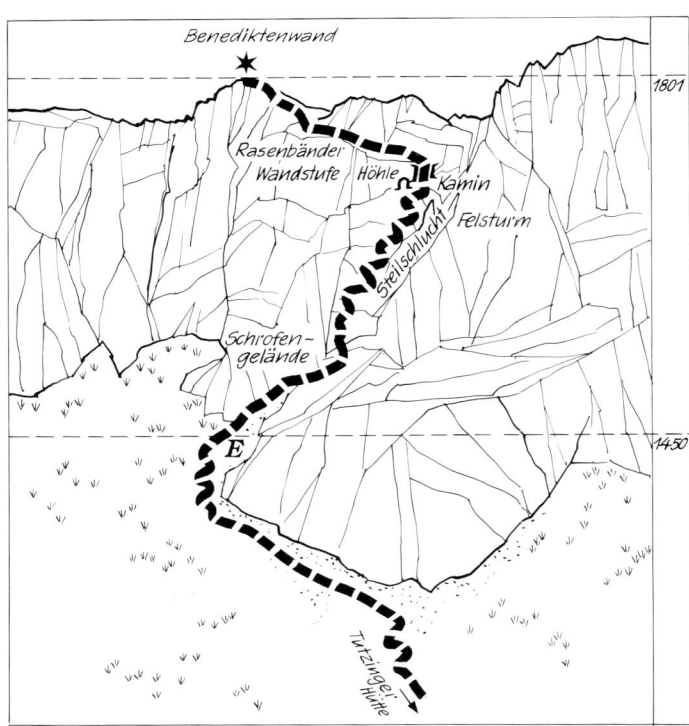

Zwei »Münchner« Berge kennt fast jeder Einheimische und jeder »Zuagroaste«: einmal den Nockherberg, dessen Besteigung zur Starkbierzeit keiner großen Leistung bedarf, was man vom Abstieg nicht immer behaupten kann; und dann die »Benewand«, wie die Benediktenwand liebevoll abgekürzt wird. Wer an einem Föhntag vom Münchner Fernsehturm nach Süden auf die Alpenkette blickt, der erkennt trotz Zillertaler Alpen, Stubaier Alpen und Wettersteinmassiv doch schnell die Benediktenwand, jenen langgestreckten, dunklen Bergzug zwischen den Einschnitten des Isartales und des Kesselberges überm Kochelsee. Die »Benewand« ist von der Form und auch von ihrer Höhe her kein aufregender Berg: Nicht einmal 2000 Meter erreicht der Gipfel! Dennoch hat sie Vorzüge, die an manchen Tagen zu einem regelrechten Massenansturm auf den Gipfel führen: Sie ist schnell zu erreichen (Autobahn), bietet vom Brauneck her eine gemütliche Höhenwanderung mit Seilbahnunterstützung und Ganghofer'schen Ausblicken auf Jachenau und Isarwinkel – und ihre Nordwand ist heute mit einem spinnwebendichten Anstiegsnetz überzogen, das alle Schwierigkeitsgrade besitzt. Der geeignetste Anstieg im »leichten Fels« ist der Maximiliansweg, manchmal auch spaßhaft »Maximilianstraße« genannt. Er vollzieht sich stets auf den übereinanderliegenden Grasstufen des Wandbaues, der rechts oben eine Steilschlucht besitzt, welche die Grasbänder streng abgrenzt und den Begeher in Schach hält. Schon bald nach dem Einstieg in die Wand – genau im Gipfellot gelegen – betreten wir das untere Ende dieser Schlucht und steigen an ihrem linken Rand über Schrofen an (Steigspuren); dabei halten wir uns steil aufwärts (nicht nach links!), um in weiter Serpentine einen Felsturm zu erreichen, der in der Schlucht steht. Kurz darauf überklettern wir eine Stufe, die den oberen Wandteil durchzieht. Bei einer Höhle nach rechts, noch einmal in der Schlucht höher zum sogenannten Kamin, der allerdings nur 4 Meter hoch ist. Zwar die Schlüsselstelle, aber mehr als ein IIer ist's auch nicht, was jedoch den Spaß nicht mindert. Mit einigen Schritten über das rechte Begrenzungsgelände haben wir die Wand unter uns und marschieren links aufwärts haltend über den letzten Grasbuckel zum Gipfel mit seinem neuen Unterstandshüttchen. Man suche sich hier in aller Ruhe ein stilles Platzerl, strecke alle Viere von sich und blinzle mit einem Auge auf die Wandererkarawanen, die den Gipfel besetzt halten. Hat man dann herausgefunden, welcher Abstieg der stillste sein wird, dann laufe man sich dort ein bisserl aus. – Noch ein Hinweis: Der Maximiliansweg gilt zwar mit nur einer IIer-Stelle als leicht, trotzdem ist auch hier Vorsicht geboten: Ungeübte und Kinder gehören unbedingt ans Seil, und bei Nässe lasse man die Tour unter allen Umständen bleiben. – Den Namen dieses ältesten Nordwandanstieges an der Benediktenwand finden wir übrigens an der Ellmauer Halt im Wilden Kaiser wieder. Auch dort wurden die großen Anstiegsbänder früher »Maximilianstraße« genannt.

40 Rumerspitze
Schöner Westgrat über der Arzler Reißen

TALORTE Innsbruck, 570 m, bzw. Parkplatz Hungerburg, 863 m. – Solbad Hall in Tirol, 560 m.

STÜTZPUNKTE Nur der Ausgangspunkt Bergstation, Hafelekar-Haus, 2256 m. – Später nur in Notfällen die Pfeis-Hütte, 1947 m, ÖAV, weit links unterhalb unserer Route unterm Stempeljoch (Fluchtmöglichkeit jenseits der Arzler Scharte).

EINSTIEG Nach dem großartigen Höhenweg Hafelekar-Haus – Innsbrucker Höhenweg–Arzlerscharte (2 Std.) am Westgrat der Rumerspitze. Man peilt, von der Mandlscharte (nach dem Höhenweg) absteigend, direkt den westlichen Westgrat von P. 2318 der Freytag-Berndt-Karte an, steigt dabei in der nördlichen Flanke, betritt erst bei P. 2318 den eigentlichen (leichten) Grat.

CHARAKTER/SCHWIERIGKEIT II — im nicht immer festen Karwendelkalk.

ABSTIEG 1. Zurück am Westgrat zur Arzlerscharte und hier südwärts steil in der Arzler Schuttreiße hinab zu Rumer Alm, Enzian-Hütte bzw. Hungerburg. – 2. Für kräftige, alpin erfahrene Geher nach Überschreitung der Rumerspitze bis ostwärts zum Kreuzjöchl, 2121 m, südwärts steil zum Thaurer Roßkopf, ab hier dann weiter südwestwärts auch zur Rumer Alm und Hungerburg. – 3. Nach der Rumerspitz-Überschreitung bis nördlich unters Kreuzjöchl weiterer Abstieg nördlich, dann östlich zum Stempeljoch, 2218 m, und ab hier durch Isstal und Halltal hinab ins Solbad Hall (Bahn).

FÜHRER/KARTEN AV-Führer, Karwendelgebirge, Klier/März; Rother-Verlag, München. – FBK, Nr. 33, Umgebung Innsbruck, 1 : 100 000 (ausreichend).

HINWEIS Man halte sich am Westgrat immer in Nähe der Schneide bzw. des Grates. Wer vom Gipfel (s. Haupttext) direkt und weglos die Südflanke hinabsteigt (niemals bei Nässe!), sehe, daß er bald einen der Steige gewinnt, um zur Thaurer Alm zu kommen (Wirt), guter Weg ins Inntal.

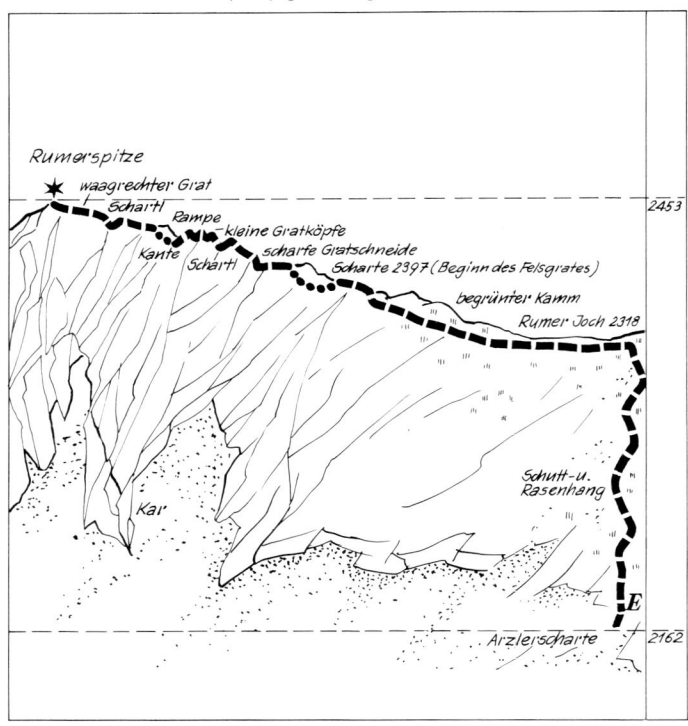

Natürlich gibt es 999 allerschönste Hochpromenaden in den Ostalpen, die schönste könnte dieser Übergang sein: Hafelekar – Innsbrucker Höhenweg – Rumerspitze – Arzler Reißen; bis zur Hungerburg zurück sind es gemütliche 5–6 Std.! Aber welches große Erlebnis! ... Sind wir am Hafelekar-Haus aus der Kabinenbahn gestiegen, so sind wir bereits 2256 Meter hoch, überschauen Stubaier und Zillertaler Alpen samt Tuxer Vorgebirge wie aus einer Proszeniumsloge, studieren Stubaier und Sellrainer Skitourenwelt, das kuriose Geflecht der Brenner Enge, können vom Wolfendorn und Hochfeiler bis zu Venediger und Glockner sehen, lassen uns von den frischen Betonfluten im einst so schönen Tiroler Inntal die Geschwindigkeit abendländischen Naturverderbs vor Augen führen – widerstehen aber nicht dem faszinierenden Tiefblick hinab zum Goldenen Dachl. 1800 Meter tiefer als wir ist die Menschheit mäuschenstille: Prüfen Sie es nach! ... Es geht nahezu eben dahin am modernsten Laufsteg des alpinen Fremdenverkehrs – von 2256 Meter Höhe – Gleirschspitze, 2317 m, zur Mandlscharte, 2279 m, – dann herrlich überm Pfeiskessel dahin zur Rumerspitze, 2453 m, mit ihrer reizenden Kletterei am Westgrat, und erst dann vom Gipfel (bei trockenem Boden!) gerade hinab, oder auf Kalkschutt von der Arzlerscharte abfahrend, oder ostwärts zum Stempeljoch, 2218 m, absteigend und dann das lange stille Halltal hinaus in die alte Stadt Hall am Inn: 560 Meter hoch ... Oder vom Rumerspitzgipfel direkt südlich steil hinab, immer auf Absätzen fest auftretend, zur Rumer Alm, zur Enzian-Hütte, zur Hungerburg; oder weiter über den Wilde-Bande-Steig zu Halleranger-Haus oder Bettelwurf-Hütte mit den einschlägigen leichten Gipfeln. – Auf fünf Rasten studiert man nicht mehr die höchsten Gipfel, sondern die kostbaren Geheimnisse der Tuxer Talengen: Wer weiß denn von den 1000 weltvergessenen Winkeln droben – uns gegenüber – im Voldertal, von der Schlick, in Gschnitz- oder Pinnistal, von der Wattener Lizum, oder gar nordwärts von Roßloch und Samertal, von den ewig unberührten 12 und 15 Kilometer langen Karwendelfurchen ... Was soll der Katalog? Die Augen haben hier das Kommando über Rastplätze und langsamste Tempis ... Im übrigen sammelt man mit ungeheurer Gewißheit (aber ganz unbemerkt) eine Rekordsumme an guten Ideen, die während dieser Riesentour ununterbrochen, und ungerufen in uns zur Welt kommen. Goethe: »Mit dem Rhythmus des gelassenen Ausschreitens überkommt den Menschen immer auch ein Rhythmus guter Gedanken!« Und dies nirgends schöner als droben zwischen Hafelekar und Arzlerscharte und Kreuzjöchl und Stempeljoch. Kinder nur ab 14 Jahre, dazu beste Karten, eine Portion Stille und Reife, ein verborgenes Flascherl Saft, einen Geheimvertrag mit dem Tiroler Wettergott! – Wer nach der langen, nicht zu unterschätzenden Überschreitung mit weichen Knien Solbad Hall erreicht hat, benützt für den Rückweg zum Auto am schnellsten die gemütliche Innsbrucker Straßenbahn.

Ausblick von Westen über die Arzlerscharte hinweg auf den langen Westgrat (also in verkürzender Draufsicht). Der Abstieg von der Arzlerscharte ins Inntal zieht unten nach rechts in die Tiefe (wo man auf den Arzler Reißen gut auf Schuhen anfahren kann).

41 Vorderes Brandjoch
2000 Meter über Innsbruck

TALORT Innsbruck, 575 m – Hungerburg, 863 m. – Höttinger-Bild-Kapelle (Gasthof), 905 m.

STÜTZPUNKTE Berghotel Seegrube, 1905 m, an der Bergstation der Nordkettenbahn. – Höttinger Alm, 1479 m, priv., gut 1.30 Std. von Höttinger-Bild-Kapelle durch den Höttinger Graben. – Solstein-Haus, 1805 m, AV, auf dem Erlsattel über Zirl.

EINSTIEG Am Brandjochkreuz, 2262 m, 1.30 Std. von der Seegrube, von wo man fast eben unter der Nordkette nach Westen bis zum Brandjochboden quert, dann über den begrünten Rücken zum Brandjochkreuz aufsteigt. – Von der Höttinger-Bild-Kapelle ca. 3 Std.

CHARAKTER/SCHWIERIGKEIT Eigentlich ein gemütlicher Iler, laut Führer etwas schmeichelhaft mit zwei Iler-Stellen, in stellenweise brüchigem Karwendelkalk. – Zeit vom Brandjochkreuz zur Vorderen Brandjochspitze: 2 Std.; Vordere Brandjochspitze – Hohe Warte – Kleiner Großer Solstein: 3.30–4.30 Std.

ABSTIEG Von der Vorderen Brandjochspitze direkt zum Frau-Hitt-Sattel über den leichten Julius-Pock-Weg (I) und weiter ins Tal. – Vom Großen Solstein zum Solstein-Haus (1.30 Std.) und weiter zum Bahnhof Hochzirl (1.30).

FÜHRER/KARTEN AV-Führer, Karwendelgebirge, Klier/März; Rother-Verlag, München. – AV-Karte Nr. 5/1, Karwendel, Westliches Blatt, 1 : 25 000 (sehr gut!). – FBK, Nr. 32 oder 33, 1 : 100 000.

BILD Gutgriffige Wandstufen, kleine Scharten und schlanke Kalkzacken bietet der Südgrat am Vorderen Brandjoch »en masse«. Wer früh einsteigt, der kann sich hoch über Innsbruck – von der stechenden Sonne immer wieder in den kühlen Schatten retten.

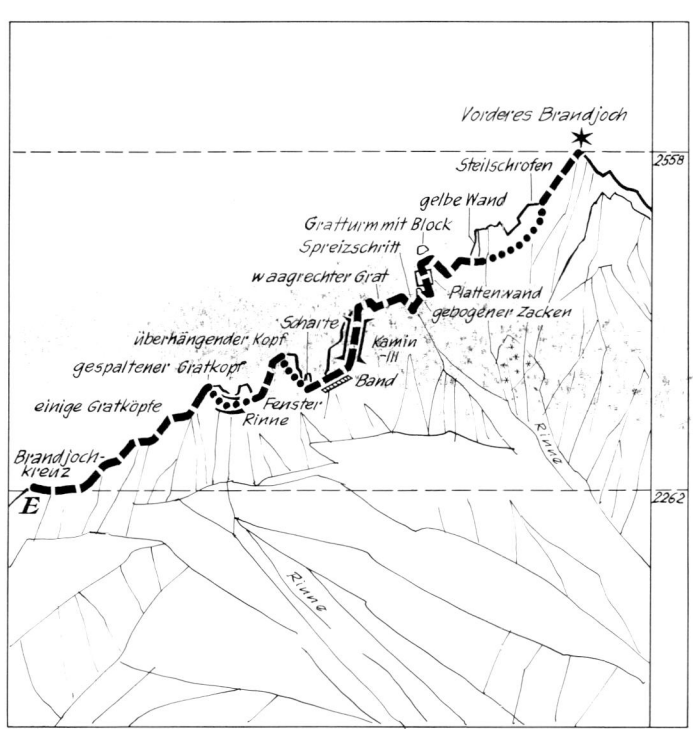

Das Karwendel ist etwas verrufen wegen der Brüchigkeit seiner Kalkfelsen, und ich habe lange hin und her überlegt, ehe ich drei Touren in die 100er-Sammlung aufnahm: den Wörner bei Mittenwald, weil man zu oft achtlos daran vorbeifährt; die Rumerspitze, weil sie eine fast logische Fortsetzung des mit seinen Fern- und Tiefblicken so aufregenden »Goethe-Weges« ist; und die Überschreitung von der Vorderen Brandjochspitze über die Hohe Warte zu den Solsteinen: also über den westlichen Teil jener »Nordkette« über Goldenem Dachl und Maria-Theresia-Straße, in der auch Hermann Buhl in dünnen Kletterpatschen seine ersten Erfahrungen im Fels sammelte . . . Diese Tour offenbart in den Ausblicken faszinierende Gegenstände: im Norden wilde Felskare, im Süden die dunstige Tiefe des Inntales mit der Alpengroßstadt Innsbruck und darüber die firnweiß glänzende Gipfelkette der Stubaier Gletscher. – Zunächst auf das Vordere Brandjoch: entweder von der Seilbahn-Bergstation auf der Seegrube (bringt Höhenmeter, erzwingt aber späten Aufbruch) oder über die Höttinger Alm steil zum Frau-Hitt-Sattel und über den Julius-Pock-Weg (I) auf das Vordere Brandjoch. Für flotte Geher viel schöner ist allerdings der Anstieg über den Südgrat: das ist ein gemütlicher Iler, mit einer einzigen Iler-Stelle, einem großen Spreizschritt über eine Felsspalte im Kalkgrat – mit langen Beinen absolut kein Problem, mit kurzen eine Nervensache. Eine im Führer mit III – recht schmeichelhaft eingestufte Rinne ist bei Trockenheit nur ein Adhäsionsproblem, bei Nässe ein Malheur. Wer am Gipfel des Vorderen Brandjochs schon genug hat, der kann über den »Julius-Pock-Weg« südwärts absteigen, nur läßt er sich damit eine reizvolle Überschreitung entgehen . . . Diese führt vom Vorderen Brandjoch über den Grat oder wenige Meter darunter in der Südflanke leicht zum Hinteren Brandjoch und weiter zur Hohen Warte. Im Führer steht: – III! Ich meine aber, daß hier nur die Brüchigkeit des Karwendelkalks Probleme bereitet, und die wird wohl nicht in Schwierigkeitsgrade eingeteilt. Dennoch bedeutet sie eine nicht zu unterschätzende Gefahr! Die einzige wirklich »schwierige Stelle« (–III) ist ein reizender kurzer Reitgrat zwischen Hoher Warte und Kleinem Solstein, eigentlich nicht er selbst, sondern das folgende Anschlußstück an den Kleinen Solstein. Entweder balanciert man am sichernden Seil hinüber, oder man hat einige Schwierigkeiten, drüben vom Reitsitz wieder sicher auf die Beine zu kommen – weil der Grat nun einige Zentimeter breiter ist und der Schenkelschluß immer weniger zuverlässig funktioniert . . . Der Ostgrat des Kleinen Solstein ist gutgriffig, der IVer-Aufschwung kann südlich leicht umgangen werden (siehe Führer). Vom Kleinen Solstein klettern wir durch die Südseite zum wenig niedrigeren Großen Solstein – und flanieren hinunter zum Solstein-Haus: Dies ist jetzt nur mehr ein genußreicher Spaziergang, der sich zuletzt durch die wegen ihrer Südlage aufgeheizten, duftenden Nadelwälder zum Bahnhof in Hochzirl fortsetzt.

42 Schwabenkopf
Über Planggeroßferner und Schwabenjoch

TALORT   Planggeroß im Pitztal, 1617 m (auch Bus von Imst im Inntal).

STÜTZPUNKT   Kaunergrat-Hütte, 2811 m, AV, am Planggeroßferner (unter Waze- und Verpeilspitze). – 4 Std. von Planggeroß (teilweise Gepäcklift).

EINSTIEG   Auf der Moräne des Planggeroßferners bis P. 3053 m, dann auf dem sanft geneigten Firn des Ferners in das Schwabenjoch, 3196 m (zwischen Schwabenkopf und Verpeilspitze). – 1.30 Std.

CHARAKTER/SCHWIERIGKEIT   II in festem Granit. – Die sehr schöne, aber doch verhältnismäßig einfache Kletterei in dem groblockigen Felsgelände, in kurzem Anstieg von der Hütte her zu erreichen und auch leicht zu finden, läßt sich ideal mit dem wenig schwierigeren Westgrat der Verpeilspitze verbinden (bei der üblichen Umgehung der schwierigeren Stellen in der Südflanke nur noch Grad II – bzw. III – (siehe Führer!).

ABSTIEG   Auf dem Aufstiegswege – 1.30–2 Std. zur Hütte zurück.

FÜHRER/KARTEN   AV-Führer, Ötztaler Alpen, Klier; Rother-Verlag, München. – AV-Karte, Nr. 30/3, Kaunergrat und Geigenkamm. – FBK, Nr. 25, Ötztaler Alpen (zur Übersicht).

BILD   Das Foto zeigt den Schwabenkopf samt Südgrat im oberen Teil. Das Beste an diesem Bild ist die hochinteressante Struktur des Gesteins: Granit, ein erlesen festes, hartes und zuverlässiges Urgestein.

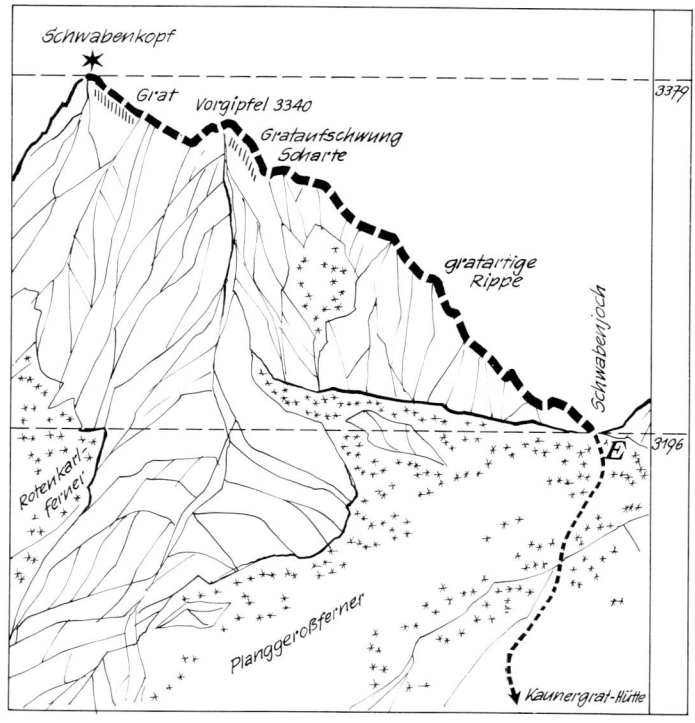

Der kräftigste der drei Ötztaler Hauptkämme entwickelt sich zwischen Kauner- und Pitztal, er heißt Kaunergrat. Schwabenkopf und Verpeilspitze, Seekarlesschneid und Wazespitze sind hier die großen Trümpfe unter den Kletterern, Verpeil-Hütte westwärts und Kaunergrat-Hütte ostwärts die hilfreichen Unterkünfte der Alpenvereine. Kein ostalpines Gebirg steigt schroffer gegen den Himmel, zieht steiler aus den schweren Eisbecken gegen die 3500-Meter-Grenze hinauf. Oben wartet harter rötlicher Gneis in Platten, Blöcken, an massiven Graten und groben Türmen – alles wie eine strenge Vorstube zu westalpiner Fels-Firn-Majestät. – Unser Schwabenkopf-Südostgrat zieht über seinen markanten Vorkopf ins Schwabenjoch hinab und steigt von dort als Westgrat zur Verpeilspitze auf. Derselbe Schwabenkopf entsendet aber auch einen kurvigen Südgrat bis an die harte Nordmauer der Wazespitze, 3533 m, ja der harte Granit entwickelt südwärts auch noch so exzellente Kletterziele wie Seekarlesschneid und Seekogel . . . Man lasse ruhig erst die Augen klettern, auf der feinen AV-Karte nämlich, um der großen und großartigen Zusammenhänge des Kaunergrates sicher zu werden. – Unsere »leichte« Route aus dem Schwabenjoch auf den Schwabenkopf (Grad II) führt uns unmittelbar aus dem Joch über eine gratartige Felsrippe zu einem auffallenden Vorkopf, den man auch über die grobblockige Flanke erreichen kann. Vom Vorkopf weg bleibt man am Grat, angenehm überbeschäftigt mit gröbstem Urgestein. – Wer früh genug eingestiegen ist, wird ins Schwabenjoch zurückklettern und die Chance nicht verschenken, nun auch den scharten- und türmereichen Westgrat auf die Verpeilspitze, 3425 m, mitzunehmen: erst mehrere Köpfe über der Scharte, dann an der linken Kante eines 12-Meter-Abbruches empor, über eine Platte auf den Grat. Nun hinab in eine Scharte (Klemmblock), aus ihr an der linken Kante des ersten Gratturmes, etwas überhängend, 11 Meter hinauf, dann exponiert über mehrere Zacken in eine brüchige Scharte und von da zum roten breiten Grat, über Stufen und Rinnen zum Gipfel (Grad III–). Hier wie dort ein echtes Abenteuer im schönsten Granit. Mut, Vorsicht, gutes Sichern und als Wichtigstes scharfe ruhige Augen! – Man wird hinterher diesen massiven Granit rühmen, der fugenlos Platten, Blöcke, Klötze und Türme bildet, an denen man oben vergeblich nach Schutt und Geröll sucht. – Die Karte lehrt besser als meine Worte, was den beseelten Bergsteiger an beiden Gipfeln erwartet: Es ist der unendliche Ausblick auf das Ötztaler »Westalpenrevier« – auf die unfaßbare Wildheit und Strenge der Granitarchitektur über letzten zerfetzten Eisböden, es ist das unmittelbare Gegenüber der klotzigen Wazespitze mit ihren abweisenden Riesenmauern, es ist der stille hohe Brand des Alpenhauptkammes mit seinen unabsehbaren Eisfeldern. – Es ist einfach unvorstellbar, daß diese brillante, kostbare hochalpine Urszene jetzt dem Sommerskilauf gewidmet werden soll: also den eiskalten Tiroler Alpingeschäfts-Unternehmern . . .

43 Seekarlesschneid
Theaterwandl zwischen Planggeroß- und Seekarlesferner

TALORT Planggeroß, 1617 m, im oberen Pitztal (Bus von Imst).

STÜTZPUNKT Kaunergrat-Hütte, 2811 m, AV, östlich unterm Madatschjoch. – 4 Std. von Planggeroß (Gepäckseilbahn).

EINSTIEG Von der Kaunergrat-Hütte über Moränensteig Richtung Wazespitze, dann scharf östlich abwärts in die flache Firnmulde des Planggeroßferners. Nun südlich über Firn an die Nordwestwand unserer Schneid und rechts unter deren tiefster Einscharung (wo einst das eisige Theaterwandl war) über die oft schwierige Randspalte und nahe großen Blöcken steil, aber in gutem Fels zum Westgratfuß hinauf (ab Hütte 2 – 2.30 Std. zur Spalte, dann noch 1 Std. zum Gratkamm).

CHARAKTER/SCHWIERIGKEIT Schöne Urgesteinskletterei im II. Grad. – Am langen, schönen Westgrat fester Fels und fesselnde Türme, Scharten im oft scharfen Grat! – Notabstieg möglichst nur südwärts zu Seekarlesferner und Rifflsee-Hütte!

ABSTIEG Am ganzen Grat zurück, wieder über die Randspalte und in der alten Spur zur Hütte, mindestens 2.30 Std.!

FÜHRER/KARTEN AV-Führer, Ötztaler Alpen, Klier; Rother-Verlag, München. – AV-Karte, Kaunergrat, 1 : 25 000. – FBK, Nr. 25, Ötztaler Alpen, 1 : 100 000.

HINWEIS Die Hauptschwierigkeiten auf dieser Hochtour sind im Anstieg wie Abstieg immer noch die Randspalte und das Eisfeld des einstigen Theaterwandl (Spalte + Eis + Granit). Man benütze die (im Anstieg) linke Felsrippe nach den Blöcken auch im Abstieg. Pickel und Steigeisen unerläßlich!

BILD Die Wazespitze, 3533 m, mit ihrem ausgeprägten Ostgrat (rechts) und dem zerfetzten Hängegletscher. Im Vordergrund ganz unten rechts die Stelle, an der wir von drüben her die Seekarlesschneid (rechtes unteres Bildeck) erreichen, also das einstige Theaterwandl ansteigend gerade hinter uns haben.

Der Kaunergrat, ein schwarzes Granitschwert zwischen Kauner- und Pitztal, ist ein scharf nördlich zielender Ausläufer des eisbedeckten Ötztaler Alpenhauptkammes – aber eine Hochwelt für den guten Bergsteiger, eine Hochschule auch für den Freund des Kletterns im »leichten Fels«. Unser Luftbild verrät bereits die große hochalpine Spannung: ein zerfetzter Eiskessel zwischen zwei schweren Granitgraten der Wazespitze, im Vordergrunde aber ein scharfer Grat, fest, griffig, trotz Türmchen, Blöcken und Scharten: unser herrlicher Westgrat zum höchsten Punkt der Seekarlesschneid. Aus dem (im Bild) jenseitigen Schatten um das einstige (heute ausgeaperte) Theaterwandl erreichen wir den Grat genau im rechten unteren Bildeck – der weitere Anstieg zum Gipfel der ostwärts überlangen Seekarlesschneid zieht also noch weit über den unteren Bildrand hinaus zum Gipfel. Der Reiz des freien Kletterns im festen Granit ist derselbe, den man bereits beim genauen Betrachten dieses Luftfotos empfindet. Daß man freilich ohne Gebrauch von Eispickel und Steigeisen meist gar nicht erst zu diesem »Einstieg« am Grat kommt, ist eine andere Sache. Die nie ganz einfache Überwindung der Randspalte (im Bildeck tief unten im Schatten) nach der vorsichtigen Querung von der Kaunergrat-Hütte bis zur Spalte bleibt also eine Schlüsselstelle – für uns vom »leichten Fels«. Hier müssen wir den Schritt vom Bergwanderer zum Bergsteiger mit Entschiedenheit tun. Man lese genau den Klier-Führer, dann aber erfasse man im Fels die stolze Schwelle, den neuen Schritt in die höchste Bergsteiger-Dimension: Eis und Urgestein in großer Höhe. – Drei Innsbrucker Bergsteiger haben die Seekarlesschneid als erste bestiegen, und der vierte Innsbrucker, Ingenieur Hechenbleikner, beging als erster den Westgrat und unter ihm das supersteile Eisdach des Theaterwandl – heute eine steile blockige Granitwand, darüber die schöne scharfe Schneide, zuletzt ein steil aufgestockter Blöckegrat. Wem die Granitschneide dieses Westgrates zu scharf ist, der kann sich durchaus in der weniger exponierten Gratflanke bewegen auf Bändern, Stufen und Platten, nur im oberen Teil bleibe er an der Gratschneide. Nach dem letzten Griff steht uns die Wildspitze als firnüberspannter Doppelgipfel gegenüber – eine unabsehbar strahlende Gletscherflur, voll prachtvoll glänzender Eisböden und drohender Eisbrüche.

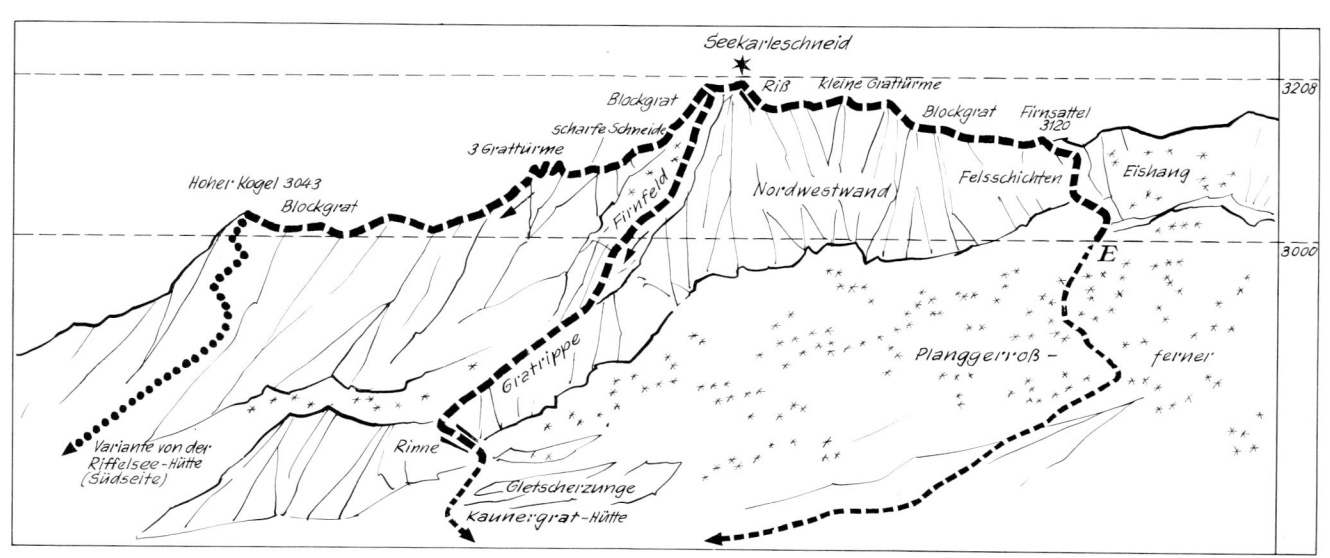

Österreich / Stubaier Alpen / Granit /
3393 m / III —

44 Nördliche Wildgratspitze – Schrandele
Überschreitung aus der Wildgratscharte

TALORTE Neustift im Stubaital, 993 m (Bus von Fulpmes oder Innsbruck). – Evtl. Gries im Sulztal, 1572 m, (aus dem Ötztal).

STÜTZPUNKTE Franz-Senn-Hütte, 2147 m, ÖAV, im obersten Alpeinertal, 5 Std. ab Neustift (aber meist Pkw-Anfahrt oder Jeepmöglichkeit bis Oberiss-Hütte, 1602 m, dann knapp 1 Std.). – Evtl. Amberger Hütte, 2135 m, DAV, vor der Zunge des Sulztalferners, 2 Std. ab Gries.

EINSTIEG Aufstieg Franz-Senn-Hütte über Alpeiner Ferner zur Wildgratscharte, 3168 m, 3 Std. Da der direkte Einstieg an der Scharte nicht leicht ist (III), empfiehlt es sich, auf der Westseite bis zu einem 15 m hohen Felsklotz abzusteigen und hier anzuseilen und einzusteigen.

CHARAKTER/SCHWIERIGKEIT Am Südgrat der Nördlichen Wildgratspitze einige Stellen III— (der Iller-Einstieg kann umgangen werden), der Verbindungsgrat zum Schrandele und der Abstieg sind leicht (I–II). Zeit vom Einstieg bis zum Schrandele: 2.30 Std.

ABSTIEG Vom Schrandele am Normalweg nach Süden (Blockgrat), dann scharf rechts hinab durch eine Rinne und über Blockstufen zum Schwarzenbergferner, unter der Wildgratspitze durch zur Wildgratscharte und wie am Zustieg zur Hütte zurück: 2.30–3 Std., je nach Verhältnissen.

FÜHRER/KARTEN AV-Führer, Stubaier Alpen, Klier; Rother-Verlag, München. – Alte AV-Karte, Stubaier Alpen (Hochstubai), 1 : 25 000. – FBK, Nr. 33, Umgebung v. Innsbruck, 1 : 100 000.

BILD Dicht über dem Einstieg von der Wildgratscharte zur Nördlichen Wildgratspitze – von der wir dann weiter bis zum Schrandele klettern. Das schöne Bild in dem eisenfesten Granit verlockt den erfahrenen Bergsteiger, auch wenn dieser attraktiven Stelle einfachere Passagen folgen. Im Hintergrund die Ruderhofspitze über dem oberen Alpeiner Ferner.

Das 3393 Meter hohe Schrandele, Stubaier Vasall des Schrankogl am nördlichen Schwarzenbergferner, bildet exakt vier Grate aus, wie ein Kreuz. Einer davon, der Südostgrat, schlägt die Brücke zur Nördlichen Wildgratspitze, 3320 m. Unsere Überschreitung im Zentrum der Stubaier Alpen – zwischen Alpeiner und Schwarzenbergferner – beginnt an der (allen Skitouristen bekannten) Wildgratscharte, dicht vor dem mächtigen Schrankogl. Unsere Skizze erzählt den Ablauf; unser Bild – am Einstieg zum Südgrat der Nördlichen Wildgratspitze aufgenommen – gibt einen angenehmen Begriff von der Festigkeit des hier herrschenden Gesteins: Granit in hohem Alter. Gratköpfe, Absätze, Kanten, einen wuchtigen Spreizschritt in der Mitte, so geht es bei Grad II (2 Stellen III—!) herrlich zur Nördlichen Wildgratspitze hinauf. Jenseits führt uns ein steiler Blockgrat zu einem fast ebenen Firngrat, dann geht es über einen vielgezackten Felsgrat dem Schrandele an den Felsleib: nochmals hübsche, gar nicht kurze Kraftarbeit an Blockgraten und den Rissen einer Plattenwand und abermals ein Blockgrat läßt uns an den Gipfel herankommen: 3393 Meter – das kann eiskalte Finger bedeuten! Man steige deshalb nur ein, wenn über der Franz-Senn-Hütte sicheres Wetter herrscht. – Mit dem Abstieg hat man keine Sorgen; die Blockstufen des Normalweges zum Schrandele führen uns zum Schwarzenbergferner und der Firn zur Wildgratscharte zurück. – Es ist müßig, das Erlebnis so einer langen und in großer Höhe durchgeführten Kletterei zu beschreiben: Wer das Stubai jemals mit Beinen und Händen kennen gelernt hat, wer je sich an Schrankogl und Ruderhofspitze vergriff, der weiß, daß ich diese Klettertour im »leichten Fels« der hohen Ostalpenregion nicht zu Unrecht empfehle. Man studiere seinen Führer, erkundige sich beim Hüttenwirt nach den Verhältnissen in der langen Firntrasse Hütte-Wildgratscharte und gehe diese Sache an! Wer mit dem Wetter Pech hat, braucht nicht den überlangen Alpeiner Ferner zurück: Er steige vom Schrandelesockel oder vom Fuß der Nördlichen Wildgratspitze genau auf den östlichen Schrankoglsockel zu und ist bereits im Granitschutt, um ohne weitere Firn- oder Eissorgen trocken zur Amberger Hütte im Sulztal zu kommen. – Niemand lasse sich vom Schockbildchen nebenan imponieren: fein fotografiert, aber immer noch »leicht« für den richtig ausgerüsteten (Seil, Pickel, Wärmeschutz, Handschuhe, Notproviant), nicht unerfahrenen Bergsteiger.

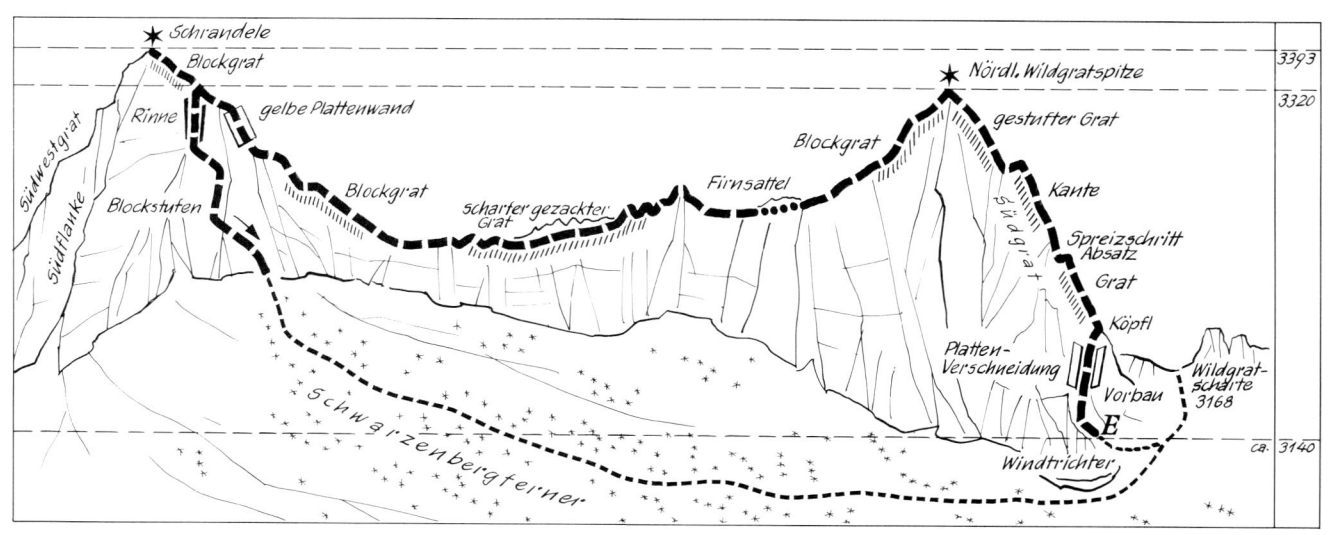

Österreich / Stubaier Alpen / Schiefergneis / 3340 m / III −

45 Stubaier Wildspitze
Über Schaufel- und Daunkogelferner

TALORT Neustift im Stubaital, 993 m. Ab hier schmale, im oberen Teil breit ausgebaute Straße über Ranalt bis Mutterberger Alm, 1720 m (Seilbahnstation).

STÜTZPUNKT Dresdner Hütte, 2302 m, AV, an der Mittelstation der Stubaier Gletscherbahn. − Ab Parkpl. zu Fuß 1.45 Std.!

EINSTIEG Am schnellsten mit der Kabine bis Bergstation Eisgrat, 2850 m; ab hier quer durch die Pisten westlich zum Eisbukkel (Spalten), dann unter der Nordwand der Stubaier Wildspitze links (Richtung Schaufelspitze) bis in die Wildspitzscharte, 3173 m (sehr wildes Aussehen). Von dieser (nicht einmal in ältesten Karten verzeichneten) Scharte geht es am Rand des Schneekogels steil empor zum Grat. − Gut 1 Std.!

CHARAKTER/SCHWIERIGKEIT Nicht über III −, wenn man den ersten Aufschwung am Nordwestgrat der Stubaier Wildspitze im Schneekolk nördlich umgeht, gute Verhältnisse vorausgesetzt. An den Graten zwar stellenweise exponiert, aber nur Grad II.

ABSTIEG Über den leichten Südostgrat zum Bildstöckljoch, dann (meist in Trasse) hinab zur Station »Eisgrat« (Kabine).

FÜHRER/KARTEN AV-Führer, Stubaier Alpen, Klier; Rother-Verlag, München. − AV-Karte, Nr. 31/1, Hochstubai, 1 : 25 000.

HINWEIS Der Nordwestgrat der Stubaier Wildspitze kann bei ungünstigen Verhältnissen schnell ernsthafte Schwierigkeiten bereiten. Die übrigen Grate sind dieser Tour sind zwar steil, aber verhältnismäßig einfach. Alles in allem doch (durch die Bahnen) für erfahrene Kletterer eine relativ kurze Spritztour.

BILD Der teilweise überwächtete Südostgrat der Stubaier Wildspitze. Wir steigen an ihm zum Bildstöckljoch ab (am linken Bildrand), der Bergstation eines Gletscherliftes, an der jedoch für manchen der eigentliche Anstieg erst beginnt: nämlich zum nicht mehr sichtbaren Zuckerhütl. Im Dunst sind jenseits des Eisacktales Sella, Langkofel, Marmolata und Rosengarten, ja sogar noch die Civetta zu erkennen.

Diese feine, sozusagen »stadtnahe« Stubaier Wildspitze wäre klettertechnisch einfach und »leichter Fels«, wenn man sie direkt über den Südostgrat aus dem von einer Schleppliftstation verunzierten Bildstöckljoch anginge. Wir passieren diesen langen und flachen Grat aber im Abstieg und haben den schwierigeren Teil am Anfang. Zunächst aber nicht im Fels, sondern im Eis: denn der Zustieg über den oben von Spalten durchzogenen Eisferner und mögliches Eis statt Firn oder Pulverschnee bis zum richtigen Einstieg in den Granitfels − das kann Probleme schaffen! Man steige also nur bei sicherem Wetter und nicht bei Eiseskälte ein, gehe bereits im Zustieg am Seil und respektiere schon vor Erreichen der engen Wildspitzscharte zwischen Östlichem Daunkogel und Stubaier Wildspitze jederlei Spaltengefahr. Bevor wir uns aber dem Nordwestgrat der Wildspitze zuwenden, lassen wir uns fürs erste nicht die Chance entgehen, in einer guten halben Stunde auch noch den Östlichen Daunkogel über seine Südostflanke »mitzunehmen«, wobei wir den ersten steilen Aufschwung in der Ostflanke umgehen (Bergschrund!). − Vom Daunkogel wieder abgeklettert, stellt uns an der Wildspitze erneut der erste Aufschwung vor die größten Probleme. Wir umgehen ihn deshalb am besten nördlich, bis eine verfirnte Einbuchtung gegen den Grat hinaufzieht. In diesem Schneekolk so hoch wie möglich hinauf, dann schräg links über Platten mit losem Steinzeug. Das kann bei schlechten Verhältnissen − bei Eis statt Firn oder bei vereisten Platten − recht unangenehm werden und stellt in jedem Fall die schwierigste Stelle dar. Über die Platten so bald wie möglich auf den Nordwestgrat und im Blockwerk leichter zum Gipfel. Bei Abstieg über den Südostgrat hält man sich südlich der Schneide in der steilen, aber ziemlich festen Blockflanke und erreicht den Grat erst dort, wo er eben wird. Exponiert über das ebene Gratstück und dann rechts des Grates im Geröll oder Schnee leicht zu den Skifahrern am Bildstöckljoch hinab. Viele ausgezeichnete Standplätze garantieren, daß kaum wesentliche Gefahren entstehen können. − Wer zum Auftakt den Östlichen Daunkogel »mitgenommen« hat, kann vom Bildstöckljoch auch noch die Schaufelspitze, 3333 m, besteigen (1 Std.), was dann der dritte Gipfel eines Tages wäre . . . Wo man jene relative Einsamkeit findet, die es auf dem benachbarten Zuckerhütl leider nicht mehr gibt. Denn die Bahn des Sommerskigebiets lockt nicht nur Skifahrer, sondern auch Gipfelsammler von Modebergen an.

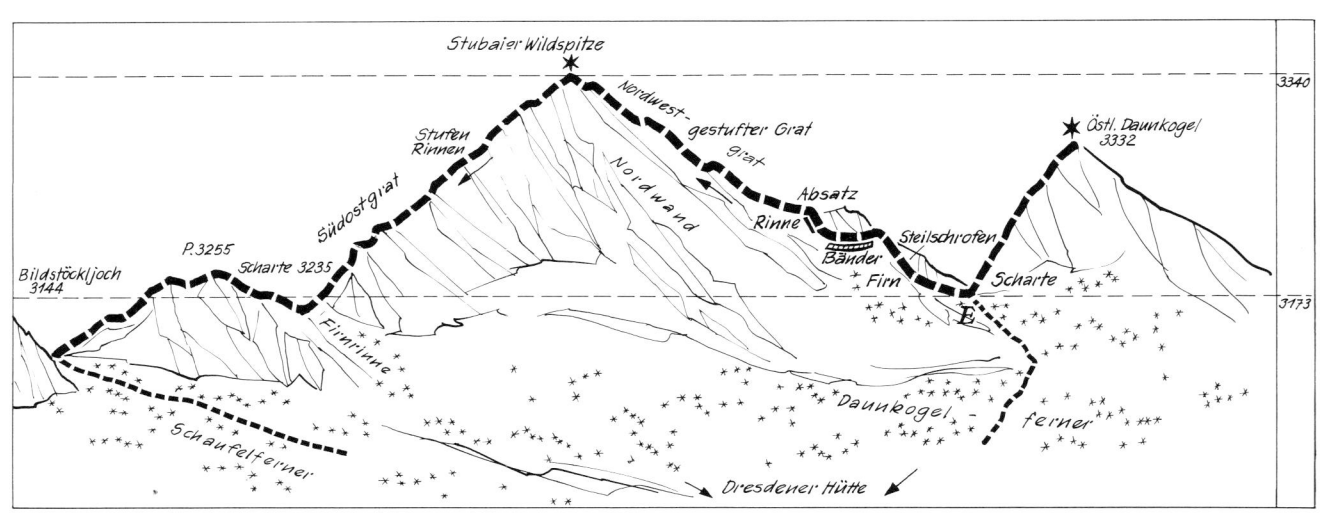

46 Lodner

Am scharfen Nordwestgrat

TALORT Partschins, 641 m, im Etschtal (westlich von Meran); vom Ort führt eine steile, asphaltierte Straße noch ca. 2 km taleinwärts zu einem großen Parkplatz, 2 Min. unterhalb der Privatseilbahn eines Bergbauern.

STÜTZPUNKT Lodner-Hütte (Rif. Cima di Fiammante), 2259 m, CAI, im obersten Zieltal; 5 Std. ab Partschins, mit Kfz und Seilbahn 3 Std.

EINSTIEG In ca. 2800 m Höhe, wo ein dunkler Urgesteinssporn zum Nordwestgrat hinaufzieht. – 1.30 Std. von der Hütte.

CHARAKTER/SCHWIERIGKEIT II in herrlich festem Fels. – Zeit vom Einstieg zum Gipfel: 2 Std.

ABSTIEG Am sichersten am Anstiegsweg; nur bei besten Verhältnissen über den Gletscher auf der Nordseite!

FÜHRER/KARTEN AV-Führer, Ötztaler Alpen, Klier; Rother-Verlag, München. – Führer Ötztaler Alpen, Obersteiner; Reichenstein-Verlag. – AV-Karte, Nr. 30/1, 1 : 25 000. – Alte AV-Karte, Gurgl, 1 : 50 000. – Spezialkarte Innere Ötztaler Alpen (Sekt. Braunschweig), 1 : 50 000. – FBK, Nr. 45, Bozen-Meran, 1 : 100 000.

BILD Am dritten Aufschwung des Lodner-Westgrates klettern wir auf rauhen Kalkplatten zwischen dem ausapernden kleinen Lodnerferner und der steil abbrechenden Südwand. Ein wenig tiefer ist der helle Kalk von dunklen Urgesteinsstreifen durchzogen. Der aussichtsreiche Gipfel liegt noch hinter der runden Felsschulter links der Bildmitte.

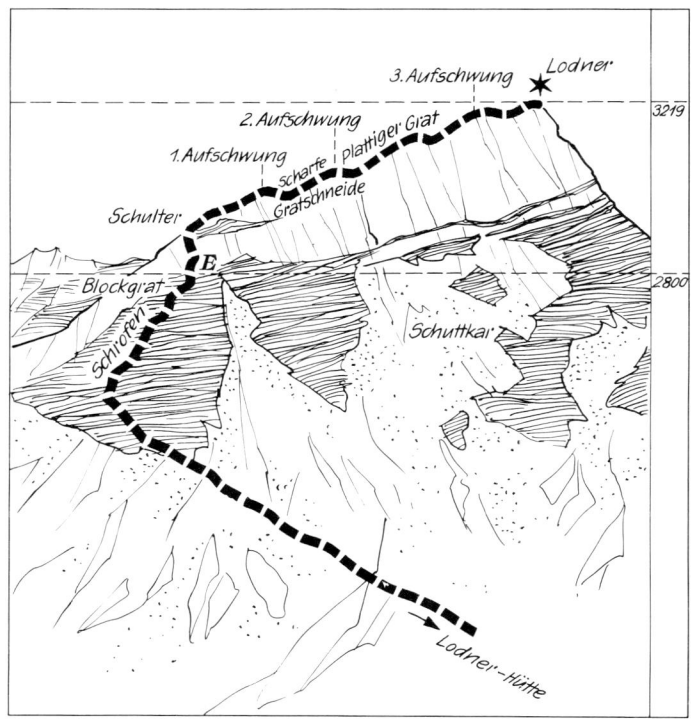

In mancher Hinsicht stellt der Lodner etwas ganz Besonderes dar: 1. steht er zwischen zwei Hauptadern des europäischen Reiseverkehrs, dem Brenner und dem Reschenpaß, und wird von dem ganzen Trubel in den Tälern nicht erreicht; keiner nimmt den Fuß vom Gaspedal und schaut sich den Lodner an. 2. In der Südlichen Texel-Gruppe dominieren fünf Berge: die Gfallwand, das Roteck, die Texelspitze, die Hohe Weiße und eben unser Lodner – aber der ist dann der einzige, der nicht durch einen Steig »erschlossen« ist. 3. liefert die wenig vergletscherte Texel-Gruppe anschaulichen Nachhilfe-Unterricht in Geologie: Schiefer, Kalk und Marmorgesteine liegen über- und nebeneinander; man wird fast an einen gut durchwachsenen Südtiroler Bauernspeck erinnert. Diesen Eindruck kann gewinnen, wer nach dem Hüttenanstieg noch schnell auf den östlichen Ausläufer des Roteck spaziert, um die seltenen Gesteinsformationen – vor allem an der Kleinen Weißen – und den Lodner genauer zu betrachten. – Der Anstieg zur Hütte sieht auf der Karte lang aus und weist einen großen Höhenunterschied auf, aber zuerst kann man mit dem Auto von Partschins 2 Kilometer und viele Höhenmeter auf einem engen Sträßchen hinauffahren, und 2 Minuten oberhalb des steilen Parkplatzes steigt man in die Privatseilbahn eines Bergbauern und spart erneut gut 400 Höhenmeter. Richtig warmlaufen kann man sich dann erst 900 Meter über der Etsch, auf dem kaum ansteigenden Stück zur Nassereith-Hütte, von der erneut eine Bahn in Richtung Hütte fährt, allerdings nur für das Gepäck. Von Nassereith führt der schöne Weg über zwei Steilstufen zur keck auf einem Buckel sitzenden Hütte. – Am nächsten Tag dauert es dann noch einmal 2 Stunden, bis wir über steile Wiesenhänge die untersten dunklen Granitfelsen des Westgrats erreicht haben. Wir gehen frei, ohne Seil, und kommen so schnell höher, gelangen bald aus dem dunklen Gestein in den hellen Kalk, sehen von der Grathöhe nun auch links zum kleinen Gletscher hinunter, über den wir absteigen werden. Die Kletterei am Grat ist abwechslungsreich und lustig, läßt allerlei Varianten zu, vom Hangelgrat bis zum Reitgrat, und bietet einzigartige Aussichten zur Brenta und über das Etschtal. – Wir legten mit einer Anfängerin im Fels nur einmal das Seil an, konnten sonst sogar frei gehen. – Die letzten Schritte über den Firnkamm zum Gipfelkreuz, und der Blick ist frei zu den Dolomiten mit Langkofel und Marmolata, zu Piz Palü und Piz Bernina. – Der leichteste Abstieg führt uns noch einmal den Anstiegsweg hinunter. Abraten muß ich von der unübersichtlichen Südseite, und auch der Abstieg über den im oberen Teil ausgeaperten Gletscher ist »nicht empfehlenswert«. Wie so oft im Gebirge sollte man auch am Lodner vor Begehung der Tour mit dem Hüttenwirt sprechen: Sein guter Rat ist niemals teuer! – Der Lodner liegt genau südlich der Hohen Wilde; Eisjöchl und Hohe Weiße trennen ihn vom Hauptkamm. Unweit südlich beginnt das Meraner und Vintschgauer Kellerleben, wobei statt blondem Bier goldener Wein getrunken wird.

47 Großer Ifinger
Hoch über Passaier- und Sarntal

TALORT Meran, 324 m. Ab dort asphaltierte Straße nordostwärts bis Ferienort Schenna, 600 m (einer Ostbaumterrasse hoch über dem ausmündenden Passeiertal).

STÜTZPUNKTE Ifinger-Hütte, 1815 m, CAI, im großen Kar westlich des Gipfelstockes. Von Schenna auf Straße zum »Pichler«; ab hier mit Seilbahn zum Taser, 1450 m; von dort auf Weg Nr. 18a in 1 Std. zur Hütte. – Berghotel »Meran 2000«, 1902 m; an der Bergstation der Ifinger-Seilbahn von Vernaun.

EINSTIEG Von der Ifinger-Hütte auf Weg Nr. 18 in Richtung »Meran 2000«, bis er steil zur Taufenscharte ansteigt; dann auf Pfadspuren in das weit hinaufziehende Trümmerkar; ca. 1 Std. Oder von Ifinger-Seilbahn bzw. Meraner Hütte (ebenfalls auf Weg Nr. 18) in die Taufenscharte; 1 Std.

CHARAKTER/SCHWIERIGKEIT II −. Zu beachten ist, daß der Fels im unteren Teil stellenweise brüchig ist. Die Kletterei selbst ist insgesamt kurz und einfach.

ABSTIEG Auf gleicher Route oder auf dem versicherten Klettersteig über den Ostgrat; dann auf Steigspuren über steiles Rasengelände zum Weg Nr. 18. Hier nach Lust und Laune entweder zurück zur Ifinger-Hütte oder ganz schnell per Bahn ins Tal.

FÜHRER/KARTEN Kleiner Sarntaler Führer, Dumler; Rother-Verlag, München. – FBK, Nr. 45, Bozen-Meran, 1 : 100 000 (nur Grobinformation!).

BILD Dicht unter dem Gipfelstock von Großem und Kleinem Ifinger – mehr als 2200 m über dem Talboden von Meran. Wir sehen den merkwürdigen Hausberg der Meraner von Westsüdwest, erkennen beim Vergleich mit der Skizze auch unsere gemütliche und wirklich »leichte« Kletterei zur großartigen Aussichtskanzel des Gipfels.

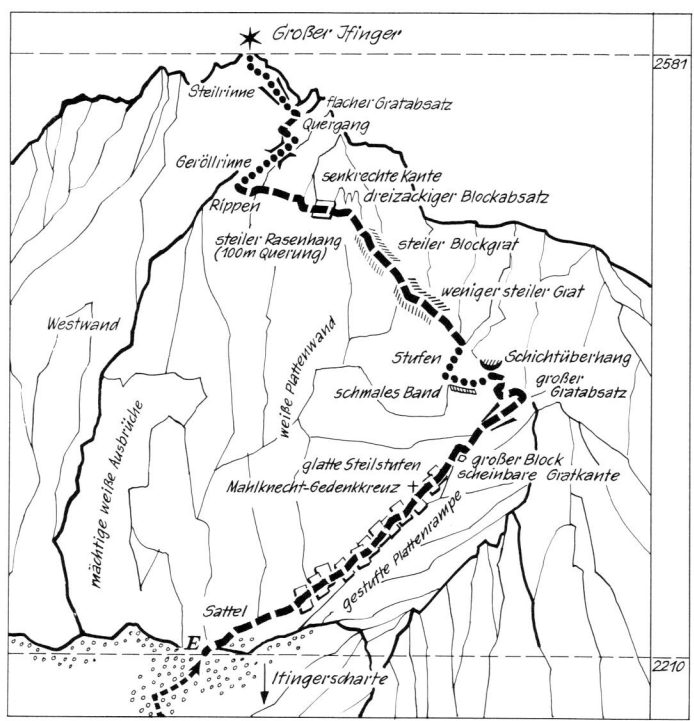

Vom Meran der schattigen Lauben und bunten Obstmärkte ist es unfaßbar weit hinauf in die kühle Region der beiden auffallenden, weil plattigen Ifingergipfel – in eine mit Bahnen, Liften, Hütten und Hotels ausreichend markierte Superkurzone des »Meran 2000« . . . Straße und Bergbahn machen es uns leicht, der Meraner Talbodenhitze zu entfliehen. Ganz oben bummelt man dann südwestwärts über das Kaifjoch und dicht unter den beiden Gipfeln hinüber in die große Mulde der Westflanke (oberhalb der Ifinger-Hütte, über die man mit Seilbahnhilfe ebenfalls auf einem reizvollen Höhenweg ansteigen kann). Zuletzt erreichen wir den runden Gratrücken in die Taufenscharte, 2117 m, zwischen Lauwandspitze und Ifingerstock, dicht unter den beiden Gipfeln (genau unser Bild!) und sehen dort, also von Westsüdwest, in die felsigen Nord- und Nordwestflanken hinauf. Fest wie ein Zahn steckt der plattig abbrechende Riesenklotz in den Schuttreißen! Er ist der letzte kühne Aufschwung im Westkamm der Sarntaler Alpen, der sich von hier nur noch als Mittelgebirge bis nach Bozen erstreckt . . . Skizze und Bild lassen uns die leichte Kletterführe mühelos finden; sie ist nur etwas kurz. – Aus dem Schuttkar zieht rechts eine gestufte Plattenrampe hinauf zur »Gritschplatte«, wo ein großer Block und der folgende Absatz den eigentlichen Einstieg markieren. Hier setzt der Westgrat mit einem Schichtüberhang, einem schmalen Band und verdeckten Stufen an. Ein mählich ansteigender Blockgrat (aus feinstem Tonalit »gemeißelt«) führt uns genußreich zum dreizackigen Absatz; wir passieren kurz eine senkrechte Kante, queren volle 100 Meter auf dem wenig ansteigenden Schrofenband bis in die große Rinne hinüber. Hier machen wir eine scharfe Wendung und erreichen in der Geröllrinne einen kurzen Quergang bis zu einem flacheren Absatz. Von dort führt eine interessante Steilrinne zum Gipfel . . . falls man nicht schon am Gratabsatz vorzieht, den von Süden heraufziehenden, versicherten Steig zu benützen! Das Finale dieses kurzen Kletteranstieges im edelsten Urgestein findet an einer steilen Platte dicht unterm Gipfel statt. – Wie man bald sieht: trotz der kaum zu glaubenden Kletterhöhe von 370 Metern (!) eben doch nur eine kleine Unternehmung! Man sollte sie aber angesichts der guten Straßen und Bergbahnen doch mitnehmen, denn man rastet schließlich auf einer Aussichtsloge – hoch, hoch über Sarntal und Passeierfurche –, die uns den ganzen Südtiroler Bergraum zwischen Alpenkamm und Poebene, über Etsch, Passer und Eisack als eine monumentale Bergwelt vorstellt . . . Hockt man gar allein am Gipfel (im Frühsommer oder Herbst), dann sieht und fühlt man, wie eine große strenge Stille allen politischen Dampf und alles geile Fremdenverkehrsgetriebe in den uralten Stadtkernen unten sanft überschwillt und vergessen macht . . . Das kostbare alte Meran! Das schöne alte Bozen! Hier hat man es unter sich, still, unfaßbar, lautlos, unendlich liebenswert. – Ziele vieler Träumer, aller durstigen Bergfreunde und begabten Kunstschnüffler . . .

48 Cima d'Amola
Über den Nordostgrat

TALORT Vermiglio-Pizzano, 1487 m, an der Tonalepaßstraße (Bus von Malé bzw. Bozen).

STÜTZPUNKT Rif. Stavel (Denza-Hütte, bewirtschaftet, 2498 m, CAI; unter dem Presanellagletscher; 4–5 Std. von Vermiglio (Evtl. Kfz, Auskunft in Pizzano).

EINSTIEG Vom Rif. Stavel quer über den Presanellagletscher und jenseits durch eine Schuttrinne auf eine Rampe. Hier links haltend über Firn in den Passo Stavel, 3105 m. Jenseits des Passes über Blockwerk und Schrofen auf den obersten Amolagletscher und dort rechts hinüber zum Einstieg: 2.30 Std.

CHARAKTER/SCHWIERIGKEIT II+. Zeit ab Einstieg 2.30 Std.

ABSTIEG Genau wie Aufstieg. Gipfel – Rif. Stavel: 3.30 Std.

FÜHRER/KARTEN Kleiner Führer, Adamello-Presanella-Gruppe, Gatti; Rother-Verlag, München. – Alte AV-Karte, Adamello-Presanella-Gruppe, 1 : 50 000. – TCI-Karte, Gruppe Adamello-Presanella, 1 : 50 000. – FBK, Nr. 50, 1 : 100 000 (nur zur Übersicht). – Bester Text: Hochtourist, Bd. 6, Purtscheller/Heß (Bibliograph. Institut).

BILD Die Cima d'Amola der Presanella-Gruppe, gesehen aus dem Passo di Stavel. Rechts die besonnte Nordwand, links beschattet die Nordostseite. Oben links der Nordostgrat, der nur aus der schattigen Nordostseite erreicht wird. Gut erkennbar der auffallend feste Tonalitfels (Urgestein), aus dem sich dieser Gipfel aufbaut.

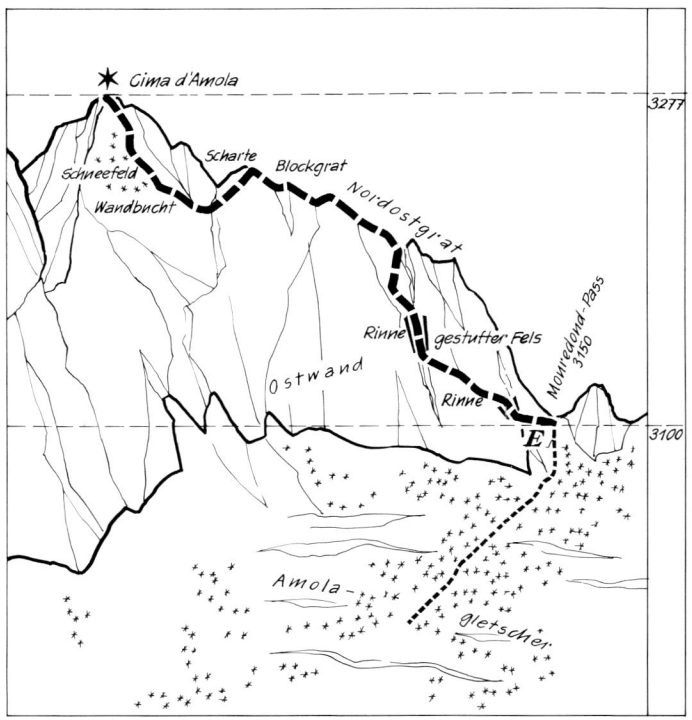

Die stolze, strenge Tonalitpyramide der Cima d'Amola überragt kühn den mächtigen Strom des Presanellagletschers – ein starker Gegensatz zur benachbarten Eismauer von Cima Presanella und Cima di Vermiglio. Glatt gebrochene Pfeiler in der schwarzen Flanke, geschlossen wie Basalt, dann wie Klippen aufgestellte Quader und Würfel, eiskalte Klüfte dazwischen . . . Der Münchner Adolf Gstirner hat diesen stolzen Berg 1891 mit dem Jäger Bonapace aus Pinzolo erstmals erstiegen. Der Wiener Hans Barth erkletterte unseren Nordostgrat mit Träger Alimonta im Jahre 1912 – dieser Grat gilt heute sicherlich als schönster Anstieg auf die Cima d'Amola. Wir steigen vom obersten Eisboden des Amolagletschers rechts durch schöne Firnmulden gegen den Passo di Stavel auf, zuletzt nicht die Schlußrinne in den Paß verfolgend, sondern links davon über gut gestuften Fels in die kleinere Scharte zielend. Oben in der engen Scharte setzt der Nordostgrat mit einem überraschend massiven Abbruch an, so daß wir aus der engen Scharte sofort links in den flacheren Fels der jenseitigen Flanke ausweichen müssen. Dort überwinden wir nacheinander zwei flachere Rinnen und gewinnen dann in zunehmend besser gestuftem Fels die Grathöhe über dem Steilabbruch. Wir bleiben nun das ganze zweite Drittel der Einstieg-Ausstieg-Strecke direkt am Nordostgrat, der uns fortgesetzt zwingt, seine größeren und kleineren, aber immer wie geschliffen scharfen Urgesteinsblöcke, Türme und Rampen zu umgehen. Diese ziemlich verblüffende, doch während des Kletterns immer schönere Turnstunde in exponiertem Fels endet plötzlich vor einem grösseren Gratabbruch. Hier müssen wir auf der Amolaseite in eine ausgesetzte Wandbucht absteigen, dann aber gleich wieder über Fels und Firn steil empor bis vor den Gipfelblock. Ausklang nach 3 Stunden schönster leichter Kletterei bedeutet dann das Betreten des 3277 Meter hohen Gipfels: dicht nördlich der Presanella. Wir rasten, studieren Ortlerfels und Adamello-Eismeer, lassen uns von der südlichen Sonne salben, deren Glut nur die enorme Höhe mildert. – Absteigend passieren wir dann den Aufstiegsgrat, zielen aber aus der Einstiegsscharte nordwärts hinab auf den Presanellagletscher. Aus größerer Distanz erkennen wir dann tiefer unten, daß wir den markanten Ostpfeiler der riesigen Presanella-Kette zwischen M. Cercen, Cima di Vermiglio und Amola bezwungen haben – und dies immer im unmittelbaren Bereich des Hauptgipfels selbst. – Vom Gipfel sehen wir nordwärts die wuchtige Ortlermassiv, westwärts die Adamellomauer mit dem Mandron-Eismeer, ostwärts das helle Getürm der Brenta-Gruppe und südlich schließlich den hellen Glanz der südlichen Sonne über dem Dunst der kaum 100 Meter hoch liegenden riesigen Poebene . . . Unser Nordostgrat gilt als schönster Anstieg an der Cima d'Amola in festem und griffigem Fels. Kaum Steinschlag! Pickel und Steigeisen sind bei normalen Verhältnissen entbehrlich. Am Zugangsweg zum Passo di Stavel die Steinmänner beachten!

49 Rosengartenspitze
Über Gartlschlucht und Santnerpaß

TALORTE Pera, 1313 m und Vigo, 1382 m, im Fassatal (an der Buslinie Bozen-Karerpaß–Pordoijoch-Cortina).

STÜTZPUNKTE Vajolet-Hütte, 2255 m, CAI, im oberen Vajolettal; 3 Std. von Pera, 1 Std. von der Gardeccia-Hütte (bis dorthin Kfz-Zufahrt über Monzon-Sojal), auch Sessellift von Vigo zum Ciampedie, dann 1.45 Std. – Santnerpaß-Hütte, privat, am Santnerpaß; 1.15 Std. von der Vajolet-Hütte.

EINSTIEG Von der Vajolet-Hütte am Steiglein in die Gartlschlucht empor, bis man dicht unter dem Winklerturm steht; dort scharf westlich (links) abbiegend zur kurzen Engschlucht zwischen Punta Emma (links) und Rosengartenspitzemassiv (rechts). Einstieg rechts an Platten; 0.30 Std. von der Vajolet-Hütte.

CHARAKTER/SCHWIERIGKEIT II+. – Anstiegszeit vom Einstieg zum Gipfel: 3 Std. – Kletterhöhe 400 m.

ABSTIEG Am Normalweg über Nordgrat und Westwand zum Santnerpaß (II); Gipfel bis Santnerpaß: 1.15 Std.

FÜHRER/KARTEN Dolomiten-Kletterführer, Bd. 1, Langes; Rother-Verlag, München; – CAI-Führer, Sassolungo-Catinaccio-Latemar, Tanesini. – AV-Karte, Schlern-Rosengartengruppe, 1:25000. – Kompaß-Karte. Nr. 54, Bozen-Grödnertal-Marmolata, 1:50000.

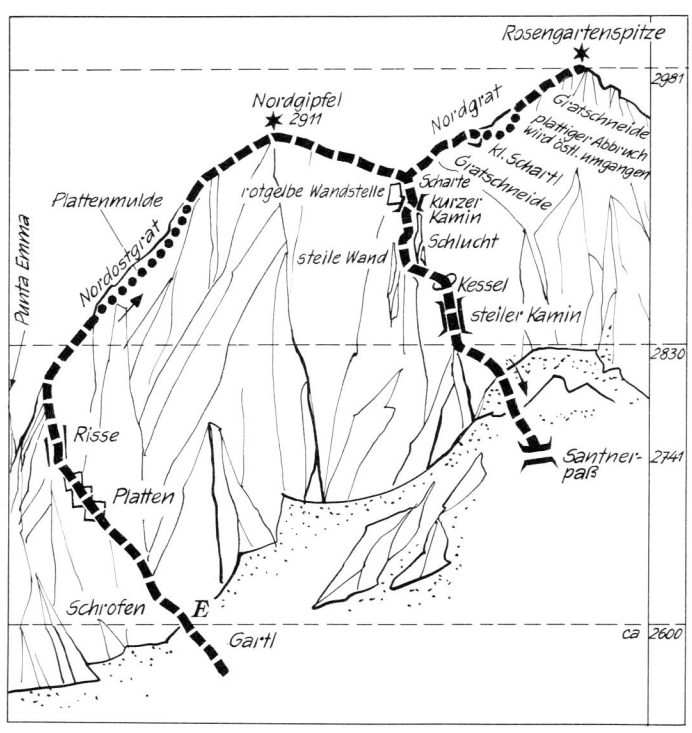

Stimmungsvoller als jede von vorwitzigen Fremdenverkehrsmanagern per Scheinwerfer angestrahlte Alpenwand leuchten Schlern, Vajoletürme, Laurinswand und Rosengartenspitze an schönen Sommerabenden über Bozen und das Etschtal. Die Rosengartenspitze ist so nicht nur für weinselige Touristen und motivsuchende Fotografen ein dankbares Objekt – sie bietet auch Kletterern Routen in allen Schwierigkeitsgraden an. Wer den »schweren« oder gar »extremen Fels« beherrscht, der findet in der 600 Meter tief abbrechenden Ostwand seine Tour; wer den »leichten Fels« vorzieht, der hält sich an den vor allem im oberen Teil schönen Südgrat (II–III, bei direkter Gratbegehung –IV), an die vielbegangene Normalführe in herrlich festem und griffigen Fels (II+) oder an den in seiner Routenführung so logisch erscheinenden Nordostgrat. – Dieser Weg über den Nordostgrat wurde am 4. August 1899 von den beiden Innsbruckern Karl Berger und Otto Amperer als vierte mögliche Anstiegsroute auf die Rosengartenspitze erstmals begangen. Die beiden »vergaßen« bei ihrer Begehung allerdings den eigentlichen Anfangspunkt des Nordostgrates, jenen klotzigen Felsturm, der nur zwanzig Tage später vom legendären Piaz zusammen mit Emma della Giacoma erstbestiegen wurde; und der schon ein Jahr später zu einem der entscheidenden Kletterziele der Rosengartengruppe werden sollte, nachdem Piaz dort einen äußerst verwegenen und kühnen Riß gemeistert hatte. Die Leistung fand ähnliche Beachtung wie dreizehn Jahre vorher der Alleingang Georg Winklers auf den Winklerturm. Der Felsturm mit dem Namen Punta Emma war somit zum zweiten Schaustück der kleinen Vajolet-Hütte geworden. Wer damals den Rosengartenspitze-Nordostgrat beging, der hat fast nie die schwierige Punta Emma »mitgenommen«, die sich, nur durch eine Scharte vom Nordostgrat abgesprengt, über der Gartlschlucht aufbaut. Auch wir verzichten auf diese Ouvertüre, wenden uns durch die Gartlschlucht ansteigend an ihrem Ende nach links, und erreichen über kurzes Schrofengelände den Einstieg. Hier erwartet uns – rechts neben der Schlucht zum Schartl an der Punta Emma – eine herrliche Plattenreihe, auf der wir rasch höherkommen und schon bald 50 Meter über dem Schartl den Nordostgrat betreten. Etwas höher queren wir nach links in eine Schrofenmulde, halten uns an die Bänder, Stufen und Platten am flacher werdenden Grat und gelangen so zum Nordgipfel, an dem dann spätestens eine längere Rast eingelegt wird. Ein bestechender Ausblick ist der Lohn. Die drei Vajoletürme steigen als senkrechte Fackeln in den Himmel, die Sinne versagen vor diesem alpinen Wunder! ... Wir genießen die Sternstunde in aller Ruhe. Am Kamm stoßen wir dann auf die Normalführe und folgen dem luftigen Nordgrat zum Hauptgipfel. Ist der Blick frei, so treten die kühnen Profile des langgestreckten Massivs deutlich hervor. – Beim Abstieg benützen wir den manchmal stark bevölkerten Normalweg bis hinab zum ersehnten Limonaden-Standerl am Santnerpaß ...

Die einfache und auf diesem Herbstbild einsam erscheinende Santnerpaß-Hütte, in der sich an schönen Hochsommertagen Hunderte von Bergsteigern und Halbschuhtouristen verpflegen, liegt direkt unter der Westwand der Rosengartenspitze. Wir sehen links nur den oberen Teil unserer Nordostgratführe, die sich am steileren Gipfelaufschwung mit dem vielbegangenen Normalweg vereint. Letzteren benützen wir im Abstieg, der uns der ersten Scharte links des Gipfels durch den schluchtartigen Kamin (wer kann, seilt ab!) zum Santnerpaß führt. Nach rechts unten geht es in einer netten Steiganlage steil zur Kölner Hütte hinunter.

50 Große Fermeda

Platten, Risse, Bänder und Edelweiß in der Südwand

TALORTE St. Ulrich, 1200 m. − St. Christina, 1400 m, beide im Grödnertal. − St. Peter, 1150 m, Villnösstal.

STÜTZPUNKTE Geisler-Hütte (Rif. Cisles), 2039 m., 2.15 Std. aus dem Grödnertal. Schneller mit Col-Reiser-Lift. − Brogles-Alm, 2045 m, priv., bewirtschaftet, im Villnösstal; 2.30 Std. ab St. Peter, 1.30 Std. ab Liftstation Raschötz.

EINSTIEG In etwa 2420 m Höhe, am unteren Ende der rechts im Schrofenteil beginnenden, nach links oben zielenden Östlichen Fermedaschlucht (1 Std. ab Geisler-Hütte, 1.30 Std. ab Broglesalm über die Panascharte bzw. ab Raschötzlift).

CHARAKTER/SCHWIERIGKEIT II, zwei Stellen wegen großer (aber kurzer) Exposition III−. Absolut fester, ausgekletterter Dolomitfels, griffig auch an exponierten Stellen. − Zeit Einstieg − Gipfel: knapp 2.30 Std.

ABSTIEG Am besten auf der Anstiegsführe, gute Sicherung oberhalb der Steilplatte.

FÜHRER/KARTEN AV-Kletterführer Dolomiten, Band 1, Langes-Schubert; Rother-Verlag, München. − FBK, Nr. 16, Westliche Dolomiten (unzureichend). − CAI-Karte (besser). − Kompaß-Karte, Nr. 56, Brixen, 1:50 000.

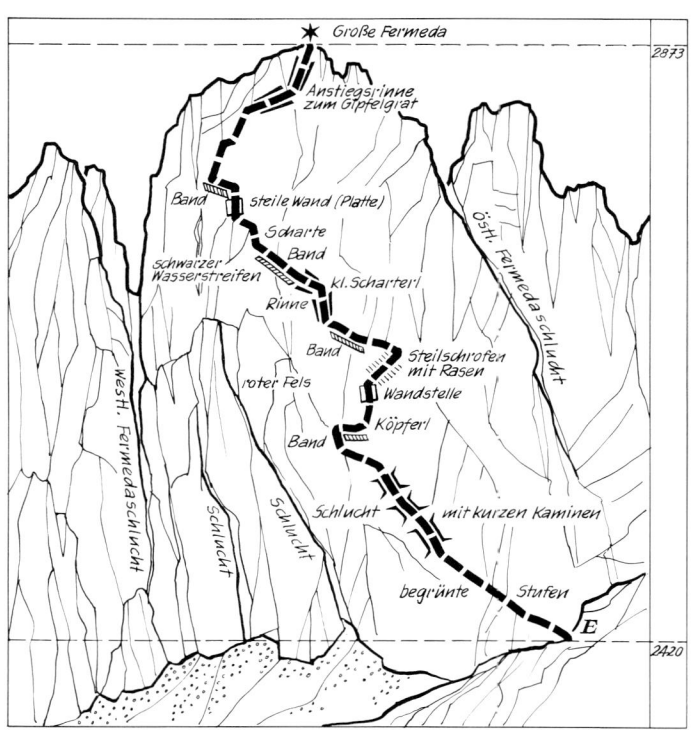

Manche Kletterer lächeln über die Südwestwand der Großen Fermeda, rümpfen die Nase über die allzu lange Einstiegsschlucht und die viel zu kurze Schlüsselstelle an der oberen Platte. Sie sollten daran denken, daß zu den heißen Kunden des »leichten Fels« neben den Anfängern und Lehrlingen der Kletterei auch die guten Alten zählen: die einst auch schwere Touren machten und jetzt nur das Gas wegnehmen . . . Wer noch bebt vor Kletterfreude − eben die ganz Jungen, eben die schon Alten −, der hört das alles nicht; den ärgern keine lange Einstiegsschlucht, keine zwanzig Grashalme vor dem mittleren Band. Dem pocht das Herz wie eine Riesentrommel, wenn er, an festen Griffen mitten in der großen Platte stehend, ganz versehentlich einmal nach unten blickt . . . Denn so geschah es mir beim ersten Mal; wir gingen ohne Seil, und ich wartete etwas beklommen auf diese berühmte steile Platte und fragte dann absteigende Münchner, wo denn diese gefährliche Platte sei − da sagten sie recht frech: »Stehst ja mitten drin, Simmerl!« . . . Das war etwas grob. Ich schaute so schnell wie vorsichtig an meinen Beinen vorbei, hinab in die Tiefe, und spürte erst jetzt, daß ich tatsächlich senkrecht über der tiefen Schlucht von der Kleinen Fermeda stand . . . Beim zweiten Mal marschierten wir als Seilschaft vom Band in die berühmte Platte und freuten uns gar nicht, als die Ausstiegsrisse allzu früh den Gipfel ansagten. Denn, wenn ein Berg griffreich ist, dann ist es diese Große Fermeda. Man darf nur nicht den klassischen Fehler aller Anfänger machen und sich ängstlich an den Fels drücken − nein, im Gegenteil: Man suche sich die guten Griffe, indem man sich weit zurücklehnt und so plötzlich alles sieht, was man − ängstlich an den Fels gedrängt, nie sehen kann . . . Damit wird eben jene exponierte Platte im steilsten Fels dieser Südwestwand plötzlich ganz brav: Tritte und Griffe sind genug da, man ist schwer beschäftigt und nimmt die Exposition auf diesen letzten 30 Metern gar nicht mehr wahr . . . Wer nach dem Abstieg noch Kraft, Zeit und Lust hat, der stiefele zur Kleinen Fermeda hinüber und turne den kurzen, aber unterhaltsamen Normalweg über deren Westseite hinauf. − Im übrigen: Dieses Buch ist keineswegs, wie es im Vorwort heißt, »nur für Anfänger« oder nur für junge Leute. Ich denke, daß die Hälfte meiner Leser ältere Bergfreunde sind, die glückselig an ihre Iller- und IVer-Touren von ehedem zurückdenken und nun stolz sind, noch »wie die Jungen« im festen leichten Fels zu wühlen und dabei das Altern zu vergessen. − Daß es unter dieser Fermeda mehr Edelweiß gibt als in einem Bozener Blumenladen, habe ich selber oft gesehen. Daß man von ganz oben aus der Wand zwei winzige Seelein entdeckt, die man später unten, im Gewimmel der Grünbuckel, kaum noch findet, ist auch nicht gelogen . . . Im Herbst, wenn das Gebirge still wird, ist es schön dort oben unter den Fermedatürmen − auch ohne Edelweiß ein gefährliches Plätzchen für Verlobungen. Jeder sollte es mal ausprobieren. − Die Fermeda ist »leichter Fels«, einfach . . . unwiderstehlich!

Die Fermedaspitzen mit (von links) Kleiner und Großer Fermeda, anschließend die drei Odla-Türme, von Süden aus den grünen Böden der Cisles-Alpe. Man erkennt deutlich die beiden mächtigen Einrisse von Östlicher und Westlicher Fermedaschlucht und ahnt auch unsere Anstiegsschlucht hinter dem schief am Wandvorbau lehnenden Felserker.

51 Über den Sellastock
Sellapaß – Piz Selva – Pisciadusee – Grödnerjoch

TALORTE Wolkenstein, 1539 m, im Grödnertal. – Canazei, 1486 m, im Fassatal. – Colfuschg, 1645 m, im Gadertal.

STÜTZPUNKTE Sellajoch-Haus, 2170 m, CAI, unterm Sellajoch (meist überlaufen, unfreundlich). – Rif. Valentini, 2201 m, 200 m südwärts des Sellajochs (versteckt gelegen, sehr gemütlich). – Pisciadu-Hütte, 2583 m, priv., über dem Val Setus, hoch über dem Gadertal.

EINSTIEG Knapp 600 m nordöstlich vom Sockel des Dritten Sellaturms; rechts neben einer nassen schwarzen Wand.

CHARAKTER/SCHWIERIGKEIT Trotz Sicherungen II –, bei teilweise großer Ausgesetztheit! – Zeit vom Einstieg bis zum Piz Selva: 3 Std. Gesamtüberschreitung Sellajoch – Pisciadusee – Grödnerjoch: 6 – 7 Std.

ABSTIEG Der nächste direkte Abstieg zum Sellajoch ist erst ab Gamsscharte (am Weg zur Boé-Hütte) möglich! Von dieser Scharte durchs Val Lasties zur Sellajochstraße (2.30–3 Std.). – Am schönsten ist die gesamte Überschreitung Piz Selva – Piz Gralba – Pisciadu-Hütte. Von hier durch das Val Setus zum Grödnerjoch!

FÜHRER/KARTEN Klettersteige der Dolomiten, Fraß; Rother-Verlag, München; – Alte AV-Karte, Langkofel und Sella-Gruppe, 1 : 25 000. – FBK, Nr. 16, Westliche Dolomiten, 1 : 100 000.

BILD Blick von Nordwesten auf den südlichen Sellastock. Von rechts: Sellajoch (knapp außerhalb), Drei Sellatürme, Dritter Turm in den Plateaugipfel des Piz Ciavazes übergehend. Unten die Sellajochstraße unweit der »Steinernen Stadt«.

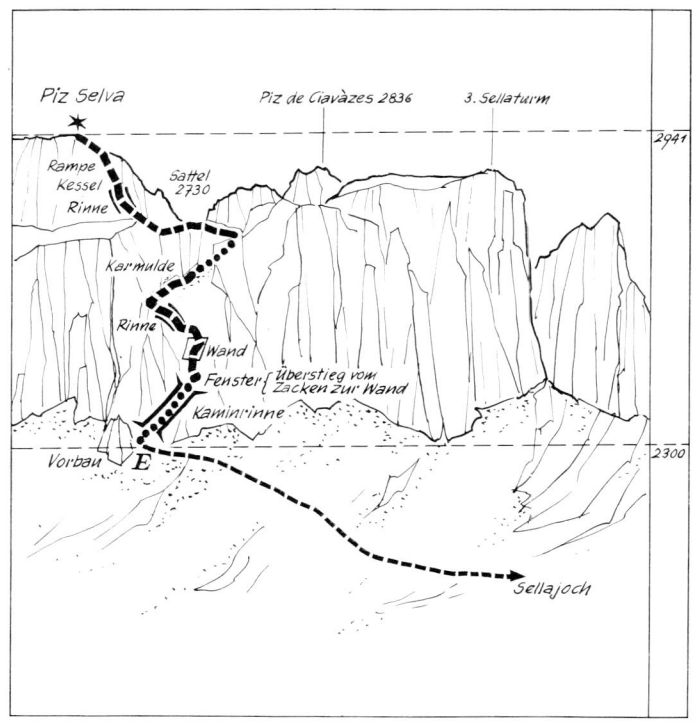

Gegenüber den östlichen Domwänden des Langkofelmassivs steigt der Sellastock als massiger Terrassenbau auf, nur zum Sellajoch hin durch die drei Sellatürme locker getrennt! Unser »Pössnecker-Steig«, als einer der ersten gesicherten Alpensteige überhaupt und unter dem Namen »Mésules« seit Jahrzehnten bekannt, durchbricht den untersten Sockel des Sellastockes auf dramatische Weise, ehe er auf der ersten breiten Schutterrasse fromm wird. Der Steig ist auf unserem Bild ganz links durch die erste vertikale Schattenkulisse markiert; er führt nach der nahezu senkrechten Steilstufe über 400 Meter auf den flachen, breiten Gipfelgrat um Piz Selva und Piz Gralba, 2974 m – aber er bietet keinen unmittelbaren, schnellen Abstieg an. Man muß den ganzen Sellastock – allerdings flach und ohne Gefahr – überwandern, um erst hinter der Pisciadu-Hütte den Abstieg durch das Val Setus (Drahtseile) zum Grödnerjoch zu finden: eine herrliche Riesenstrecke! – Ausgangspunkt ist das dem Einstieg am nächsten liegende Sellajoch-Haus. Von hier, oder vom gemütlichen Rifugio Valentini, genau gesagt von der letzten Kehre der von Wolkenstein heraufkommenden Sellajochstraße, zieht ein ebenes Weglein nordostwärts unter den Sellatürmen hinüber zum Einstieg. Der erfolgt recht schockierend an einer Stelle (Bild), wo man keinen Einstieg sucht. Aber rechts der hier meist nassen schwarzen Sockelwand muß man tatsächlich in den düsteren Kamin einsteigen, klettert an uralten, teilweise schon verbogenen Eisenstiften nach oben, teils senkrecht, und was die alten Stifte nicht gewähren, muß durch Kletterkunst eingeholt werden. Die Sache wird dann leicht komisch: Nach einem merkwürdigen, kaminartigen Durchschlupf steigt man wie auf einer Wendeltreppe – bei voller 360-Grad-Drehung – immer weiter oben durch den am stärksten exponierten Wandteil. Man landet nach gut 250 Meter Höhenunterschied in einem großen Kessel, aus dem sich der Steig hinauf in den Sattel 2730 windet. Über ein kurzes Band erreicht man die zum Gipfel ziehende Schlucht, die man an den – in jüngerer Zeit angebrachten – Sicherungen schnell passiert . . . Etwa 3 Stunden Kletterei liegen nun hinter uns – aber wir haben noch einen langen Abstieg vor uns! Es gibt dafür drei Möglichkeiten: 1. den Marsch über das ganze Gipfelmassiv, relativ eben bis zur Gamsscharte und dann rechts, also nach Süden in Richtung Boé-Hütte. Kurz vor dem leichten Gegenanstieg zum Zwischenkofel, hinter dem sich die Hütte verbirgt, zweigt rechts der Weg in das von gewaltigen Sellawänden umrahmte Val Lasties ab, durch das wir wieder die Sellapaßstraße erreichen. Oder 2. ähnlich wie vorher bis zur Gamsscharte, ein kurzes Stück weiter nach Osten, dann steil hinab zur tief unten liegenden Pisciadu-Hütte und durchs Val Sétus zum Grödnerjoch. Konditionswunder wählen die Variante 3: Hier steigen wir von der Pisciadu-Hütte am exponierten Klettersteig zum Wandsockel hinab und steuern dann das nahe Grödner Joch an oder bummeln hinab nach Colfuschg und Corvara.

108

52 Daint de Mesdi
Normalweg überm Val de Mesdi

TALORTE Canazei, 1468 m (Auffahrt Pordoipaß, Bergbahn zur Pordoispitze, 2952 m. Ab hier 1 Std. zur Bamberger Hütte). – Colfuschg, 1615 m, im oberen Gadertal (Bus zum Grödnerjoch, unserem Abstiegsziel).

STÜTZPUNKTE Pisciadu-Hütte, 2583 m, CAI, bewirtschaftet; gut 2 Std. ab Grödnerjoch durchs Val Setus oder am Pisciadu-Klettersteig von der Grödner-jochstraße (versichert, leicht). – Bamberger (Boé-)Hütte, 2873 m, AV, auf der Sellahochfläche.

EINSTIEG Vor der Forcella del Daint, 2730 m, von beiden Hütten in je etwa 1.30 Std. erreichbar, am Westsockel des auffallenden, angelehnten Pfeilers!

CHARAKTER/SCHWIERIGKEIT II, aber eben ein »Dolomiten-IIer«, also zur oberen Grenze tendierend. – Zeit für Zweierseilschaft: 1–2 Std.

ABSTIEG Am Anstiegsweg.

LITERATUR/KARTEN Dolomiten-Kletterführer, Bd. 1b, Langes; Rother-Verlag, München. – AV-Karte Sella-Langkofel-Gruppe, 1 : 25 000 (ideal!). – TCI-Karte, Nr. 5, 1 : 50 000 (gut). – FBK, Nr. 16, Westliche Dolomiten, 1 : 100 000.

HINWEIS Der (zuweilen verfehlte!) beste Weg zum Einstieg wird am einfachsten vom Coburger Weg (zwischen Bamberger und Pisciadu-Hütte) erreicht. Am Sattel (siehe AV-Karte) im Val de Tita geht es in Schrofengelände ein kurzes Stück in den Kessel nördlich des Bec de Mesdi hinunter, dann den Hang querend zum angelehnten Turm.

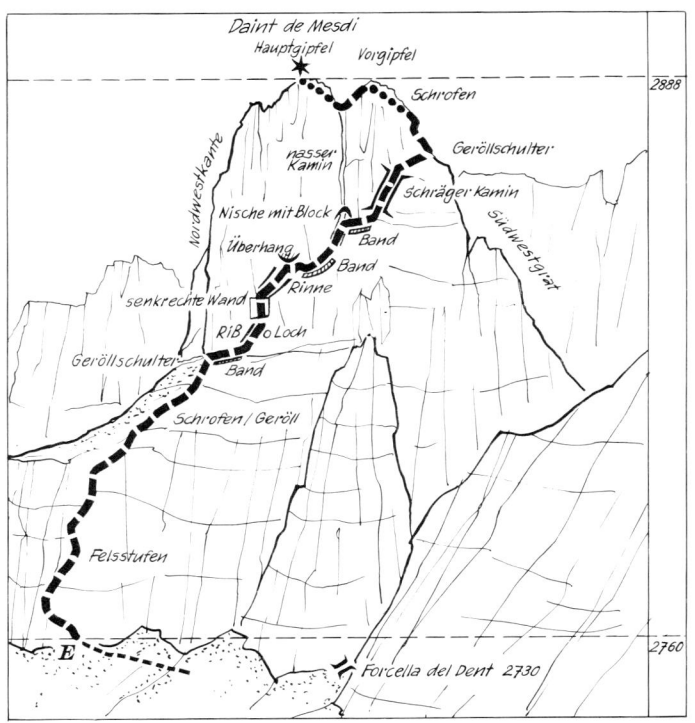

Dieser »Mittagszahn« steht mit zwei gleichgesinnten Kalkbastionen – Sass und Bec de Mesdi – hoch überm tief eingeschnittenen Val de Mesdi, das den mächtigen Sellastock buchstäblich in zwei Teile zerlegt. Erst dieses Val de Mesdi macht aus dem plumpen Sellastock ein interessantes Gebirge, wobei wir dessen pompösen Aufputz durch die drei Sellatürme nicht übersehen wollen . . . Der Platz am oberen Rand des Val de Mesdi, an dem die Bamberger Hütte steht, markiert die scharfe Zäsur, die von den beiden Riesenfalten Val de Mesdi und Val Lasties gezogen wird. Unser »kleiner« Daint de Mesdi wirkt von hier recht spitz, er hat aber drei Gipfel! Von der Seite her gesehen (Bild), etwa vom Anstiegsweg im Val di Tita, sieht er wenig elegant aus. – Ganz rechts steht über demselben Val de Mesdi der höchste Sellagipfel – der Piz Boé, 3151 m – eine mächtige, doch überraschend flache Kalkpyramide . . . Unser Daint de Mesdi wird als Kletterberg gerne besucht: Geübten und Erfahrenen, die den »leichten Fels« schon hinter sich haben, bietet er in seinen Süd- und Ostwänden zwei »typisch elegante und genußreiche Dolomitenkletterei-en« (G. Langes). Auch als leichte Klettertour ist er beliebt; an unserem »Normalweg« ist der Fels zwar abgeklettert, aber reich an Struktur, so daß nur der Blinde nach Griffen suchen muß . . . Die Exposition, dies zeigt unser Foto, ist stark und trommelt manchem Besucher aufs Nervenfell. Unser Bild zeigt am Daint de Mesdi den westlich vorgelagerten, schattigen Pfeiler und die durch ihn geschaffene Scharte. Am linken Sockel dieses Nordwestpfeilers steigen wir ein. Die reine Kletterhöhe beträgt dann nur noch 200 Meter. Die Scharte wird leicht über Bänder, Risse und Rinnen erreicht, ja es gibt da sogar einen braven, weil harmlosen »Überhang«: alles in allem bis zum Einstieg aber besseres Schrofengelände. Wo wir neben dem Pfeiler das große (obere) Schuttband betreten, steht unser Felsturm buchstäblich überhängend unterm Himmel. Dieses Geröllband zieht eben durch die ganze Westwand; an seinem Ende würden wir auf die sehr schwierige »gerade Südwand« (IV) stoßen – aber wir steigen schon am Beginn des Bandes nach links oben, verfolgen etwas exponiert, aber immer an guten Griffen die Diagonale des Normalweges, der durch viele Begehungen so gut wie »markiert« ist. Ein Felsloch bleibt links liegen, es folgt ein Riß, dann eine steile Rinne, schließlich – von einem guten Band aus – der harmlose Überhang (viele passende Griffe) zum kleinen Band unter dem nassen Kamin. Dieser meist nasse Kamin vertieft sich immer mehr, er spaltet sogar den bald leichter erreichbaren Gipfel. Vorher aber müssen wir im Kamin eine exponierte Nische mit einem Block erreichen, aus der ein schräger Kamin rechts hinauf zur Südwestschulter zieht. Über die Gipfelscharte nun leicht zum höchsten Punkt 2888 m – wo alle Ängste prompt senkrecht hinab in den Schutt des Val de Mesdi purzeln . . . Man vergleiche Bild und Anstiegsskizze ganz genau, erklettere die feine Diagonale von unten links nach oben rechts mit dem Finger!

Bild und Skizze machen jeden Kommentar zum Routenverlauf beinahe überflüssig. Links der Crep de Boé, über den Tälern von Corvara und St. Kassian die südlichen Gipfel der Kreuzkofel-Gruppe um die Varella, 3034 m (Hintergrund links).

53 Marmolata
Der Westgrat auf den höchsten Dolomitengipfel

TALORTE Canazei, 1463 m, im obersten Fassatal. – Penia, 1542 m, über dem Eingang ins Contrintal.

STÜTZPUNKTE Contrin-Haus, 2016 m, privat, 2 Std. aus dem Fassatal (Bus). – Gipfelhütte, 3340 m, beschränkt bewirtschaftet. – Marmolata-Fedaja-Haus, 2042 m, CAI, am Fedaja-Stausee und der neuen Straße zwischen Fassatal und Alleghe.

EINSTIEG Zuerst vom Contrin-Haus zum Ombrettapaß hinauf. Dann streng nördlich in steiler, oben sehr schmaler Rinne bis dicht unter die Marmolatascharte, 2911 m. Kurz vorher aus der Rinne rechts hinauf zum Westgrat.

CHARAKTER/SCHWIERIGKEIT Der Westgrat erfordert trotz Sicherungsseilen Bergerfahrung und absolute Trittsicherheit. Der Fels im Abstieg ist leicht, aber auch mal vereist. Am Firn meist Trasse, trotzdem Vorsicht geboten! Evtl. Seilsicherung. Zeit Ombrettapaß – Gipfel 4 Std., Abstieg Gipfel – Fedajasee (Hütte) 3–4 Std; trotz (meist) Trasse! Oben Respekt vor Spalten!

ABSTIEG Vom Gipfel nordwärts zum Fedajasee; Vorsicht: Spalten auf dem Gletscher! In der Spur bleiben! Vom Gipfel ins Tal: 3 Std.

FÜHRER/KARTEN AV-Führer, Westliche Dolomiten, Bd. I, Langes; Rother-Verlag, München. – Klettersteige der Dolomiten, Frass; Rother-Verlag, München (gut!). – AV-Karte, Marmolata-Gruppe, 1 : 25 000, (sehr hilfreich!).

BILD Blick vom Gipfel des Kleinen Vernel auf den ganzen Westgrat zur Marmolata bzw. Punta di Penia. Im Mittelgrund unten ahnt man die enge Marmolatascharte, aus der eine 30 Meter hohe, fast senkrechte Stufe (mit Eisenklammern) aus der Enge hilft. Links der Marmolatagletscher, rechts die glatte Südwand. Nach der ersten Stufe sieht man jenseits der dunklen Schlucht die steile Platte mit der exponierten Leiter.

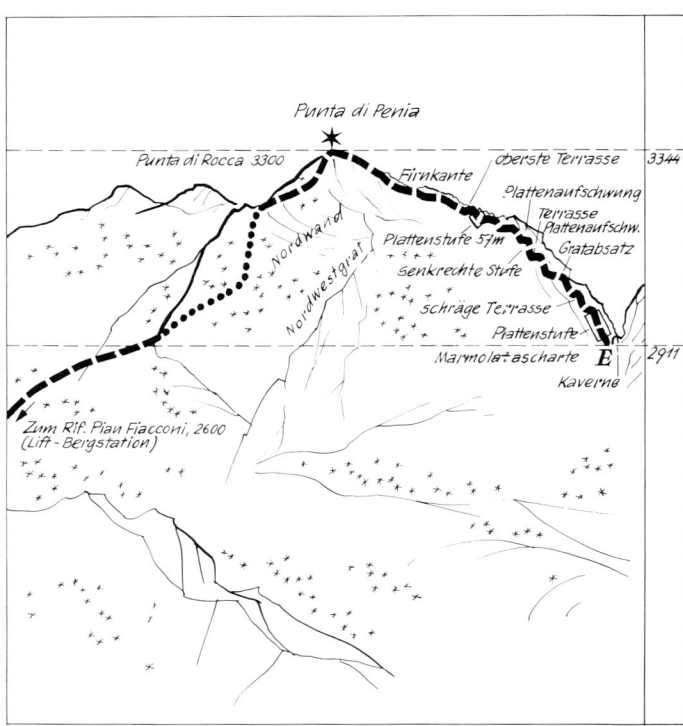

Von Rosengarten, Langkofel und Sellaplateau, von Tofana und Civetta sieht man eine weiß glänzende Firnwolke am südlichen Horizont – man rätselt, fragt: Es ist die Marmolata. Eine Janusgestalt von ungewöhnlichen Ausmaßen für einen Kalkberg und letztlich auch noch erstaunliche 3344 m hoch. Aus der Nähe erblickt man dann eine 800 Meter hohe, senkrechte Kletterwand, die Südwand – von schwierigen und extremen Kletterführen durchzogen ... Nordwärts fliehen strömende Gletscherwellen hinab zum Fedajasee. – Wo dieser mächtige Fels-Eis-Kamm westwärts an den Kleinen Vernel stößt, steigt aus der engen Marmolatascharte der Westgrat hinauf zur 3344 Meter hohen Punta di Penia: drei Stufen, ein anscheinend harmloser Kalkgrat, doch rechts unmittelbar in südliche Tiefen abstürzend. Wir sind bei der Begehung dieses Westgrates fast immer allein, und selbst im Abstiegsweg am leichten, meist firnigen Nordkamm, erst in kurzer hübscher Kletterei auf der Felsinsel im Eis, dann in einer Art Trasse hinab zum Rifugio Fiacconi – wir bleiben allein ... außer, die Italiener feiern ihr kolossales »Ferragosto-Fest« – da strömen sie ziellos zwischen dem Stiefel im Süden und dem Brennerpaß im Norden hin und her ... Wir kommen aus dem Fassatal bei Canazei, haben auf dem Contrin-Haus genächtigt und müssen sehr früh am Morgen gut 2 Stunden hinauf in die verblüffend enge, steile, oft vereiste Marmolatascharte – 2911 Meter hoch ... schon unterhalb der Scharte an Seilen und Leitern hängend. Der letzte Schritt aus dem steilen Fels ins helle, freie Jenseits der Gletscherflanke ist immer wieder überwältigend. – Nun zum Westgrat: Zunächst das Gebot, sich anzuseilen! Auch wenn es erst lächerlich erscheint. Aber die Leiter über uns am Himmel, die uns aus der Rißenge hilft, ist keine Versicherung gegen einen Fehltritt! Unser Bild weist diesen Westkamm als relativ flache, dreimal gestufte Kalkfläche aus – aber der Aufblick täuscht. Man merkt es gleich bei der ersten senkrechten Leiter, man spürt es in der ersten Scharte neben der rechts von uns senkrecht abziehenden Südwand, man spürt es vollends an den luftigen Eisenleitern, die im steilen Fels scheinbar endlos gegen den blauen Himmel ziehen ... Bald nur noch eine flachere Stufe, noch einmal eine Seilleiter und in den Kalk gemeißelte Tritte – dann wölbt sich der Grat fromm zum Rücken, drängt von links das Gletschereis heran, und auf leuchtendem Firn betreten wir den höchsten Dolomitenberg ... Abstieg am Marmolatagletscher, der relativ harmlos ist: erst zur Felsinsel, dann in der Trasse nordwärts hinab Richtung Liftstation – dazwischen mehrfach kleine schwarze Spalten, die gefährlich sind! – schließlich im la-Alpenschutt hinunter zum Stausee und in die Türe des Wirtes am Fedajasee hinein, nur noch 2043 m hoch. Ein Bus wartet, müde Beine hinab ins Fassatal zu bringen. – Wer den Westgrat als Tagestour plant, der fährt vom Fedaja-Stausee mit dem Lift zum Pian dei Fiacconi und quert – teilweise weglos und mühsam – über Firnhänge in die Marmolatascharte.

54 Civetta
Via Alleghesi und Via Tivàn

TALORT Alleghe, 980 m, am See (Bus von Cortina und Agordo).

STÜTZPUNKT Coldai-Hütte, 2135 m, CAI, vor dem Coldaipaß, am Nordende des Hauptkammes; 3 Std. von Alleghe, aber nur 1 Std. bei Kfz-Auffahrt von Osten (auf neuer Straße) bis Parkplatz Casera di Pioda, 1892 m.

EINSTIEG Von der Coldai-Hütte auf dem Tivàn-Weg in der Ostflanke durch drei Karausbuchtungen, dann kaum zu übersehender Hinweis zum Einstieg; 1.30 Std. von der Hütte.

CHARAKTER/SCHWIERIGKEIT Aufstieg wie Abstiegsweg gelten als Klettersteige. Die Via Alleghesi benützt sehr exponiert zumeist die Ostflanke des gewaltigen Nord-Süd-Kammes, von der Punta Civetta ab den Nordgrat zum Gipfel. Der Normalweg, unser Abstiegsweg, heißt seit seiner »Aufrüstung« durch Drahtseile und Klammern Via Tivàn. Man kann also auf »sicher« gehen, wenn man bergerfahren ist, absolut trittsicher, und wenn man Exposition verträgt. Die beiden Civetta-Eisenwege überwinden jeweils knapp 900 m Höhenunterschied, man ist also zwischen 9 und 11 Std. unterwegs! Dies verlangt Wetter- und Wärmeschutz, Proviant und einen Eispickel für harte Firnfelder.

FÜHRER/KARTEN Civetta-Führer, Hiebeler; Rother-Verlag, München, (gute Hinweise). – Klettersteige der Dolomiten, Frass; Rother-Verlag, München (sehr informativ!). – FBK, Nr. 17, Östliche Dolomiten, 1 : 100 000.

BILD Einblick in die Civetta-Ostflanke zwischen Coldai- und Torrani-Hütte. Im Zentrum die Diagonale des wuchtigen Ostsporns der Punta Civetta, über der der eisengebändigte, aber keineswegs einfache Alleghesi-Steig führt.

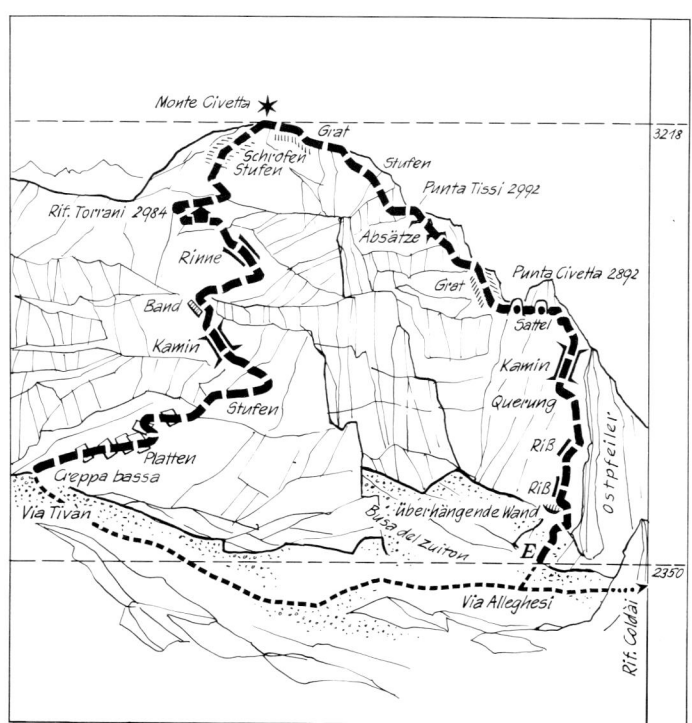

In den südlichen Dolomiten – südlicher noch als das Fremdenkarussell Cortina d'Ampezzo – stehen drei der gewaltigsten Dolomitenberge wie gottverlassen, doch jeder sein eigenes Revier souverän beherrschend: Antelao, 3264 m, Monte Pelmo, 3169 m, und Civetta, 3218 m. Einst fast unzugänglich für uns Kletterer vom »leichten Fels«, sind diese drei Klassegipfel inzwischen mit Eisen beschlagen, sind »Volksgipfel« geworden: Der CAI hat provinzialen Launen nachgegeben. – Unsere Civetta mit ihrem starken, schweren Nordkamm und ihren drei weit ausgreifenden Südostkämmen fasziniert als hochalpines Festungswerk: Vor über 100 Jahren, genau 1867, wurde der Gipfel der Civetta von dem Gemsjänger de Silvestro, genannt »Pionvanel«, zum ersten Mal bestiegen. Er wies kurz darauf dem großen Dolomiten-Erschließer F. F. Tuckett bei der ersten Touristischen Ersteigung den Weg. Die Civetta hatte dann mehr oder weniger Ruhe vor den Bergsteigern, rückte aber 1925 in den Mittelpunkt des alpinen Geschehens: Damals bezwangen die Münchner »Erzkletterer« Emil Solleder und Georg Lettenbauer in 15stündiger Kletterei die grausig abweisende Nordwestwand des Massivs. Dann kamen Hitlerzeit und Krieg, und ohne »reichsdeutsches Wissen« wurde diese herrliche Kalkfestung damals durch die Italiener-Garde erschlossen, ja planmäßig »ausgeklettert«. Einige elegante, äußerst und sehr schwierige Führen ziehen heute durch die nahezu senkrechte Nordwestwand, und zwei mit Eisen beschlagene Klettersteige bändigen die sanftere Südostwand . . . Diese Südostwand, an deren zwei Steigen Via Alleghesi und Via Tivàn wir bis unmittelbar zum hohen Gipfelgrat an- bzw. von ihm absteigen, serviert uns gefährlich glatte, ja abweisende Wände, durch die wir in toller Exposition, aber eben doch an Drahtseilen und anderen Hilfen, also zu guter Letzt etwas »ruchlos« klettern. Fast zu perfekt ist dieser Klettersteig, man sieht an ihm die böse Demontage der Alpen bestätigt, den fragwürdigen Auswuchs des Ehrgeizes in gewissen CAI-Sektionen . . . Unser Bergsteigergeist wird also zwischen Coldai- und Torrani-Hütte »gefesselt«, aber das Civetta-Wunder macht uns alles vergessen: Die Tour Alleghesi-Steig hinauf und Tivàn-Steig hinab – lang und sehr anstrengend, nichts für Anfänger (!) – bleibt ein ernstes Unternehmen. Der »leichte Fels« weist, vor allem am Anstiegsweg, oft die Exposition des »schweren Fels« auf. Vertrautheit mit dem Gehen im Fels ist also unbedingte Voraussetzung, ebenso wie gute Kondition! Dementsprechend muß die Ausrüstung perfekt sein: Man muß für den schlechteren Fall ausgerüstet sein, das Wetter in 3000 Meter Höhe schafft auch in den Dolomiten bei einem Umschlag sofort gefährliche Situationen. Ich habe den Absturz der hohen Gefühle mit zwei Seilkameraden erlebt, als wir am Tivàn-Weg bei Nebel und Nässe unsere Not hatten. Das gute Wetter muß man an der Civetta zuverlässig mitbringen! Viel alpine Erfahrung ist hier der beste Führer! Doch jedermann sollte diese Riesentour nicht machen!

55 Monte Pelmo
Normalweg über das »Ballband«

TALORTE   San Vito di Cadore, 1011 m, oder Borca die Cadore, 942 m (Bus vom nördlich gelgenen Cortina d'Ampezzo).

STÜTZPUNKT   Venezia-Hütte (Rif. Albamaria de Lucia), 1947 m, CAI, unter der Forcella di Pelmo, bewirtschaftet; 3.30 Std. von beiden Talorten (Parken in Serdes bei S. Vito).

EINSTIEG   Nahe der Venezia-Hütte.

CHARAKTER/SCHWIERIGKEIT   Mit den neuen Drahtseilen wurden auch die letzten wirklichen Kletterstellen entschärft; der Weg über das exponierte »Ballband« ist also ein Klettersteig im I. Grad. Trittsicherheit, Schwindelfreiheit und Ausdauer blieben aber unabdingbare Voraussetzung. In der manchmal harten, überfirnten Gipfelzone ist ein Eispickel vorteilhaft. – 5 Std. von der Hütte zum Gipfel.

ABSTIEG   Am Aufstiegsweg, ca. 3 Std.

FÜHRER/KARTEN   Dolomiten-Führer, Bd. II, Langes; Rother-Verlag, München. – TCI-Karte, Nr. 1, Cortina d'Ampezzo, 1 : 50 000. – FBK, Nr. 17, Östliche Dolomiten, 1 : 100 000. – Kompaß-Karte, Nr. 55, Cortina d'Ampezzo, 1 : 50 000.

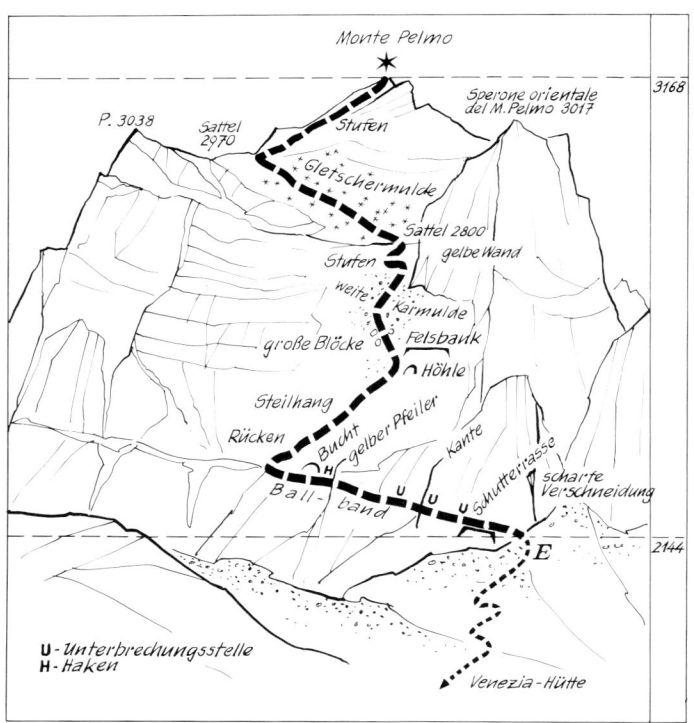

Die Südtiroler Dolomiten südlich des Alpenhauptkammes bieten dem Liebhaber des »leichten Fels« nicht wenig interessante Ziele: etwa an diesem wie ein Kastell aufgebauten Monte Pelmo unweit Cortina d'Ampezzo, oder am Antelao, an den Tofanen, an Monte Cristallo, Langkofel oder Marmolata. Der Pelmo steht ähnlich wie sein nächster Nachbar Antelao vereinsamt hoch über dem Cadoretal; er gehört keiner Gruppe an. In unmittelbarer Nähe des Einstieges steht die schöne Venezia-Hütte auf 1947 Meter Höhe . . . Wer den Pelmo zum ersten Mal erblickt, gleich von welcher Seite, entdeckt überrascht einen starken Festungsbau mit gewaltigen Mauern ringsum – nur gegen Südost öffnet dieses Mauerwerk ein mächtiges Kar, hoch über einem schweren breiten Felssockel. Dieser merkwürdige Dolomitenriese blieb trotz seiner abweisenden Gestalt ein Wunschtraum aller Erschließer; erst 1857 kam der Engländer J. Ball auf den Einfall, statt eines vorsichtigen Führers einen wildernden Gamsjäger zu nehmen, um sich von ihm »auf geheimem Wege« auf den Pelmo führen zu lassen. Der Gamsjäger führte Mister Ball über ein schmales, stellenweise nur 50 Zentimeter breites Felsband, das von Norden her quer durch den riesigen Sockel zieht: Es heißt seitdem »Ballband« . . . John Ball erreichte den Gipfel, der müde Gamsjäger legte sich unter dem Gipfelbaum zum Schlafe . . . Was das heute mit Drahtseilen gesicherte »Ballband« berühmt und gefürchtet machte, war allein die ungewöhnlich starke Exposition mit mehreren Kriechstellen. Der Einstieg ist von der neuen Venezia-Hütte aus in gut 30 Minuten erreicht, dann betritt man das meist vom Fels überdachte, merkwürdige Band und lernt nicht ohne Herzklopfen, was »Exposition« ist. Zweimal ist dieses schmale Band in der fast senkrechten Felsmauer unterbrochen, auch die Attraktion einer Dusche mittels echtem Wasserfall fehlt am »Ballband« nicht. Die Kriechstellen heißen »Passo della Stemma« und »Passo del Gatto« – an letzterem hat man gute 6 Meter auf dem nur 50 Zentimeter breiten Band kriechend zurückzulegen, wobei das linke Bein in freier Luft hängt . . . Dafür wartet bei den ersten Tritten ins riesige Hochkar eine angenehme Überraschung: Es folgen im an sich leichten, aber sehr langen und anstrengenden Hochkar nur noch einige Felsbarrieren und dicht unterm Gipfelstock der winzige Pelmogletscher – kleine Schwierigkeiten! Man steuert im Gipfelbereich dem mittleren der drei Türme zu, dem Hauptgipfel. Dort grüßen den Rastenden die mächtigen Nachbarn Antelao, Civetta, Sorapis, und wir kosten auf 3168 Meter Höhe alle Wonnen einer »Götterdämmerung« . . . Wer ungutes Wetter erwischt, umwandere das ganze Pelmomassiv, 2 bis 3 Tage zwischen Pelmoscharte, Staulanzapaß, Forcella, Forada und Venezia-Hütte: ein großartiges Erlebnis – wenn man gut ausgerüstet ist, eine Regenhaut im Rucksack hat und dazu die beste Karte: Sie heißt »Carta Turistiche d'Italia/Dolomiti Cadorine« 1 : 50 000 (TCI). – Man frage unbedingt den Hüttenwirt nach den Verhältnissen an den Steigen . . .

Der Monte Pelmo in den östlichen Dolomiten, von Osten gesehen. Links oben die Schulter P. 3058, rechts daneben (niedriger wirkend) der Hauptgipfel, 3168 m. Ganz rechts der Ostgipfel, 3017 m. Am Bildrand rechts anschließend die Forca Rossa, 2600 m. In Bildmitte das riesige Südostkar, das unten auf ganzer Breite senkrecht abbricht: Unterhalb dieses Abbruches zieht das »Ballband« von rechts nach links quer durch die Sockelwand. Es beginnt rechts unter dem obersten, ganz hellen Schuttdreieck. Das von unten aufgenommene Bild verzerrt die Wirklichkeit: Der Pelmostock ist sehr viel steiler als auf dem Bild; siehe Langes-Führer.

Italien / Dolomiten / Kalk / 2999 m / III −

56 Große Zinne
Normalführe in der Südflanke

TALORTE Cortina d'Ampezzo, 1219 m. − Sexten-Moos, 1331 m. − Hotel Misurinasee, 1755 m (Bus Cortina-Toblach, 1243 m Pustertal).

STÜTZPUNKTE Lavaredo-Hütte, 2300 m, privat, unterm Einstieg. − Auronzo-Hütte, 2320 m, CAI, unterm Südsockel der Westlichen Zinne, ab Misurinasee mit Bus oder Kfz. − Evtl. Drei-Zinnen-Hütte, 2460 m, CAI, am Toblinger Riedel. Bus bis Hotel Fischleinboden, 1450 m. Dann noch 2.30 Std.!

EINSTIEG 40 Min. ab Lavaredo-Hütte zum Einstieg unter der Scharte Kleine/Große Zinne.

CHARAKTER/SCHWIERIGKEIT Am Normalweg »leichter Fels« bis II+, wenige kurze Stellen III−! Bei Nässe oder Vereisung sehr schwierig und gefährlich. Trotz Steinmännern und Begehungsspuren muß man sich bei den diversen Terrassen, Schuttbändern und Schrofenrinnen der richtigen Führe sicher sein. Alpine Erfahrung, Trittsicherheit und Seil für Sicherung notwendig. Vorsicht wegen Steinschlags, da viel begangen!

ABSTIEG Wie Aufstieg. Doppelte Vorsicht wegen des möglichen Steinschlags.

FÜHRER/KARTEN Dolomiten-Kletterführer, Langes/Schubert; Rother-Verlag, München. − CAI-Führer, Dolomiti Orientali (italienisch). − FBK, Nr. 17, Östliche Dolomiten, 1 : 100 000 (unzureichend, nur für Anfahrt). − TCI-Karte, Nr. 1, Cortina d'Ampezzo, 1 : 50 000 (besser!).

BILD In der Südwandführe der Großen Zinne nach der Passage der Einstiegsschlucht. Rechts der Zinnensockel. Aus der tiefen Scharte jenseits einen Meter bergab, dann folgt eine steile Rampe nach rechts oben in den ersten kleinen Kessel. Im Hintergrund beleuchtet die Ostflanke der Westlichen Zinne.

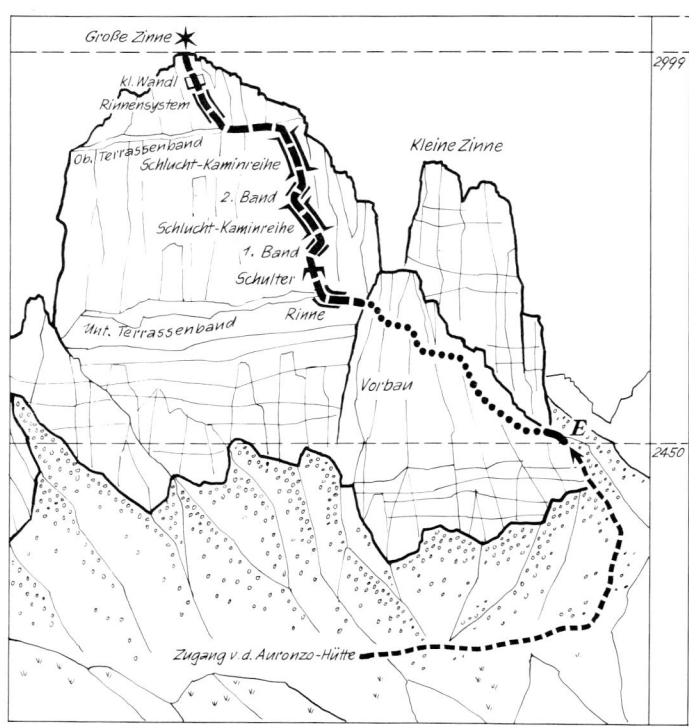

Die Drei Zinnen in den Östlichen Dolomiten, Sinnbilder geradezu für den Begriff »Dolomiten«, haben hinter ihren weltberühmten Nordwänden mit den abweisend glatten, teils überhängenden 550-Meter-Mauern auch verblüffend leichte Südflanken, in denen sich der Freund des »leichten Fels« hochgestimmt tummelt. Leider kommt er dadurch niemals in die Weltpresse wie alle Erstbegeher der Nordwände. − Ich stelle hier den Normalweg durch die Südabstürze der Großen Zinne vor, in deren Schluchten, Terrassen, Kaminen und Rissen der »simple« Kletterfreund leichter Grade ebensoviel Gipfelfreude sammelt wie der tödlich erschöpfte Extreme über seiner Nordwand. Nun ist natürlich alles relativ . . .
Ich bin diesen Normalweg öfters gegangen, hatte mein alpines Plaisir und viel Muskelfreude an allen klettertechnischen Delikatessen. Es beginnt so brav mit der untersten Schlucht in die Scharte (Bild), wo beinahe jeder Anfänger zu spät − noch unter der Scharte − in die linken Felsen flüchtet. Bald ist man aber endgültig am Zinnenkörper, es folgen zwei markante flache Terrassen, immer wieder Felskessel, zwischen denen es unten kleine Überhänge geben kann, die nur etwas Gewandtheit und nicht Umkehr verlangen. Fein ist die Steilrampe vom ersten Band in die Kamine der Schluchtreihe, fein der glatte Ausstieg aus dieser Kaminwand auf das zweite ebene, wenn auch schmale Band. Die folgende Kaminreihe ist leichter, kurzweiliger, und mit lautstarken Herzschlägen sieht man sich plötzlich 30 Meter oberhalb des gutbesetzten Gipfels der Kleinen Zinne von nebenan . . . Der Ausstieg zum Gipfel ist wieder reine Lust am griffigen Fels. − Man sollte in keinem Falle zu spät aufbrechen! Die Große Zinne hat viele erwartungsfrohe Kunden, und Steinschlag ist dort leicht ausgelöst. − Zur Struktur sehe man die Skizze an. Zwei große, teils breite, teils schmälere Terrassenbänder teilen die Südwand in drei Regionen ein: 1. Einstiegsschlucht am Vorbau bis Scharte, hier rechts ins Hauptmassiv umsteigen und durch Risse und Rinnen zum Band der Terrasse. − 2. An steiler, herrlich griffiger Rampe in die tiefe vertikale Schlucht und sofort interessant rechts in den schwarzen Kamin. Nach braver Stemm- und Schultermühe folgt die glatte steile Wand mit feinen Rißen und Griffen, an deren Ende man oben lieber mehr links als rechts aussteigen soll, auf ein schmales Band nämlich, von dem aus wir rechts auf die benachbarte Kleine Zinne hinabsehen − und links ums Eck herum und nochmals in der Schluchtfortsetzung zum breiten oberen Band kommen. − 3. Ab diesem letztem Rast- und Schnaufband lehnt sich die Wand wohltätig zurück, und durch griffige Rinnen und Kaminchen, immer aber an abgewetztem Fels − hier bieten sich zum Schluß noch abwechslungsreiche Varianten an − erobert man sich den nur 2999 Meter hohen Gipfel der Großen Zinne. − Gut 3, meist 4 Stunden! − Kein Gipfelwirt weit und breit, höchstens ein gutherziger (in meinem Fall schwäbischer) Gipfelnachbar, der mich von seinem Bierchen trinken ließ. Glück muß man haben . . .

57 Zsigmondyspitze
Südgrat – Genußkletterei über dem Schwarzsee

TALORTE Mayrhofen, 628 m, im Zillertal. – Ginzling, 990 m (Bus von Mayrhofen).

STÜTZPUNKTE Gasthaus Breitlahner, 1257 m, im Zemmgrund (Bus von Ginzling). – Berliner Hütte, 2040 m, AV; 2.30 Std. ab Breitlahner. – Kurz davor Gasthaus Alpenrose, 1875 m, privat.

EINSTIEG Direkt an der Feldscharte, 2909 m, unmittelbar am Sockel des Südgrates. Achtung: in der AV-Karte 1 : 25 000 ist die Feldscharte fälschlich an der östlich gelegenenen nächsten Scharte 2977 eingezeichnet! – Zeit Berliner Hütte – Schwarzsee – Einstieg: 2.30 Std. – beim üblichen Stehenbleiben gute 3 Std. (dieser Weg zum Einstieg vermittelt fortgesetzt verlockende Zillertaler Panoramen).

CHARAKTER/SCHWIERIGKEIT II, nur am »Floitentritt«, der interessantesten Stelle, II+! Die Kletterei ist reizend exponiert, nur bei rund 200 m Kletterhöhe relativ kurz (gut 1 Std.).

ABSTIEG Wie Anstieg, Seilsicherung!

FÜHRER/KARTEN AV-Führer, Zillertaler Alpen, Klier; Rother-Verlag, München. – AV-Karte, Zillertaler Alpen, Mittleres Blatt, 1 : 25 000 (beste Karte!).

HINWEIS Niemand versuche, die direkte Kante zu erklettern; sie weist Grad IV+ auf.

BILD Blick von der ersten in die Westwand ziehenden Rampe über die wilde Gunggl hinweg auf die Tuxer Voralpen um Olperer und Gefrorene Wandspitze.

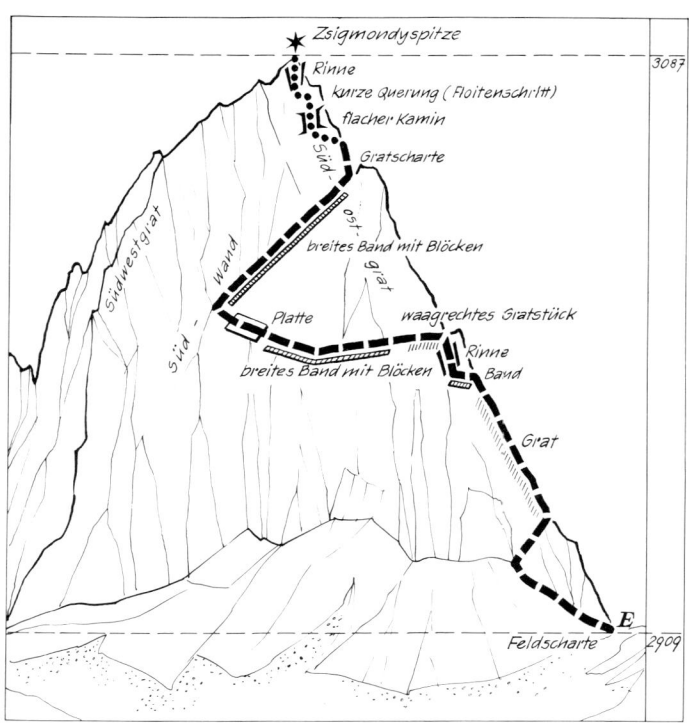

Die Zsigmondyspitze steht als hellgefärbtes spitzes Horn über Melker- und Feldscharte – eine elegante Theaterloge vor dem großen Zillertaler Hauptkamm. Da fesseln gegenüber Großer Möseler, Schwarzenstein und Löffler mit Polarbildern, die Tuxer Vorhut wartet im Rücken, Dolomitengipfel lugen frech über den Hauptkamm, und der Schwarzsee liegt als glänzende Perle im goldbraunen Gneisschutt. Die Klettertour am Feldkopf (= Zsigmondyspitze) gleicht einer Kapriole, einer frechen Laune – aber man muß sie durchaus gemacht haben . . . Der Weg zum Einstieg ist nur deshalb so lang, weil die Fotografie erfunden wurde . . . Aber ein Blinder oder einer mit einem kalten Herz kommt in 2.30 Std. in die Feldscharte, und er schnauft dort oben nur so laut, weil das letzte Firnfeld gar so steil ist. – Man steigt also gespannt auf 2909 Meter Höhe ein. Der Grat wirkt sofort exponiert und steil, aber der AV-Führer erlaubt uns schon nach wenigen Metern, links in eine Rampe auszubrechen (Bild), die uns angenehm ein Stück in die Südwestwand entführt. Wir sind aber bald wieder am Grat und klettern interessant an der herrlichen Urgesteinskante empor, bis wir ein zweites Mal in die Südwestwand gedrängt werden. Denn ein zweites Band mit diversen Blöcken zieht verlockend links hinaus, leitet aber bald als rinnenartiges Trümmerband wieder zurück an die Gratkante. Weil dies alles in der steilen glatten Gneiswand vor sich geht, also reizvoll exponiert, so nimmt man die beiden Schleifen gar nicht ungerne mit. Schöne Platten führen uns bald nochmals links empor, ein Knie im Fels leitet uns schließlich für ganz an den Grat zurück, und zwar in eine ausgeprägte Scharte. Aus ihr geht es nun in schöner Kletterei direkt an der Gratkante empor. Wir durchsteigen dabei einen flachen Kamin, und dann kommt jene kurze, sehr exponierte Querung, die man den »Floitenschritt« nennt. Mit bedächtigem Schwung und etwas Herzklopfen überlebt man aber auch diesen und steht bald darauf überglücklich an der scharfen Gipfelkante, um einen gewaltig dicken Steinmann zu umarmen. Der Ausblick bei guter Sicht (vor allem natürlich im späten Sommer) ist von unbeschreiblicher Größe – ich belasse es beim »Unbeschreiblichen«, nur weil meine Textzeilen nicht ausreichen . . . Beim Abstieg flattern wieder die Gefühle, weil hier die Exposition noch spürbarer wird. Dies erleichtert man sich mit dem Seil; man sichert korrekt und vervielfacht so die Kletterfreuden des Seilkameraden bis zu jener Sekunde, wo man wieder die Feldscharte betritt. – Ich weiß, daß der sportliche Reiz dieser Zsigmondyführe relativ gering ist und der Anmarsch (und die Reise) zu lang. Aber ich meine, wer die klassischen Zillertaler Durchschreitungen macht, zwischen Brenner und Heiliggeistjöchl, und wer dabei die Berliner Hütte streift, kann sich diesen Seitensprung wirklich leisten. – Zuviel Zustieg und Abstieg für eine relativ kurze Kletterei in großen Verhältnissen? – Ja und nein! Logik ist unter Bergsteigern nicht zu Unrecht verfemt; niemand muß auf einen Gipfel – aber jeder darf das Höchste anpeilen!

58 Rötspitze

Der Nordostgrat in Fels und Firn

TALORTE Aus dem Ahrntal: Kasern, 1575 m, und Prettau, 1476 m (Bus von Bruneck). – Aus dem Umbaltal (von Osten): Prägraten, 1310 m (Bus von Matrei).

STÜTZPUNKTE Lenkjöchl-Hütte, 2588 m, AV, über Wind- bzw. Röttal, je 3.30 Std. ab Kasern. – Clara-Hütte, 2038 m, AV, 1–2 Std. vom vorderen Talschluß an der Pebellalm hinter Prägraten.

EINSTIEG Ob von West oder Ost kommend, immer am Vorderen Umbaltörl, 2928 m; hierher ab Lenkjöchl-Hütte 1.15 Std., ab Clara-Hütte 2.30 Std., in beiden Fällen kurze Firnbegehungen möglich.

CHARAKTER/SCHWIERIGKEIT Nicht schwerer als II, teilweise Blockkletterei, teilweise Firngrat.

ABSTIEG Zur Lenkjöchl-Hütte auch direkt unter den beiden oberen Felsstufen möglich, westlich auf Firn abkürzend (Vorsicht beim Abfahren, kleine Spalten!), 1.15 Std. – Abstieg nach Osten je nach Firnverhältnissen; wenn unklar, dann den schönen Anstiegsgrat wieder abklettern bis zum Vorderen Umbaltörl.

FÜHRER/KARTEN AV-Führer, Venediger-Gruppe, Peterka; Rother-Verlag, München. – AV-Karte, Zillertaler Alpen, Ost, 1 : 25 000. – FBK, Venediger-Glockner-Gruppe, 1 : 100 000 (nur Übersicht).

BILD Das Flugbild zeigt uns von Norden den langen und angenehm gestuften Nordostgrat der Rötspitze, 3495 m, den wir auf- und abwärts mal im Firn, mal im Fels begehen können. Alle Felsstufen sind schön und leicht zu klettern. Im Vordergrund, knapp rechts unten außerhalb des Bildes, ist das Vordere Umbaltörl, 2928 m. Die kleinen Firnstellen zwischen den Felsstufen sind bei Mitnahme eines kleinen Eispickels gut zu meistern. Rechts Mitte am Bildrand das Firnfeld, das von der zweitletzten Gratstufe unterm Gipfel direkt (und leicht) zur Lenkjöchl-Hütte hinabführt.

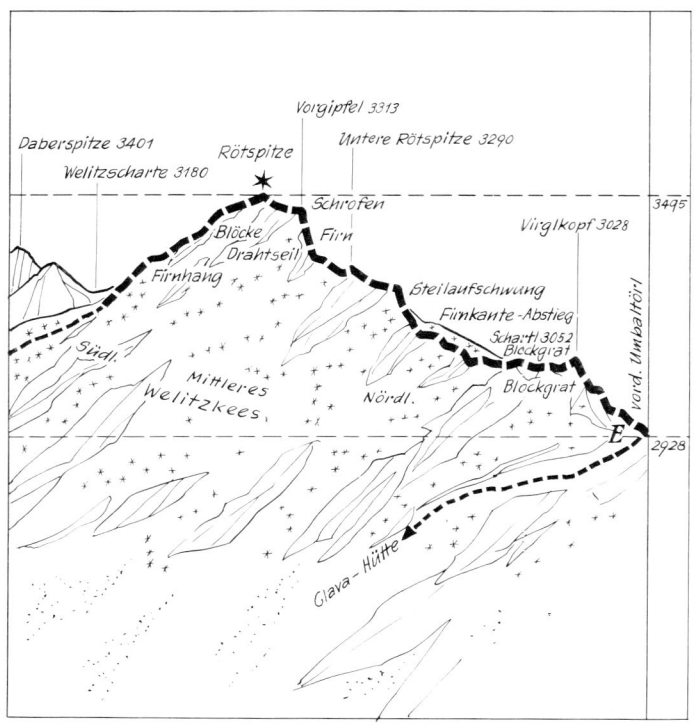

Diese Rötspitze ist von den vielen »schönsten« Alpengipfeln wirklich eine besonders schöne Berggestalt; sie steht völlig frei am Tauernhauptkamm, regiert aber einen eigenen, von der Dreiherrnspitze südwärts rollenden Gneiskamm; Ahrntal und Umbaltal versorgen sie mit Bewerbern ... Ein weiter Weg von beiden Seiten, vor allem dann aber, wenn man von Norden hierher kommt! ... Mittenwald – Brenner – Bruneck – Ahrntal, welch eine Strecke! Aber Kufstein – Felbertauerntunnel – Virgental verlangt dieselbe Asphaltgeduld ... Dennoch muß man diesen Grat und diesen Gipfel begangen haben. Wir sind zweimal vom Krimmler Tal und Wildgerlostal (Heiliggeistjöchl) ins Ahrntal übergestiegen und haben in der Lenkjöchl-Hütte genächtigt: Auf der Lenkjöchl-Hütte und auf der Clara-Hütte sitzen brave Wirte, und relativ rasch ist man von deren Frühstücksplatte droben am Vorderen Umbaltörl, allein, versteht sich bei fast 3000 Meter Höhe, und hat nun diesen siebenfach gestuften Gneisgrat vor sich, garniert mit sieben Firntafeln. Die Begehung dieses Grates am Gneisblockscheitel, erst über den kleinen Virglkopf über der Scharte, dann vom Kamin aus zum First, an dem wir bleiben, und nun Stufe um Stufe sauber abgeklettert – eine herrliche Sonntagsarbeit! Natürlich tändelt man mit interessanteren Varianten, man kann es sich erlauben. Nicht erlauben kann man sich das Tändeln mit den mehrfach auftretenden Firnstrecken, falls es kalt und der Firn hart ist. Man muß nicht unbedingt Steigeisen mit sich führen; Sorgfalt, Geduld und ein Eispickel genügen: Wir »klettern« schließlich! Ohne Eispickel allerdings sollte man nicht aufs Vordere Umbaltörl kommen. – Unsere Stufen werden immer höher, je mehr wir uns dem Gipfelstock nähern. An der vorletzten Stufe, wo von rechts unten über steilen Westfirn der direkte Lenkjöchl-Weg heraufkommt (und wo wir am besten auch absteigen), gibt es einen kleinen Überhang mit Seilsicherung: ein Turngerät mit luftigem Aufschwung. Der Gneis, hier offen, ansonsten vielfach mit Schieferhüllen umkleidet, ist relativ fest. Das Klettern bei Grad II wird trotz großer Höhe wirklich zum Genuß. Daß, wer glückliche Augen besitzt, viel schauen und rasten muß, bezeugt unser Bild. Die rabenschwarze Daberspitze, dahinter Hochgall und Wildgall, die Dolomiten im Südwesten, der Aufmarsch der Tauerngipfel jenseits der Dreiherrnspitze sind herrliche Augenweiden. – Wie immer ist zu sagen, daß der Genuß vom Wetter abhängt und vom frühen Aufbruch! – Beim Abstieg am Aufstiegsgrat klettere man besonnen, beim Abstieg in der steilen Firntrasse zur Lenkjöchl-Hütte hinab (siehe im Bild rechts die scharfe Firnkante) bleibe man in der gestampften Trasse und fahre nicht übermütig im Firn sitzend Geschwindigkeitsrekorde. Übrigens ist man schnell vor der Lenkjöchl-Hütte und kann sich rückblickend Gedanken machen, ob man die Rötspitze zu einem allerschönsten oder nur zum schönsten Berg erklären soll – diese granitharte, strahlende Sonnenpyramide über wunderbar strengen Idyllen um spielende Bergwasser unter Fels- und Blockkulissen.

59 Lasörling-Runde
Zwischen Virgen- und Defereggental

TALORT Prägraten, 1310 m, im inneren Virgental (von Matrei).

STÜTZPUNKT Bergersee-Hütte, 2223 m, privat, am kleinen Bergersee. Sommerbewirtung; ab Prägraten 3.30 Std., bez. Weg.

EINSTIEG In 2518 m Höhe im Sattel am Nordkamm des Lasörling (am bez. Übergang Bergersee-Hütte (Osten) bis Lasnitzen-Alm (Westen); 50 Min. ab Hütte westwärts.

CHARAKTER/SCHWIERIGKEIT II—. – Anstiegszeit Sattel-Gipfel: 2 Std.

ABSTIEG Durch die Südwestflanke (I+, bez.) am Normalanstieg in die Hochmulde des Glaurit, dann durch das lange Mullitztal nach Rain und weiter bis Virgen, 1194 m (Bus bis Prägraten). Vom Glaurit auch Südabstieg nach St. Jakob im Defereggental möglich (einfach, steil, bez. Steig!) – Vom Glaurit kann man ebenfalls direkt zum Bergersee zurück absteigen (siehe Foto: Firnfeld und Steilabsätze).

LITERATUR/KARTEN AV-Führer, Venedig-Gruppe, Peterka; Rother-Verlag, München. – Österr. Karte, Nr. 152, Matrei; Nr. 178, Hopfgarten im Defereggen, 1 : 50 000. – FBK, Nr. 12, Glockner-Venediger-Gruppe, 1 : 100 000.

BILD Das von Norden geschossene Flugbild zeigt unten rechts im Eck einen Teil vom Bergersee, an dem die Bergersee-Hütte steht. Rechts am Rand unser Nordgrat zum Lasörling, im Zentrum das Firnfeld im Glauritkessel der Gipfelzone, links die Gipfel der Lasörling-Runde Säule, Schober, Seiche. Am Horizont der strahlende Firn der Marmolata, in der Mitte Piz Boé mit dem Sellaplateau, am rechten oberen Bildrand Geislerspitzen und Peitlerkofel.

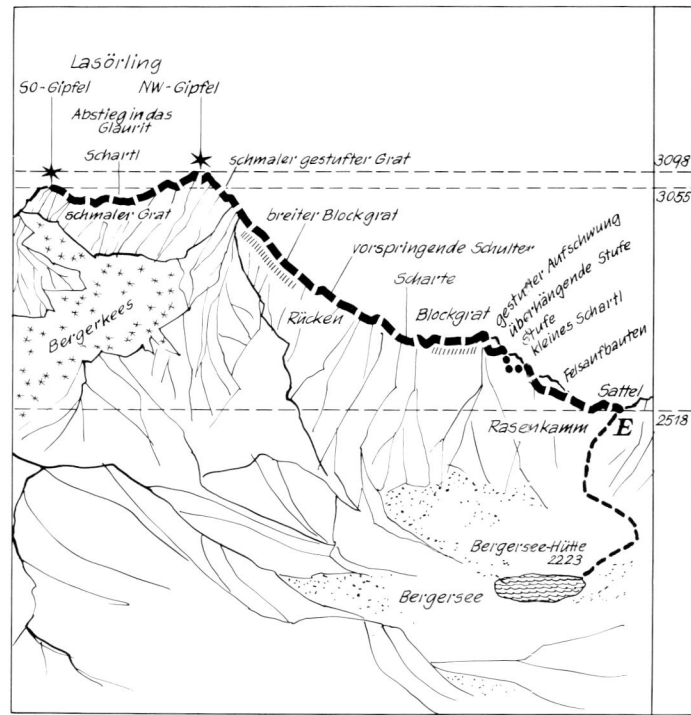

Dicht südlich der Venediger-Gruppe um Virgen- und Defereggental gesellt sich zu unseren Überschreitungen der Ohrenspitzen am Hochgall und der Hornköpfe hinterm Hochschober der recht unbekannte Lasörling – nie gehört? Er gilt unter Liebhabern großer Sternstunden auf aussichtsreichen Alpengipfeln als eine Perle. Eine Perle zwischen Virgen- und Defereggental, tief im Schatten von Tauern- und Rieserferner-Ruhm. Wir steigen nicht aus dem verkehrsreichen Defereggental, sondern aus dem nördlichen Virgental auf und können so beim langen, stillen Anstieg zur Bergersee-Hütte statt 4 auch 5 Stunden brauchen – so großartig steigern sich die fünfzig Rückblicke, zu denen uns der gegenüberliegende Großvenediger samt schimmernden Firntrabanten zwingt. – Die Bergersee-Hütte ist eine wohlverborgene Idylle, sie sitzt brav und sauber am kleinen Wassertopf des Bergersees, über dem sich der massive Nordgrat zum Lasörling aufwölbt. Dieser Nordgrat, von der Hütte rasch zu erreichen, bietet vom Leichten das Leichtere, also kaum Grad II—, eher I+. Worüber man nicht lächeln soll. Irgendwo muß das Klettern, dieses exakte »Hand-an-den-Fels-Legen« anfangen: Hier am Lasörling-Nordgrat und auf der Gipfelrunde um Glauritkessel und Bergerseemulde geht und steigt man viel, doch immer wieder überraschen Kletterstellen, an denen man sich nicht dumm stellen darf. Also doch Klettern! Vielleicht die leichteste Klettertour dieses Buches (bei erstklassigem Wetter), vielleicht auch eine der stillsten. Es wartet die tollste Überraschung an diesem Gipfel, von 3098 Meter Höhe Venediger und Glockner ins eisige Herz schauend, immerhin ein berühmter Ausblick – auf Rieserferner, Granatspitze, Schober, dahinter Sonnblick, dazu Kreuzeckgruppe, Steineralpen, Karawanken (!), Julische Alpen, Lienzer Dolomiten, Karnischer Kamm und sogar Dolomiten. – Diese dankbare Bergfahrt kann man mit dem Abstieg durch die Südwestflanke (Normalweg, I+) in die Hochmulde Glaurit und durch das Mullitztal ins Virgental abschließen (auch ein Abstieg über die steile Ostflanke des Nordgipfels zum Bergerkees und hinab zur Bergersee-Hütte ist möglich; I+, aber nicht bezeichnet!). Man kann aber auch die gesamte Bergersee-Runde »mitnehmen« und die Bergerseegipfel Säule, 2850 m, Schober, 2882 m, und Seiche, 2734 m, übersteigen; die reine Gehzeit beträgt dann gute 10 Stunden, und auch die Schwierigkeiten steigern sich, bis zum Grad II+. Der Bergtag rundet sich so kraftvoller ab; alles, was wir anschließend an Flüssigem genießen, auf der Hütte und im Tal, und alles, was sich in unserem Gemüt zu Wolken dichter Lebensfreude sammelt, ist von der Urmedizin der freien Natur und besiegten Trägheit. – Mit der Ruhe dürfte es übrigens im Virgental bald vorbei sein, wenn die ehrgeizigen Pläne der Venedigererschließung durchgeführt sind. Die Voraussetzung, eine Straße bis zur Johannis-Hütte im Dorfertal, ist bereits gebaut. Seilbahnen und Lifte bis zum Venediger sollen folgen. Wer glaubt da noch an den Spruch: »Zum Glück gibt's Österreich«?

Österreich / Rieserferner-Gruppe / Granit / 3101 m / II +

60 Ohrenspitzen
Zwischen Riepen- und Jägerscharte

TALORTE St. Jakob im Defereggental, 1389 m. – Erlsbach, 1555 m, im inneren Tal (Whs. Alpenrose).

STÜTZPUNKTE Barmer Hütte, 2610 m, AV, am AV-Weg zur Riepenscharte; 3 Std. ab Patscher-Hütte, 1675 m, 40 Min. oberhalb Erlsbach.

EINSTIEG Barmer Hütte – AV-Weg zur Riepenscharte, 2764 m, 45 Min., über markierten Steig zur Kleinen Ohrenspitze, 2938 m, 30 Min. – Hier Beginn der Überschreitung über Mittlere Ohrenspitze, 3005 m, zur Großen Ohrenspitze 3101 m.

CHARAKTER/SCHWIERIGKEIT II +, bei einer Kletterzeit von 2.30 Std.

ABSTIEG Von der Großen Ohrenspitze entlang der Nordostrippe zum Almerkees (Blöcke, Geröll, Firn!) und zur Hütte 1.30 Std. – Abstiegsmöglichkeit (evtl. für Kfz-Besitzer): Jägerscharte – Obersee-Hütte am Stallersee (Grenze).

FÜHRER/KARTEN »Hochtourist«, Bd. 5, Purtscheller/Heß (bibliogr. Institut). – Alte AV-Karte, Rieserferner-Gruppe, 1 : 50 000 (vergriffen). – FBK, Nr. 12, Glockner-Venediger-Gruppe, 1 : 100 000. – Österr. Karte, Nr. 177, St.-Jakob – besser: FBK (Umgebungskarte), Nr. 123, Matrei in Osttirol – Großvenediger-Defereggen, 1 : 50 000.

HINWEIS Eine besonders schöne, stille Dreigipfeltour, wenig begangen, landschaftlich überaus eindrucksvoll. Auch festes Urgestein beim Klettern; Pickel und Steigeisen entbehrlich!

BILD Blick vom Hochgall – über Riepenscharte und Patscherkees hinweg – auf Kleine, Mittlere und Große Ohrenspitze. Links oben Einblick ins obere Defereggental. In Bildmitte rechts vorn die Dürrenspitze.

Das schöne Defereggental, das seine schnellen Wasser ostwärts bei Huben in die junge Isel schwemmt, zielt westwärts in gerader Linie auf die Rieserferner-Gruppe – mit Hochgall, Wildgall, Lenkstein und Ruthner Horn. Die von uns zu überkletternden Ohrenspitzen dicht über der Barmer Hütte stehen ganz natürlich im Ruhmesschatten von Hochgall und Konsorten, dennoch bedeuten sie einen Superlativ: Die Begehung des ganzen Ohrenspitzengrates mit seinen drei Gipfeln in abwechslungsreicher »leichter« Felskletterei ist reines Vergnügen: der Schwierigkeitsgrad II, bei einzelnen Stellen II +, sagt genug aus. Man trifft auf nur drei Gipfel, aber sehr viele Gratzacken und Türme, Scharten und Steilaufschwünge, die doch strengeres Zupacken erfordern. Eine jähe Scharte an ausgesetzter Schneide beispielsweise, deren Steilwand durch eine rißartige Verschneidung überwunden werden muß, stellt die schwierigste Stelle der Überkletterung dar und darf der Ausgesetztheit wegen nur bei sorgfältiger Seilsicherung angegangen werden. – Für den mit dem Herz denkenden Bergsteiger bilden die Ohrenspitzen als Trabanten der wuchtigen, in Eis und Granitwänden starrenden Hochgall und Wildgall eine Art Proszeniumsloge, denn jede Rast an den Ohrenspitzengraten bietet uns die große, wilde Szene der mächtigen Hochgall-Südwand, in deren steilen Plattenfluchten, Pfeilerflanken und Eiskanälen beständig die Steinsalven talwärts donnern . . . Demgegenüber regiert an unserer Ohrenspitzentribüne die große, schwere Stille. – Man passiert am Aufstieg zum »Einstieg« links der Riepenscharte Firntrassen, aber Pickel und Steigeisen sind normalerweise entbehrlich. Ein richtiger Führer über das Gebiet existiert nicht, so muß man sich den alten »Hochtourist« ausleihen, dazu genau die Karte studieren und dann noch genauer der Nase nach klettern.

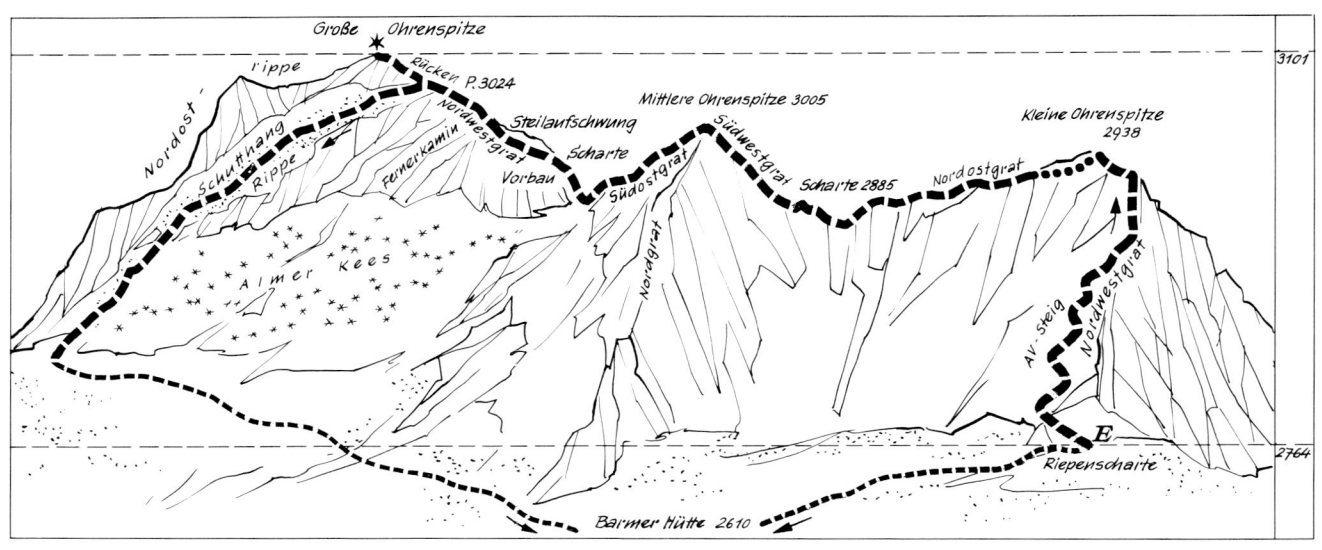

Österreich / Schober-Gruppe / Gneis / Schiefer / 3251 m / II+

61 Hornköpfe
Überschreitung von der Klammerscharte zum Hornkees

TALORT Heiligenblut, 1288 m, im obersten Mölltal (Bus von Lienz bzw. Fusch/Glocknerstraße); Kfz-Zufahrt bis Heiligenblut-Winkl.

STÜTZPUNKT Elberfelder Hütte, 2346 m, DAV, am Fuß des Großen Hornkopf (unter Horn- und Gößnitzkees); 4–4.30 Std. ab Winkl.

EINSTIEG Von der Hütte auf dem Steig zur Gößnitzscharte, aber nur bis in den großen Kessel (Höhe 2600 m). Vom Weg links ab zum östlichen Teil des Kleinen Gößnitzkeeses und an dessen westlichem Rand aufwärts in die Klammerscharte, 2930 m (1.45 Std.).

CHARAKTER/SCHWIERIGKEIT II+, hauptsächlich am Grat zwischen Kleinem und Großem Hornkopf, sonst leichter.

ABSTIEG Am Hornkees (Spalten!) rechts haltend bis zum Trümmermeer des östlichen Ufers und weiter nach rechts bis zum Steig. Hornscharte – Elberfelder Hütte, 1 Std. bis Hütte.

FÜHRER/KARTEN AV-Führer, Schober-Gruppe, Mair; Rother-Verlag, München. – AV-Karte, Nr. 41, Schober-Gruppe, 1 : 25 000. – FBK, Nr. 18, Lienzer/Schober-Gruppe, 1 : 100 000 (Grobinformation).

HINWEIS Eine sehr einsame Unternehmung auf einen der mächtigsten Berge der Schober-Gruppe. Block- und Felsgrate, bei Nässe oder nassem Neuschnee unangenehm, teilweise etwas brüchig; die Schneerinne im Nordostgrat kann im Spätsommer vereist sein, deshalb die Tour nicht zu spät im Jahr unternehmen.

BILD Großer und Kleiner Hornkopf, von Nordwest gesehen. Im vorderen Mittelgrund steht die Elberfelder Hütte. Wir erkennen rechts oben Gößnitzkees und Klammerscharte, links oben Hornkees und Hornscharte.

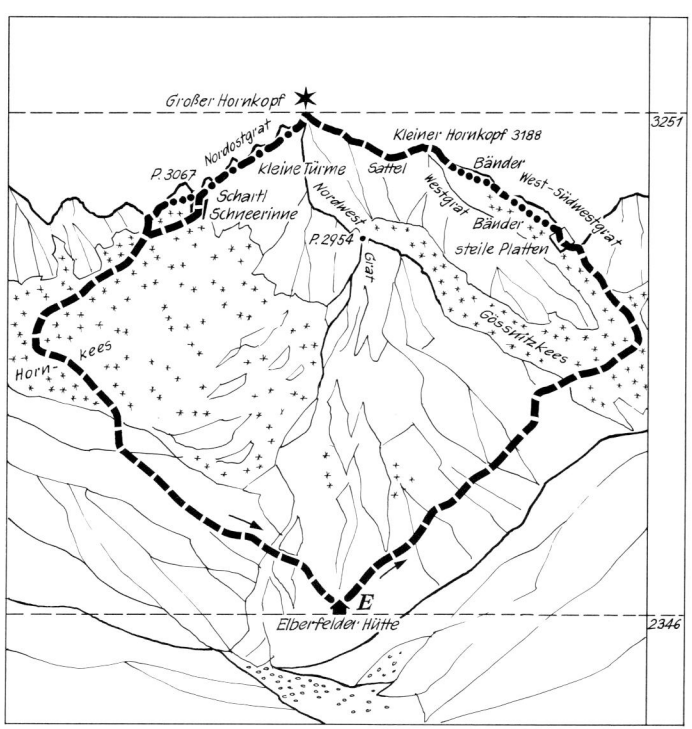

Stößt man von Norden durch den Felbertauerntunnel in den »sonnigen Süden« vor, so trifft man rechts wie links des Iseltales – kurz vor dem Lienzer Kessel – immer noch auf den strengen Ernst von Eis und Urgestein: Unsere beiden Beispiele in diesem Buch sind die Ohrenspitzen am Hochgall und die Hornköpfe hinterm Hochschoberzentrum... Defreggental und Lasörlingkamm verbinden die beiden Gneisberge in der West-Ost-Linie; die nächste nördliche Parallele hieße also Dreiherrnspitze – Großglockner. – Dieses »Kartenspiel« auf der Landkarte nur deshalb, weil sich so die Vorstellung in unseren alpinistischen Hirnzentren rascher einstellt. Die Hornköpfe östlich sind wie die Ohrenspitzen westwärts Nebenberge, Vasallen der Eis-Gneis-Riesen Hochgall und Hochschober. Nur unser Trachten nach »leichtem Fels« deckt ihre Existenz auf. – Die Hornköpfe, 3188 m und 3251 m, sind bereits massive Hochziele, und daß wir über Firnböden auf- und absteigen müssen, unterstreicht das nicht zu leugnende Format. Aber ins »Horndetail«: Diese Hornköpfe, im Bild schon eine kuriose Mannschaft exakt geformter Gneispyramiden, sind nordwärts vom Gößnitz- und Hornkees umlagert. Der Einstieg an der Klammerscharte (wir sehen sie genau im Bild) wird erst nach gut 2 Stunden erreicht, am letzten Firnhang sogar bei strenger Steile und samt einem Schrund am obersten Hang. Der Grat hinterher zum Kleinen Hornkopf ist wenig ausgeprägt, Schutt, Blöcke, Felskanten – vieles läßt sich südlich umgehen. Man sollte aber nie zu tief in diese Südflanke steigen! Immer schnell wieder zum Grat zurück und im höheren Teil ganz am Grat bleiben. Dann – immer noch einfach, aber schon interessanter – am schärfer ausgebildeten Gneisgrat fast eben in die Scharte vor dem Großen Hornkopf. Von hier über eine erste kleine Stufe – rechts und links schon hohe Wände unter sich – auf den wesentlich schwierigeren (!) Grat zum Großen Hornkopf, der einen ebenfalls mehrfach zu kleinen südlichen Umgehungen zwingt. So harmlos wie unsere beiden Gneispyramiden im Bild wirken sind sie bestimmt nicht! Sie sind immer noch »leichter Fels«, aber kein Spaziergang; sie sind so ernst wie die Stille, in der sie Millionen Jahre hier stehen und ihre Form strenger bewahren als ihre Kalkbrüder südwärts. – Den Abstieg vollziehen wir nicht an dem im Bild einladenden, herrlichen Nordwestgrat (Grad III!), sondern am einfacheren Nordostgrat: aber nur bis zum Felskopf! Also nicht am Nordostgrat bleiben, der unten senkrecht in die Hornscharte abbricht! Wir steigen von P. 3067 nordwestlich eine Schneerinne bis zum Hornkees ab. Ist diese Nordrinne vereist, dann umklettern wir den Felskopf P. 3067 rechts und gehen am Grat nur bis dorthin, wo der Firn von links am höchsten an den Grat ebbt. – Alles in allem: groß, zügig, streng, auch anstrengend – aber bei guten Verhältnissen in 6 bis 7 Stunden Gesamtzeit durchaus möglich. Hier verbindet sich »Genußkletterei« in festem Urgestein mit der strengen Disziplin, die eine Gipfelhöhe von 3251 Meter nun einmal zu Recht fordert.

62 Großglockner
Auf dem Stüdlgrat

TALORT Kals, 1321 m (Bus von Lienz).

STÜTZPUNKTE Stüdl-Hütte, 2801 m, ÖAK, in der Fanitscharte; von Kals mit Kfz bis Luckner-Hütte, 2227 m, dann 1.30 Std. – Evtl. Adlersruhe (Erzherzog-Johann-Haus), 3454 m; Hüttenzugang: Glocknerstraße – Hofmannshütte – Pasterze – Hofmannskees – Adlersruhe, 4 Std.

EINSTIEG Ab Stüdl-Hütte in die Scharte nördlich des Luisenkopfes bis P. 3175; etwa 1 Std. – Ab Adlersruhe absteigend zum Luisenkopf; knapp 1 Std.

CHARAKTER/SCHWIERIGKEIT III—, dies nur bei besten Verhältnissen! Bei Schnee oder Vereisung nur in kompletter Ausrüstung für Firn und Eis. Die teilweise uralten Drahtseilsicherungen sind oft vereist, gefährlich bei Gewitter! – Zeit für Zweierseilschaft bei guten Verhältnissen: 3.30–5.30 Std. ab Hütte.

ABSTIEG Der Stüdlgrat mündet am Hauptgipfel aus. Abstieg nur am Normalweg, über den Kleinglockner zur Adlersruhe, etwa 1.15 Std. Von dort weiter bis Stüdl-Hütte am »Alten Kaiserweg«, zusätzlich 1.30 Std.

FÜHRER/KARTEN AV-Führer, Glockner-Gruppe, Peterka; Rother-Verlag, München. – AV-Karte, Nr. 40, Glockner-Gruppe, 1 : 25 000. – FBK, Glockner- und Venediger-Gruppe, nähere Angaben! (nur für Anfahrt und Zustieg).

HINWEIS Die Kletterführe am Stüdlgrat bis knapp an die 4000-m-Grenze ist angesichts der hier oft gegebenen Schwierigkeiten durch Firn, Eis, vereiste Felsen und Seile nur hochalpin erfahrenen, dementsprechend ausgerüsteten und trainierten Bergsteigern möglich.

BILD Der Großglockner mit dem Stüdlgrat (Südwestgrat) links oben im Profil. Unter dem Gipfel die Adlersruhe mit der Erzherzog-Johann-Hütte, 3454 m. Links, am Ansatz des Stüdlgrates in der Luisenscharte, unser Einstieg.

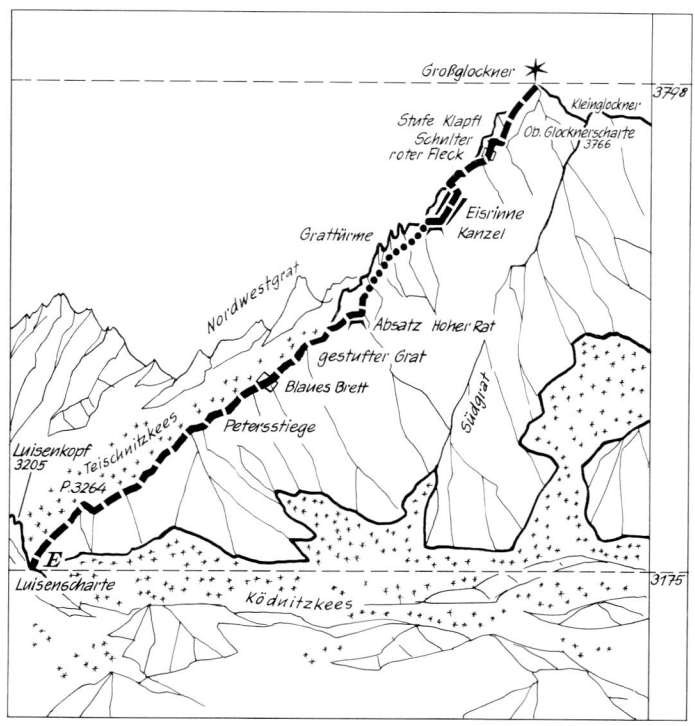

Allem voran: Dieser kühne, direkte Kletteranstieg auf den höchsten Gipfel Österreichs ist in der Tat »leichter Fels«, weil höchstens im Grad – III und dazu teilweise mit Sicherungen versehen – aber er ist ganz und gar heikler Fels bei Schneebelag, bei einem Wetterumschlag, bei mangelnder hochalpiner Erfahrung. Und auch dies voraus: Wären die erstmals 1869 durch die Brüder Groder angelegten Versicherungen, später mehrfach erneuert, nicht zerstört und fehlten sie teilweise nicht ganz wie heute (im Jahre 1979) dann dürfte man diesem festen Grat nur den Schwierigkeitsgrad II zuerkennen! Zu den relativ geringen Schwierigkeiten kommt die Länge der Tour, die Höhendifferenz von weit über 500 Meter – dazu die große, sich den 4000 nähernde Höhe . . . Dennoch: Für den besonnenen Kletterer und Hochalpinist bleibt diese großartige und luftige Direktführe auf den Tauernkönig ein Ereignis. Der Stüdlgrat hat seinen Einstieg dicht hinter dem Luisenkopf, und die Führe bleibt bis zum Gipfel die direkte Gratlinie. Man folgt der teilweise zerstörten, teilweise fehlenden Versicherungsanlage (Stifte, Drahtseile usw.). Der Einstieg ist eine gut gestufte Felstreppe und heißt »Petersstiege«, der sich das »Blaue Brett« anschließt, eine große, schöne Platte. Nach deren Überkletterung dann ein steilerer Aufbau, »Hoher Rat« benannt, und wenig später die recht exponierte »Kanzel«, ein Absatz mit beidseits gewaltigen, nervensalbenden Abstürzen – die luftigste Stelle des ganzen Grates! Die folgende »Eisrinne« hängt vom Wetter ab, was die Schwierigkeit betrifft; dann folgt schon der »Rote Fleck«, weil aus rotem Fels, und ganz zuletzt das »Klapfl«, eine winzige, aber schwierige Felsstufe – und schon streifen wir das berühmte Gipfelkreuz . . . Wir sind von der Stüdl-Hütte her 1.30 Stunden zum Einstieg gegangen, schaffen den Grat bei guten Verhältnissen in 2.30 Stunden – dazu kommt gut eine Stunde Abstieg zur nahen Erzherzog-Johann-Hütte an der Adlersruhe . . . Eine leichte, relativ kurze Tour – und doch ein volles Wagnis für Nichtalpinisten! Denn hier hängt alles – und da ist zuweilen ein Menschenleben dabei – von den Umständen ab: vom Wetter, das oft plötzliche Temperaturstürze kennt, von der Ausdauer (in dieser großen Höhe!) und von der Ausrüstung . . . Wen dieser Grat juckt und wer keinen Hochalpinisten als Partner zur Hand hat, der nehme sich in Gottes Namen einen Bergführer. Niemals eine »Schande« an so einem hohen Berg! – Im Abstieg kann man »zur Saison« in zahlreicher Begleitung die berühmten 4 heiklen Meter der kaum fußbreiten »Glocknerscharte« hinter sich bringen und hinter dem Kleinglocknergipfel steil hinab in die firnige Tiefe zielen. Keine Umstände bei Vorsicht und sauberem Gehen! – Übrigens ist der Stüdlgrat der einzige Glocknerzugang ohne Eis; die Führe bleibt immer am Grat! – Und nochmals der bitterernste Ratschlag: In fast 4000 Meter Höhe, bei großer Ausgesetztheit und alten Sicherungen hat auch bei Grad – III keiner etwas zu suchen, der im hochalpinen Bergsteigen nicht wirklich erfahren ist!

63 Hohe Warte
Über den »Kriegssteig« der Nordwand

TALORTE   Mauthen, 707 m, im Gailtal. – Birnbaum, 947 m.

STÜTZPUNKT   Eduard-Pichl-Hütte, 1959 m, ÖAV, bewirtschaftet, am Wolayer-see; 3–4 Std. ab Bus-Haltestelle Valentinalm übers Valentintörl. Evtl. Talabstieg nach Birnbaum.

EINSTIEG   Wenige Meter oberhalb des südlichen Valentintörls in etwa 2260 m Höhe; 35 Min. von der Hütte.

CHARAKTER/SCHWIERIGKEIT   Der alte Soldatensteig aus dem Ersten Weltkrieg zwingt fast permanent zu interessanter, leichter Kletterei im I. und stellenweise II. Grad.

ABSTIEG   Der empfehlenswerte Abstieg führt auf der Südwestseite am »Hohen Gang« zurück zur Pichl-Hütte; man steige nicht in der Nordwand ab (Steinschlag)!

FÜHRER/KARTEN   Karnische Alpen, Pichl; Artaria, Wien. – Österr. Karte, Nr. 197, Kötschach, 1 : 50 000.

BILD   Die Nordwand von Hoher Warte (links) mit der Seewarte über dem Südlichen Valentintörl. Der Firn markiert die Diagonale unserer Führe.

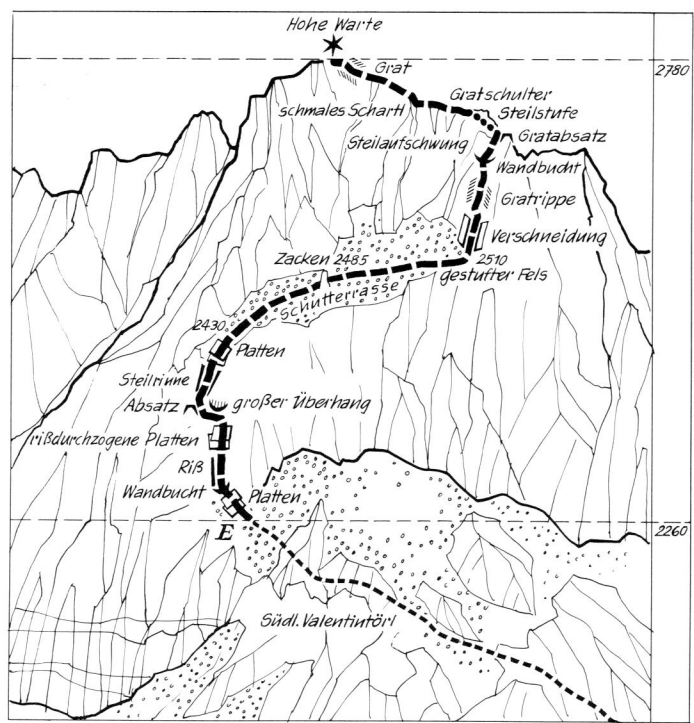

Weit südlich der Hohen Tauernkette, wo Drau und Gail ihre Bergwasser gegen die Villacher Seenplatte jagen, trennt eine alte Schicksalsgrenze auf dem schnurgeraden Gipfelkamm der Karnischen Alpen den deutschsprachigen Norden vom italienisch singenden Süden. Nur der Plöckenpaß läßt uns südwärts zu Chiantikuren passieren. Dicht vor diesem alten Paß zieht westwärts das Valentintal zum Wolayer See mit der Eduard-Pichl-Hütte – Hauptquartier der Kletterer unter Kellerwand, Kellerwarte, Hoher Warte und Seewarte. Ehe man sich des »leichten Fels« annimmt, bummle man von der Pichl-Hütte zum harmlosen Rauchkofel hinauf und genieße dieses prächtige karnische Felsgemälde, das schon Kugy besucht hat, in dem der Wilderer Peter Samassa gejagt wurde und an dessen Graten und Scharten Tausende italienischer, österreichischer und deutscher Soldaten verbluteten. Unser »Kriegssteig« durch die Nordwand der Hohen Warte zieht (wie im Bild) diagonal von unten links nach oben rechts durch den Fels, da und dort verziert durch alte Drahtseilreste (teils erneuert) und Hakengalerien. Der Einstieg zu dieser überaus eindrucksvollen Kletterführe erfolgt am rechten, südlichen Schartl des Valentintörls – in Fallinie des Nordostpfeilers der Hohen Warte. – Ein kleines Schuttband führt hier zu den Einstiegsplatten, über die man erst schräg links ansteigt, um eine rinnenartige Verschneidung, einen engen Spalt mit einem Überhang und ein Köpfl (mit Drahtseil) zu passieren. Dann hilft das Drahtseil durch einige kurze, leichte Kamine zu den Schrofen des auffallenden breiten Geröllbandes hinauf, das oft mit Firnresten bedeckt, nach rechts oben zu einem Schartl nahe einem Felszacken zieht. Hier steigen wir kurz nach rechts ab und gleich wieder hinauf in das riesige Kar der Nordwand. Das auch meist mit Altschnee bedeckte Steilkar wird nach rechts oben bis zu einem schlanken, einen Meter hohen Steinmann durchstiegen: ab hier kurz etwas links, dann fast gerade empor zum dritten und vierten Drahtseil. Herrlich ausgesetzt überwinden wir dabei den wuchtigen Felsbau, um oben durch eine kaminartige Verschneidung zum Grat auszusteigen. Dieser grobe Blockgrat führt uns am fünften und sechsten Drahtseil – erst in der Süd-, dann in der Nordflanke – gipfelwärts, ein siebtes und letztes Seil leitet uns höher oben über einen Felsspalt, dann bilden die Gratblöcke eine natürliche Stufenbahn zur langen Schneide des höchsten Gipfels der Karnischen Alpen: zur Hohen Warte. Der Ausblick auf verrottete Kriegsunterstände, auf Julische Alpen und Tauernkamm ist bedeutend – Berliner sind hier stets sicher, auch die Adria und den Campanile überm Marcusplatz zu sehen. – Ein weiterer reizvoller Anstieg, wegen seiner »Luftigkeit« bei heißem Wetter beliebt, führt über den Südwestgrat (I–II). Daneben bietet die Seewarte zwei weitere Aufstiege im »leichten Fels«: die Südwand mit dem Ausstieg in die Scharte östlich des Gipfels weist mit I–II kaum Schwierigkeiten auf, während der Nordwestanstieg bereits einen ganzen Schwierigkeitsgrad darüber liegt.

64 Wolayer Seekopf
Von der Pichl-Hütte über den Südgrat

TALORT Mauthen, 707 m (Station der Gailtalbahn).

STÜTZPUNKT Eduard-Pichl-Hütte, 1960 m, ÖAV, am Wolayer See. Bus von Kötschach-Mauthen bis Haltestelle Valentinalm, 1014 m. Von dort übers Valentintörl, 2138 m, auf bezeichnetem Weg in 3–3.30 Std. zur Hütte. Am Valentintörl evtl. Firnfeld!

EINSTIEG Von der Hütte um den Wolayer See herum, auf die Ostwand zu, in der ein schuttbedeckter Vorsprung den Einstieg markiert. Darüber der markante schiefe Einstiegsriß. – Hütte – Einstieg: 30 Min.

CHARAKTER/SCHWIERIGKEIT II –, an diesem häufig begangenen Normalweg in gutem, nicht sehr steilem Fels. Der Originaleinstieg des Südgrates liegt auf italienischem Gebiet, deshalb evtl. Ostwand-Südgrat bevorzugen! – Zeit für Zweierseilschaft: 2 Std.

ABSTIEG Genau wie Aufstieg: Gipfel bis Hütte ebenfalls 2 Std. – Ein Abstieg durch die Südwestrinne (zwischen Seekopf und Monte Canale) zum »Schwärzasteig« ist wegen der Steinschlaggefahr nicht zu empfehlen (auch Umweg)!

FÜHRER/KARTEN Karnische Hauptkette, Pichl; Artaria, Wien. – AV-Karte, Pichl-Hütte-Umgebung, 1 : 25 000. – FBK, Nr. 18, Lienzer Dolomiten, 1 : 100 000.

BILD Blick auf den Wolayer Seekopf über dem Wolayer See, an dem die Eduard-Pichl-Hütte (verdeckt) liegt. Standpunkt Valentintörl. Am Seekopf die beleuchtete Ostwand, an die links oben der Südgrat mit dem Normalweg anschließt. Über dem See links das Wolayer Törl: Grenze zwischen Österreich und Italien. Im Zentrum der Nordostgrat. Rechts oben der Sasso Nero.

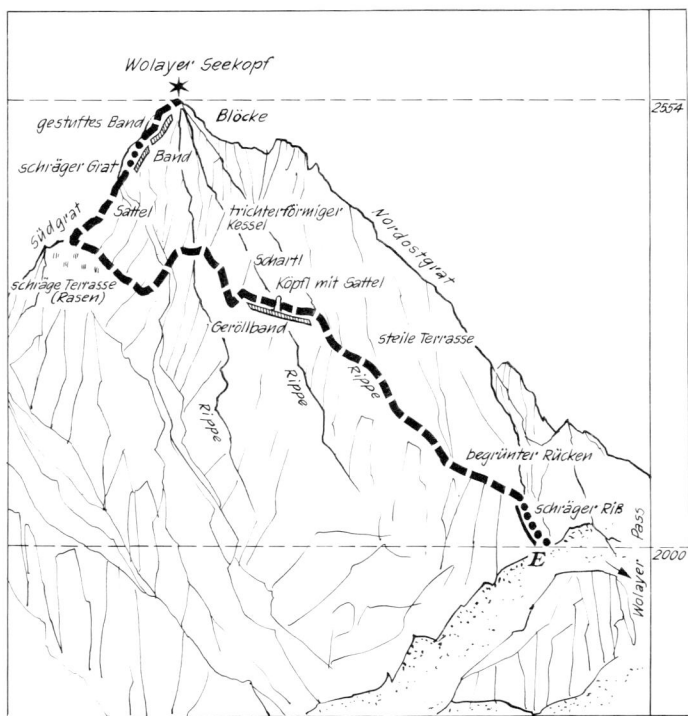

Nahe dem Plöckenpaß, wo Valentintörl und Wolayer See den markanten Einbruch der mächtigen Karnischen Hauptkette markieren, überragt der Wolayer Seekopf mit wuchtiger Nordostkante die romantische Alpenszene: hier Italien, hier Österreich . . . An seinem Gipfel beginnt der mächtig verspannte Gratbogen des »Biegengebirges«, das über den Monte Canale, Chianaletta und den Sasso Nero bis zum Wolayerkopf reicht und dann über die Biegenköpfe zum Giramondopaß absinkt. Da und dort findet man noch Fetzen von Granaten und Flugminen, mit denen man im Ersten Weltkrieg die alte Wolayer-See-Hütte wegfegte . . . Wir heutigen Kletterer sehen freilich nur diese scharf beleuchtete Kante und links, hell beleuchtet, die Ostwand, durch die wir zum Südgrat (links oben im Bild) ansteigen müssen, um nicht italienisches Gebiet zu betreten! . . . Diese Ostwand, die wir aus dem im Bild tief verschatteten Wolayerpaß anpeilen, besteht aus hellen Kalkplatten, die von drei auffallenden Rippen durchbrochen sind. Wir müssen, um auf österreichischem Gebiet in den Südgrat einsteigen zu können, den unten links vom Nordostgrat sichtbaren, tiefen schwarzen Riß von rechts unten nach links oben durchsteigen – und dabei schon die eigentlichen Schwierigkeiten überwinden. Erst dann geht's am alten Thalerweg durch die hellen Ostwandplatten, um den Südgrat in seiner Mitte zu erreichen. Dort kommen wir auf der scharfen Schneide über viele Stufen und Blöcke genußreich bis zum Gipfel. Die leichte Kletterei ist reizvoll, der Grad II wird nie überschritten – aber wir machen viele Pausen, um das sagenhaft schöne Karnische Gebirge zu bewundern, die nah gerückte Hohe Warte, den wild zerscharteten Canalegrat, Seewarte und Pichl-Hütte . . . den westwärts weiterfliehenden Kamm hinüber zum Giramondopaß . . . Pietro Samassa, erster Jäger, Steiger, Führer in der Hauptkette, ist 1892 auch hier angestiegen, hat 1896 die ersten Bergsteiger zum Gipfel geleitet, kam 1898 mit E. T. Compton erstmals über den Grat vom Monte Canale auf den Seekopf . . . Wir haben Grund für eine lange Gipfelrast, denn wir kennen den Abstieg bereits, es ist unser Anstiegsweg. Haben wir lange genug das Karnische Kalktheater bewundert, ins Gailtal hinabgeträumt und die italienischen Grenzer tief unter uns um ihren kühlen Chianti beneidet, dann steigen wir vorsichtig am Blöckegrat ab, vielleicht noch vorsichtiger auf den hellen Platten der Ostwand, und sichern mit Sorgfalt im großen tiefen Riß, dessen unteres Schattenportal uns schließlich auf den Vorbau und über ihn hinab an den schönen Seetopf entläßt: »Leichter Fels!« Durchaus, aber nicht ganz leicht zu nehmen: Der Fels ist oft gut und sauber abgeklettert, zuweilen aber auch etwas mürbe, etwas brüchig – die Karnischen Alpen sind nun einmal aus Kalk und Schiefer. Aber derlei Kurse schaden nicht; der Bergsteiger, extrem oder leichtblütig, lebt von der Vorsicht, hier wie überall. – Heimwärts schauen wir am romantischen Valentintörl (unser Bild) auf die große Szene dieses Klettertages zurück.

65 Lienzer Seekofel
Die Nordwand am Domeniggweg

TALORT Lienz, 673 m (D-Zug-Station Spittal-Innichen), Kfz-Zufahrt von Norden über Pinzgau-Felbertauerntunnel.

STÜTZPUNKT Karlsbader Hütte, 2260 m, ÖAV, ab Dolomiten-Hütte, 1620 m, 2 Std. (bis hierher Mautstraße, evtl. VW-Bus-Taxi).

EINSTIEG Vom Laserzsee (Hütte) – siehe Bild – über Schutthänge zum Sockel des flachen Plattenpfeilers, der unterm Ostgrat die östliche Hälfte der Nordwand trägt. Hier rechts, 30 Min. bis Einstieg.

CHARAKTER/SCHWIERIGKEIT II, leider zementierte Sicherungen geplant! – Zeit vom Einstieg: 1.30 Std.

ABSTIEG Bei Eile am besten und raschesten auf dem Anstiegsweg! Gute Sicherung möglich! – Ansonsten Abstieg vom Gipfel am »Helversenband« (Grad I), siehe Führer!

FÜHRER/KARTEN AV-Führer, Lienzer Dolomiten, Peterka; Rother-Verlag, München. – AV-Karte, Nr. 56, Lienzer Dolomiten, 1:25 000 (ideal!). – Österr. Karte, Nr. 179, Lienz, 1:50 000 (gut).

HINWEIS Diese schon klassische Kletterführe und Hüttentour ist leicht und höchst beliebt. Andererseits ist Vorsicht geboten wegen des hier möglichen Steinschlags!

BILD Der Lienzer Seekofel (Bildmitte) steht als breite Kalkmauer hoch über Laserzsee und Karlsbader Hütte. An ihm links unser Plattenpfeiler und Domeniggs schöne leichte Nordwandführe. Ganz links der Westliche Wildsender. Ganz rechts am Seekofelmassiv das Seekofelschartl und der Eggerturm.

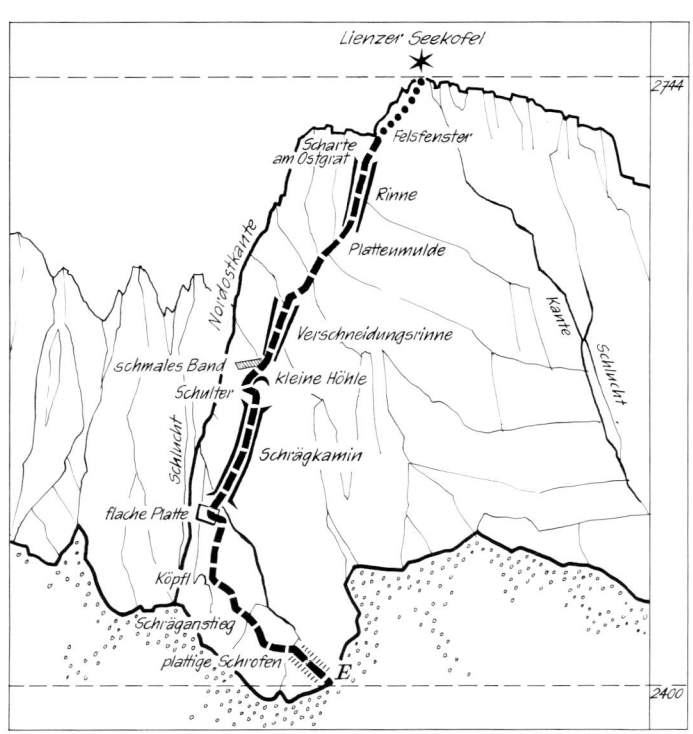

Eine Lieblingstour im Lienzer Laserzkessel, eine sympathische Modelltour im »leichten Fels«. Dieser Seekofel steht genau südlich der Karlsbader Hütte am Laserzsee und wird an seinem Gipfelstock östlich vom Eisklammjoch, westlich von der Ödkarscharte gesäumt. Südwärts im Rücken steht aufmerksam das »Böse Weibele«, 2599 m hoch und bemerkenswert auch »Rosenköpfl« genannt ... Was seine beliebte Domenigg-Kante betrifft, so begegnet der Kletterer überrascht ideal strukturiertem, also rauhem und griffigem Kalkfels – bequemen Vorbauten, dann Schluchten, Kaminen, Rissen, schmalen Bändern, Plattenschüssen und Kanten: Was will man mehr in einem Gebiet, das auch viel Schutt und sogar brüchige Zonen aufweist! ... Es beginnt also mit dem sanften Einstieg am rissigen Plattensockel, es folgt die schräge Querung zu einem Köpfl, von dem ab es unrettbar gerade hinaufgeht im Fels, über die flache Platte, die sich prompt in einen langen Schrägkamin verwandelt (parallel zur Schlucht). Der Kamin ist gut gangbar und führt uns in halber Wandhöhe zu einer kleinen Höhle – im Peterka-Führer steht diesbezüglich: »17 Minuten vom Kaminbeginn« ... Aus jener Höhle dann nach links auf einen Plattensporn und dessen Schulter mit einem Steinmann. Ab hier ziehen schmale Bänder und Kalkleisten ziemlich exponiert in Richtung Plattenmulde. Das beginnt genußreich mit der rinnenartigen Verschneidung und der Passage in der großen Plattenmulde. Man durchklettert diese Mulde, zuletzt in einer Kalkrinne, bis hinauf in das Schartl des Ausstieges am Ostgrat – das ist zugleich die wuchtige Ostschulter dicht unterm Gipfel. Hier passiert man ein Gratfenster, von dem aus man zum höchsten Punkt steigt: 2744 m! ... Der letzte Schritt wirkt wie eine Befreiung, letzte Ängste poltern in die Tiefe, das lange, gemütsstarke Studium der nächsten Nähe wie der größten Ferne beginnt ... Tief, tief liegt das schlanke Laserzbecken unter uns, der Seekogel läßt sich als nahe Verwandtschaft begrüßen, die beiden Wildsender, der wuchtige Hochstadel, die schnellen Wasserblitze aus dem Drautal – man eilt von einem Schock zum anderen. Das ist wirklich so, Hand aufs Herz: Große Keilspitze, Lavanter Kolbenkamm und dann nur noch 99 andere Wunschziele stehen hier sonnig oder grau alternd um uns und verzaubern unseren Geist und mildern den Knieschnackler. Ein Seitenblick zur Karnischen Hauptkette mit den Klötzen von Hoher Warte und Kellerwand streift auch den blau siedenden Dunst über dem Drautalboden. Traumhaftes Glück von Augen, Herz und Wadenmuskeln! ... Für den Abstieg empfiehlt sich das »Helversenband« (Grad I+) der Südwestwand, das vom Gipfel südwärts einen breiten Schrofenhang nützt, dabei einige Rinnen durchquert und so teils auf-, teils absteigend begangen wird. – Es endet erst am Auslauf unter der Ödkarscharte, 2596 m (nach 45 Minuten!). Der nun folgende »Saazerweg« führt uns dann durch das Ödkar vollends zur Karlsbader Hütte hinab und zu ihren immer lustigen Lienzer Bier- und Limonaden-Mädchen.

66 Östlicher Wildsender
Die Nordostkante aus dem Laserztörl

TALORT   Lienz, 673 m.

STÜTZPUNKT   Karlsbader Hütte, 2260 m, ÖAV, ab Dolomiten-Hütte 2 Std. (bis hierher Mautstraße!).

EINSTIEG   Steig von Hütte und See hinauf bis vor das Laserztörl, 2497 m, kurz vorher steigt man rechts an der dreieckigen Riesenplatte ein (hierher knapp 1 Std.).

CHARAKTER/SCHWIERIGKEIT   II+. – Etwa 240 m Wandhöhe. – Vorsicht: stellenweise brüchiger Fels!! – Zeit vom Einstieg: 1 bis 1.30 Std. – Verzögerungen durch Seilkollegen nicht eingerechnet!

ABSTIEG   Am besten über den (im Bild oben sichtbaren) Westgrat bis zum Wildsenderschartl (auch II+), dann in der Südwand des Westlichen Sender mit Querung zur Ödkarscharte, 2596 m; ab hier leicht am Saazerweg zur Hütte, gute 2 Std.! – Wer es eilig hat, kann als geübter Kletterer leicht an unserer Führe absteigen.

FÜHRER/KARTEN   AV-Führer, Lienzer Dolomiten, Peterka; Rother-Verlag, München. – AV-Karte, Nr. 56, Lienzer Dolomiten, 1:25 000. – Österr. Karte Nr. 179, Lienz, 1:50 000.

BILD   Der Östliche Wildsender, 2741 m, von Norden gesehen. Rechts oben setzt der Westliche Wildsender an. Links unten das Laserztörl, von der Karlsbader Hütte in einer knappen Stunde erreichbar. Hier steigen wir an der auffallenden dreieckigen Platte oder links davon (Variante Skizze!) unter dem ersten Kamin ein. Die Führen lassen sich in der Struktur der Felsen gut lesen und verfolgen.

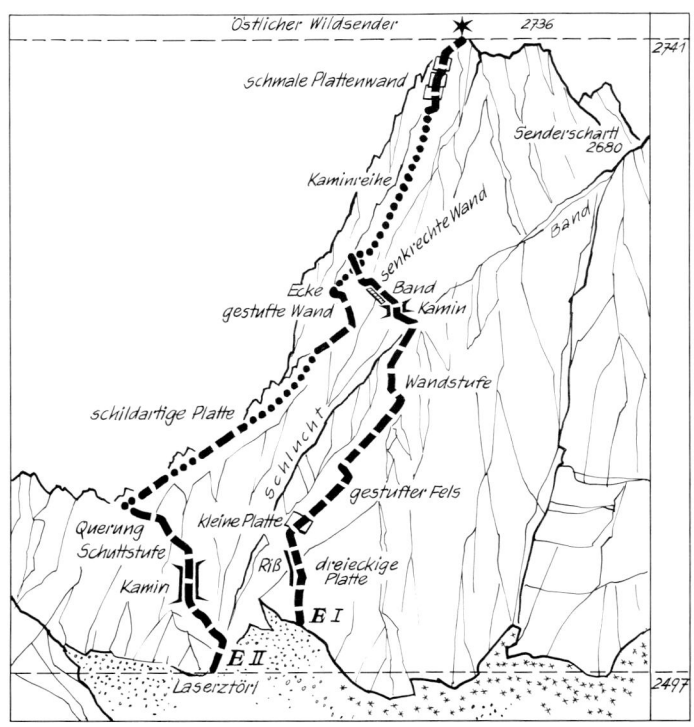

Wildsender und Gamsköpfe schnüren hoch über der Karlsbader Hütte das Laserztörl ein – auf 2497 Meter Höhe –, das den Fluchtweg aus dem Lienzer Kletterkessel hinüber ins Lavanter Tal und unter die 1500 Meter hohe Hochstadel-Nordwand darstellt: Man nennt ihn »Dreitörlweg«, denn er passiert auch Kuhleiten- und Baumgartentörl ... Dieses Laserztörl erreichen wir von der gemütlichen Karlsbader Hütte in gut 50 Minuten, vielleicht auch ein wenig mehr; das hängt davon ab, wie oft unsere Augen die umliegenden Felswände abtasten und wie oft sie hinüberschauen zu den Gletschern um den Großvenediger. Direkt am Törl warten unter der scharfen Nordostkante des Östlichen Sender eine über 80 Meter hohe dreieckige Platte und darin links zwei parallel laufende Risse: Beide können wir zu dem interessantesten Einstieg nützen, der rechte Riß ist leichter! Durch ihn erreichen wir die kleine Platte rechts der Riesenschlucht, die unseren Berg von unten bis zum scharfen Gipfelgrat durchzieht. Ab hier schräg rechts hinauf über griffigen Fels, dann links an die Schluchtrippe und auf ihr so hoch empor, bis die Schluchtenge links (östlich) überschreitbar wird. Drüben helfen uns ein Kamin und ein Band, unter einer senkrechten Wand scharf links an die Mitte der oberen Nordostkante heranzukommen. Mit Hilfe einer rauhwandigen Kaminreihe gelangen wir so gut hinauf zu einem Steinmann unterm Gipfelgrat. Ab hier kann man 1. direkt über die Plattenwand hinauf – oder 2. an der rechten Wandkante empor (einmal ist nach ganz rechts auszuweichen!). Wir landen in beiden Fällen – nach der Plattenwand noch ein kleines Schuttband an der linken Kante und einige schrofige Steilplatten passierend – am östlichen Gipfelzacken und singen dort laut unser Laserzer Preislied! Denn, wie das Willi-End-Foto zeigt, ist der Östliche Wildsender über dem Laserzsee ein stolzer und noch jeden Neuling sofort bestürzender Kalkriese – volle 2741 Meter hoch! – Beim Abstieg passieren wir westwärts das Senderschartl (auch II+), queren die Südwand unterm Westlichen Wildsender bis zur Tristacher Ödkarscharte, 2596 m, und stürmen am Saazerweg zur Hütte am See hinab. – Wer es eilig hat und dem zuweilen etwas brüchigen Kalkgestein gewachsen ist, der steige am Aufstiegsweg ab: das ist bei Grad II und II+ gut möglich! Man sichert sich gegenseitig da, wo es angebracht erscheint. – Noch ein Hinweis: Wo wir in Wandmitte die Schlucht überschreiten können und jenseits an die richtige Nordostkante gelangen, bleiben wir an ihr bis zum Ausstieg! – Schließlich noch ein Tip für rationell denkende »Gipfelsammler«, die das Abseilen absolut sicher beherrschen: Man kann in einem Zuge beide Wildsender und den Seekofel überschreiten! Die Tour beginnt am Laserztörl und endet nach rund 2 Kilometern und mindestens 7 Stunden Gratkletterei an der Ödkarscharte. Hubert Peterka, der die Lienzer Dolomiten viel besser kannte als den heimatlichen Prater, bezeichnet diesen Übergang als »eine der interessantesten Gratstrecken des Laserzkares«. Und als »elegant«!

67 Laserzspitze
Die Bügeleisenkante

TALORT Lienz, 673 m (D-Zugstation Spittal-Innichen). Zufahrt von Norden: Pinzgau-Felbertauerntunnel-Matrei.

STÜTZPUNKT Karlsbader Hütte, 2260 m, AV, am kleinen Laserzsee. Kfz bis Dolomiten-Hütte, 1620 m, privat, möglich (Maut); dann noch 2 Std.

EINSTIEG Von der Karlsbader Hütte kurz zurück am Hüttenweg, dann rechts ab und – im Bild genau sichtbar – unter dem Wandsockel zum nahen Einstieg am »Bügeleisen«, P. 2175 m. 40 Min.

CHARAKTER/SCHWIERIGKEIT II+! Nur Einstieg III–, der aber in der Schlucht umgangen werden kann. Die Tour ist mit einzementierten Zwischensicherungshaken bestückt!

ABSTIEG Direkt vom Ausstieg kurz hinüber zum Normalweg auf die Laserzwand, dort abwärts direkt bis zur Hütte.

FÜHRER/KARTEN AV-Führer, Lienzer Dolomiten, Peterka; Rother-Verlag, München. – AV-Karte, Nr. 56, Lienzer Dolomiten, 1 : 25 000. Österr. Karte, Nr. 179, Lienz, 1 : 50 000 (gut!).

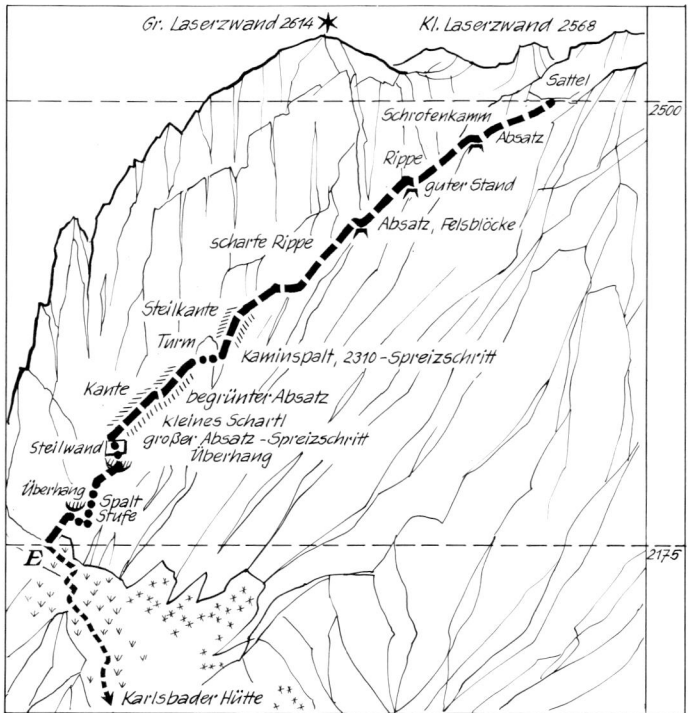

Wer von Lienz hinaufschaut zur Nordkulisse seines Dolomitenmassivs, für den entpuppt sich die Große Laserzwand als eindrucksvolle Westschulter des Roten Turms. Wer dann später vom Parkplatz an der Dolomiten-Hütte seine soliden 2 Stunden zur Karlsbader Hütte ansteigt, der erschrickt nicht schlecht, wenn er plötzlich halben Weges dicht unter dieser Laserzwand steht und sich den Hals verbiegen muß, um deren senkrechte Glätte zu begreifen. Der Gipfel springt weit gegen Nordwesten vor, um dann abrupt mit steilen und schwierigen Wänden abzubrechen und so zu einer der markantesten Berggestalten des Gebietes zu werden. In dem Buche »Im extremen Fels« sehen wir diese abweisende Kalkflucht als Tour 89 ebenfalls von Norden: gewaltig . . .! – übermächtig . . .! So erstaunt man nicht wenig, wenn man von der endlich erreichten Karlsbader Hütte zum ersten Male zurückblickt: Da ist die mächtige Laserzwand nur noch als geräumiger Schuttkessel zwischen Wand, Rotem Turm und stumpfem Sandspitzenpaar zu sehen. Und doch hat diese fade Südflanke ihren Knalleffekt: Der Kletterer entdeckt am Südwestabfall dieser Schutterrassen mehrere von senkrechten Kalktafeln gebildete Schichtkanten – prachtvolle, scharfgeschnittene Diagonalen zwischen den senkrechten Wandsäulen an Laserz-Westkante und -Südgrat! Hier kann man nach nebenstehender Skizze unsere ganze »leichte« Kletterführe gut verfolgen: die auf dem Sockeldreieck aufsitzende, von rechts seitlich besonnte, links aber von Schatten markierte scharfe Felskante, die nur oben stumpf ausläuft – das ist die Bügeleisenkante! . . . Sie ist Jahrzehnte berühmt als ideale Kletterei, ist es noch heute – trotz neuer Sicherungshaken . . . Haken oder nicht, die Stationen unserer Führe, nur am Einstiegssockel Varianten erlaubend, sind dennoch allesamt reizvoll, ob schwerer oder leichter. Der Sockel ist steil, aber griffiger Fels erleichtert die Kletterei bis hinauf an die scharfe Kante. Im Foto markiert die Sonne genau die Stärke der Plattenkanten, aber auch die »Messerschärfe« des Felsgrates selbst. Diese scharfe Kante, nicht so leicht zu meistern, endet ganz oben simpel als runder Schutthügel. Man ist ein wenig geschockt, wenn man nach der präzisen Kletterarbeit an den Abstieg geht – an ein endloses Treten und Schwimmen im tiefen Schutt, bis man endlich eine Spur und zuletzt ein Wegerl erreicht. – Die Bügeleisenkante erfordert bei nicht sofort glaubhaften 325 Höhenmetern ihre guten 2 bis 3 Stunden Zeit. Manche mögen es noch langsamer. Nur wer in großer Form ist, könnte sich erlauben, vom Ausstieg aus der Kante hinüber zum Roten Turm, 2702 m, zu queren und dort im Schmittkamin (II+) oder auch im Kalteneggerkamin (II+) kalte Kaminschwärze zu genießen. Hubert Peterka hat den Roten Turm zum schönsten Felsberg im Laserzkar erklärt. Andererseits sind die Lienzer Dolomiten bis auf wenige ausgesparte Wände ein grausiges Schuttreich, und nur wenige Felsberge haben noch eisenfeste, griffsichere Wände, Kamine, Kanten und Risse: die Bügeleisenkante gehört dazu.

Das Luftbild zeigt den ganzen Laserzstock von Westen. Unten rechts das ausgetretene Weglein zum Einstieg an Kante und Laserzsockel. Links der Bildmitte die schräg auffahrenden Platten der von der Sonne scharf markierten Bügeleisenkante. Oben Ausstieg ins sandige Laserzkar. Ganz rechts oben die Spuren des Abstiegsweges. Links oben Laserzspitze, daran anschließend nach rechts: Roter Turm, Galitzenspitze und beide Sandspitzen. Darunter der Strom des Laserzschutts.

68 Roter Turm
Exposition im Schmittkamin

TALORT Lienz, 673 m (D-Zug-Station Spittal-Innichen); Zufahrt von Norden via Pinzgau-Felbertauerntunnel-Matrei, von Westen Brenner-Pustertal-Innichen.

STÜTZPUNKT Karlsbader Hütte, 2260 m, ÖAV, am kleinen Laserzsee, Kfz bis Dolomiten-Hütte (1620 m) privat, möglich (Maut!), dann noch 2 Std.

EINSTIEG Von der Hütte nördlich am AV-Weg zur Laserzwand, doch noch vor dem Gipfel, 2614 m, rechts in die Schmittscharte querend: dort Einstieg an der Westseite des Sockels (1 Std.).

CHARAKTER/SCHWIERIGKEIT II+, Schlüsselstelle in der ersten Seillänge!

AUFSTIEG + ABSTIEG Auf gleicher Führe. Abseilen!

FÜHRER/KARTEN AV-Führer, Lienzer Dolomiten, Peterka; Rother-Verlag, München. – AV-Karte, Lienzer Dolomiten, 1 : 25 000. FBK, Nr. 18, Lienzer Dolomiten, 1 : 100 000. – Österr. Karte, Nr. 179, Lienz, 1 : 50 000.

HINWEIS Hochgelegener Einstieg, dennoch fast mühelos zu erreichen. Schwindelfreiheit Grundbedingung. Exponiert, doch erstklassiger Fels! Der unterste, rißartige Kaminabbruch (Originalweg der Erstersteiger) wird nicht begangen!

BILD Blick von Westen in den oberen Laserzkessel mit dem (von links) Grat zur Laserzwand, Schmittsattel, Roter Turm – hier mit der Diagonalen des im Schmittsattel ansetzenden Schmittkamins, mit Roter-Turm-Schartl, Ellerturm, Ellerturmschartl, Peraturm und Kleinem Laserzkopf. Im Mittelgrund der Aufstiegsweg vom Laserzsee her in den Schmittsattel. Deutlich ist auch das die Basis der hellen Südwand querende Schmittband zu erkennen.

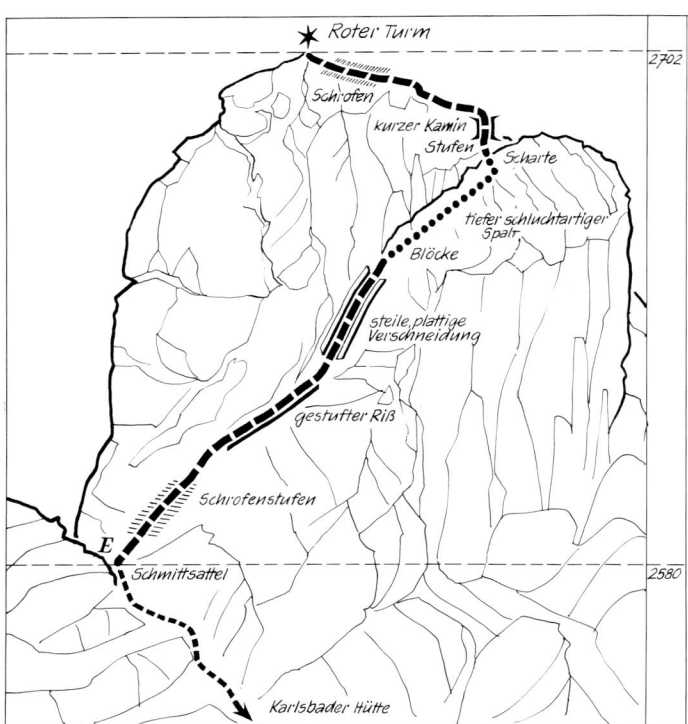

Das Schmerzliche zuvor: Es ist möglich, daß Lienzer Fremdenverkehrspäpste diese klassische Klettertour am Schmittkamin mit Drahtseilen und Klammern versichern lassen. Als gäbe es keinen Alpenverein zur strikten Verhinderung solch unzeitgemäßer Erschließung! ... Dieser Rote Turm galt im Zuge der Alpenerschließung lange Zeit als unersteigbar, seine senkrechten Aufbauten wehrten alle Pioniere ab. Aber im Herbst 1888 saß neben einer Lienzer Bergsteigerrunde ein Fremder, der plötzlich in die Debatte um die ewige Unersteigbarkeit des Roten Turms eingriff, und der – ohne den Felsberg je gesehen zu haben – eine Wette abschloß: Er verlange nur, daß Zeugen mit ihm zum Sockel des Roten Turms anstiegen. Der Fremde hieß Robert Hans Schmitt, und der Gastwirt und einige Lienzer Bergfreunde begleiteten ihn zum Einstieg am Schmittsattel. Schmitt hatte kurz zuvor, was die braven Lienzer nicht ahnten, die Ersteigung der Dreischusterspitze über deren Westwand durchgeführt und die vierte führerlose Begehung der Kleinen Zinne ... Die Lienzer waren ihrer Wette sicher, aber sie staunten nicht schlecht, als Schmitt mit dem Gastwirt Ettel und dem mitgenommenen Führer Franz Gaßler (hinten am Seil) auf Anhieb bis zum Gipfel vordrang – als gäbe es am Roten Turm gar keine überhängenden Wände und senkrechten Klüfte – Schmitt gewann Wette und Wein ... Heute führt ein Serpentinensteig von der Karlsbader Hütte am Laserzsee bis auf die Gipfelgratschneide der Laserzwand hinauf, der gegenüber, nur durch eine Scharte getrennt – der lotrechte Rote Turm steht. Die grotesk überhängenden Wände werden über dem Schmittsattel durch eine tiefe Kluft in zwei Teile gespalten: Eben dieser Spalt wurde zum Schmittkamin – zum Anstiegsweg des Erstersteigers mit seinen Wettbrüdern. Der unterste, rißartige Teil davon wird heute nicht mehr begangen, sondern die rechte Plattenwand: herrlicher Fels, fest, mit guten Griffen und Tritten. Von dieser Plattenwand quert man nach links in den breiten Kamingrund, der oben über Blöcke überraschend einfach hinauf in den Sattel leitet, den ein südlich klaffender Zacken mit dem Gipfelmassiv bildet. Ein eleganter, schöngriffiger Kamin führt nach links in festem rauhen Kalkfels weiter, dann leiten uns flache Platten auf den plötzlich sichtbaren Gipfel – vor ein hohes Eisenkreuz aus alter Zeit, vor einen unermeßlichen Ausblick: nach Norden hinab ins Drautal, auf die Stadt Lienz und die darüber schwebenden Tauernfirne, nach Westen auf die Sextener Dolomiten mit dem zersägten Nordgrat des Spitzkofel als Vorreiter ... Ein schöner Berg, eine interessante »leichte« Kletterei mit exponierten Stellen – erstaunlicherweise heute meistbegangene Kletterführe der Lienzer Dolomiten. Im Abstieg biegen wir im Schluchtgrund links ab und erreichen die Helversenschlucht oberhalb ihres kritischen Klemmblocks. Durch einen Kamin ansteigend gelangen wir in das Schartl zwischen Ellerturm und Vorbau, anschließend leicht hinunter auf das Schmittband und zum Einstieg.

142

69 Teplitzer Spitze
Die Nordwand vom Kerschbaumerweg

TALORT Lienz, 673 m

STÜTZPUNKT Karlsbader Hütte, 2260 m, AV, am kleinen Laserzsee, Kfz-Zufahrt bis Dolomiten-Hütte, 1620 m, privat möglich (Maut); dann noch 2 Std.

EINSTIEG Vom Verbindungsweg zwischen Karlsbader Hütte und Kerschbaumeralm-Schutzhütte; in die Gipfelfallinie der Teplitzer Spitze, dann über Geröll hinauf zum Wandfuß (hier meist Schneereste mit Randkluft); 45 Min.

CHARAKTER/SCHWIERIGKEIT III −, mit der Schlüsselstelle im letzten Wanddrittel (teilweise überhängende Risse!). − Zeit für Zweierseilschaft: 2 Std.

ABSTIEG Am Normalweg über den kurzen Südgrat (II −) ins Teplitzer Schartl, 2580 m. Von hier östlich über Schutt zum Saazerweg im Laserzer Ödkar und auf ihm zur Karlsbader Hütte zurück; 1 Std. vom Gipfel.

FÜHRER/KARTEN AV-Führer, Lienzer Dolomiten, Peterka; Rother-Verlag, München. − AV-Karte, Nr. 56, Lienzer Dolomiten, 1 : 50 000. − Österr. Karte Nr. 179, 1 : 50 000. − FBK, Nr. 18, 1 : 100 000 (zur Übersicht).

BILD Die elegante Pyramide der Teplitzer Spitze mit ihrer plattigen Nordwand, vom Weg zur Karlsbader Hütte gesehen. Zwei markante Kaminreihen durchziehen diese große Wand: Die rechte, (westliche) ist unsere Führe! Die fünf Türme des Nordwestgrates sind nur an ihren Schatten zu unterscheiden.

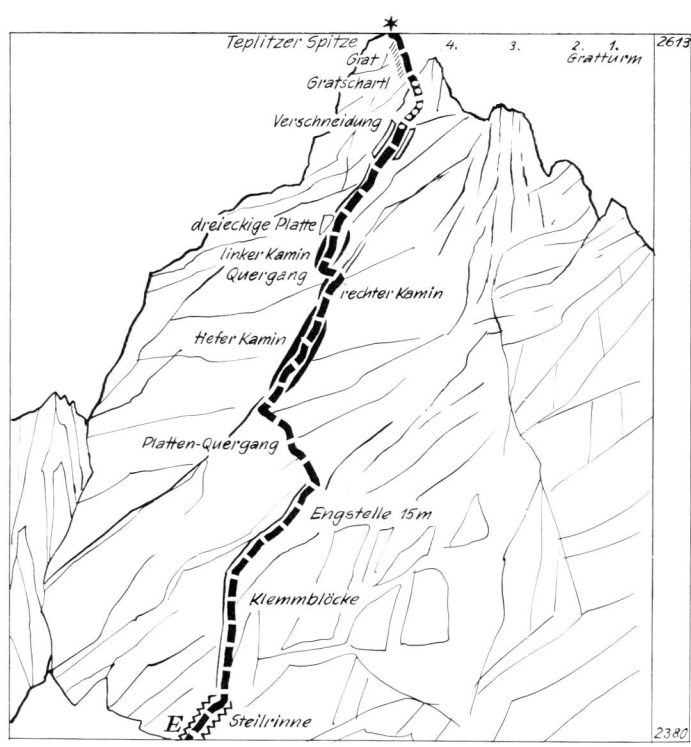

Mit fünf Touren sind die Lienzer Dolomiten in diesem Buch vertreten; zu stark vertreten, mag mancher einwenden. Dennoch glaube ich, daß fünf Routen die große Bedeutung dieser Gruppe für Kletterer in »leichten Fels« ganz richtig widerspiegeln. Hubert Peterkas genauer AV-Führer wimmelt geradezu von schönen, leichten Kletterein in dem meist festen Fels. Rund 30 Gipfel umgeben das Zentrum der Gruppe − den schuttreichen Laserzkessel mit den beiden Seeaugen − wie ein großes Hufeisen. Nach Nordnordwest ist der Blick frei zur Venediger-Gruppe . . . »Klettern der kurzen Wege« könnte das Motto der Karlsbader Hütte lauten, denn kaum einer der Anstiege ist mehr als eine Stunde entfernt. Unmittelbar über der Hütte baut sich im Südwesten die Kalkpyramide der Teplitzer Spitze auf. Wer »Bügeleisenkante« oder »Schmittkamin« hinter sich hat und vor der Hütte bei einem kühlen Bier Ausschau nach dem nächsten Ziel hält, dessen Augen werden unwillkürlich an der auffallend plattigen Nordwand der Teplitzer Spitze hängenbleiben, die von zwei genau parallel laufenden Kaminreihen durchzogen wird. − Der nach rechts ziehende Nordwestgrat setzt sich aus fünf Türmchen zusammen, deren höchster den Gipfel darstellt. Die linke Begrenzung der Nordwand bildet der auf die Hütte zielende Nordostgrat; wer über seine Kante zum Gipfel will, der muß schon die kraftraubende, aber elegante Piaztechnik beherrschen, muß mit den Füßen Gegendruck zu den Händen herstellen und so höherkommen. Für »alte Hasen« höchster Genuß, für uns nur am Seil eines solchen »Hasen« zu empfehlen . . . Also halten wir uns lieber an den »Domeniggweg«, der von guten Gehern im »leichten Fels« durchaus noch am Nachmittag zu bewältigen ist! Der Einstieg wird von der Karlsbader Hütte über den Verbindungsweg zur Kerschbaumeralm, zuletzt über Geröll und ein Schneefeld mit Randkluft in 45 Minuten erreicht. Unsere rechte Kaminreihe durchzieht hier auch noch den untersten Abbruch. Sie bietet uns hier zuerst einige Klemmblöcke, dann eine 15 Meter hohe Engstelle, nach der die Kaminreihe nach rechts ausbiegt; wir verlassen sie nach links. Über große Platten queren wir nun zum linken Parallelkamin (Richtpunkt ist eine auffallende Gratfigur am Nordostgrat). Im Grunde des Kamins gelangen wir zu einer hereinhängenden Rippe, die den Kamin teilt. Wir bleiben nun erst ein Stück im rechten Kaminast, um bald in den linken überzuwechseln. Hier folgt − ziemlich spät − die bekannte Schlüsselstelle: einige teils überhängende Risse, über die wir in die verschneidungsartige Kaminfortsetzung klettern, die zur Scharte zwischen Gipfelturm und viertem Nordwestgratturm leitet. Über das letzte Gratstück geht es dann leicht zum Gipfel . . . 2 Stunden Zupacken, Griffe-und-Trittesuchen, Stemmen und Verspreizen liegen hinter uns, und so steigen wir also gerne wieder ab, am besten vor die Hütte, weil man von dort wie ein General Pläne und Strategie festlegen kann. Denn der nächste Klettertag kommt bestimmt − mal mit Sonne, mal mit Regen, mal mit Nebel . . .

70 Ruchenköpfe
Westgrat mit »Fensterl« und »Weiberschreck«

TALORTE Neuhaus, 800 m, bei Schliersee, bzw. Spitzingsee, 1085 m (Bus von Bahnhof Neuhaus). – Geitau, 780 m (Bahnstation).

STÜTZPUNKTE Rotwand-Haus, 1765 m, DAV, gute 2.15 Std. vom Spitzingsee, nur 1.30 Std. von der Bergstation der Taubensteinbahn. – Taubenstein-Haus, 1567 m, DAV, wenige Min. von der Bergstation der Taubensteinbahn entfernt.

EINSTIEG Vom Rotwand-Haus über die Kümpfelscharte und die Westschulter der Auerspitze in 20 Min. zum »Brotzeitfelsen« direkt unter dem Einstieg. – Vom Taubenstein-Haus in 1.30 Std. über Kleintiefental, Miesingsattel und Großtiefental zum Einstieg. – Von Geitau über Mieseben und Soinsee gute 3 Std.

CHARAKTER/SCHWIERIGKEIT II, stellenweise – und sinnlos – mit Drahtseil versichert; stark abgeklettert, deshalb bei Nässe auch glitschig. An Wochenenden meist stark besucht!

ABSTIEG Wie Anstieg (Varianten siehe Zebhauser-Führer).

FÜHRER/KARTEN Kletterführer Bayerische Voralpen, Zebhauser; Rother-Verlag, München. – BLVA-Karte, Mangfallgebirge, 1 : 50 000 (beste Karte!).

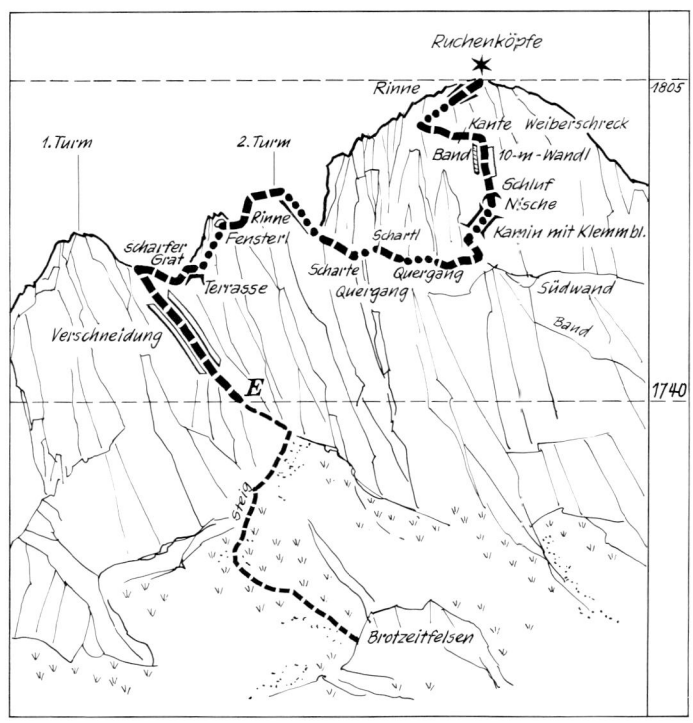

Sie haben alle ihre eigenen, nahen »Klettergärten«, die großen Städte am Alpenrand: Mailand seine Grigna, Chamonix seine Gaillands, die Wiener ihre Rax, die Genfer ihren Salève, die Grazer ihren Hochschwab und die Münchner Plankenstein und Ruchenköpfe. Jeder gesunde Lausbub aus Giesing oder Schwabing, ob Gymnasiast oder Lehrling, kennt seine Ruchenköpfe in den Schlierseer Bergen über Spitzingsee, Rotwand-Haus und Großtiefental. Das ist eine blendweiße Bastion aus Wettersteinkalk, abweisend steil vom Rotwand-Haus, beinahe harmlos vom Soinsee her – weil dort scheinbar ganz mit einem Latschenmantel überzogen. Vom Rotwand-Haus her eine feste Burg, ein starker, schartenreicher Westgrat, eine senkrecht aus dem Großtiefental aufsteigende glatte Westwand, und dann die fast ebenso steile, von wenigen (berühmten) Rissen durchzogene Südwand. Unser Westgrat, von der Schwierigkeit her Grad II, ist und bleibt eine reizende, immer anregende, oft exponierte Kletterei – so schokkierend, daß frischverliebte Münchner ihr ängstliches Mädchen ganz gerne auf die Ruchenköpfe führen. Es hat sich immer ausgezahlt! . . . Es geht beim »leichten Fels« nur um diesen Westgrat, der uns dort, wo er ans Hauptmassiv stößt, in einige attraktive Schwierigkeiten entläßt. – Im Detail: Einstieg südlich unterm Westgratbeginn, der Rucksack bleibt bei dem im Bild sichtbaren großen Rastblock liegen. Kurz durch die obersten Latschen an den Fels, dann eine 12 Meter hohe Verschneidung, die den Anfänger das Spreizen lehrt, weil er sonst nicht hinaufkommt. – Es folgt die reizvolle Überschreitung diverser Westgratscharten und Türme, immer hoch über Kar (links) und Südflanke (rechts). Man lernt schnell die Exposition vertragen und die Angst vergessen. Ein zweiter Turm serviert ein »Fensterl«. Die folgenden steilen glatten Platten lassen uns nach kleinen Griffen und Tritten suchen – und schon bäumt sich senkrecht der Gipfelstock auf: ein schmaler Kamin in eine dunkle Höhle, wo nur der Ängstliche nah am Fels klebt, während sich der Erfahrene durch Spreizen und Stemmen Abstand vom Fels verschafft. Es folgt der Klemmblock, dem man ebenfalls nur mit »Distanz« Herr wird und den nur der Feige hilflos umklammert – dann sind wir schon unterm berühmten »Fensterl«, schieben unsere Rücken (die Füße an der spiegelglatten Höhlendecke!) ruckweise hinauf und räkeln uns nach oben, stehen prompt vor den schönsten Kletterstellen: vor dem griffigen, aber steilen 10-Meter-Wandl zur ausgesetzten Kante (60 m senkrecht überm Karboden), greifen um die Kante, kommen an den senkrechten »Weiberschreck«, der leider mit einem Drahtseil »verziert« wurde, steigen im leichten Fels zum Gipfel hinauf! – Ich habe schon seriöse Kaufherren und flotte Preußen über »Fensterl« und »Weiberschreck« geführt und dabei erfahren, was Contenance ist, was Mut, was Angst, was Männlichkeit ohne Frack. Zwei schöne Mädchen aus Frankfurt am Seil – das verschafft hier wortlos ungeheures Ansehen und führt oft zu flotten Verlobungen . . .

Rechts vorne der »Brotzeitfelsen«, an dem man den Rucksack deponiert und sich anseilt. Links oben der Westgrat mit seinen Scharten und Türmchen: Wo er knapp links der Fallinie des Gipfels an das Hauptmassiv stößt, sehen wir über der letzten Scharte den Kamin mit Klemmblock und Platte, das »Fensterl« mit dem »Schluf« und dicht links darüber das 10-Meter-Wandl, den »Weiberschreck« und den Ausstiegsriß.

147

Deutschland / Bayerische Voralpen /
Kalk / 1669 m / II

71 Kampenwand
Klettergarten um West- und Ostgipfel

TALORT Aschau, 605 m, Kabinenbahn zur Kampen-
höhe, 1520 m.

STÜTZPUNKTE Kampenwand-Hütte, 1550 m, AV (nur
AV-Sekt. München). – Steinlingalm, 1550 m, privat, bewirtschaftet. – Restaurant Bergstation, 1460 m.

EINSTIEG Am Westansatz des Felskammes, jedoch
auf dessen Südseite, in etwa 1600 m Höhe (bei einer
eisernen Höhenmarke), 10 Min. von der Bergstation der
Seilbahn.

CHARAKTER/SCHWIERIGKEIT Abwechslungsreiche
Gratkletterei in griffreichem Fels, bei Umgehung von
Gmelch- und Teufelsturm nicht schwieriger als II; ab
Schlechinger Scharte zum Äußersten Ostgipfel durch
das Schneeloch und die Kaisersäle keine klettertechni-
schen Schwierigkeiten. – Insgesamt ca. 2 Std.

ABSTIEG Vom Hauptgipfel in Nähe der Gratkante zum
Vorgipfel, II, dann leicht in die Schlechinger Scharte.

FÜHRER/KARTEN Kletterführer Bayerische Voralpen, Zebhauser; Rother-Verlag, München (er enthält
alle für den »leichten Fels« in Frage kommenden Touren). – FBK, Nr. 30, Kaisergebirge und Chiemgauer Alpen, 1 : 100 000 (zur Groborientierung). – BLVA-Karte,
Nr. 8338, Oberaudorf, 1 : 50 000.

Was unser Flugfoto verspricht, kann die Kampenwand nicht halten! Denn
dieser kuriose Zackenkamm aus festem Wettersteinkalk bietet uns für den
leichten Fels nur den Westgipfel als Überschreitung an und den Ostgipfel
als gesicherten Steig mit einigen freien Varianten. Bei letzterem finden wir
in den »Kaisersälen« eine Art »Kletterbüffet«, man bedient sich, geht nach
dem Zebhauser-Führer; nichts ist klein genug, um im Klettergartensinne
ausprobiert und ausgeturnt zu werden. Die Überschreitung des ganzen
Westgipfels mit Westgrat als Aufstieg und schrofigem Ostgrat als aufregender Schrofenkletterei ist eine leichte Nervenkur – absteigend streifen und
unterlaufen wir Gmelchturm und Teufelsturm. Deren Gipfel sind für unser-
einen beinahe unnahbar (III +)! – So wie sich die jungen Münchner an die
Ruchenköpfe halten, an Plankenstein, Roß- und Buchstein, Benediktenwand und Ettaler Mandl, so halten sie sich »im fernen Osten« an die Kampenwand. Was aber nicht ausschließt, daß unter den »Anfängern« etliche
nach dem Westgrat sofort auch den Hauptgipfel, ja auch Gmelch- und Teufelsturm packen: nämlich am Seil des besseren Kameraden! – Übrigens gibt
es am hier empfohlenen Westgipfel zwei Chancen für den »leichten Fels«:
1. Wo der westliche Gratsockel aus den Latschen aufsteigt, findet sich einen Meter über dem Boden im Fels eine eiserne Höhenmarke: Genau hier
steigt man in den Gratfels ein und bleibt genußvoll kletternd bis zum Gipfel
am Grat. – Dann 2. Von der gleichen Höhenmarke geht man am Fuß des
Westgrates erst 20 Schritte nach rechts und steigt dann links auf Schrofen
empor gegen die Südwand. Der folgende leichte Überhang führt zu einem
größeren Latschenfleck, hinter dem ein Schuttkessel eingebettet liegt. Nun
durch einen schräg aufwärts ziehenden Felsspalt, dann durch einen schmalen, glatten, etwa 3 Meter hohen Kamin hinauf. Der folgende Quergang nach
rechts führt noch weiter in die Südwand hinein, bietet nur Schrofen an und
leitet zu einer Rinne, aus der ein langer enger Riß senkrecht zum Grat hinauf
zieht: Dicht vor dem Gipfel steigen wir aus. Man nennt diese Route den
»Torweg« (Grad: II +). – Beide Anstiege dauern etwa eine halbe Stunde! –
Wem das Klettergarten-Erlebnis zu wenig dramatisch ist, der umwandere
nach seiner »leichten Fels«-Führe die ganze Kampenwand und schaue
dann von einem festen Halt im Karboden unter der Südwand auf jene Kletterer, die dort lotrecht zum Gipfel kraxeln (Grad V und VI!) und die dabei –
wenn auch durch Seil, Haken und Karabiner solid gesichert – auch noch
heitere Lieder singen . . . Kein Zweifel: Der hohe Reiz des »gefährlichen
Lebens« glüht auch an diesem braven Kalkberg über dem Chiemsee! . . .
Wer Frau oder Kinder mit sich führt, sollte auch aus dem Abstieg ein Erlebnis machen: Er steige von der Bergstation nicht nord-, sondern südwärts
ab, über die einsame Dalsenalm hinunter ins Priental (zum Bus nach
Aschau). An einem klaren Früh- oder Spätsommertag eine ideale Tagestour. Statt Menschen begegnen Sie hier Murmeltieren. Wir haben's erlebt!

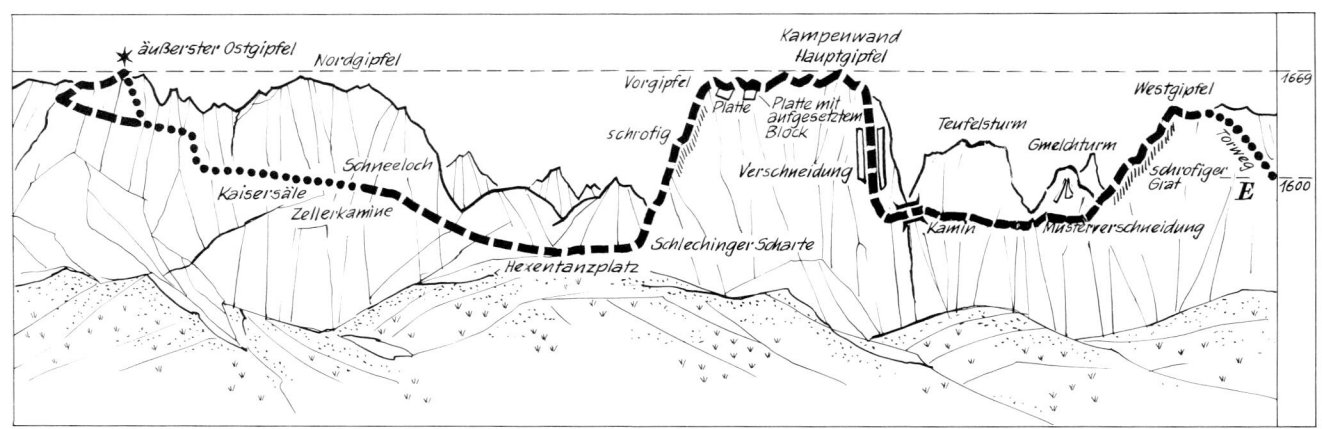

Die Kampenwand, als türmereicher Klettergarten, von Norden. Im Vordergrund die bewirtschaftete Steinlingalm und einer der Abstiegswege ins Tal. Der Gipfelkamm von rechts: Westgipfel, Gmelchturm, Teufelsturm, Hauptgipfel, Schlechinger Scharte, »Hexentanzplatz«, Nord- und Ostgipfel. Dicht hinterm Gipfelkamm der Kössener Skiberg Unterberghorn, darüber der Tauernkamm um Sonnblick, Wiesbachhorn und Großglockner.

72 Scheffauer
Die Nordwand auf dem Leuchsweg

TALORT Kufstein, 484 m.

STÜTZPUNKT Kaindl-Hütte, 1318 m (bewirtschaftet) auf der Steinbergalm; 3 Std. ab Kufstein übers Brentenjoch, oder mit Sesselbahn Wilder Kaiser + 20 Min. Fußweg von der Egersbachalm.

EINSTIEG Im »Großen Friedhof«, dem mächtigen Schuttkar unter der Nordwand; 1 Std. oberhalb der Kaindl-Hütte, etwa 1750 m.

CHARAKTER/SCHWIERIGKEIT II. – Zeit für Zweierseilschaft: 2.30 Std.

ABSTIEG Auf dem gut versicherten Widauersteig durch den östlichen Teil der Nordflanke zurück zur Kaindl-Hütte. – Oder südwärts auf markiertem Steig zum Hintersteinersee und über die »Steinerne Stiege« zum Bus nach Kufstein. (Beide Abstiegswege sind im Felsen- bzw. Schrofenbereich mit Drahtseilversicherungen versehen und deshalb relativ gefahrlos.)

FÜHRER/KARTEN AV-Führer, Kaisergebirge, Schubert/Zeis; Rother-Verlag, München. – Kleiner Kaiserführer, Schmitt/Zeis; Rother-Verlag, München. – AV-Karte, Nr. 8, Kaisergebirge 1 : 25 000.

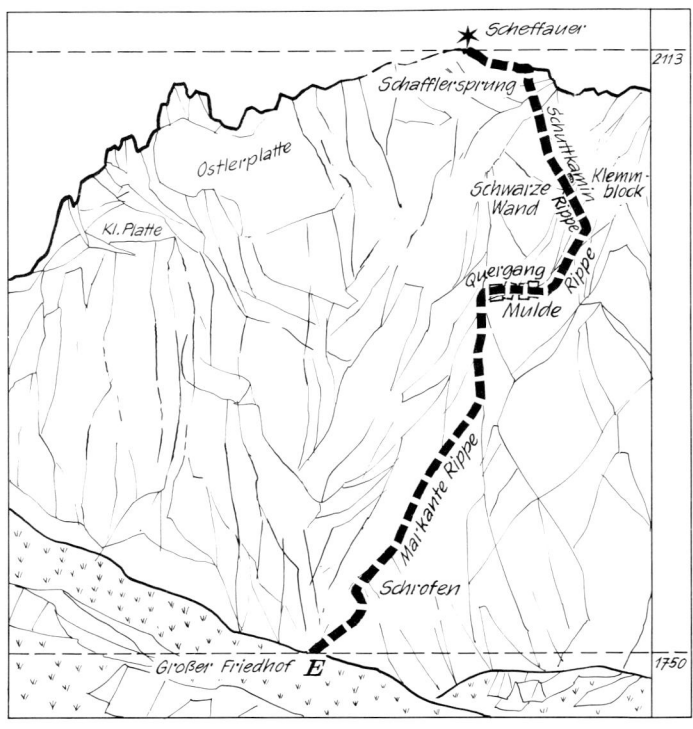

Im »leichten Fels« der Scheffauer-Nordwand? Ja, es ist durchaus so – heutzutage, wo sich die Schwierigkeitsgrade sachte abschleifen. Immer mehr Erfahrung sammelt sich, die Überschau wird größer, man vergleicht mehr als ehedem die stolzen Grade im Wilden Kaiser mit Dachstein- und Gesäusewänden und -graten, weiß von den Aiguilles mehr als einst, weiß von Alpstein, Bergell und Dolomiten alle kleinen Unterschiede: Also hat diese Scheffauer-Nordwand sogar in ihrer berühmten Ostler-Route nur noch Grad II, beim rechten (regulären) Ausstieg von der großen Platte oben (kurzes Kriechband nach rechts, kleiner Überhang, Riß-Gipfel direkt) allerdings auch nach moderner Einschätzung III+! Das ist mehr als »leichter Fels«, und so bleibt der Weg über die Ostlerplatte für uns vorerst tabu; denn, wer schleicht schon gerne auf einem leichteren »Fluchtweg« aus der Wand? Wir halten uns deshalb an den Leuchsweg, der uns den gleichen klassischen Kaiserkalk bietet wie der Ostlerweg, dafür jedoch den II. Schwierigkeitsgrad nicht überschreitet. Beide Wege waren übrigens im Sommer 1930 innerhalb weniger Tage erschlossen worden: Am 13. Juni fand Georg Leuchs seinen Durchstieg im rechten Wandteil, und bereits zehn Tage später beging Josef Ostler seinen in der Zwischenzeit berühmt gewordenen Weg. Dabei vermied Ostler jedoch die große Platte, die er dann aber zwei Wochen später bezwang . . . So populär der Ostlerweg auch geworden ist, so einsam blieb der Leuchsweg – ihm fehlen die markanten Kletterstellen des östlichen Konkurrenten – dennoch ist die Leuchs'sche Route eine herrliche Kletterei mit logischem Verlauf. – Wenige Meter rechts des Einstiegs zum Ostlerweg, wo an schönen Wochenenden die Kletterer manchmal schon Schlange stehen, steigen wir über eine breite, teilweise mit Latschen besetzte Felsrippe an und klettern immer unter Führung dieser bald gerade emporziehenden Rippe aufwärts. Eine 40-Meter-Querung unterhalb der schwarzen Gipfelwand leitet zum nicht gleich einsehbaren Weiterweg. Haben wir diese kleingriffige Mulde gequert, öffnet sich vor uns eine mächtige Schuttrinne, die aus dem Schatten der Nordwand zum kurzen Gipfelgrat emporführt. An einer vielgriffigen Rippe, die im unteren Teil die Schlucht teilt, und einem Klemmblock sind wir zwar weiterhin kletternd beschäftigt, kommen aber mit dem Fels gut zurecht. Bald stehen wir in der letzten Gratscharte des Westgrates, am sogenannten »Schafflersprung«, und können hier Klettergurt und Seil ablegen. Über leichte Schrofen erreichen wir bald den geräumigen Gipfel hoch über dem Inntal: sehr zufrieden, laut schnaufend! – Nur selten wird man noch das Glück haben, eine geruhsame Gipfelrast auf dieser einmaligen Aussichtskanzel genießen zu können, denn der versicherte Widauersteig und der einfache Südanstieg vom Hintersteiner See herauf locken zu viele Besucher an . . . Um so lieber denkt man dann an die gut zwei anregenden Kletterstunden am einsamen Leuchsweg zurück. Es sind 2 Stunden gespanntes Lebensglück.

150

Die Nordwand des Scheffauer im Wilden Kaiser mit den beiden markanten Platten links unterhalb des Gipfels. Links unten am Wandfuß das Kar »Großer Friedhof«, an dem links der Bildmitte der Einstieg zum Leuchsweg liegt. Die Rippe, über die unsere Kletterei führt, ist von einigen Latschenflecken bedeckt, die sich in der Wandmitte verlieren. Etwas oberhalb der letzten Latschen führt die 40-Meter-Querung nach rechts und leitet zur gut einsehbaren Schluchtrinne, die in der Scharte rechts unterhalb des Gipfels endet.

73 Drei Halten
Kleine Halt - Gamshalt - Ellmauer Halt

TALORT Kufstein, 484 m.

STÜTZPUNKTE Anton-Karg-Haus, 831 m, ÖAV, in Hinterbärenbad, Talschluß des Kaisertales, unmittelbar unter Drei Halten und Totenkirchl.

EINSTIEG Talein bis zum Naturfreundehaus, 925 m, hier scharf rechts ab (Markierung) und südwärts am Steig – Richtung Rote-Rinn-Scharte (Ellmauer Halt) aufwärts, am »Mirakel-Brünnl« vorbei bis zum Oberen Scharlinger Boden (Haltplatte links), etwa 100 m höher als die großen Blöcke links; 2.15 Std.

CHARAKTER/SCHWIERIGKEIT II am Einstieg in der Haltplatte und stellenweise am Übergang Kleine Halt–Ellmauer Halt, meist jedoch leichter, viel Gehgelände. Trotzdem ist Orientierungssinn notwendig!

ABSTIEG Von der Ellmauer Halt am gesicherten Steig in die Rote-Rinn-Scharte hinab und hier nordwärts, erst steil, dann flacher in den Riesenschuttkessel des Oberen Scharlinger Bodens und weiter am Steig – ins Kaisertal (2½ Std., eher weniger). – Abstieg ab Rote-Rinn-Scharte südwärts zur nahen Grutten-Hütte nicht sehr empfehlenswert, seitdem ein Bergsturz 1970 den Steig zerstörte.

FÜHRER/KARTEN AV-Führer, Kaisergebirge, Schubert/Zeis; Rother-Verlag, München. – AV-Karte, Nr. 8, Kaisergebirge, 1 : 25 000 (ideal, wichtig!).

HINWEIS Diese Überschreitung verlangt Orientierungsvermögen und AV-Karte. Trittsicherheit ebenfalls unerläßlich, da teilweise steile, etwas brüchige Schrofen. Die Gamshalt wird in jedem Falle nordwestlich umgangen. Sehr lange Tour (5–6 Std. im Fels!).

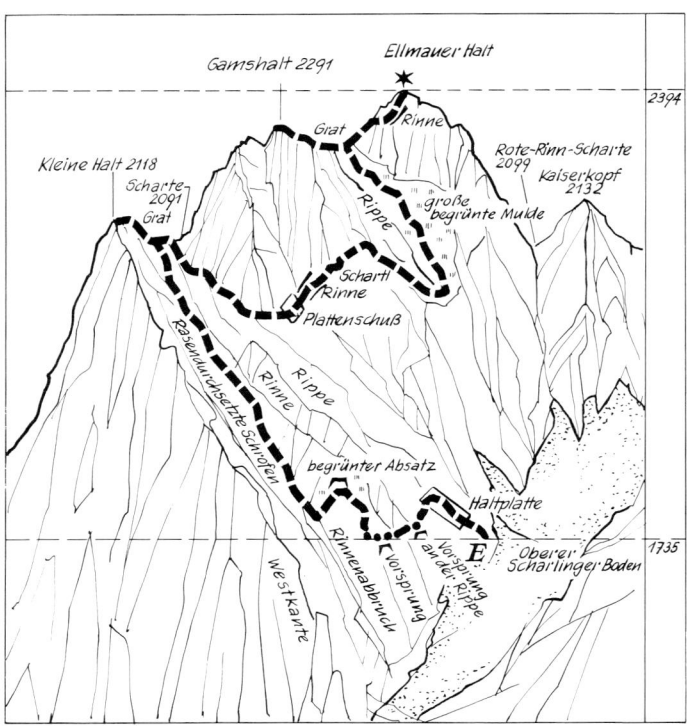

Ich möchte sie keineswegs zu den schönsten »leichten« Kletterführern dieses Bandes zählen – denn mit dieser sehr großen, langen und anstrengenden Überschreitung ist viel Geherei und Schrofenplage verbunden. Aber wir unternehmen in einem der schönsten und interessantesten Kalkgebirge der Alpen doch eine Parforcetour zwischen 850 und 2344 Meter Höhe, erst aufwärts und anstrengend, dann herrlich am Steig und endlich übermütig im Schutt abfahrend und das »Mirakel-Brünnl« keinesfalls übersehend . . . Unser Bild erklärt meine Neigung für diese Riesenkalktreppe, die ich nicht nur einmal überstiegen habe, zumeist natürlich die exponierte, aber leichte (III) Nordwestwand der Kleinen Halt über den Totensessel voransetzend. – Wir machen es nun, um dem Iller auszuweichen, einfacher: schwenken aus bereits 1700 Meter Höhe vom Oberen Scharlinger Boden scharf nach links ab und dies am spurenreichen Normalweg zur Kleinen Halt (siehe Führer) – überqueren dann die luftige Haltplatte und gewinnen gipfelwärts schnell an Höhe. Noch ein wenig Turnerei am Gipfelgrat, und wir stehen auf der Kleinen Halt (2118 m). Dort drehen wir uns um, steigen erst zur nahen Scharte (2091), dann am Sockel der Gamshalt rund 70 Meter abwärts zu einer Geröllterrasse, überqueren den kräftigen (im Bild beschatteten) Plattenschuß am nördlichen Ende bis in eine rinnenartige Verschneidung. Nun südlich steil hinauf in ein Schartl in der Westkante der Gamshalt (genauso hoch wie der Kleine-Halt-Gipfel). Jenseits noch kurz südlich empor, dann auf Schuttspuren 50 Meter abwärts, bis man über eine Rinne und Rippe in die große grüne Mulde zwischen Gamshalt und Ellmauer Halt queren kann. Jetzt geht es einfach, aber bereits mit weichen Knien, hinauf zum Verbindungsgrat und – 1. links leicht zur Gamshalt für Gipfelzähler; oder 2. gleich rechts zur Ellmauer Halt hinauf. Im letzteren Falle weicht man kurz unterm Gipfel einem schrofigen Zacken nach rechts in eine kleine Rinne aus, von der ein abwärts ziehendes Band auf der Ostseite des Grates weiterhilft. Über Schrofen geht es dann in die letzte Scharte des Grates, man steigt kurz westwärts in eine Schuttrinne ab, die dann zum Gipfel des höchsten Kaiserberges führt. – Zeit Tal – Einstieg 1.30 Std., Zeit Einstieg – Kleine Halt 2 Std., Zeit Kleine Halt – Ellmauer Halt gute 2 Std. – Jenseits der trotz Muskelschmerzen hinreißenden Gipfelrast bummelt man angstfrei am gesicherten Steig zur Rote-Rinn-Scharte hinab und versucht geschwind, die schnellen Rutschbahnen im Schutt des Oberen Scharlinger Bodens zu erreichen. – Warnung: In den brüchigen Felsen und Rinnen der zu querenden Westflanke der Gamshalt gibt es viel Verhauer! Man halte sich genau an den Führer, auch an die Informationskraft unseres Luftbildes und an die Forcierung der eigenen alpinistischen Intelligenz. Verhauer in brüchigem Kalk kosten neben Wadelschmerzen auch Nervenkräfte. – Die Tour über die Drei Halten ist lang, braucht Kraft und frische Augen: Man beobachte stets die Launen des Wetters, denn nasser Fels verdoppelt die Plage.

Blick (aus dem Flugzeug) von Nordwest auf den Kalkstock der Drei Halten: vorne Kleine Halt, dahinter Gamshalt und Ellmauer Halt. Rechts oben die Rote-Rinn-Scharte, darunter die Scharlinger (Schutt-)Böden, unser Zustiegsweg zum Einstieg bis in rechte Bildmitte. Die berühmte Nordwestwand der Kleinen Halt in tiefem Schatten. Sonne und Schatten markieren auch unsere Führe. Links der Kleinen Halt der Hohe Winkel unter der Vorderen Karlspitze.

74 Totenkirchl
Über Führerweg und Schmidtrinne

TALORTE Kufstein, 484 m. – St. Johann in Tirol, 660 m. – Griesenau, 727 m (Bus von St. Johann und Kössen).

STÜTZPUNKTE Stripsenjoch-Haus, 1580 m, ÖAV; am Stripsenjoch zwischen Kaiser- und Kaiserbachtal. Ab Kufstein 3–4 Std., ab Kfz (bis Griesner Alm) knapp 2 Std. – Griesner Alm mit Kfz nur gegen Mautgebühr. Nächtigung möglich, Stripsenjoch-Haus oft überfüllt!

EINSTIEG Ab Stripsenjoch-Haus schnurgerade auf das Totenkirchl zu, interessant durch den »Teufelswurzgarten«, oben bis (Skizze) links hinauf zu Rinne und kleinem Schartl, ehe man den langen Quergang begeht. Man kann auch gerade hinauf zum Führerkamin, das aber ist etwas schwieriger!

CHARAKTER/SCHWIERIGKEIT Stellenweise III –, meist II; teilweise Gehgelände, teilweise aber auch recht luftig. – Zeit für Zweierseilschaft: 2.30–3.30 Std.

ABSTIEG Genau wie Aufstieg. Evtl. kann der Geübte (mit Seilkameraden) in der oberen Schmidtrinne und am Führerkamin abseilen.

FÜHRER/KARTEN AV-Führer, Kaisergebirge, Schubert/Zeiss; Rother-Verlag, München. – AV-Karte, Kaisergebirge, 1 : 25 000 (kaum benötigt!).

BILD Das Totenkirchl im Wilden Kaiser von Norden, am Stripsenkopf aufgenommen. Wir sehen links unten die senkrechte Ostwand überm schwarzen »Schneeloch«. Unser Führerweg verläuft von rechts unten über die mächtige, links ansteigende Terrasse bis dicht an die Bildmitte, wo der große Quergang nach rechts (Westen) zur Schmidtrinne beginnt. Ganz rechts, aber noch links der auffallenden Latschenterrasse, zieht senkrecht die dünne feine Schmidtrinne nach oben – unten mehr Riß, oben mehr Kamin. Darüber die nach links ansteigende Zweite Terrasse. Ganz oben die ebenfalls nach links ansteigende 3. Terrasse. Der Gipfelblock ist nicht mehr sichtbar.

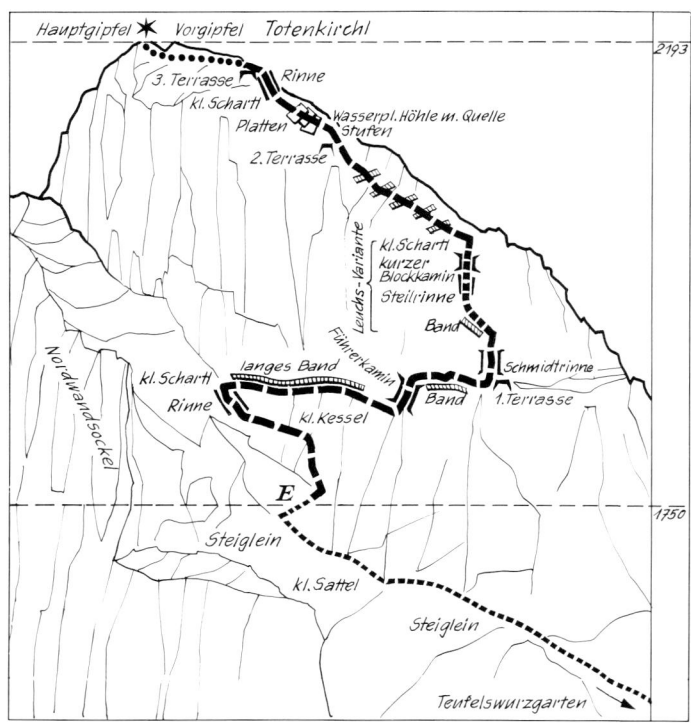

Totenkirchl, Totensessel, Fleischbank, Beichtstuhl – das klingt nach Bluttat und Reue . . . aber auf jedem dieser Gipfel des Wilden Kaiser jodelt der Kletterer vor Stolz und Freude. Wir besteigen diesen berühmtesten Gipfel des Wilden Kaiser von Kufstein oder von Kössen her, auf der Griesner Alm oder am Stripsenjoch-Haus nächtigend. Und wir begehen als leichteste Route den Führerweg, wie ihn Skizze und Bild bis in die Details vorstellen. Das Ganze ist reizvolle, brave Turnerarbeit bei leichtem Nervenkitzeln am Führerkamin, in der Schmidtrinne und in der Leuchs-Variante; der Rest oben ist feierliche Wallfahrt zum berühmtesten und leichtesten Kaisergipfel . . . Denn Zweite und Dritte Terrasse sind grün gesprenkelte Felsterrassen, und dazwischen hat man nur noch vor und hinter der Wasserstelle etwas Turnunterricht. Nur ganz oben, aus der letzten Scharte unterm Gipfel, hat man sich auf einer plattigen Wandstufe und gleich darauf an einem luftigen Band in der »Schneeloch«-seite zu bewähren, ehe man jubiliert. Denn dann folgt nur noch eine zerschlissene Kalkstufe, und das erlösende Gipfelkreuz ist erreicht. – Mein Ratschlag: Man studiere den AV-Führer, den Pit Schubert und Wolfgang Zeis frisch aufgemöbelt haben. Diese Vorarbeit und gute Augen für abgekratzten Fels genügen, um den Gipfel sicher zu erreichen. Ich sage »Führer lesen!«, weil sich das Totenkirchl einige Schikanen vorbehält, die Mutlose zur Resignation treiben können. Da ist (siehe Skizze) nach Einstieg und Kessel die Rinne mit dem kleinen Schartl darüber, wo das überlange Band nach rechts erst den berüchtigten, aber leicht und genußreich zu erkletternden Führerkamin serviert. Hierfür gibt der AV-Führer Details, schon um die Stemmarbeit im überhängenden Spalt des Kamins zu leisten. Dann passe man am langen Band nach rechts auf, daß man nicht zu früh nach links in einen Kamin einsteigt. Erst der Führerkamin ist der Richtige! Dort klettert man am Rand der Rinne an besten Griffen empor bis in die tiefe Kaminrinne unter dem großen Klemmblock; kurz vorher weicht man links in die interessante Leuchs-Variante aus. – Ich warne: Das Totenkirchl bietet am Führerweg leichten Fels nur, wenn man die im Führer beschriebene Original-Route nicht verläßt. – Beim Abstieg kann man vom Klemmblock der Schmidtrinne und auch am Führerkamin gut abseilen! Kann aber ebenso gut – vom Kamerad gesichert – abwärts klettern. – An diesem Totenkirchl gibt es nur diesen einen wirklich »leichten« Kletterweg unter den vielen Führen! Man studiere ihn schon vom Hüttenvorplatz und aus dem »Teufelswurzgarten«, dann verlaufen sich letzte Ängste spätestens im Führerkamin. – Ich habe am Totenkirchlgipfel noch nie traurige Menschen gesehen. Alle sind – hinter leuchtenden Augen – gespannt, ängstlich, ein bisserl verklemmt, fröhlich. Nach dem letzten Krieg war ich (als Münchner ohne Auto, aber mit Fahrrad) viele Male auf diesem Totenkirchl. Es war »Zwang«, denn meistens mußte ich unerfahrene Mädchen am Seil zu Kletterinnen erziehen . . .

Österreich / Wilder Kaiser / Kalk / 2283 m / II

75 Karlspitzen
Ein wenig bekannter Kaiseranstieg

TALORT Kufstein, 484 m, und Ellmau, 812 m.

STÜTZPUNKT Hinterbärenbad, 831 m, im Kaisertal; 2.30 Std. von Kufstein – Stripsenhoch-Haus ,1580 m; 1 Std. von der Griesner Alm, bis dorthin mit Kfz. – Grutten-Hütte, 1620 m, 1.15 Std. von der Wochenbrunneralm, bis dorthin von Ellmau mit Kfz.

EINSTIEG Im Kar »Hoher Winkel«, etwa 120 m oberhalb des Ausgangs der Winklerschlucht, von Hinterbärenbad 2.15 Std., vom Stripsenhoch-Haus 1 Std., von der Grutten-Hütte über das Kopftörl in 1.30 Std. – Einstieg in 1720 m Höhe.

CHARAKTER/SCHWIERIGKEIT II, im oberen Teil leichter, stellenweise verwaschene rote Farbmarkierungen. – Zeit für Zweierseilschaft: 2.30 Std.

ABSTIEG Über den rot markierten Normalweg durch die Ostflanke zum Ellmauer Tor, von hier nach Süden zur Wochenbrunneralm oder nach Norden durch die Steinerne Rinne zur Griesner Alm. Der Beginn dieses Abstieges befindet sich in einer Gratscharte des Verbindungsgrates, näher dem Gipfel der Hinteren Karlspitze.

FÜHRER/KARTEN AV-Führer, Kaisergebirge, Schubert/Zeis; Rother-Verlag, München. – Kleiner Kaiserführer, Schmitt/Zeis; Rother-Verlag, München. – AV-Karte, Nr. 8, Kaisergebirge, 1 : 25 000.

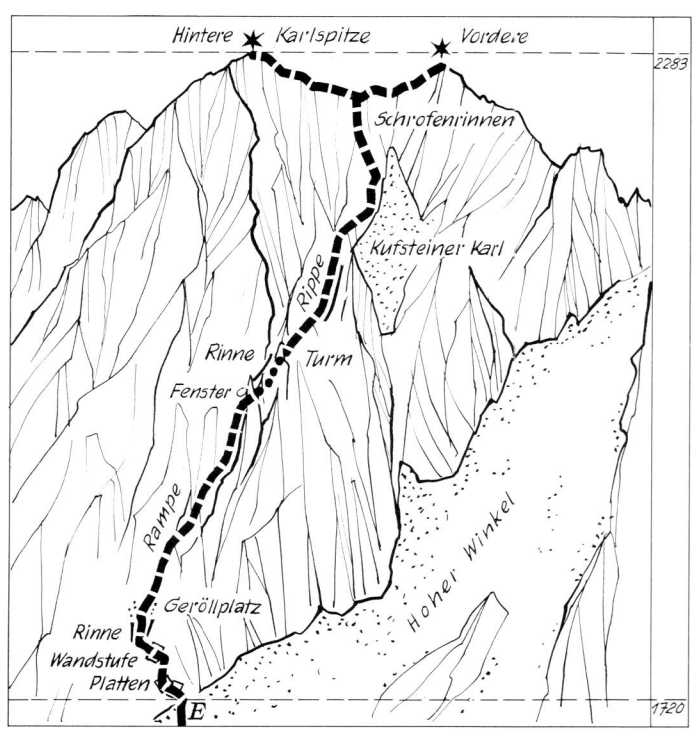

Westlich des Ellmauer Tores, dieser großartigen, breiten Einsenkung im gezackten Kamm des Wilden Kaiser, erhebt sich der einem großen Zelt ähnelnde Kalkstock der Karlspitzen. Steigt man von Süden durch das Geröll des Kübelkars an, so beeindrucken die senkrechten und mauerglatten Ostwände und der sich steil aufschwingende Südostgrat der Vorderen Karlspitze. Diese Wände haben bei den extremen Kletterern einen klangvollen Namen. Adolf Göttner setzte hier im Jahr 1935 mit der Erkletterung der fugenlos scheinenden Plattenflucht einen Meilenstein in der weiteren Erschließung der Wände des Wilden Kaiser. Vom Ellmauer Tor aus betrachtet, geben sich die beiden Karlspitzen relativ zahm, lediglich eine steile Schrofenflanke zieht zum Verbindungsgrat beider Gipfel empor. Über diese Flanke leitet auch der kürzeste und leichteste Anstieg, den wir als Abstiegsroute begehen. Auf der Westseite erheben sich die Karlspitzen mit einer 560 Meter hohen, teils felsigen, teils schrofigen Flanke aus dem Hohen Winkel. In halber Höhe befindet sich hier die Schrofenmulde des Kufsteiner Karl, das den beiden Gipfeln den Namen gegeben hat. Über diese Seite führt auch unser ziemlich einsamer, jedoch abwechslungsreicher Anstieg. Der Einstieg, eine plattige Stelle, ist nicht immer leicht zu finden, besonders im Frühsommer, wenn noch Schnee am unteren Plattenrand liegt. Einige verwaschene Farbtupfer markieren die richtige Stelle. Nach einer Linksquerung zu einem Rasenflecken kommt man bereits bald an die »Schlüsselstelle« der Tour: ein kurzes, fast senkrechtes Wandl mit einem auch für Anfänger ausreichenden Angebot an guten Griffen. Damit ist das Schwierigste überwunden, und als neuer Richtpunkt dient uns nun ein markanter Felsturm, der die Form einer aufgestülpten Kapuze hat. Zu ihm führt eine lange, ansteigende Rampe empor. Am Fuß des Turmes schlüpfen wir durch ein Felsenfenster in eine tiefe Rinne, die links am Turm vorbeizieht. Oberhalb leiten dann die Farbmarkierungen über grasdurchsetztes Steilgelände hinauf zum Verbindungsgrat. Rund 2.30 Stunden, nachdem wir im »Hohen Winkel« eingestiegen waren, können wir dann am einsamen Gipfelblock der Hinteren Karlspitze Brotzeit machen und ins düstere Schneeloch hinabblicken. Gegenüber erhebt sich aus der Winklerscharte der elegante Südostgrat des Totenkirchl und aus dem Kaiserbachtal steigen die Kalktreppen des Fleischbank-Nordgrates empor, eine der klassischen Genußkletterein im III. Schwierigkeitsgrad. Wer noch über den teilweise recht schmalen Verbindungsgrat hinüber zur Vorderen Karlspitze spaziert, der kann sich im Zentralalpenkamm, den er von den Niederen Tauern bis zu den westlichen Zillertalern bestens überblickt, neue, höhere Gipfel für Touren in Eis und Urgestein heraussuchen. – Beim Abstieg am Normalweg zum Ellmauer Tor achte man darauf, daß man am Grat die richtige Abstiegsscharte findet. Sie liegt näher zum Gipfel der Hinteren Karlspitze. Der stolpernde Rest ist wildes Abfahren im Geröll . . .

156

Das Totenkirchl (links im Vordergrund) und die beiden Karlspitzen von Nordwest gesehen. Unser Einstieg befindet sich wenig unterhalb der Stelle, wo Schnee und Geröll am weitesten in die Westflanke der Hinteren Karlspitze hinaufreichen. Wo die den größten Schatten werfende Trennungsrippe der Wand senkrecht auf den Sockel abbricht, durchsteigen wir ein Felsenfenster und gelangen so durch eine steile Rinne zu den mit Graspolstern durchsetzten Steilhängen, die zum Verbindungsgrat der beiden Gipfel emporziehen. Rechts am Bildrand das Kopftörl, wo der berühmte Kopftörlgrat zur Ellmauer Halt ansetzt.

76 Ackerl-/Hochgrubachspitze
Hohe Kaisergrate

TALORTE Ellmau, 812 m. – Going, 780 m. – Griesenau, 727 m.

STÜTZPUNKTE Gaudeamus-Hütte, 1267 m, AV, (20 Min. von der Wochenbrunneralm, bis dorthin von Ellmau mit Kfz). – Ackerl-Hütte, 1445 m, AV, unbewirtschaftet. 1.30 Std. von der Gaudeamus-Hütte, 2.30 Std. von Going. – Fritz-Pflaum-Hütte, 1865 m, AV, im Griesner Kar, unbewirtschaftet, 2.30 Std. von der Griesner Alm (bis dorthin von Griesenau mit Kfz).

EINSTIEG Auf der Südseite: am Ackerlsporn in ca. 1700 m Höhe. Auf der Nordseite: im Griesner Kar in ca. 1900 m Höhe.

CHARAKTER/SCHWIERIGKEIT Ackerlspitze von Süden oder Norden I; Übergang zur Östlichen Hochgrubachspitze II; Übergang zur Westlichen Hochgrubachspitze II. – Zeit: 4–4.30 Std.

ABSTIEG Von der Westlichen Hochgrubachspitze zum »Schönwetterfensterl« und den Farbmarkierungen folgend über steiles Gras nach Süden ins Hochgrubach. Bei Abstieg nach Norden geht man besser vom »Schönwetterfensterl« noch ca. 15 Min. in westlicher Richtung zur Regalscharte weiter (Farbmarkierungen) und steigt dort durch eine breite Geröllrinne ins Griesner Kar ab.

FÜHRER/KARTEN AV-Führer, Kaisergebirge, Schubert/Zeis; Rother-Verlag, München. – Kleiner Kaiserführer, Schmitt/Zeis; Rother-Verlag, München. – AV-Karte Nr. 8, Kaisergebirge, 1 : 25 000.

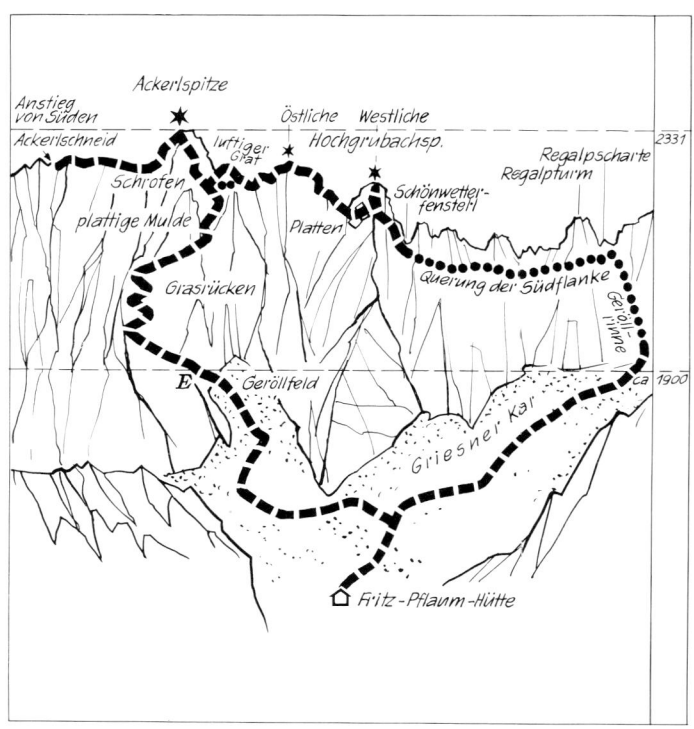

Als Professor Peter Carl Thurwieser im Jahr 1826 (!) die Ackerlspitze erstmals erstieg, glaubte er, damit den höchsten Berg des Kaisergebirges betreten zu haben. Erst einige Jahre später wurde dieser Irrtum erkannt, und die Ackerlspitze mußte den Ruhm des höchsten Kaisergipfels an die um 13 Meter höhere Ellmauer Halt abgeben. Von Süden zeigt sie sich mit einer ziemlich verwickelt gebauten Wand, von Norden aus dem Griesner Kar zieht ein steiler Schrofenhang zu den Gipfelfelsen der hornförmigen Spitze hinauf. Westlich der Akkerlspitze bilden die beiden Hochgrubachspitzen die Fortsetzung des Gratkammes, der sich dann weiter bis zu Predigt- und Beichtstuhl hinzieht. Nur hohe und schmale Einschartungen trennen die Gipfel voneinander. Die Überschreitung von der Ackerl- zur Westlichen Hochgrubachspitze ist eine genußvolle und unterhaltsame Gratkletterei, die zudem noch den Vorteil hat, daß man nie viele Höhenmeter absteigen muß, um von einem zum anderen Gipfel zu gelangen. – Wer von Süden kommt, steigt etwas östlich der ehemaligen, abgetragenen Ackerl-Hütte ein. Bereits am Schrofenvorbau trifft man auf die ersten Eisenstifte, denn der Weg wird zu den »Klettersteigen« gerechnet; zum Glück konnte sich hier kein Drahtseil-Fabrikant gesundstoßen, einige Eisenringe und -stifte sind die einzigen Hilfen. Ein schmales Weglein leitet weiter in das kleine Hochkar Niedersessel. Über eine Steilstufe steigt man dann direkt zur Ackerlschneid, dem Verbindungsgrat zwischen Ackerlund Maukspitze, hinauf. Diese Maukspitze kann man übrigens auch noch »mitnehmen«, wenn man im Niedersessel-Kar dem Weg nach Osten durch die markante Rampe auf die Flachschneide und von dort auf die Maukspitze folgt; über die Ackerlschneid gelangt man dann wieder auf den Normalweg. Alle diese Wege sind gut markiert und für Trittsichere und Schwindelfreie gefahrlos zu begehen. Für die Kletterei ohne künstliche Sicherungen hat man sich dann gerade warmgelaufen. Anfangs ist es noch Schrofengelände, das vom Gipfel der Ackerlspitze zur Scharte im Grat zur Hochgrubachspitze hinunterleitet. Durch eine südseitig ansetzende Rinne wird der Grat wieder erreicht. Ein ausgesprochen luftiger Grataufschwung endet am schmalen Gipfelfirst der Östlichen Hochgrubachspitze. Große Griffe und Tritte helfen über dieses ausgesetzte Stück hinweg. Beim Weiterweg zur Westlichen Hochgrubachspitze bildet eine plattige Wand, in die man aus der tiefsten Scharte einige Meter hinausquert, die reizvollste Stelle. Von unserem letzten Gipfel geht es den roten Markierungen folgend über steiles Gras und kleine Felsstufen hinab ins schmale »Schönwetterfensterl« und weiter südwärts über steiles Gras und einige Felsstufen ins Hochgrubachkar, aus dem man dann glückselig zur kalten Radlermaß beim Stanglwirt oder bei der Gaudeamus-Hütte stiefelt. – Wer die Tour von Norden angeht, steige nicht schon beim »Schönwetterfensterl« ab, sondern quere auf der Südseite Regalscharte, aus der er dann ins Griesner Kar »abfahren« kann.

Die südliche Begrenzungsmauer des Goinger Kaiser von Norden gesehen. Unsere Gratüberschreitung kann kaum deutlicher verfolgt werden als hier: links die waagrechte Ackerlschneid, dann die Ackerlspitze mit dem dunklen Schrofenhang im unteren Teil, der lange Gratkamm der Östlichen, darauf der spitze Gipfel der Westlichen Hochgrubachspitze, schließlich das tief eingeschnittene »Schönwetterfensterl«, rechts folgen noch Regalpturm und Regalpspitze. In der Bildmitte die kleine Fritz-Pflaum-Hütte im Griesner Kar, links im Vordergrund die Westflanke des Mitterkaiser.

77 Leoganger Dürrhörner
Einsame Überschreitung hinterm Birnhorn

TALORT Leogang, 786 m, bei Saalfelden, Land Salzburg.

STÜTZPUNKT Passauer Hütte, 2033 m, AV, dicht über der Mittagsscharte, gegenüber dem Fahnenköpfl; bewirtschaftet. Gute 4 Std. ab Leogang (Pkw bis Ullach), anstrengend, teils gesicherter Steig. Ab Ullach nur 3.30 Std. – Evtl. Aufstieg ab Diesbach-Mühle, 682 m, im Tal der jungen Saalach (6 km südl. von Lofer). Durch das verkarstete Hochgrubkar in knapp 4 Std. zur Passauer Hütte.

EINSTIEG Ab Hütte westwärts Richtung Kuchelnieder bis zum Fuß des Birnhorn-Ostgrates, der wie ein Keil auf das Metzhörndl zielt. Nun im Bogen nordwärts durchs Kar, über die Metzhörndlnieder und nördlich dicht bis an die Südabstürze des Dürrkarhorns (ganzes Revier wasserlos!); an ihnen kurz westlich entlang zu einer steilen, grasdurchwachsenen und ehmigen Rinne, die östlich des letzten Grataufschwunges vom Dürrkarhorn-Westgrat absinkt (1.15 Std. ab Hütte). Durch diese Rinne (II, dann I) auf den Grat Das ist zugleich der Einstieg! – Die Führe ist eine Überschreitung, man klettert rund 2.30 Std.

CHARAKTER/SCHWIERIGKEIT Gratkletterei meist in II. Grad, am Mittleren Schoßhorn, stellenweise —III.

FÜHRER/KARTEN AV-Führer, Loferer/Leoganger Steinberge, Dürnberger; Rother-Verlag, München (nicht zureichend für die Führe). – AV-Karte, Leoganger Steinberge (hervorragend!), 1 : 25 000.

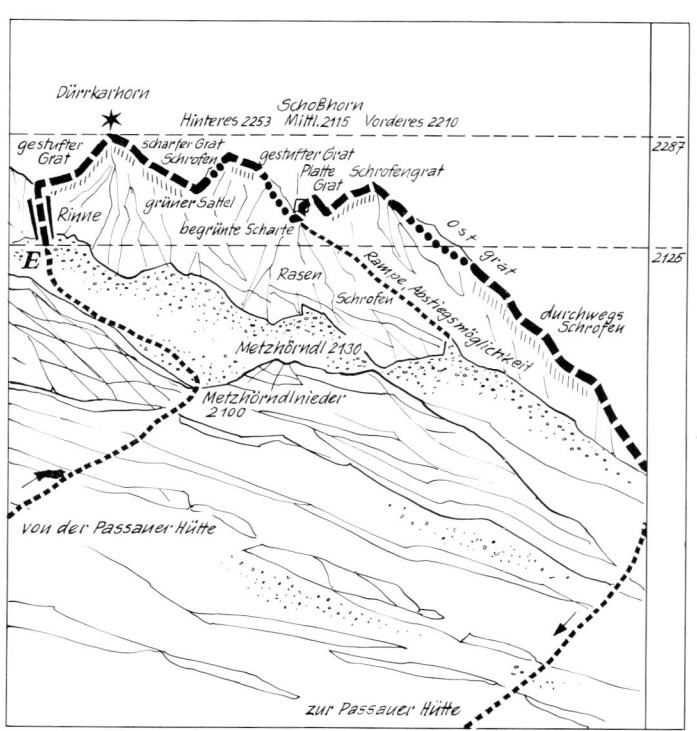

So nahe den vielbesuchten Berchtesgadener Alpen, so rasch von Lofer, Salzburg und München zu erreichen – und doch recht vereinsamt: die Leoganger Steinberge, die dennoch zweifach in diesem Buche auftreten. Leoganger Ache und junge Saalach umfließen diesen seltsam stillen Steinberg, bewässern ihn aber nicht. Nirgendwo in den verkarsteten Hochkaren gibt es Wasser oder gar eine Quelle. Das einzige bekömmliche Wasser ist im Bierflascherl des Wirts der Passauer Hütte enthalten . . . Über dieser Hütte, an der wir nach steilem, anstrengendem, aber landschaftlich großartigem Anstieg in die kurios ausgestorbene, von mächtigen, 1200 Meter hohen Steinbergen getragenen Karstwelt eindringen, steht, fein strukturiert, unser Fahnenköpfl samt Mitterhorn (von Führe 78). – Wir steigen in aller Herrgottsfrühe von diesem Fahnenköpfl und seiner Mittagsscharte westwärts ins riesige Hochgrubkar, nehmen ab Birnhorn-Ostgratsockel nordwärts die Metzhörndlnieder (Scharte) und steigen dann gegenüber auf der Hochgrubscharte in den Westgrat des Dürrkarhorns ein. Die Rinne zum Einstieg ist etwas grasig und lehmig, aber schon etwas schwierig (II, dann I). Die folgende Kletterei zum Gipfel, 2287 m, ist reizvoll (I und II); am Gipfel haben wir aber schon 2 bis 2.30 Stunden hinter uns gebracht. – Der folgende Ostgrat des Dürrkarhorns ist bei starker Exposition etwas schrofig, aber bis zur Scharte vor dem Hinteren Schoßhorn nicht schwierig. Der folgende felsige Westgrat zum Hinteren Schoßhorn, 2253 m, ist wieder schön (II), der Abstieg zur Scharte vor dem Mittleren Schoßhorn Grad I, dabei klettert man stets knapp unter der nördlichen Gratkante. Das Mittlere Schoßhorn ist die Paradestelle dieser kleinen Überschreitung; es wirft sich kühn auf und verlangt am steilen, luftigen Westgrat schon Grad —III. Vom Gipfel, 2115 m, geht es am Ostgrat (stellenweise II) in die Scharte vor dem Vorderen Schoßhorn und ohne Schwierigkeiten am schrofigen Westgrat zum Gipfel (plus 1.30 Std. ab Dürrkarhorn). – Der Abstieg erfolgt vom letzten Gipfel am nicht mehr schwierigen Ostkamm bis zu einer verfallenen Sennhütte im »Gramler Trett«; dort wenden wir uns südlich dem bezeichneten Steig Diesbach-Passauer Hütte zu (plus 1.30 Std. ab letztem Gipfel). – Wer auf dieser einsamsten Führe dieses Buches seinen Gram losgeworden ist, sollte die Augen weit aufmachen: Der Ausblick aus dieser verlorenen Stille hinüber zu Watzmann und Hundstod, Hochkalter und Wildseeloder, zu Großglockner, Wiesbachhorn und Großvenediger ist von starker Wirkung. Übertroffen freilich vom Schock, den wir beim Tiefblick von allen unseren vier Gipfeln haben – nordwärts hinab in das menschenleere, doch stark von Gemsen belebte Obere und Untere Ebersbergkar – und beim Blick auf ein Dutzend selten betretener Gipfel des westlichen Leoganger Rothornkammes. Wie ist die Welt noch still und schön . . . Aber der gelernte Alpinist muß hier ein Flascherl Wasser, ein Spitzenkletterer ein Flascherl Bier mitnehmen! Die trockene Riesenöde ist unheimlich.

Blick vom östlichen Birnhornsockel über die verkarstete Hochgrub hinweg auf (von links oben) Dürrkarhorn, dann Hinteres, Mittleres und Vorderes Schoßhorn. Vorgelagert das Metzhörndl mit der flachen Scharte unseres Überganges zum Einstieg: links oben am Dürrkarhorn-West-grat!

78 Fahnenköpfl/Mitterhorn
Überschreitung aus der Mittagsscharte

TALORT Leogang, 786 m, dicht westwärts Saalfelden (Land Salzburg).

STÜTZPUNKT Passauer Hütte, 2033 m, AV, über der Mittagsscharte; gute 4 Std. ab Leogang (Pkw bis Ullach). Teils gesicherter Steig, anstrengend durch viele Serpentinen am Südhang – still, abseits vom Alpen-Run.

EINSTIEG Unmittelbar über der Mittagsscharte am Rasenkamm links, der zu den Felsen zieht (10 Min.). Einstieg in die zwei unteren Felsstufen, Richtung Nordwest-Westwand.

CHARAKTER/SCHWIERIGKEIT III —, Kletterzeit für die gesamte Überschreitung: 3 Std.

ABSTIEG Mitterhorn-Ostgrat zur Hohenfeldscharte, 1955 m, Grad I+, Trittspuren beachten. Von der Scharte Abstieg nach Norden, dabei dicht unter den Mitterspitzen-Nordwänden querend zur Mittagsscharte zurück (45 Min.).

FÜHRER/KARTEN AV-Führer, Loferer/Leoganger Steinberge, Dürnberger; Rother-Verlag, München. – AV-Karte, Nr. 9/2, Leoganger Steinberge, 1 : 25 000 (ideal!). – FBK, Nr. 10, Berchtesgadener Land, 1 : 100 000.

HINWEIS Diese Tour gilt als klassische Hüttenführe. Sie wäre viel begangen, wenn die Leoganger Steinberge nicht so gut versteckt wären und deshalb wenig besucht sind. Der ganze Bergstock ist, ähnlich wie die benachbarten Loferer Steinberge, von einer Riesenwolke milden Friedens eingehüllt.

BILD Die Frühjahrs-Firnhänge unter dem Birnhorn grenzen Fahnenköpfl und Mitterhorn gegen den 1500 m tiefer, im Schatten liegenden Mitter-Pinzgau bei Leogang und Saalfelden ab. Rechts neben der Mittagsscharte die Passauer Hütte. Deutlich sind am Fahnenköpfl die beiden Rampen zu erkennen, der Priesterecker-Kamin ist leicht verdeckt. Im Hintergrund dominieren Steinernes Meer, Hochkönig und Schladminger Tauern über den Dientner Bergen.

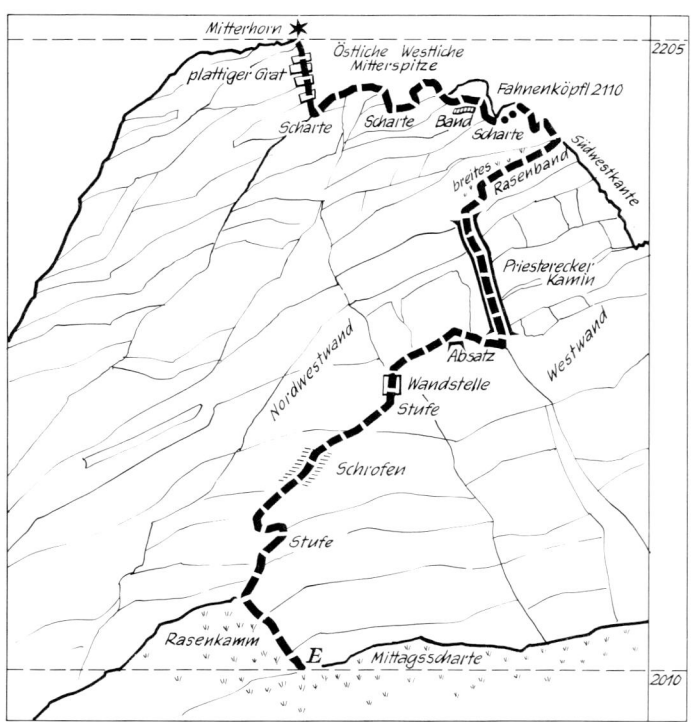

Leoganger und Loferer Steinberge, zwischen grünen Kitzbüheler Schieferkuppen im Westen und dem Riesenkalkplateau des Steinernen Meeres im Osten eingefaßt, bilden zwei aus gutem Grund vereinsamte Kalkstöcke. Beide Tafelplateaus mit steil abfallenden Randmauern, weisen sie auch noch lange steile Serpentinenwege auf, die ins Innere der verkarsteten Hochkessel führen – in strenge, leere, vollkommen trockene Wüsteneien . . . »Nicht einmal gemalen möcht' ich dort oben sein!« sagte einmal mein alter Pasinger Klubfreund Karl Haberland. Das ist randmünchnerisch, perfekter Vorstadtjargon: aber wie richtig! . . . Was dort oben an der Passauer Hütte fasziniert, ist zunächst nur die architektonische Disziplin der schrägen Kalkbänder am Birnhorn, ungeheure Diagonalen als erdgeschichtliche Lehrtafeln – und dann erst die Architektur unseres Kalkstockes Fahnenköpfl–Mitterhorn. Da braucht man gar nicht mehr südwärts auf den Großglockner schielen, da bleibt man, klettert, rastet, trinkt statt an springenden Bergwassern aus den Biertöpfen der Hütte . . . Unsere Überschreitung – redlich Grad III –, meist aber II + – gilt als eine der beliebtesten Hüttentouren für ernsthafte Kletterer: Man bleibt dennoch im Bereich des »leichten Fels«. – Skizze und Bild zeigen die Struktur, zwei Rampen mit Schutt; man klettert in einem nicht ganz einfachen Riß auf die erste, dann leichter auf die zweite Rampe, und nun ein kleiner Abstieg nach rechts in den wuchtigen Priesterecker-Kamin – davor der anstrengende Einstieg in den Riß, der sich nach einem kurzen Kriechband kaminartig erweitert. Es folgt allerschönste Kaminkletterei und dann der Ausstieg mit einem weiten Spreizschritt nach links auf die schrofige Terrasse . . . Ein breites Rasenband leitet uns nach rechts zur Südwestkante des Gipfelaufbaues; sie offeriert mäßige Steigung und festen Fels. Der wuchtig aufgesetzte Gipfelblock wird direkt über die Westkante erklettert oder mittels menschlichem Steigbaum vom Band aus (durch eine plattige Verschneidung an der Nordseite) – oder wird vom Band aus über die Südwand erreicht. – Die nahen Mitterspitzen, drei Zacken im Nordgrat des Mitterhorns, werden ab Fahnenköpfl durch einen 5-Meter-Kamin und über ein Band der Nordseite erreicht und in fein exponierter Kletterei überschritten. Das Mitterhorn selber ist plattig, aber man kann in der Nordseite überall ausweichen. Sein Westgrat ist etwas schwieriger. – Wir steigen über den Ostgrat in die Hohenfeldscharte ab und klettern dann in langgezogenem Bogen in der Nordflanke der Mitterspitze wieder westwärts, zuweilen auch am Sockel der Felsen – bis wir plötzlich wieder in der Mittagsscharte stehen – vor der Hütte. Wer den AV-Führer Loferer/Leoganger Steinberge von Dürnberger neben der uralten, aber brillanten AV-Karte (1 : 25 000) Leoganger Steinberge genüßlich studiert hat und dann einmal unmutig zur Passauer Hütte aufgestiegen ist, kehrt nach Tagen überglücklich zurück, nach Diesbach-Weißbach, zu Salzachwassern und Wirten. Ein Hinweis: Wer nur den Kletterfels allein sieht, ist blind!

79 Watzmann
Die Wiederroute aus dem Watzmannkar

TALORTE Berchtesgaden/Königssee, 602 m. – Ilsank, 579 m. – Ramsau-Wimbachbrücke, 625 m (Bus Berchtesgaden-Hintersee).

STÜTZPUNKTE Kührointalm, 1420 m, privat; 2–2.30 Std. von den Talorten. – Watzmannhaus, 1927 m, AV; 3.30 Std. vom Tal.

EINSTIEG In etwa 2000 m Höhe aus dem Watzmannkar, oberhalb der Gletscherreste; 2 Std. von Kühroint, 1.15 Std. vom Watzmann-Haus.

CHARAKTER/SCHWIERIGKEIT III –. – Zeit für Zweierseilschaft: 2.30–3.30 Std.

ABSTIEG Über das Hocheck zum Watzmann-Haus (– II) in etwa 1.30 Std. – Nur sehr erfahrene Hochalpinisten riskieren die lange Überschreitung über alle Gipfel hinweg (II) ins Wimbachtal (schwierig zu findender, bei Unwetter sehr gefährlicher Abstieg!). Man kommt hier zur Wimbachgries-Hütte, 1327 m; etwa 4 Std. und länger! Ab hier noch gute 2 Std. zur Wimbachbrücke (Ramsau).

FÜHRER/KARTEN AV-Führer, Berchtesgadener Alpen, Zeller/Grassler; Rother-Verlag, München. – BLVA-Karte, Berchtesgadener Land, 1 : 50 000.

BILD Einblick in die Ostwand der Watzmann-Mittelspitze. Im rechten Bildteil oben das Hocheck, ganz links oben der Grat zur Südspitze, an der die klassische Watzmann-Ostwand-Route ausmündet. Man kann die Riesentour nach der Skizze im Bild fast ganz verfolgen; nur den einfachen Schlußabstieg zum Watzmann-Haus sehen wir nicht mehr.

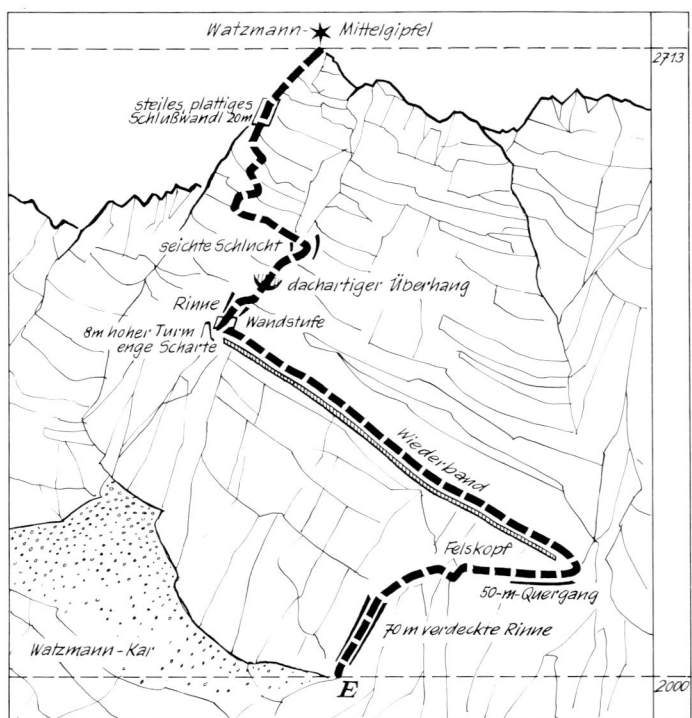

Der Watzmann über dem Königssee und seine eher berüchtigte als berühmte Ostwand über St. Bartholomä bedeuten »schweren Fels« und einen überlangen Klettertag – wir aber bevorzugen »leichten Fels« und ersteigen deshalb den Watzmann-Mittelgipfel aus dem Watzmannkar über das »Wiederband«. Unser »leichter Fels« ist am Watzmann leider öfters auch leicht brüchiger Fels. Diesen zu Trittsicherheit, offenen Augen und hochalpiner Vorsicht zwingenden Nachteil gleicht die sozusagen olympische Großartigkeit dieser Ostwandszene aus. Hoch über dem Königssee, zuletzt weithin Salzburger Land überschauend, steigen und klettern wir in der aus dem Watzmannkar aufsteigenden »kleinen« Ostwand direkt zum Mittelgipfel – links unausgesetzt auf die klassische Riesen-Führe in der Bartholomä-Wand schauend, die dem erfahrenen Kletterer bei vollen 1800 Meter Wandhöhe weniger schwierige Kletterei als vielmehr Kraft, Ausdauer und Besonnenheit abverlangt. Ein schneller Wetterumschlag hat in dieser Wand schon viele Seilschaften in äußerste Gefahr gebracht . . . Wir klettern auf denselben Mittelgipfel, jedoch diesmal direkt aus dem Watzmannkar; wir haben hier nur rund 700 Meter statt 1800 Meter Wandhöhe zu bezwingen! Die spitzen »Watzmannkinder« begleiten uns zur Linken des Kares bis zum Einstieg auf etwa 2000 Meter Berghöhe. Eine verdeckte Rinne (im Foto rechts der Bildmitte) führt uns an den sie bekrönenden Felskopf und hinauf auf das berühmte breite Band – nach einem der Erstbegeher »Wiederband« benannt: Eine starke Spannung erfüllt uns, wenn wir auf dieser abfallenden Riesenterrasse ansteigen, um den angelehnten Turm am Hauptkörper des Berges genau dort zu erreichen, wo wir in der Fallinie des Watzmann-Mittelgipfels rasten . . . Vorbei das lange schräge »Wiederband«! Wir rasten hier direkt am Felskörper der Mittelspitze, passieren eine enge kleine Scharte (rechts Hauptwand, links ein 8 m hoher Turm), gelangen in der Mitte der folgenden Steilrinne links zu einem Durchschlupf mit Steinmann und kommen durch die Rinne schräg rechts empor, endlich bis zum großen gelben Wandaufbau. Hier folgt eine permanente »Stufenleiter«, doch der Kalkfels ist trotz abgeschrägter Riesenstufen gut zu begehen. Dabei geht es erst links an einem auffallenden Turm vorbei, dann aus der Scharte schwierig über ein 6-Meter-Wandl und nun erst auf schmalem Band weiter . . . Man steigt auf den Schuttbändern so weit an, bis man hoch oben am Grat die Drahtseilsicherungen zwischen Mittel- und Südspitze erkennt – und erlöst aufatmet . . . Nun immer rechts an bauchigen Plattenstufen bis zum Gipfel –. Man bedenke vor der Tour, was in dieser Riesenwand vor sich geht, wenn Nebel einfällt: Die Wand wird zum Labyrinth! Man darf sich also niemals versteigen, hat stets mit Besinnung zu entscheiden. Vom Grat kann man fast gefahrlos rechts zum Watzmannweg bzw. Watzmann-Haus absteigen. – Man vergesse nicht die Zeitspanne ab Kühroint: Zustieg, Wiederroute, Gipfelgrat und Abstieg summieren sich.

Deutschland / Österreich / Berchtesgadener Alpen / Kalk / 2653 m / II

80 Schönfeldspitze
Weltweite über dem Steinernen Meer

TALORTE Königsee, 602 m (Bus von Berchtesgaden, Boot bis St. Bartholomä, hier nur Notnächtigung für Bergsteiger möglich; ab hier Aufstieg). – Saalfelden, 744 m, im Mitter-Pinzgau (Bus nach Lofer und Bad Reichenhall).

STÜTZPUNKTE Kärlinger-Haus, 1620 m, DAV, am Funtensee, bewirtschaftet; Anstieg von St. Bartholomä durch die Saugasse, 4 Std. – Riemann-Haus, 2177 m, DAV; von Saalfelden oder Maria Alm jeweils 4 Std., bei großartiger Aussicht vom Anstiegsweg (von Maria Alm wesentlich kürzer, wenn Auffahrt mit Pkw bis Materialseilbahn möglich!). Im Abstieg nur 2.30 Std.!

EINSTIEG Ab Kärlinger-Haus auf bez. Spuren über Baumgartl und Schönfeldgrube direkt auf den Sockel des Nordgrates der Schönfeldspitze zu; hier Einstieg am zuerst stellenweise schotterigen Grat.

CHARAKTER/SCHWIERIGKEIT II, bei einer Gesamtgehzeit von gut 3.30 Std. vom Funtensee bis zum Gipfel.

ABSTIEG Am gesicherten Klettersteig durch die Westflanke, I, zum Riemann-Haus; 1.30 Std.

FÜHRER/KARTEN AV-Führer, Berchtesgadener Alpen, Zeller/Schöner; Rother-Verlag, München. – AV-Karte, Steinernes Meer, Nr. 10/1, 1 : 25 000 (ideal!). – FBK, Nr. 10, Berchtesgadener Land/Salzburger Kalkalpen, 1 : 100 000 (zur Not!).

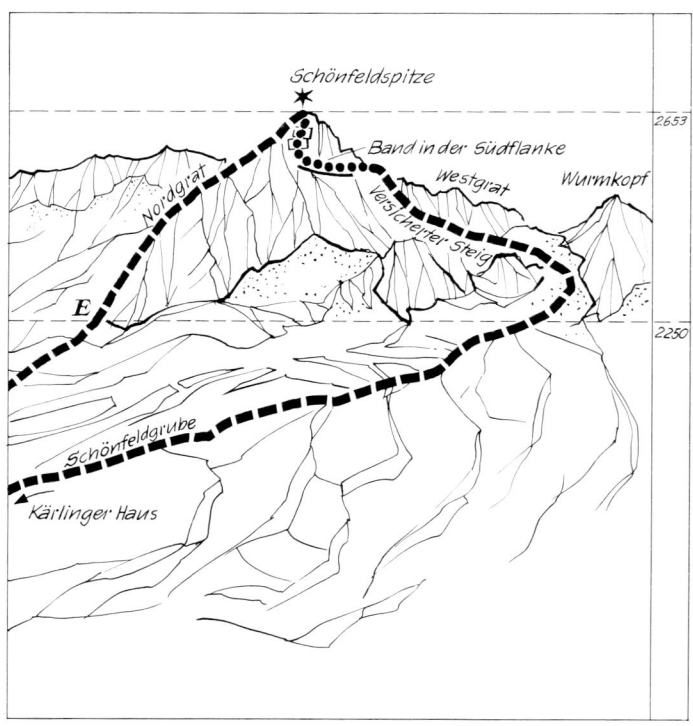

Unsereiner fürchtet Superlative – sie sind sozusagen »brüchiger Fels« für Textschreiber. Aber wer als Bergfreund unser Bild betrachtet – droben, vor dem Kärlinger-Haus stehend – dem tropfen die starken Worte eben doch von Lippen und Herz. Schon vorher, wenige Meter vom Ufer des Königsees entfernt, der als Juwel des Nationalparks jährlich eine knappe Million Besucher verkraften muß und dennoch einer der wenigen Seen ist, die noch Trinkwassergüte haben, – da steigen die Superlative beim Gehen in tiefster Einsamkeit wie fröhliches Fieber in den Kopf: Rechts vom flachen Bartholomä-Grund stapelt sich die berüchtigte Watzmann-Ostwand in den Himmel, wir steigen südwärts an, an einem alten Steiglein im felsigen Uferrand, dann steil und streng hinauf, scheinbar endlos, aber wunderbar: über die weltenferne Hachelklause, über die Reste der Lahneralm – schon 400 Meter überm Königsseespiegel durch die enge Saugasse, hinauf ins Ofenloch und zum Kärlinger-Haus am Funtensee – ein Märchen, 600 Meter über Bartholomä. Anderntags gelangen wir übers Baumgartl in die Schönfeldgrube, biegen bei P. 2127 rechts ab zum schotterigen Nordgrat der Schönfeldspitze. Leichter Fels, viel lockerer Schutt, keine ausgeprägte Schneide, vielmehr ein verkümmerter Grat erwarten uns hier; wir müssen uns den besten Weg selbst suchen, wobei wir ganz natürlich dem Gratrücken folgen. Über einige Stufen und kleine Wändchen nähern wir uns dem Vorgipfel, dessen höchsten Punkt wir in der Ostflanke umgehen. Kurz darauf stehen wir am Gipfel. Und wenn wir auch zu Beginn den Kalkschutt laut verdammt haben, auf der Schönfeldspitze brechen wir in Jubel aus – und dann fallen doch Superlative. Die Gefühle brechen geradezu heraus, wenn wir südwärts in die schimmernden Gletscherflanken der Tauern um den Großglockner blicken, und westwärts fast senkrecht 1800 Meter hinab in die grünen Saalachböden. Ausgiebigst feiern wir dort oben das ewig unerklärbare Glück der ganzen Bergsteigerplage . . . – Beim Abstieg am Normalweg durch die Westflanke zum Riemann-Haus halten wir uns an die deutlichen Trittspuren und die Drahtseile und Eisenklammern. Wir klettern meist in der Südseite der Gipfelpyramide, erst sogar einige Schritte in der schrofigen Ostflanke, dann über eine recht exponierte plattige Stufe, die mit Eisenklammern versehen ist. Es folgen Platten, und über ein auffallendes Band in der Südflanke steigen wir tiefer, bis wir die Scharte zwischen Wurmkopf und Schönfeldspitze erreicht haben. Ab hier nordwestlich auf erkennbarem Steig hinab in die Dolinenböden unter dem wuchtigen Sommerstein, an dessen Sockel das Riemann-Haus steht. Wer von hier nicht nach Saalfelden absteigen will, geht in gut 2.30 Stunden meist abwärts zum Kärlinger-Haus zurück. Dabei reiße niemand Blumen ab; hier gedeiht, obwohl die Vegetationsgrenze unterhalb des Plateaurandes beginnt, seltene Alpenflora . . . Diese Hochtour ist unbeschreiblich einsam. Man begreift neue alpine Dimensionen, man lernt wahre Stille kennen.

Ein Flugfoto für Freunde der großen Stille: das Steinerne Meer mit seinen herrlich verlassenen, urweltlichen Gesteinswellen. In der Bildmitte unsere Schönfeldpyramide, die vom Königsee wie ein Spitztürmchen aussah. Links, beschattet, unser Nordgrat; nach rechts Westgrat, Wurmscharte, Wurmkopf, und weiter nach rechts unsere Querung zur Ramseider Scharte (außerhalb des Bildes). Links oben das Hochkönigmassiv mit dem Matras-Haus als kleinem Punkt auf dem Gipfel.

81 Großer Hundstod
Südwestgrat vom Dießbachegg

TALORTE Ober-Weißbach, 659 m, an der Saalach (Bus von Lofer-Saalfelden). – Saalfelden, 728 m, am Steinernen Meer.

STÜTZPUNKT Ingolstädter Haus, 2119 m, DAV, an der Dießbachscharte, bewirtschaftet; knapp 5 Std. von Ober-Weißbach. – Für Übergang: Peter-Wiechenthaler-Hütte, 1752 m, AV, unter der Weißbachlscharte; 3 Std.

EINSTIEG Vom Ingolstädter Haus nördlich zum Dießbachegg, 2202 m; hier beginnt der Südwestgrat. Einstieg rechts östlich am tiefsten Gratansatz, der einen senkrechten Sockel besitzt (links Westwand, rechts Südhänge).

CHARAKTER/SCHWIERIGKEIT III –, bei teilweise etwas brüchigem Fels. – Zeit für Zweierseilschaft: 2.30 Std.

ABSTIEG Am bez. AV-Weg durch die Südhänge in 1 Std. bis zur Hütte.

FÜHRER/KARTEN AV-Führer, Berchtesgadener Alpen, Zeller/Schöner; Rother-Verlag, München. – AV-Karte, Steinernes Meer, Nr. 10/1, 1:25 000. – FBK, Nr. 10, Salzburger Kalkalpen.

HINWEIS Eine vereinsamte, wenig bekannte Kletterfahrt bei starken landschaftlichen Eindrücken. Teilweise brüchiger Fels, dennoch gutgriffig; bis in die Gratmitte steil!

BILD Der Große Hundstod am Westrand des Steinernen Meeres mit seiner Westwand. Rechts das Dießbachegg, 2202 m, an dem wir in den Südwestgrat einsteigen. Im Mittelgrund die Westwand, links der Nordwestgrat. Verdeckt der leichte AV-Gipfelsteig in der Südflanke als angenehmer Abstiegsweg.

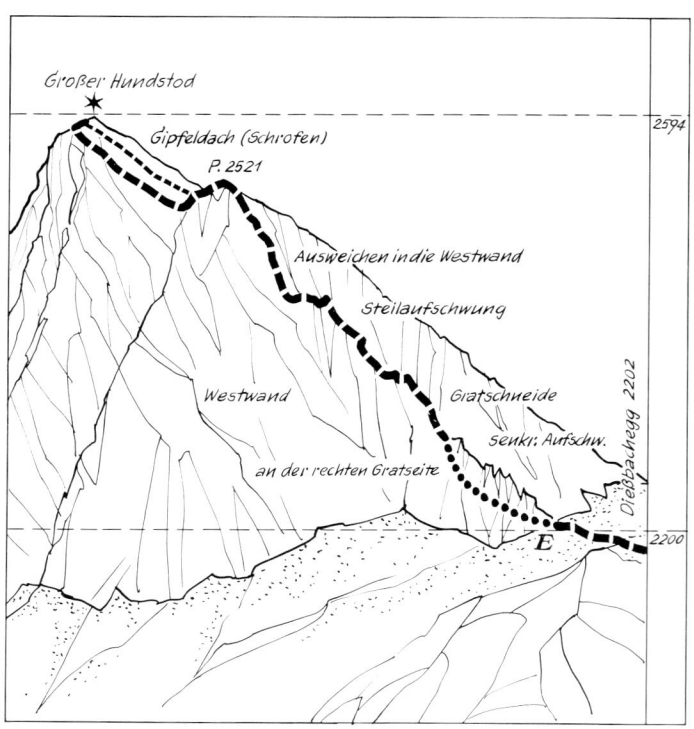

Auf dem Luftbild überragt der Hundstod den sandigen Hochwieskessel seiner Westflanke, denn er beherrscht ja den ganzen Westdamm des Steinernen Meeres und verbindet sich so nur nördlich an schmalen Gratstegen mit Hochkalter- und Watzmannstock. Loferer und Leoganger Kalkburgen stehen gegenüber – aber sein trauriger Name stellt ihn immer etwas ins »Abseits« . . . Säße ihm nicht südlich die Ingolstädter Hütte dicht im Nakken, so könnte der Große Hundstod samt klobigen Gratstufen und fehlendem Gipfelspitz leicht noch mehr übersehen werden. Die Wahrheit ist, daß er relativ wenig bestiegen wird, ihm fehlt der Glanz der Nachbarschaft. – Das hat zur Folge, daß man ihn in diesem Buche besonders empfehlen kann: Denn wer sich an ein überfülltes Watzmann-Haus und an die immer zu enge Blaueis-Hütte erinnert, flieht vielleicht ganz gerne in die unfaßliche Verlorenheit zwischen Trischübel, Dießbachegg und Kühleitenschneid . . . Wir reden nicht vom Normalweg in seiner schrofigen Südflanke, den benützen wir ja nur zum Abstieg, zurück zur Hütte. Aber den »leichten Fels« des Südwestgrates, aus dem Sattel zwischen unterstem Gratturm und Dießbachegg, 2202 m, aufsteigend, den suchen wir. Von der im Kalkgebälk um die Dießbachscharte gut versteckten, durch den längeren Aufstiegsweg etwas geschützten Ingolstädter Hütte geht es kurz und ziemlich flach am Normalweg nördlich auf das Hauptmassiv zu, doch genau an der Hundstodscharte, 2210 m, zweigen wir nach links hinüber ab, sind schnell am Einstieg zu unserem Südwestgrat im Sattel unterm Dießbachegg . . . Der Grat steht auf mehreren steilen, teils senkrechten Sockeln in der Scharte, verschärft sich oben mehrfach zur Schneide, aber man kann dort meist gut ausweichen, nützt Blöcke und Platten in der schrofigen Südflanke, umgeht am besten den ganzen unteren, brüchigen Aufbau rechts in der Flanke. Dann aber, höher am Grat, bleibt man der Schneide treu und weicht kaum noch von ihr ab! Ein zweiter auffallender Steilaufschwung, der auch etwas brüchig ist, wird mit geringer Abweichung nach links in der Westwand überwunden. Dort ist der mürbe Fels nicht so schlecht wie in der Südflanke. Diese Südflanke wies von jeher bis in den hohen Sommer hinein Firnplatten auf, so wie vor einigen tausend Jahren bestimmt auch Gletschereis, und da diese Flanke den Normalweg (also auch unseren Abstiegsweg) trägt, müssen wir im frühen Sommer mit Vorsicht absteigen. Unser Luftbild erzählt mehr als Worte von der souveränen Umschau am Gipfel: Man kann lange dort oben liegen, ungestört zumeist, kann schauen, suchen, raten – Salzburger Alpen und Hohe Tauern stellen glanzvolle Kulissen, der Watzmann gleicht einem kühnen, spitzen Felshorn, die Einsamkeit des Hochwieskessels unter der senkrecht abbrechenden Westwand, die großartige Öde der Hundstodgrube und das grüne Gefältel der Täler ringsum der verschwiegenen Latschenwälder: tausend Wunder, tausend Rätsel und Verlockungen . . . Aber dieser steinige Hundstod wird immer noch vom Gros gemieden.

82 Werfener Hochthron
Der Südgrat – hoch überm Salzachdurchbruch

TALORTE Werfen, 548 m, im Salzachtal. – Werfenweng, 901 m (Kfz von Werfen).

STÜTZPUNKT Werfener Hütte, 1969 m, ÖTK, am Südfuß des Hochthron; 3.30 Std. von Werfen, über Gasthaus Mahdegg (früher Mordegg), 1212 m, privat, mit Kfz ab Werfenweng bis Frommerbauer, dann noch 2 Std.

EINSTIEG Von der Werfener Hütte auf deutlichem Steig längs der Wände zum Einstieg (5 Min.) bei einer Rinne, die nach rechts führend ein kleines Schartel im Südgrat erreicht (Steinmann, Steinschlaggefahr evtl. in der Rinne!). Anstiegszeit bis Gipfel 1.30–2 Std. vom Einstieg.

CHARAKTER/SCHWIERIGKEIT II, in stellenweise brüchigem Kalk eine abwechslungsreiche Kletterei.

ABSTIEG Kletternd in der Nordwestflanke (Grad II), 30 Min. ab Gipfel bis Hochthrontal; bez. Abstieg über die versicherte »Hochthronplatte« zur Werfener Hütte noch 1 Std.

FÜHRER/KARTEN AV-Führer, Tennengebirge, Kollarz; Rother-Verlag, München. – FBK, Nr. 9, Westliches Salzkammergut, 1 : 100 000. – Österr.-Karte, Nr. 125, Bischofshofen, 1 : 50 000. – Österr.-Spezialkarte Tennengebirge, 1 : 25 000 (Kartogr. Institut, alt, am besten!).

HINWEIS Trotz Varianten eine klare Wegführung. Manchmal etwas brüchiger Fels, viele Steinmänner unterwegs! Einstieg durch rote Farbe markiert.

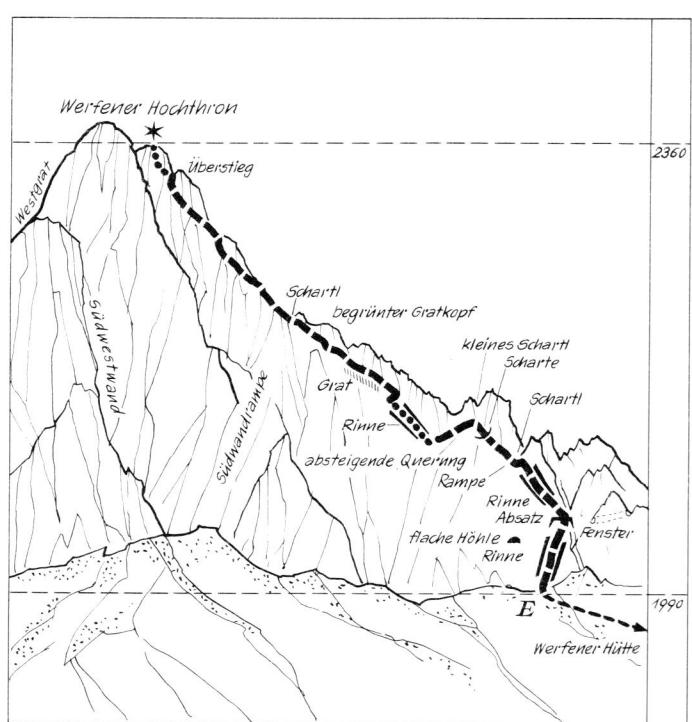

Endlich einmal eine Kletterberg, den man auch von innen besichtigen kann: Die für den Allerweltsfremdenverkehr so unentbehrliche »Eisriesenwelt« im selben Massiv verschafft dieses Vergnügen . . . Zur Geographie: Das Tennengebirge ostwärts, das Hagengebirge westwärts der jungen Salzach sind typische Plateaugebirge à la Dachstein, Steinernem Meer und Totem Gebirge – allesamt hohe trockene Töpfe voller Kalkschutt und Einsamkeit, darunter aber attraktiv mit latschendichten, riesigen Steilhängen aufgeputzt. Der Pongau im Süden, Salzburger Festspielparfüm im Norden und tausend schnelle Bergwasser, je tiefer man in die Talböden steigt – das sind Vorzüge, welche die relative Brüchigkeit an unserem stolzen Hochthron etwas gutmachen. – Hoch überm Salzachboden bei Werfen steht also diese kompakte Kalkfestung des Tennengebirges, an zackigem Charme nicht zu übertreffen: der Hochthron allen voran, das Raucheck, zwei elegante Fieberhörner, der Eiskogel. Aber auch das Hochthrontal und die glatte, mit Leitern und Stiften versicherte »Hochthronplatte«, die wir in einem romantischen Abstieg passieren, machen uns den vielgerühmten Südgrat an diesem Hochthron recht sympathisch. Rote Farbe, Steinmänner, zuweilen Versicherungen sorgen dafür, daß wir auch bei Nebel wieder ins Tal finden. – Die Werfener Hütte steht direkt am Hochthronsockel, und in nur wenigen Minuten sind wir in Aktion, um nachzuprüfen, ob die seit 1887 angereiste Prominenz von Hochthron und Fieberhörnern enttäuscht war – oder entzückt. Das Letztere darf man voraussetzen, weil die landschaftliche Gegebenheit mit stärksten Kontrasten überwältigt. Was die Kletterei im »leichten Fels« betrifft, so ist zu sagen, daß nicht nur der Südgrat allein mit seinen auffallend vielen Varianten, sondern auch der – stellenweise abzukletternde – Abstiegsweg interessant ist. Denn, absteigend vom herrlich exponierten Gipfelthron, hat man in einer unten abbrechenden Schlucht einen auffallenden Turm anzupeilen; dort folgt ein Quergang nach rechts, dann (ansteigend) ein breites Schrofenband und damit erst der Ausweg hinab ins große Kar, hinunter zur Hochthronplatte. – Zum Einstieg ist noch zu sagen, daß wir von der Werfener Hütte am Sockel des Südgrates in wenigen Minuten auf Steigspuren zu diesem Einstieg kommen, zur zweiten Rinne nämlich (links in der Wand eine flache Höhle als Richtpunkt), zum Klettermarsch über und in Rinnen und Schluchten, über Rippen und Bänder, stets in der Westflanke des Südgrates – und erst hinter dem begrünten Gratkopf am Grat selbst bleiben! Der untere Zackengrat, der uns im Bild zunächst leicht schockiert, bleibt uns also erspart, obwohl – siehe Führer – diverse Varianten (darunter berühmter Bergsteiger) eben dort mit den höheren Reizen der Gefahr locken. Der Kalkfels ist etwas locker, aber die Kalkbastion dieses Hochthron läßt uns seine »lockeren Launen« leicht vergessen! . . . Dazu nochmals: Aussicht und Überschau von diesem königlichen Hochthron sind von beglückender, ja bestürzender Majestät.

Der Hochthron über dem Salzachdurchbruch dominiert auch in der Südwestbastion des Tennengebirgplateaus. Knapp außerhalb des rechten Bildrandes steht am Fuß des Südgrates die Werfener Hütte. Die Route kann beim Vergleich mit der Skizze genau verfolgt werden. Der auf diesem Bild so fade Himmel kann auch mit himmlischer Pracht und theatralischen Wolkenszenen aufwarten.

83 Große Bischofsmütze
Durch die Mützenschlucht

TALORT Filzmoos, 1057 m (Bus von Eben bzw. Radstadt).

STÜTZPUNKT Hofpürgl-Hütte, 1705 m, ÖAV, unter dem Mosermanndl; 2.30 Std. von Filzmoos, Kfz-Straße bis Oberhofalm, 1268 m (Maut), dann nur 1.30 Std.!

EINSTIEG In etwa 2250 m Höhe an der Südwandschlucht (Mützenschlucht); von der Hofpürgl-Hütte 2 Std.

CHARAKTER/SCHWIERIGKEIT II+, trotzdem Normalweg und viel begangen. – Zeit für Zweierseilschaft: 1.30–2 Std. bei 205 m Kletterhöhe!

ABSTIEG Am Aufstiegsweg in guten 1.15 Std.

FÜHRER/KARTEN AV-Führer, Dachstein, End; Rother-Verlag, München. – AV-Karte, Dachstein, 1:25 000. – FBK, Nr. 28, Dachstein/Gosaukamm, 1:100 000.

BILD Zwei Seillängen oberhalb des Einstieges in die Mützenschlucht zwischen Kleiner (links) und Großer Bischofsmütze. Die Firnreste sollen daran erinnern, daß am hier schon überwundenen Einstieg oft eine nicht unansehnliche Firnplatte zu bewältigen ist, die eine richtige, vielen Gosau-Freunden wohlbekannte Randkluft aufweist.

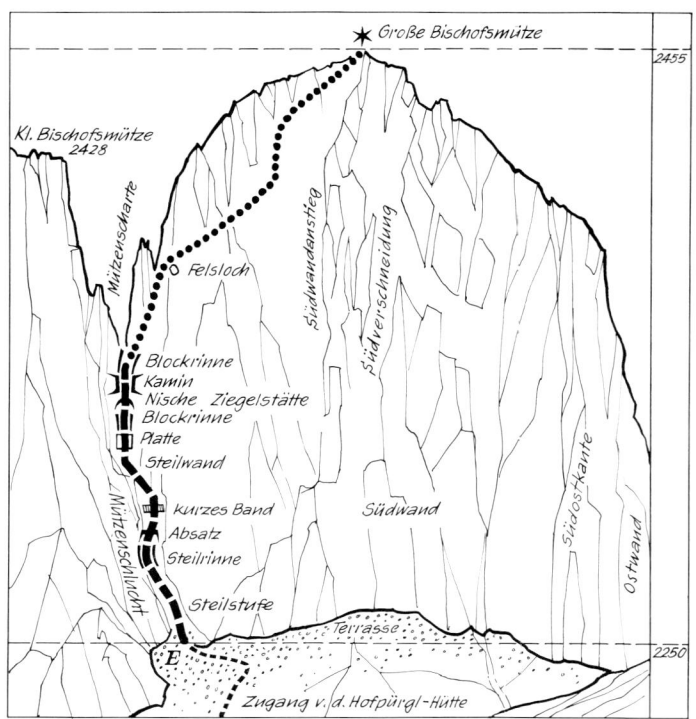

Die attraktiven Kletterführer der Dachstein-Gruppe finden wir fast alle in den Wänden und Furchen der Südflanke – hoch über Ennsufer und Ramsau. Der Gosaukamm fügt sich am Steiglpaß als eisfreier Kalkarm dem Dachsteinstock an – hoch über den Gosauseen im Norden, hoch über Hofpürgl- und Theodor-Körner-Hütte im Süden. Keine Firnflecken, kaum ausgebildete Karbreiten, nur ein wildes Bündel nackter Felstürme und Zakken! Der höchste Gipfel, die Große Bischofsmütze, leistet sich in ihrem großen Gefolge auch eine Kleine Bischofsmütze – eben dadurch entsteht die Mützenschlucht. Sie bietet den einfachsten, den »Normalweg« auf den höchsten Gosaukammgipfel an – verlangt aber bereits Kletterei. Grad II+ bedeutet immerhin: mäßig schwierig, obere Grenze! Weil sie den leichtesten Anstieg darstellt, ist diese Kletterei durch die Mützenschlucht sehr beliebt, der Fels brav abgeklettert, dazu etwas glatt, wozu Kalkfels schließlich neigt . . . Ehe man zu klettern beginnt, muß man von der Hofpürgl-Hütte, das Mosermanndl links umgehend, auf guten Spuren nordwärts steil hinauf in das unter den Sockeln beider Bischofsmützen klebende Eiskar: mehr oder weniger große, einmal weiche, einmal harte Firnflecken. Unmittelbar am Einstieg (Bild) überwölben uns die Südwände von Kleiner und Großer Bischofsmütze wie gewaltige Theaterkulissen – sie lassen uns gar keinen anderen Ausweg als die Flucht nach oben . . . Das beginnt an einer vorspringenden Steilstufe von rechts nach links; man erreicht eine kurze Steilrinne, dann einen kleinen Absatz, von dem ein kleines Band nach rechts in den Schluchtgrund führt. Hier wartet, 45 Meter über dem Einstiegsfels, ein zweiter kleiner Absatz. Nun klettern wir an dem von Menschenschweiß gut markierten Fels über die rechte Begrenzungswand (der Schlucht) steil hinauf, umrunden einen Felskopf und steigen über die folgende glatte Platte, links in die Schluchtfortsetzung zielend. Dort zieht eine Blockrinne zur Nische der »Ziegelstätte« (plus 40 m). Das nächste Steilstück wird entweder durch einen im Schluchtgrund wartenden Kamin direkt erklettert – oder mit Hilfe eines Spreizschrittes an die linke Begrenzungswand umgangen (dabei den vorkeilenden Felskopf umgehend), zuletzt rechts etwas absteigend . . . Es folgen schöne große Klemmblöcke; wir erreichen, wieder rechts haltend, den Schluchtgrund und damit auch die Mützenscharte, 2379 m (plus 20 m). Die alpine Situation serviert dramatische Effekte, unsere Kletterfreude ist sattes Glück! . . . Etwas absteigend erreichen wir die jenseitige, sandige Nordschlucht und aus ihr heraus die Scharte mit ihrem Zacken. Das folgende Felsloch wird passiert oder links bis zu einem Band umgangen. An den anschließenden Platten erst rechts, dann linksseitig aufwärts, bis wir rechts haltend über gut gestuften Fels in den Verschneidungswinkel und in ein kleines Schartl kommen: Aus ihm sind wir schnell am erlösenden Gipfeldach. Unser »Bühnenbild« der aufregenden Mützenschlucht stellt den Charakter der Kletterei besser dar als Worte.

84 Hohes Dirndl
Pfannl-Maischberger-Führe

TALORT Ramsau-Ort, 1136 m (Bus von Schladming).

STÜTZPUNKT Dachstein-Südwand-Hütte, 1871 m, privat, auf dem Schön-
bühel; mit Kfz oder Bus von Schladming über Ramsau zur Türlwand-Hütte,
1710 m, dann 30 Min. bez. Weg; vom Ramsau-Karlwirt, 1203 m, bez. Weg,
2.30 Std.

EINSTIEG In 2275 m Höhe im Karwinkel am westlichster Fußpunkt der Südwand, gegenüber dem Einstieg in die Pichl-Führe der Dachstein-Südwand.

CHARAKTER SCHWIERIGKEIT II −, doch Einstiegsplatten und Ausstiegska-
min III −! − Zeit für Zweiseilschaft 4 Std. − Wandhöhe fast 600 m!

ABSTIEG Am Westgrat (III −) oder in der Nordwestflanke entlang dem Westgrat (II +) zur Dachsteinwarte-Hütte, 2740 m, 30 Min., dann weiter über Gjaid-
steinsattel-Hunerscharte (Sicherungen) hinab zur Südwand-Hütte, 2.15 Std.,
bez. − Oder »moderner« von der Dachsteinwarte-Hütte auf den Hunerkogel
(40 Min.) und mit Südwandbahn hinab zur Türlwand-Hütte ...

FÜHRER/KARTEN AV-Führer, Dachsteingebirge, End; Rother-Verlag, München. − AV-Karte, Dachsteingebirge, 1 : 25 000. − FBK, Nr. 28, Dachstein/Salz-
kammergut, 1 : 100 000. − Kompaß-Karte, Nr. 31, Radstadt-Schladming,
1 : 50 000.

BILD Es zeigt die Südwand des Hohen Dirndl mit dem ganzen Pfannl-Maisch-
berger-Anstieg. Man verfolge die Führe nach der Skizze. Oben links Dirndlwarte,
oben rechts im scharfen Schatten unser Ausstieg nach dem Klemmblock in
der engen Gratscharte.

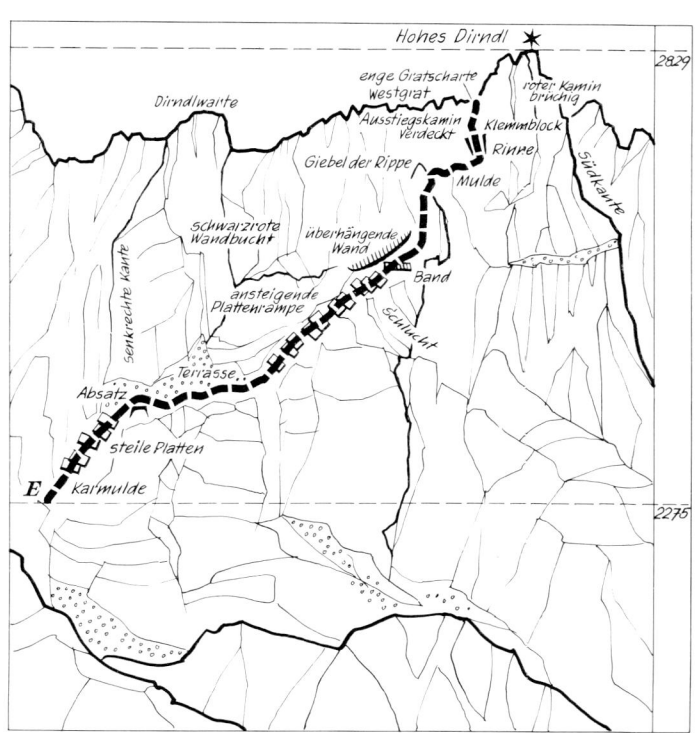

Dem Dreigestirn Torstein, Mitterspitz und Hoher Dachstein schließt sich ostwärts das Hohe Dirndl an; erst
diese vier Gipfel zusammen bilden die klassische Dachstein-Südwand. Sie ist begehrt von den Kletterern, be-
staunt von den Seilbahngästen, die nebenbei auf die
faulste Weise den Hunerkogel erobern − eine Dach-
stein-Loge der Nichtbergsteiger. Übrigens verrät eben
diese Situation den Knalleffekt der modernen Dach-
stein-Bahnen-Welt: Man fährt neben senkrechten Süd-
wänden auf, um am Gipfelgrat ein nördliches »Dach-
stein-Eismeer« zu entdecken: Schladminger und Hall-
städter Gletscher! ... Unsere Pfannl-Maischberger-
Führe von 1899 zieht als Riesendiagonale durch die
ganze Dirndl-Südwand. Erst steile Platten links unten
(im Bild am linken Rand), hier Einstieg über die Karmulde:
Wir passieren dabei die senkrechte Kante der Dachsteinwarte. Dann folgt die rampenartig aufziehende
Riesenterrasse, mäßig steil bis in die Fallinie der feuchten schwarzroten Wandbucht − dabei Dachsteinwarte
links und Dirndlwestgrat rechts, sonnig unten, beschattet oben. Dann nähern wir uns der scharfen Rippe und
dem über ihr stehenden dreizackigen Westgratturm.
Hier wichtige Hinweise: 1. Zum dreizackigen Westgratturm zieht die 150 Meter hohe »Drei-Türml-Verschnei-
dung« (IV) vom Steiner Jirg (1904) empor, damals in
Nagelschuhen und ohne Mauerhaken begangen: heute
5 Dauerhaken! − 2. Direkt zum Gipfel zieht der Arocker-
Kamin (III +), sehr verlockend, aber hochgradig gefährlich: Plötzlich fingert man da in sehr brüchigem Gestein, Unfall über Unfall! ... 3. Wir durchklettern deshalb mit Bedacht die Steilrinne und den folgenden versteckten Kamin (mit großem Klemmblock unübersehh-
bar!) links des Gipfelaufbaues, mit dem Ausstieg in die
schmale, schattig-schwarze Scharte, 2770 m, direkt vor
dem obersten Steilaufschwung des Westgrates. − Der-
gestalt zuverlässig nur Grad III −! Zeit für den Kamin nur
20 Minuten! ... Meist wird oben gleich jenseits der
Scharte auf den nahen Gletscher abgestiegen (immer
Trasse!). − Dieser allen Wienern, Grazern und Salzbur-
gern wohlvertraute Anstieg ist »mit Köpfchen« nicht zu
verfehlen! Er ist der leichteste Anstieg auf dieser ganzen
Südseite. Zwar hält sich das Einstiegsschneefeld meist
bis in den Sommer − aber nicht immer. Ein kleiner Pickel
im kleinen Kletterrucksack ist im Dachsteinmassiv mit
seinen Firn-Launen in jeder Nordgrube keine Schade. −
Diese leichte, doch ziemlich lange Klettertour ohne
wirklich schwierige Stellen ist beliebt. Immer ein hoher
Gang in einer kapitalen Kalkwand, bei tausend Rasten
für die Augen, wenn sie hinab in die grünen Wellen der
Ramsau träumen. Oben am Ausstieg umarmt man vor
Freude wildfremde Leute, auch mal den Falschen, der
eben erst aus der Kabine gestiegen ist ... Das gehört
heute zum Dachsteinzirkus, zur Dachstein-Tragödie der
»armen« österreichischen Seilbahn-Unternehmer. Deren Attacke auf einen der feinsten Berge des Landes
haben die Alpenvereinsfürsten stumm geduldet: Ein
schlimmer Auftakt zur Zerstörung der Alpen!

85 Eselstein
Gruberscharte – Direkter Westgrat – Feisterscharte

TALORT Ramsau/Kulm, 1082 m (Bus von Station Schladming).

STÜTZPUNKT Guttenberg-Haus, 2137 m, ÖAV, südlich unter der Feisterscharte; bez. Weg von Ramsau; 3 Std., mit Pkw noch 2 km bis Pension Feisterer.

EINSTIEG In der Gruberscharte, 2353 m, zwischen Eselstein und Hoher Rams; bez. Weg vom Guttenberg-Haus; 45 Min.

CHARAKTER/SCHWIERIGKEIT Direkter Westgrat II (2 Stellen III−); Nordwestflanke II−. – Zeit für Aufstieg: 1 Std., Abstieg 30 Min.

ABSTIEG Nordwestflanke, Grad II−. 30 Min. bis zur Gruberscharte zurück. Oder Überschreitung Westgrat – Nordostflanke, also Gruberscharte-Feisterscharte (teils schrofig), Grad I+.

FÜHRER/KARTEN AV-Führer, Dachsteingebirge, End; Rother-Verlag, München. – AV-Karte, Nr. 14, Dachstein-Gruppe, 1 : 25 000; – FBK, Nr. 28, Dachstein, 1 : 100 000. – FBK, Sonderausgabe Dachstein-Gruppe, 1 : 50 000.

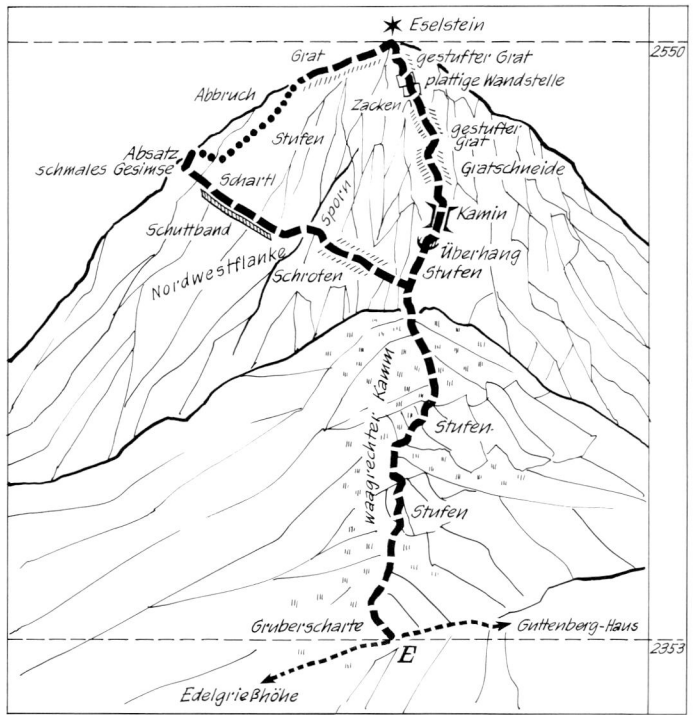

Enden die Alpen im fernen Westen mit dem gewaltigen Pathos der Dauphiné-Gruppe, so fließen sie im fernen Osten als sanftes Gehügel aus, in dem Dachstein, Gesäuse und Hochschwab nur noch kleine Hauptrollen spielen. Gottlob orientiert sich die Passion der Bergsteiger meist mehr an den tausend Details, den so strengen wie intimen Strukturen von Tal, Klamm, Hang, Wald, Fels, Firn und Gipfel – als an tollen Gipfelhöhen. Andersherum gesagt: Der gute Eselstein kann einem echten Bergsteiger dieselben Freudenschauer bescheren wie Glockner, Piz Roseg oder Matterhorn . . . Nichts also gegen den Supermann in der Nordwand der Großen Zinne – aber Respekt für den frommen Genießer, der in beschaulicher Abseitigkeit diesen Eselstein überklettert. Eselstein? Welch ein Name . . . Aber unser kostbar schönes »Ludwig-Richter-Bild«, von Willi End am Dachstein-Ostrand aufgenommen, dieses schier endlos in Dunstmeeren zerfließende Bergland darf ruhig »Eselstein« heißen. – Dieser Eselstein ist 2550 Meter hoch, er steht dicht östlich des Koppenkarstein im Südrand des Dachsteinplateaus »Am Stein« (im Bild rechts unten) – 1800 m tiefer liegt die Ramsau an den schnellen Enns-Wassern. Der Eselstein baut sich zwischen Gruber- und Feisterscharte auf, also zwischen 2353 und 2193 m. Von der Gruberscharte (im Bild vorne) zieht der grüne Kamm erst sanft auf, stößt aber bald an die kräftig strukturierte Westwand. Unsere Skizze erzählt den Führenverlauf des Direkten Westgrates (III −): Einstieg knapp links des Westgratsockels, der bereits eine Kante bildet. Dann steile Felsstufen, ein Überhang vor dem folgenden Absatz. Daran anschließend die schöne, »leichte« Genußkletterei in der steilen kaminartigen Furche bis zur scharfen Gratschneide. Auf ihr interessant weiter am stufigen Westgrat bis zum plattigen Aufschwung, den links ein spitzer Zacken markiert. Vor diesem Aufschwung wartet eine 3 Meter hohe, überhängende gelbe Schwarte, die an den Bergleib angelehnt erscheint. Über sie gutgriffig hinweg, dann über die folgende Platte gerade hinauf zum Stufengrat und zum Gipfel. – Der Abstieg (siehe Skizze) erfolgt in leichter Kletterei in der Nordwestflanke. – Was der Gipfel an Ein- und Aussichten anbietet, schildert unübertrefflich unser Foto. Wer »glückliche Augen« besitzt, hält den Eselstein für einen Edelstein, zählt in frommer Ruhe die letzten Alpengipfel ab, träumt in grüne Talparadiese hinunter – oder setzt seinen Himmelsmarsch ostwärts über Feisterscharte und Guttenberg-Haus fort. Von wo aus er dann, den Eselstein südwärts unterlaufend, den Weg zurück zur Gruberscharte und Edelgrießhöhe findet. Oder den direkten Abstiegsweg zurück in die Ramsau. – Geheimtip: die großartige Überschreitung Austria-Hütte–Edelgrieshöhe, Eselstein – Feisterscharte – Ramsau. Der Freund des »leichten Fels« merkt aus diesen Worten um den adeligen Eselstein, daß ich nur den komischen Namen überwinden möchte. Esel habe ich am Eselstein keinen einzigen gesehen, aber ringsum, unten in den Talhotels doch den einen oder anderen . . .

176

Ausblick von der Scheichenspitze (im Rücken die Edelgrieshöhe) gegen Osten auf Hohe Rams, 2551 m (vorne rechts), Gruberscharte, 2353 m, und Eselstein, 2550 m (mit Westwand und Nordwestflanke). Genau darüber der ferne Grimming, 2351 m. Rechts davon am Hochrand des »Stein«-Plateaus Sinabell, Luserwand und Kufstein. In der Ferne, rechts vom Grimmingmassiv, das Gesäuse . . . und der gipfelreiche Auslauf des Alpenkammes bis zum Stephansdom.

86 Kleiner Koppenkarstein
Die Bänder der Südwestwand

TALORT Ramsau, 1136 m (Bus von Station Schladming im Ennstal).

STÜTZPUNKTE Seilbahnstation Hunerkogel, 2690 m. Kabine ab Türlwand-Hütte, 1720 m, privat, bis hierher mit Kfz bzw. Bus ab Ramsau. – Austria-Hütte, 1638 m, ÖAV, 1.45 Std. ab Ramsau. – Hotel Hunerkogel, dicht an der Türlwand-Hütte. – Dachstein-Südwand-Hütte, 1871 m, 30 Min. ab Parkplatz Türlwand-Hütte.

EINSTIEG Von Austria- bzw. Türlwand-Hütte am bez. Steig durchs Edelgries zum kleinen Edelgriesgletscher (Rest), direkt unter der Kleinen Koppenkar-stein-Südwand. Einstieg ganz links, am Beginn des untersten Schichtbandes (Steinmann, 2 Std.)!

CHARAKTER/SCHWIERIGKEIT II + an einer Stelle, sonst leichter. – Anstiegs-zeit bis Gipfel: gut 1 Std. vom Einstieg, 2500 m. – Von der Koppenkarsteinschar-te kann der Große Koppenkarstein über den Westgrat (II) problemlos »mitge-nommen« werden.

ABSTIEG Am Westgrat des Großen, dann über den Kleinen Koppenkarstein (II –) zur Austriascharte und zum Hinteren Türl (45 Min.). Von hier zur Austria-Hütte.

FÜHRER/KARTEN AV-Führer, Dachsteingebirge, End; Rother-Verlag, Mün-chen. AV-Karte, Dachsteingebirge, 1 : 25 000. – FBK, Nr. 28, Dachstein und Salz-kammergutseen, 1 : 100 000.

BILD Blick von Süden über Edelgries und letzte Gletscherreste hinweg auf die Südwände von Kleinem (links) und Großem Koppenkarstein. Wir entdecken in den Wandstrukturen die beiden Schichtbänder, an denen wir auf- (unten) bzw. absteigen (oben). Ganz links oben der Sattel des Hinteren Türls.

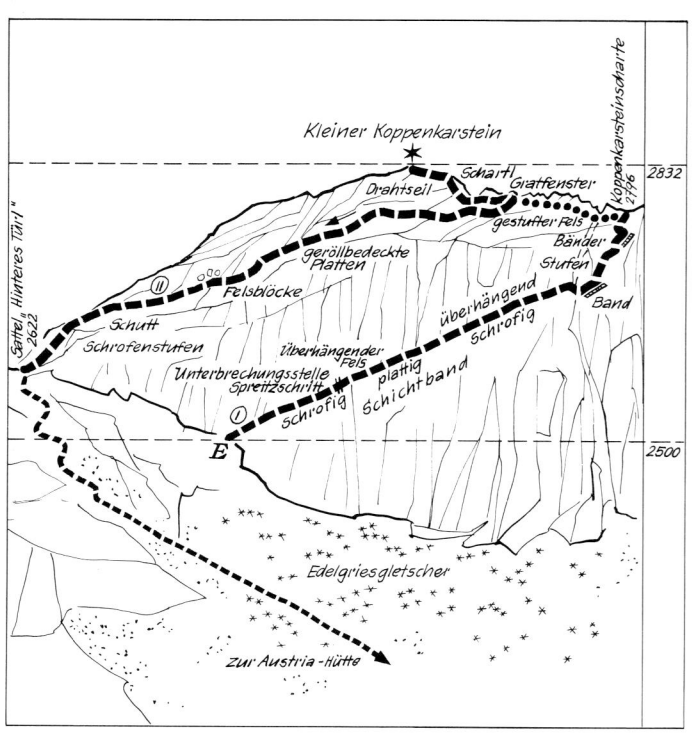

Im fernen Osten der Alpen, schon ostwärts des großen Salzachknies und ganz unmittelbar über den reizenden Seetöpfen des Salzkammergutes, stellt der Dachstein-stock noch einmal eine große hochalpine Szene: Bei sieben kleinen Gletschern in der Nordflanke setzt sein fast 3000 Meter hoher Gipfelkamm südwärts noch eine ganze Bastion wuchtiger Kletterwände über Ramsau und Ennstal. Wer vom Gosaukamm, von Torstein, Mit-terspitz, Hohen Dachstein, Dirndln, Koppenkarsteinen südwärts blickt, der entdeckt, daß die »letzten« Glet-scherberge des Hauptkammes – Almkogel, Hochalm-spitze, Hafner – doch westlicher als alles Dachstein-Eis stehen! Mit 2993 Meter Höhe ist der Hohe Dachstein zweithöchster Gipfel der Nördlichen Kalkalpen: Nur die 3040 Meter der Parseierspitze schlagen ihn . . . Die ganze Südfront dieses Massivs ist eine große, theatra-lisch über flutenden Grünkesseln stehende Felsmauer. Wir halten uns diesmal an das Edelgries unter Kleinem und Großem Koppenkarstein. In diesem Schatzkästlein eines verborgenen Eisbeckens – wir sehen es im Bild – kann man zum Philosophen werden, um an der Be-schreibung einer der innigsten hochalpinen Szenen zu scheitern: Es ist »unbeschreiblich« schön dort, wohin wir nach unserer »leichten« Tour absteigen. Aufsteigen tun wir ebenfalls aus diesem Edelgriesversteck, um – von Austria- oder Türlwand-Hütte kommend – im obe-ren Kar nach links zu steuern, wo alsbald das diagonal nach rechts oben ziehende untere Schichtband be-ginnt. Wir verfolgen dieses teils plattige, teils schrofige Band, riskieren an der Unterbrechungsstelle den be-rühmten Spreizschritt – unter einem Überhang hin-durch (Hangeln an guten Griffen erlaubt!) –, queren hö-her oben die vom noch unsichtbaren Gratfenster abzie-hende Felsschlucht, klettern rechts davon über Stufen und Bänder einem Terrassensockel zu, genießen an der Bandfortsetzung schönen, griffigen Fels bis in das »Fenster« hinein – zum Grat. Damit haben wir das be-rühmte Peterka-Band hinter uns gebracht, das leichte Kalkband des Hubert Peterka aus Wien, dessen Berg-Heimat dieser Dachsteinfels war, in dem er Dutzende schwerer und schwerster Touren erschloß. Vom »Fen-ster« aus haben wir die Wahl, den Kleinen oder Großen Koppenkarstein anzugehen – immer nur Grad II! –, um jenseits die Gletscherspiele im Schladminger und Hall-städter Eis zu bewundern oder in die bald unabsehbare Trümmerwüste »Am Stein« zu schielen, von wo aus man über Eselstein und Hirnberg bis in den Wiener Prater und in die Budapester Gulaschküchen schauen kann . . . Wer »leichten Fels« mag, studiere Hubert Pe-terkas Touren in Willi Ends Dachsteinführer bis ins De-tail – um bis ins hohe Alter leidlich niedrige Ziele zu haben. In der Südwestwand des Großen Koppenkar-stein sind das konkret: 1. die Geyer-Route mit einer Wandhöhe von 400 Meter im Schwierigkeitsgrad II + – und 2. die Pfannl-Route durch die gleiche Wand und teilweise mit der Geyer-Führe identisch; allerdings ent-hält sie Passagen im Schwierigkeitsgrad III –.

87 Spitzmauer
Die Gruberrinne über der Klinserscharte

TALORT Hinterstoder, 585 m, im Stodertal.

STÜTZPUNKT Prielschutzhaus, 1420 m, ÖAV, auf der oberen Polsteralm; 3 Std. von Hinterstoder (Bus/Kfz. bis Johannishof).

EINSTIEG Vom Prielschutzhaus am markierten Weg süd-, dann westwärts in die Klinserschlucht empor, bis man der Nordwand unmittelbar gegenübersteht. Dann über Latschenriegel kurz zum Einstieg hinauf: 1.30 Std. ab Hütte.

CHARAKTER/SCHWIERIGKEIT II. Im oberen Teil schöne Kletterei, im Riesenschrofenkessel der Gruberrinne stellenweise Steinschlaggefahr!

ABSTIEG Am Normalweg westwärts hinab, über Spitzmauersattel – Meisenbergscharte in die Weitgrube, dann über die Klinserscharte zurück in den engen Klinsergraben und zur Hütte. Zeit fast 3.30 Std.! – Weg bezeichnet, mit Steinmännern markiert (I).

FÜHRER/KARTEN AV-Führer, Totes Gebirge, Krenmayr; Rother-Verlag, München. – Totes-Gebirge-Führer, Huber; Leitner-Verlag, Wels. – Kletterführer »Rund um das Prielschutzhaus«, Strauß; ÖAV-Verlag, Lienz. – AV-Karte, Totes Gebirge, Mittl. Blatt, 1:25000. – FBK, Nr. 8, Östl. Salzkammergut, 1:100000.

BILD Das schöne Foto-Gemälde der Spitzmauer im Südabfall des Toten Gebirges zeigt im Vordergrund die Klinserschlucht, die nach rechts oben zur Klinserscharte führt. Unser Einstieg in die Führe der Gruberrinne erfolgt rechts nahe dem Bildrand. Wir können nach der Skizze die große Diagonale (vom Schatten markiert) bis in die Gruberrinne verfolgen.

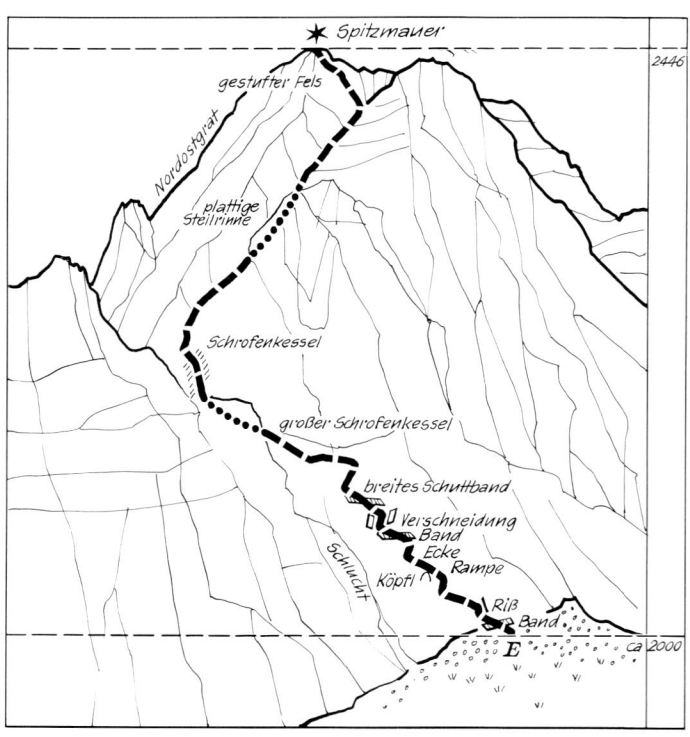

Ostwärts von Wolfgang-, Atter- und Traunsee und dicht über Bad Ischl machen Höllengebirge und Totes Gebirge schon durch ihre Namen deutlich, daß das Leben sogar im Salzkammergut auch ernst ist. Beide Plateaugebirge zeigen felsige Steilabbrüche nach Osten hin, beide Plateaus werden selten überwandert. Es sind nämlich alpine Wüstentafeln knapp über der Vegetationsgrenze, doch allein für Philosophen mit starken Wadeln geschaffen ... Das Tote Gebirge stellt an diesem Ostabfall seine eindrucksvollste Szene vor: Das ist der Riesenkessel um das Prielschutzhaus, über dem Großer Priel, Brotfall und Spitzmauer einen interessanten »Wiener« Kletterzirkus anbieten. Allein der Schermberg löst sich aus dieser Gesellschaft und stützt nordwärts eigensinnig 1400 Höhenmeter in die Hetzau ab ... Vom Prielschutzhaus und am Steig zur Klinserschluchtrinne studieren wir mit Muße – oder starkem Herzklopfen! – diese Spitzmauer mit ihrer kapitalen Nordwand, in der wir unseren Aufstieg samt Gruberrinne bereits verfolgen können ... Stehen wir endlich unter der Nordwand, dann steigen wir aus der Klinserrinne links aus, zielen vom zweiten grasigen Sattel auf einen niedrigen Felswall und kommen so über kleine Schuttkessel zum Wandfuß. Wir wissen aus Skizze und Bild: große Diagonale nach links oben, hier Einstieg in die Gruberrinne nach rechts oben! – Der genaue Einstieg am Wandfuß ist durch eine alte Holzstange (wenn sie noch steht!) markiert. Auch Trittspuren führen uns. Also auf einem langen Band nach links, durch einen 10-Meter-Riß empor und wieder – unter Überhängen hin – nach links auf das nächste Band: Hier wieder 60 Meter nach links und dann schräg rechts auf ein Felsköpfl. Noch einmal vom Köpfl schräg links über eine glatte Rampe und um eine Ecke auf ein breites Schuttband ... Die Struktur dieser Treppenwand (Bild) bietet unseren Zustieg zur Gruberrinne als »logischen« Kletterweg an, man kann sich nicht gut verlaufen! ... Vom breiten Schuttband endlich über eine seichte Verschneidung gerade hinauf und über breite Schuttbänder in die sich zum großen Schrofenkessel erweiternde Gruberrinne. Ab hier toben wir uns im »leichten Fels« aus, bis uns steiles plattiges Gewänd im oberen Teil stoppt. Jetzt gilt es, sauber zu klettern! Damit folgt aber auch der schönste Klettergenuß überhaupt. Obschon uns dort oben Firn aus der Rinne bedrängt, alte harte oder auch unangenehm weiche Schneereste, vom Winterwind eingeblasen und abgelagert: Damit heißt es eben fertig zu werden, bei guter Sicherung nach rechts auszuweichen und am Rande des Firns oder im festen Fels der die Rinne begrenzenden Kante den Gipfel anzusteuern ... Bis dorthin sammeln sich meist soviel Hochgefühle, daß wir den runden und nicht 8000, sondern nur 2446 Meter hohen Gipfel wie einen Himalayariesen betreten: Überglücklich, froh, zu jeder guten Tat bereit! ... Der Abstieg führt uns über Spitzmauersattel und Meisenbergscharte zur Weitgrube, dann über Klinserscharte und -graben zur Hütte zurück. Steinmänner führen uns ...

88 Temelberg
Nordostkante vom Prielschutzhaus der Polsteralm

TALORT Hinterstoder, 585 m, im Stodertal.

STÜTZPUNKT Prielschutzhaus, 1420 m, ÖAV, auf der Oberen Polsteralm; 3 Std. von Hinterstoder (Bus oder Kfz bis Johannishof).

EINSTIEG Vom Prielschutzhaus am bez. Weg zur Klinserschlucht, die durchstiegen wird. Bei der Wegverzweigung am Spitzmauersteig auf die Karrenterrasse, unter der die Weitgrube beginnt (2 Std.). Nun über Karrenböden auf den Temelberg-Ostabsturz zu und an unsere Nordostkante. Einstieg beim rechten Schneefelck am Wandfuß, an dem eine schiefe Einstiegsrampe beginnt (+1 Std.).

CHARAKTER/SCHWIERIGKEIT Bei zwei Umgehungen nicht schwieriger als III –. Zeit für Zweierseilschaft: gut 1 Std.

ABSTIEG In der Nordwestflanke am »Normalweg« zum Temelbergsattel, wo der bezeichnete Plateausteig erreicht wird: leicht (I); Gipfel bis Hütte 3 Std.

FÜHRER/KARTEN AV-Führer, Totes Gebirge, Krenmayr; Rother-Verlag, München. – Kletterführer »Rund um das Prielschutzhaus«, Strauß; ÖAV-Verlag, Linz. – Totes-Gebirge-Führer, Huber; Leitner-Verlag, Wels. – AV-Karte, Totes Gebirge, Mittl. Blatt, 1:25 000. – FBK, Nr. 8, Östl. Salzkammergut.

HINWEIS Eine schöne, besonders luftige Gratkletterei zwischen Nord- und Ostwand, bei einfacher Orientierung. Den auffallenden Überhängen nach rechts in die Nordseite ausweichen (sonst III)!

BILD Unter der Temelberg-Nordwand im Toten Gebirge. Links die Nordostkante. Sie ist in Wirklichkeit nicht ganz so glatt und steil, wie sie hier im Aufblick (des Fotografen) wirkt.

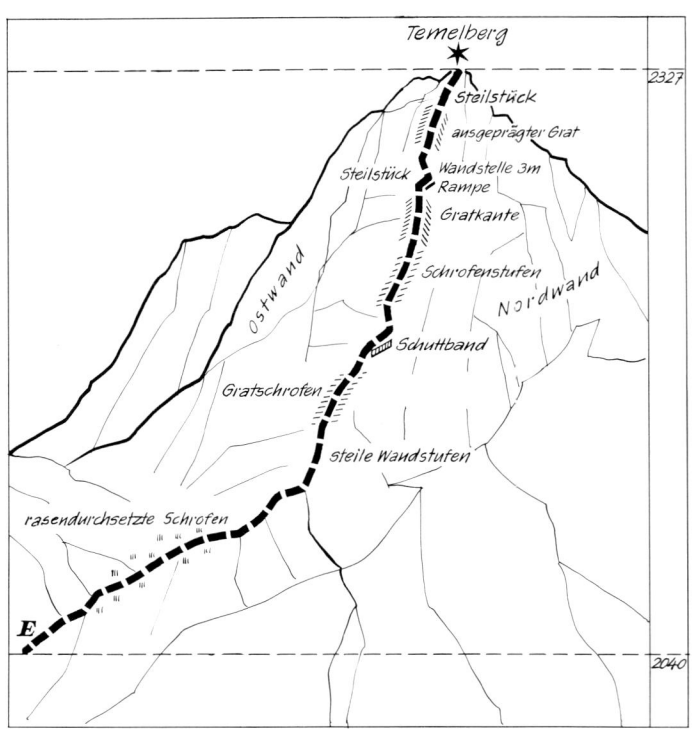

Das Tote Gebirge zwischen junger Traun und Steyr im östlichen Salzkammergut ist nichts weiter als eine hohe Karstlandschaft mit Plateaucharakter – tot, abweisend, eine Wüste wie das östliche Dachsteinplateau um den Krippenstein. Latschengärten, Karrenfelder, Kalkschutt: Hier führen allein Gamsrudel und Hirsche das Wort. Nur gegen Osten hin türmt sich der Kalkschutt zu Gipfeln: Großer Priel, Schermberg, Spitzmauer stellen hier dem Stodertal die einzige ansehnliche Bergkulisse ... Unser Temelberg ist mitten im toten Schutt eine flache Pyramide, die nur nach Osten hin eine Steinmauer aufbaut; deren (im Bild) linke Begrenzung lockt uns an die Nordostkante – das ist alles, was der Temelberg dem Kletterer zu bieten hat. Vom Fleischbanksattel her gesehen entdeckt man sofort sein einziges interessantes »Profil«, unsere Kante! ... Sobald man vom wunderschön gelegenen Prielschutzhaus her die Klinserscharte dicht an der Spitzmauer erreicht hat und dort das erste Mal das wahrhaft »tote«, zerschlagene, zerfressene Plateaugebirge begreift, sieht man auch schon – als starken Trost – unsere Wand und deren Kante. Hubert Peterka sprach von einem »schönsten« Kletterberg, was aber nur seine heiße Urpassion zum Alpenfels an sich bestätigt: Das Tote Gebirge ist und bleibt tot und abweisend ... Der Kalkfels an unserer Kante ist dennoch überraschend fest, und die Ausgesetztheit an der Kante tröstet uns in der grausigen Schuttwelt. – Die Route bietet sich an: Von den weißen Firnlappen am Einstieg aus der Weitgrube geht es am schrofigen Vorbau hinauf zu den grasigen Felsen, die zu den ersten steileren Wandstufen führen. Diese Stufen sind nicht mehr ganz »leichter Fels«, aber links gut zu umgehen! Nun am schrofigen, aber griffesten Grat zum ersten richtigen Steilaufschwung, es kommt der Quergang rechts hinüber zum Schuttband – das sind 10 Meter in der Nordflanke! Nun gleich über Schrofen wieder zurück an den Grat. Gute 80 Meter in der Fallinie gipfelwärts wieder über feste Schrofen. Erst dann wird der Felsgrat ausgeprägter, man geht an die steilere Gratkante heran und klettert an ihr gute 50 Meter empor, dann auf einer Rampe 20 Meter schräg rechts hinauf, bis in die Nordflanke hinein, doch bald über eine 3 Meter hohe Wandstelle wieder an den Grat zurück. Die letzten vier Seillängen führen am ausgeprägteren, aber nicht mehr schwierigen Gratfels zum letzten Aufschwung – zum Gipfel. Jede schwierig erscheinende Stelle ist an diesem Grat zu umgehen! Dies zu wissen, ist wichtig, es bleibt beim »leichten Fels« ... Am Gipfel erschreckt uns wieder die Totenszene dieses wüsten Schuttgebirges mit den nach außen hin kantig erscheinenden Rändern. Daß diese kalkweißen Felstöpfe auf Einzelgänger oder empfindsame Paare eine starke Faszination ausüben, läßt sich denken. Umso schöner der Abstieg am leichten Normalweg zum Temelbergsattel, an dem wir den Plateausteig erreichen; dann eine Flucht ins leuchtend grüne Tal – die Heimkehr in eine lebendige Welt, wo die Orientierung dennoch nicht immer leicht fällt.

89 Vordere Kopfwand
Über Eisgrube und Reinlweg

TALORT Filzmoos, 1057 m (Bus von Eben im Pongau; Bahnstation Mandling, 810 m).

STÜTZPUNKT Hofpürgl-Hütte, 1705 m, ÖAV, unter dem Mosermanndl, 2.30 Std. von Filzmoos, Kfz-Straße bis Oberhofalm, 1268 m (Maut!), dann nur 1.30 Std. zur Hütte.

EINSTIEG Von der Hütte am Steiglweg zum Steiglpaß, 2012 m; hier nordwärts absteigend durchs Tiefe Kar zur Eisgrube. Aus ihr links über Schrofen zur Gabellucke (2 Std.), dort Ansatz der Nordwestkante.

CHARAKTER/SCHWIERIGKEIT III —. – Zeit für Zweierseilschaft: 1.30 Std.

ABSTIEG Erst am Gratkamm zur Hinteren Kopfwand, 2135 m, und Adelwand, 2136 m. Ab hier westlicher Schrofenabstieg zum Steiglweg und Steiglpaß bzw. zur Hofpürgl-Hütte. Gipfel – Hütte fast 2.30 Std.!

FÜHRER/KARTEN AV-Führer, Dachsteingebirge, End; Rother-Verlag, München. – AV-Karte, Dachsteingebirge, 1 : 25 000. – FBK, Nr. 28, 1 : 100 000. – FBK, Spezialkarte, Dachstein, 1 : 50 000!

BILD Blick auf die Nordwestkante der Vorderen Kopfwand im Gosaukamm. Im Zentrum die Westwand, deren plattigen Kantenbereich wir teilweise passieren. Den großen schwarzen Überhang an der unmittelbaren Kante umgehen wir – im Bild sichtbar – rechts in dem großen Querspalt, der parallel zur Kante durch die obere Wand zieht.

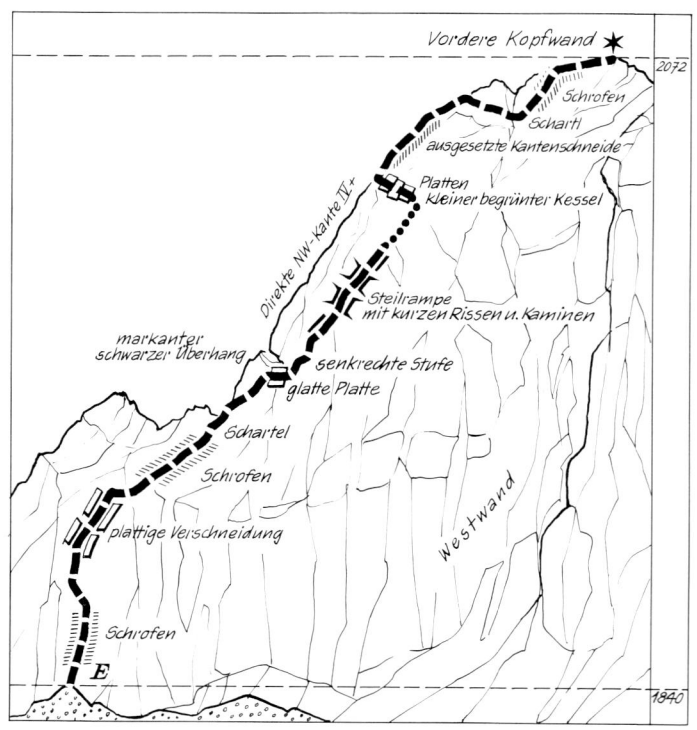

Mitten im schönen Salzkammergut, am Vorderen Gosausee, wo es von leeren Autos, Cafés, Hotelterrassen, Postkartenstanderln und Andenkenbuden wimmelt, gibt es auch noch ein nahezu weltberühmtes Riesenfernrohr: Hier drängeln sich jeden Sommertag Tausende, um den hehren Hohen Dachstein mit neugierigen Blicken und schönen Superlativen zuzudecken . . . Währenddem steigen täglich Bergsteiger mühselig am Steiglweg zum 2012 Meter hohen Steiglpaß auf – rechts über sich das schroffe Säulenbündel des Gosaustokkes, am Osthimmel das bleiche Eis vom Dachstein – passieren Tiefes Kar und Eisgrube, erreichen schließlich die Gabellücke und den Einstieg zur Nordwestkante an der Vorderen Kopfwand . . . Diese Kopfwand begrüßt uns mit einer wuchtigen, doch leicht komischen Felsnase, also einem respektablen Riesenüberhang, der nach einem Entschluß schreit: Als Freunde des »leichten Fels« vertragen wir keinen Grad IV — also müssen wir den Überhang ganz simpel rechts unterlaufen. Man kann das im Bild studieren: Rechts des Überhanges an der Kante hat nämlich das Schicksal dem Kletterer ein herrliches Plattengesimse bereitgestellt, das parallel zur Kante durchaus unseren »leichten« Kletterkünsten angemessen ist. Dieses griffige Gesimse mündet in einem kleinen grünen Kessel, aus dem wir schließlich wieder zur Nordwestkante zurücksteigen. Die Kantenschneide ist auch dort oben noch scharf und exponiert; dann aber neigt sich die Kante und zieht in eine kleine Scharte und von dort über Schrofen zum Gipfel. – Also »leichter Fels« über 220 Höhenmeter, aber man wird die Kletterei begeistert akzeptieren. Dazu kommt, daß der Abstiegsweg über die Hintere Kopfwand wieder leicht ist. Auf ihm erreichen wir auch wieder Steiglweg und Steiglpaß . . . Zurück zum Anstieg: Kommen wir aus der Gabellucke über grüne Schrofen zu dem auffallenden Latschenfleck, dann geht es dort sofort knapp rechts, unterhalb des Grates, auf einen spitzen, überhängenden Felskopf zu, der dann rechts in einer plattigen Verschneidung umgangen wird: Dann erst geht es durch steiles Schrofengelände zum eigentlichen Einstieg – eben unter jenem Nasenüberhang (Bild). – Dieser Überhang wird rechts umgangen, indem man waagrecht die glatte Platte quert, dann kurz absteigt zu einer zweiten, kleineren, meist nassen Platte: Auf diese folgt ein senkrechter Absatz, der uns dann erst den Einstieg in die rechts der Kante aufziehende Steilrampe ermöglicht: Hier klettern wir in Rissen und Kaminen und erreichen so doch noch jenen kleinen grünen Kessel, aus dem wir nach links oben zum Grat kommen und zum Gipfel. – Vom Einstieg bis zum Gipfel also eine schneidige, sehr exponierte Kletterei, aber in festem Fels – eine Genußtour ersten Ranges. Dazu gehört natürlich auch der Abstieg, bei dem wir zuerst dem Kamm zur Hinteren Kopfwand folgen (1.15 Std.), dann unter der Adelwand vorbei westlich über Schrofengelände zum Steiglpaß gelangen (1 Std.). Eine schöne, stille Promenade über der mit 1000 Geheimnissen umwobenen Gosauwelt . . .

90 Vordernberger Griesmauer
Der Fledermausgrat

TALORT Präbichlpaß, 1227 m, auf der Scheitelhöhe der Paßstraße Leoben-Eisenerz-Hieflau.

STÜTZPUNKTE Leobner Hütte, 1584 m, ÖAV, bewirtschaftet, unter dem Hirscheggsattel, 1.30 Std. von Präbichl. – Evtl. auch Wirtshaus Präbichl am Paß.

EINSTIEG Am bez. Weg zum Hirscheggsattel (zwischen Polster und Griesmauer), 1699 m, und zur Nordseite des Südwestgrates (Fledermausgrat) – oberhalb der vier untersten Türme! Einstieg dicht über dem Zugangssteiglein, wo der größere (und steilste) Grataufschwung ansetzt; bis hierher 1.15 Std. – Aber auch einfacher mit dem Polsterlift und einem Direktabstieg von der Bergstation!

CHARAKTER/SCHWIERIGKEIT II, eine Stelle III −; in festem Fels, viele Varianten möglich. – Zeit für Überschreitung: gute 1.30 Std. vom Einstieg!

ABSTIEG Am Normalweg (einfach, kurz, Grad I), dann (nach Besuch der nahen T.A.C.-Spitze, 2019 m, die ein Nebengipfel der Vorderen Griesmauer ist) am Schuttsteiglein zum Hirscheggsattel zurück! Kletterei I+, 15 Min.!

FÜHRER/KARTEN AV-Führer, Hochschwab, Rieder; Rother-Verlag, München. – FBK, Nr. 4, Hochschwab-Mürztal, 1 : 100 000.

BILD Fünfter und Vierter Turm im Südwest-(Fledermaus-)grat der Vordernberger Griesmauer über dem Präbichlpaß – hier gesehen vom Normalanstieg, also von unserem Abstiegsweg. Rechts unten der Hirscheggsattel, über ihm der Polster, 1910 m (Gipfelkreuz). Im Hintergrund der Eisenerzer Reichenstein, 2165 m.

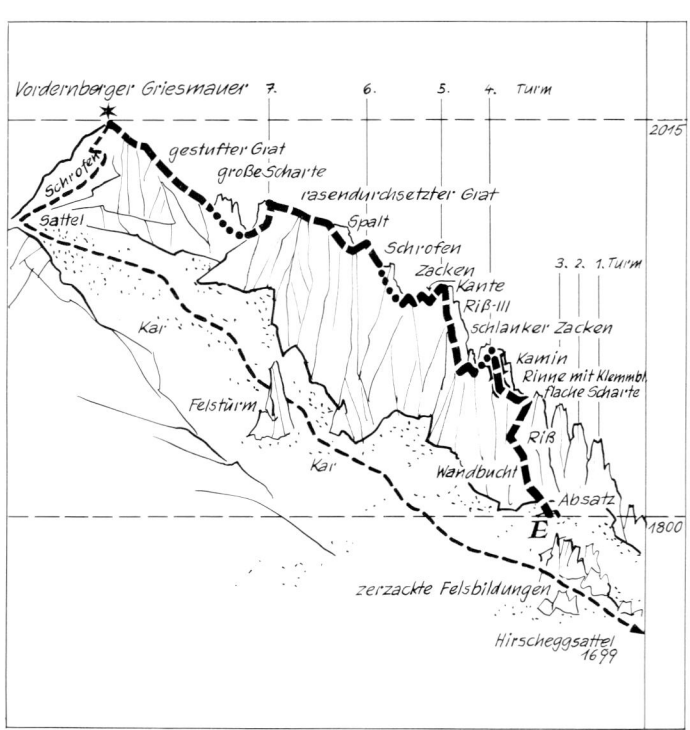

Die Wiener fahren über Wiener-Neustadt, Mürzzuschlag und Leoben zum Präbichlpaß, die Salzburger über Schladming, Gesäuse und Hieflau: Dort steigen (oder fahren) sie auf den Rasenbuckel des Polster hinauf und haben ihr Ziel schon im Auge: den spät (1912) erstmals überschrittenen, heute beliebten Fledermausgrat über die Vordernberger Griesmauer. Unser Bild leuchtet ein: griffiger Kalkfels, vielleicht da und dort nicht ganz fest, dafür exponiert, also reizvoll – und leicht dazu! Die großen Erschließer der letzten souveränen Ostalpengruppe, des Hochschwab, die Felsfürsten v. Glanvell, v. Saar, Domenigg, Kaltenbrunner und Stopper haben ausgerechnet diesen Fledermausgrat übersehen, obwohl er doch das erste starke Vorwerk des ganzen Hochschwab ist – im wilden Westen, um Eisenerz und nahe Leoben . . . Der Lift auf den Polster ist unter Kletterern ein Schönheitsfehler, aber jeder weiß, wie faul Sesselliftfahrer sind: Keiner geht da weit, der Hirscheggsattel wird kaum erreicht – am Südwestgrat sind wir schon allein! An seinem Fledermausgrat durfte man vor 15 Jahren die Begeherzahl mit gut 1000 pro Sommer richtig einschätzen: inzwischen haben sich die Liebhaber vermehrt. – Die untersten, zwergartigen Türmchen lassen wir natürlich aus, erst da, wo sich der Gratfirst schärft, wo er kompakt wird und formenschön aufschwingt, da steigen wir ein. Ein kleines Köpfl an der Gratwand vermittelt den Einstieg; es geht links über Schrofen zu zwei Rissen hinauf. Unser linker Riß ist etwa 4 Meter hoch, oberhalb folgen sofort breite Bänder, von Felsstufen unterbrochen; dann geht es eine schräge, wenig geneigte Rinne hinauf in die Scharte. Links dieser Scharte ein 5 Meter hoher überhängender Stemmkamin (erste kleine Schlüsselstelle!), dann folgt eine steile Schotterschlucht bis zum Grat. Drüben etwas abwärts und zum großen 25-Meter-Turm, der den Gratverlauf sperrt. Unmittelbar zu ihm empor, rechts durch einen Kamin mit guten Griffen (zweite Schlüsselstelle!), dann Ausstieg an einer Stufe und sofort links auf den Turmgipfel (Buch). – Das folgende scharfe Gratstück wird alsbald zum Reit- und Hangelgrat, der mählich abwärts zu einem Gratzacken leitet. Vor dem Zacken Quergang in die nächste Scharte und nun ganz leicht am Grat entlang zum Gipfel 2015! . . . Absteigend kann man die T.A.C.-Spitze (welcher Supermensch, der nicht aus Leoben stammt, kann diese drei Buchstaben je deuten?) überschreiten, dann nimmt man den Normalweg zum Abstieg. Man kann aber auch im Gipfelbereich Stunden vertun, die Augen beschäftigen (ein Feldstecher ist bei diesem Kletterausflug fast so wichtig wie Seil und Karabiner), das Herz stillen, Hunger und Durst hochtreiben – denn mit tödlicher Gewißheit führt uns der Abstiegsweg zu diversen freundlichen Wirten, die gegen Bargeld Eß- und Trinkbares verschenken. Und vielleicht haben sie gratis auch eine Erklärung dafür, wie dieser reizende Klettergrat über den Lärchenwäldern des Eisenerzer Reichensteins zu seinem düster klingenden Namen kam.

91 Gamskögelgrat
Im letzten Urgestein des Alpenhauptkammes

TALORT   Trieben, 708 m, dicht südlich des Ennstales im Paltental.

STÜTZPUNKT   Keine Hütte! Aber Mödringalm, 1450 m, (Heulager) im obersten Triebental, dicht nördlich unter der Gamskögel-Gruppe; Straße bis Gasthof Berger, 1220 m (Nächtigungsmöglichkeit), dann eine weitere Stunde bis zur Mödringalm.

EINSTIEG   In der Amtmannscharte, 2080 m; von der Mödringalm auf einfachem Weg zum Mödringkogel, 2134 m, (2 Std.); von ihm westlich absteigend in die Amtmannscharte (sie wäre auch direkt, aber mühsamer, aus dem Mödringkar zu erreichen)! Hier Beginn der Kletterei über folgende Gipfel: Östlicher Gamskogel, 2180 m; Mittlerer Gamskogel, 2280 m und 2320 m; und Westlicher Gamskogel, 2365 m.

CHARAKTER/SCHWIERIGKEIT   II+, einige Stellen III−! – Zeit: 3 Std.

ABSTIEG   Nach der Überschreitung von Ost nach West weiter zur Hochleitenspitze, 2329 m, dann über den Nordwestgrat (einfach) zum Mödringtörl, 2195 m, und zurück zur Mödringalm (ab Gipfel 2.30 Std.) Westabstieg Mödringtörl – Leitschachgraben – Tauernstraße – St. Johann a. Tauern, 1053 m (Bus Judenburg) möglich!

FÜHRER/KARTEN   Nur vergriffener Führer, Jäckle, Östliche Niedere Tauern (Edelraute, Wien). – »Hochtourist«, Bd. 5, Purtscheller/Heß, Bibliogr. Institut. – FBK, Nr. 6, Ennstaler Alpen, 1 : 100 000. nur grobe Übersicht. – Österr. Karte, Nr. 130, Oberzeiring, 1 : 50 000 (sehr gut); die Mödringalm ist allerdings als »Mödringerhütte« eingetragen.

HINWEIS   Sehr schöne, bekannte Kletterfahrt in den Rottenmanner Tauern, trotzdem nicht überlaufen! Ideale Herbsttour! Gutes Urgestein!

BILD   Ausblick vom Mödringkogel über der Amtmannscharte (Einstieg) auf Östlichen und Mittleren Gamskogel. Man sieht: »leichter Fels« in idealem Urgestein!

Wo im östlichsten Alpenhauptkamm das Urgestein aus Granit und Gneis dem weicheren Kalk weichen muß, dicht südlich des Enns-Durchbruches in der Gesäuse-Enge, findet man in den Rottenmanner Tauern eine wunderschöne Klettertour: die Gamskögel-Überschreitung. Die von Norden kommende Straße zieht hier mühelos von Rottenmann-Trieben über Mautern nach Graz; nördlich darüber das Gesäuse, südlich diese Rottenmanner Tauern . . . Kurioserweise erst 1925 als schöne Kletterfahrt entdeckt, wurde der Gamskögelgrat erst nach 1935 zur beliebtesten Kletterfahrt der Niederen Tauern. Alle Begeher schwärmen von der malerisch-schönen Mödringalm, in der man nächtigen muß. Einst auf Heu, heute womöglich schon auf Daunen. Ausweiche ist der »Gasthof Berger« im hintersten Triebental, heute mit dem Pkw erreichbar . . . Der erste Gipfel, der Östliche Gamskogel, setzt wuchtig mit steiler Gratkante an. Ein vorgebauter Zacken wird nördlich auf schmaler Leiste umgangen. Eine kleine Scharte unter überhängendem Fels, ein ausgesetztes Band nach rechts zu begrünten Felsstufen, dann ein griffarmer Riß durch einen Überhang (an der Nachbarplatte ein alter Haken): Das ist schon die Schlüsselstelle! Nun links um die Schneide zum zweiten Schartel; von ihm rechts der Kante steil zu zwei Rissen unter einem Felsloch (linken Riß benützen, Loch bleibt links). Es folgen eine Steilstufe, noch ein Riß, dann leichtes Gelände, und der Ostturm ist besiegt (1 Std. ab Einstieg). Nun vom Östlichen Gamskogel über Blockstufen und die Felsschneide in die nächste Scharte; dann über einen hornartigen Turm und an ausgesetzter, luftiger Schneide zum Ostgipfel des Mittleren Gamskogel. An ihm wartet eine »überhängende Galerie« an großen Platten, dann eine neue Scharte, dann ein breites Grasband (rechts) zum Westgipfel des Mittleren Gamskogel. Ein überhängender großer Block krönt ihn! . . . Hier ist die eigentliche Kletterei zu Ende. Grüne Schrofen führen in die nächste Scharte, dann geht's links des Kammes zum Hohen Gamskogel. Und von dort erst bummeln wir gemütlich über eine felsige Kuppe zur Hochleitenspitze und ins Mödringtörl hinab, zur Mödringalm, das Triebental hinaus . . .

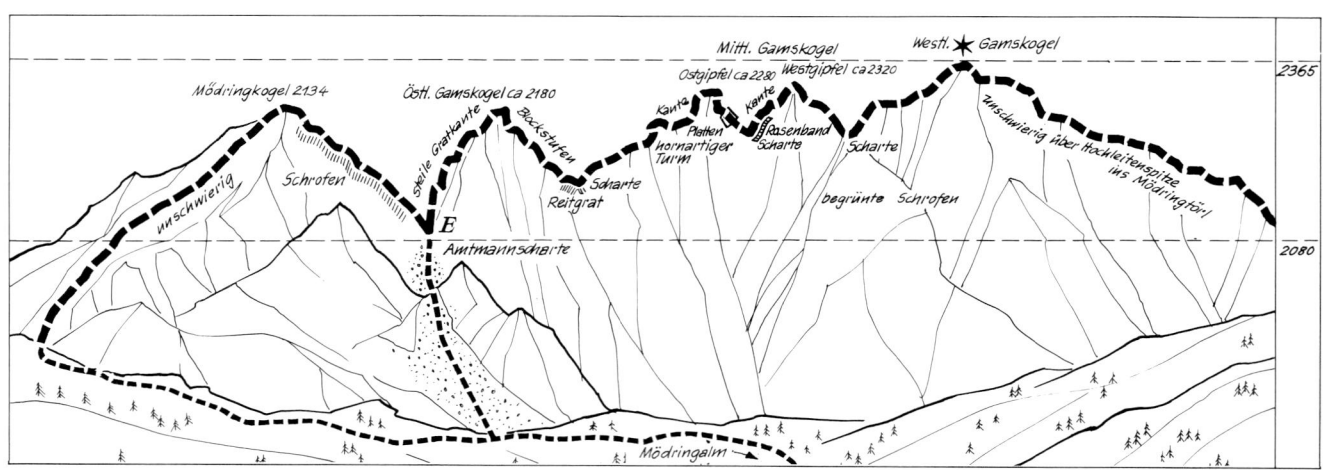

92 Hochtor
Der Roßschweif überm Tellersack

TALORTE Gstatterboden, 579 m, im Ennstal. – Johnsbach, 761 m, mit berühmtem Bergsteigerfriedhof; Fahrstraße hier von großer Gesäusestraße abzweigend. Zu Fuß von Bahnstation Johnsbach bis zum Dorf 1.30 Std., weitere 30 Min. zum »Kölblwirt« am Ende der Straße, 851 m (Parkplatz).

STÜTZPUNKT Heß-Hütte, 1687 m, ÖAV, im Ennsecksattel östlich des Hochtors; vom Kölblwirt 2.15–2.45 Std; von der Bahnstation Kummerbrücke bei Gstatterboden über den versicherten Wasserfallweg (nur für Schwindelfreie!) 3.30 Std.

EINSTIEG In etwa 1750 m Höhe, vom Steig Heß-Hütte–Peternscharte in 15 Min. erreichbar; genau dort, wo der Steig erstmals den Fuß des Ostgrates berührt.

CHARAKTER/SCHWIERIGKEIT Am Roßschweif II, aber drei Stellen III −. – Zeit für Zweierseilschaft: gute 2 Std.

ABSTIEG Am Ostsüdostgrat, dem Gugelgrat, auch Josefinensteig genannt; teilweise versichert (trotzdem Trittsicherheit und Schwindelfreiheit unerläßlich!). Knapp 2 Std.

FÜHRER/KARTEN Gesäuse und Ennstaler Berge, Heß/Pichl; Holzhausen, Wien. – Gesäuseberge, End; Rother-Verlag, München. – AV-Karte, Nr. 16, Gesäuseberge, 1:25 000. – FBK, Nr. 6, Ennstaler Alpen (Gesäuse), 1:100 000.

BILD Das Hochtor von Osten mit dem Tellersack (Kar) zwischen Ostsüdostgrat (Gugelgrat) links und Ostgrat (Roßschweif) rechts. Deutlich zu erkennen die ausgeprägten steilen Platten und Bänder.

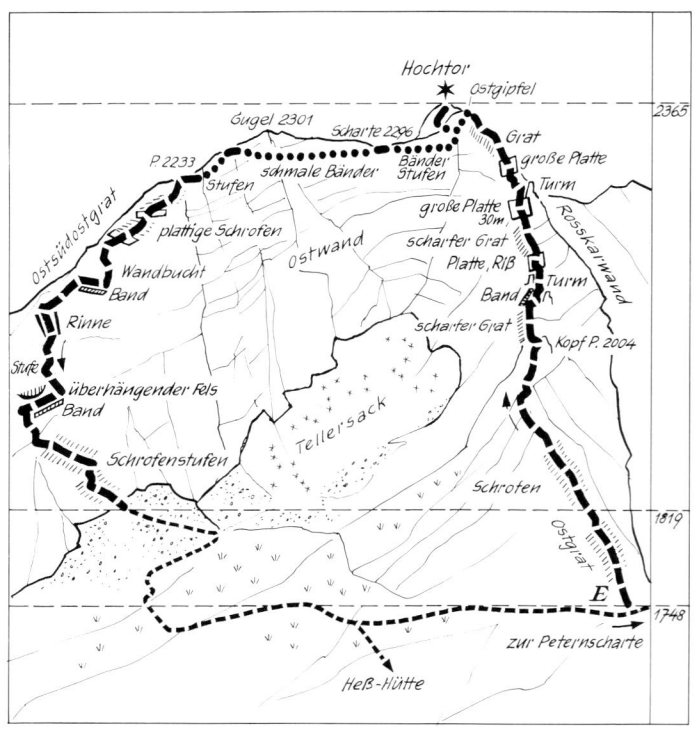

Die junge Enns, aus den Schladminger Tauern kommend und dann zwischen Radstadt und Schladming eines der schönsten Hochalpentäler darbietend, erschrickt nicht schlecht, wenn sie hinterm letzten Wirt von Krumau, von Himbeerstein und Haindlmauer gezwungen, plötzlich ins enge Gesäuse muß ... Das ist eine gigantische Schlucht, in der die eng zusammengespülten Bergwasser brausend auf die Hochtor-Gruppe zielen. Fährt man von Westen her durch dieses theatralische Gedränge und zielt auf eben dieses Hochtor, dann muß man bald nach Gstatterboden über die Ennsbrücke und am stillen, steilen Wasserfallweg zur Heß-Hütte steigen: Dort liegt das 2365 Meter hohe Hochtor als Ostgipfel des Ödsteinkammes unmittelbar über uns, mit dem Tellersack als verworfene Schuttgrube im Vordergrund, links vom Gugelgrat, rechts vom Roßschweif (Ostgrat) gesäumt. Ein Hufeisen also aus kräftig gestuften steilen Plattenlagern gewaltigen Ausmaßes ... Den rechten Grat steigen wir hinauf, das ist der Roßschweif, während wir den linken Gugelgrat als Abstiegsweg genießen. Bild und Skizze können uns zuverlässig führen, der Text im neuen End-Führer ist präzise ... Vom Steig Heß-Hütte – Peternscharte geht es erst über Schrofen zur Kammhöhe (im Bild ganz rechts) und zur Scharte P. 2004 nach dem ersten Gratkopf. An jener Scharte beginnt die mit vielen Zacken und turmartigen Gebilden bestückte scharfe Gratschneide. Die Grataufschwünge wirken reichlich dramatisch aufs Gemüt, aber sie bluffen sozusagen: Denn immer wieder findet man Möglichkeiten zur Umgehung, wo man sie nicht direkt überklettert. Links Tellersacktiefe, rechts das traurige Roßkar. In halber Grathöhe wartet eine interessante Kletterstelle an einer gespaltenen Platte, dann folgt als schwierigste Stelle prompt eine 3–4 Meter hohe senkrechte Felsstufe: Grad III−, aber Haken! – Das nächste Abenteuer kommt gleich darauf an der besonders scharf gezackten Gratschneide, wo es sehr luftig zugeht; dann ist man bereits an der – von der Heß-Hütte gut auszumachenden – 30-Meter-Platte aus auffallend weißem Gestein mit aufsitzendem turmartigen Gratkopf, der aber auch links auf einer Platte umgangen wird. Neue Platten folgen, immer steil, dann ist bald der Roßkuppengrat erreicht; ein naher Vorgipfel und eine Scharte führen auf den Hauptgipfel ... Im Ganzen: Eine immer interessante, oft etwas luftige Klettertour, die noch 1893 als schwierigste Gesäusetour angeboten wurde – heute gilt sie als eine angenehm exponierte, eben deshalb elegante Führe im »leichten Fels«. – Der Abstieg am (zum Teil versicherten) Gugelgrat gegenüber, also auf der anderen Seite des Tellersack, ist für den Geübten relativ leicht. Vom Vorgipfel zu einer torähnlichen Scharte (P.2296), dann zur Gugel, einem markanten Gratkopf (P. 2301). Rechts vorbei zum Gratabsatz 2233 hinab und von da in der linken, von Bändern und Stufen durchzogenen Flanke zum Ausstieg, nahe dem Tellersack, die Heß-Hütte bereits in Sicht. Dazu Bier, »Tellerfleisch« und ebener Boden.

93 Planspitze

Ein Pichlweg über dem Gesäuse

TALORT Gstatterboden, 579 m, im Ennstal.

STÜTZPUNKT Nur in Gstatterboden, im Anstieg keiner!

EINSTIEG In etwa 1500 m Höhe in Gipfelfallinie links des Nordwestgrat-Abbruches. – Von Gstatterboden kurz die Straße Enns-aufwärts, dann rechts über die Brücke und an einem sehr steil ansteigenden Steiglein fast 1000 m in 2.30 Std. hinauf.

CHARAKTER/SCHWIERIGKEIT II+. – Zeit für Zweierseilschaft: 2.30–3 Std.

ABSTIEG Es gibt drei Möglichkeiten: 1. In der Südwestflanke der Planspitze am bez. Peternpfad und über die Peternscharte (I+) zur Haindlkar-Hütte, 1050 m. – 2. Aus der Peternscharte durch das Seekar zur Heß-Hütte, 1687 m, ÖAV, ab hier am landschaftlich reizvollen Wasserfallweg (versichert!) zurück zur Enns. – Oder 3. direkt von der Peternscharte über die Kölblalm zum Wasserfallweg und ins Tal.

HINWEIS In Notfällen kann man beim Erreichen des Nordwestgrates durch weiteres Queren über tiefer liegende Bänder unschwierig in die Scharte zwischen Planspitze und Peternschartenkopf aussteigen.

FÜHRER/KARTEN Gesäuse und Ennstaler Berge, Heß/Pichl; Holzhausen, Wien. – Gesäuseführer, End; Rother-Verlag, München. – AV-Karte, Nr. 16, Gesäuseberge, 1 : 25 000. – FBK, Nr. 6, Ennstaler Alpen (Gesäuse), 1 : 100 000.

BILD Die Planspitze-Nordwand mit ihrem massiven Nordwestgrat (rechts). Links, von Schatten markiert, der Inthalerkamin in die scharfe Gratscharte. Unter ihm der große Plattenschuß, den wir von unten rechts her erreichen, um oben von ihm aus wieder nach rechts durch die Nordwand zu klettern.

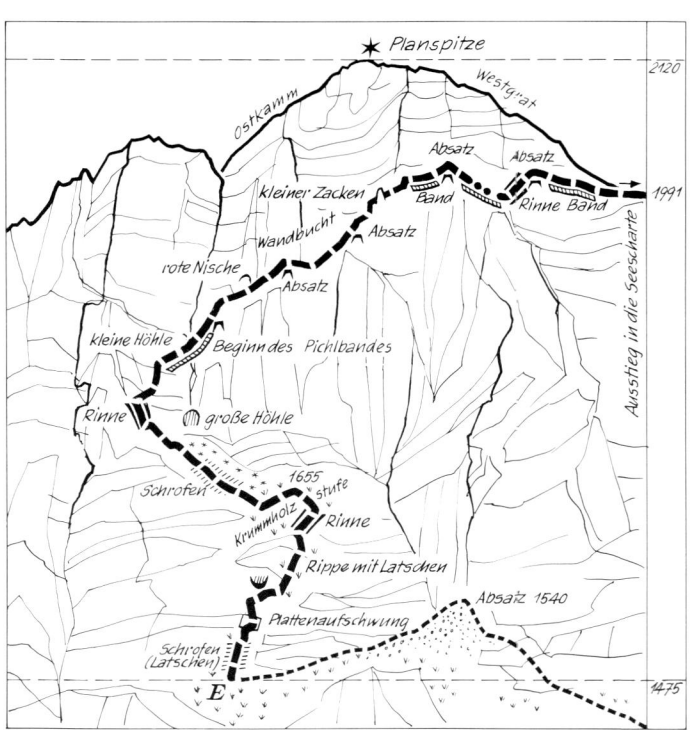

Kurz bevor die junge, hier sichtlich in die Enge getriebene Enns ihre abrupte Wendung nach Norden vollzieht, hat sie in den Schwällen des Gesäuse-Cañon die berühmten Nordwände dieser Gesäuseberge über sich: Ödstein, Roßkuppe, Hochtor und Planspitze – ein Kletterparadies von Rang. Die Salzburger, Linzer und Wiener wissen es am besten . . . Die silbergraue Nordwand der Planspitze, eingefaßt von Nordostkante und Nordwestgrat (Bild), macht auf den ersten Blick hin keinen einladenden Eindruck: Wo soll da eine seriöse Führe im »leichten Fels« sein? – Es gibt sie in der Tat, und sie ist schön, fein exponiert, in den Nordwandstrukturen gut zu finden, weil beinahe vorgezeichnet, bei Schwierigkeitsgrad II+ an einigen Stellen und Grad II im Schnitt . . . – Am untersten Wandabbruch, wo der Pichlweg bereits beginnt, muß zunächst die auffallende Krummholzstufe erreicht werden, von rechts her also über gut gestuften Fels – oder gerade empor durch den oft feuchten, wenn nicht gar wasserüberronnenen Glatter-Meschnigg-Riß (III+, 15 m hoch!). Nach diesem Vorspiel, bei dem gutes Orientierungsvermögen oft mehr hilft als Supermuskeln, wird von dem erreichten Schuttfeld aus der links mählich, dann immer kraftvoller aufsteigende große Plattenschuß in schöner Genußkletterei überwunden, bis man an seinem oberen Ende den Beginn der in unausgesetzter Folge nach rechts durch die Nordwand ziehenden Pichlbänder erreicht. Man studiere Bild und Skizze, und es wird klappen! Von da an, im Verfolg der großen, langsam ansteigenden Wandquerung nach rechts, sorgen die jeweils höheren Bänder und die kurzen Unterbrechungsstellen für Abwechslung – und beinahe vergißt man die große Exposition! Mancher versäumt dieses Erlebnis, weil er, Nase und Auge am Fels, die gewaltige Felsszenerie gar nicht wahrnimmt, auch nicht den Tiefblick weit, weit hinab zu den silbern spiegelnden Enns-Wassern. – Nach dem Erreichen eines auffallenden Absatzes (großer Steinmann!), schon am Nordwestgrat drüben, hält man sich dort an eine steile, aber gut gestufte Rippe, die unmittelbar zum Gipfel leitet: 2120 Meter. – Wen ein Wetterumschlag trifft, der kann von dem erwähnten, großen Steinmann bei Erreichen des Nordwestgrates über 20 Meter tiefer liegende, unschwierige Bänder weiter bis in die nahe Scharte zwischen Planspitze und Peternschartenkopf queren. – Wer diesen Pichlweg im Abstieg begeht (er gilt als relativ sicher und fest), der ziele unten, von der Krummholzstufe weg, auf die Steilrinne über dem Glatter-Meschnigg-Riß und seile sich dort ab. – Was den Namen der Planspitze betrifft, so neigt man gerne der Meinung zu, daß er von der Südwestabdachung des Berges herrührt, da sie sehr ebenmäßig, wie ein »Plan« absinkt. Wer freilich die andere Seite heraufgekommen ist, über unsere mächtige Nordwandmauer, der weiß, daß diese Planspitze halt auch ihre zwei Seiten hat, wie die meisten Berge . . . Die Riesen-Wandquerung erfordert gutes Orientierungsvermögen. Besser: am Seil eines Wandkenners gehen!

94 Fölzstein

Im südlichen Vorwerk des Hochschwab

TALORTE Aflenz Kurort, 765 m, unter der Bürgeralpe. – Thörl, 638 m, südlich vor Fölzbach, Fölzgraben, Fölzklamm und Fölzalm.

STÜTZPUNKT Fölzalm, 1472 m, mit Gasthaus (bewirtet, Nächtigungsmöglichkeit); hierher von Thörl 6 km mit Pkw zur Fölzklamm bis kurz vor das Gasthaus »Schwabenbartl«, dann bez. Weg zur Fölzalm, 2.15 Std.

EINSTIEG Ab Fölzalm auf Jagdsteig erst eben, dann steigend zu den Ostabstürzen des Fölzstein; unter ihnen entlang in einen Sattel Es folgt ein grüner Rücken, man quert eine Rinne zum nächsten Rücken; hier etwas abwärts, dann über den Südostwandsporn bis in die erste Wandbucht. Dort Einstieg auf etwa 1540 m Höhe im gestuften Fels der Wandbucht. 50 Min. ab Fölzalm.

CHARAKTER/SCHWIERIGKEIT II, doch mit mehreren »originellen Kletterstellen« bei Grad III –. – Kletterzeit: 3 Std., Wandhöhe: 400 m.

ABSTIEG Auf der Gipfelhochfläche nordwestlich gegen den Fölzkogel, 2023 m, dann den Nordosthang schräg abwärts auf den Steg zur Fölzalm; Zeit: etwa 1 Std.

FÜHRER/KARTEN AV-Führer, Hochschwab, Rieder; Rother-Verlag, München. – AV-Karte, Hochschwab, 1 : 25 000. – FBK, Nr. 4, Hochschwab, 1 : 100 000. – Österr. Karte, Nr. 102, Aflenz Kurort, 1 : 50 000 (besser).

BILD Die vollständige Südostwand des Fölzstein, südlich des Hochschwabmassivs. Beim Vergleich von Bild und Skizze kann man unsere »leichte« Kletterführe genau verfolgen. Die Sonnenstrahlen markieren aufmerksam die südlichen und die östlichen Flanken des Kalkgebäudes.

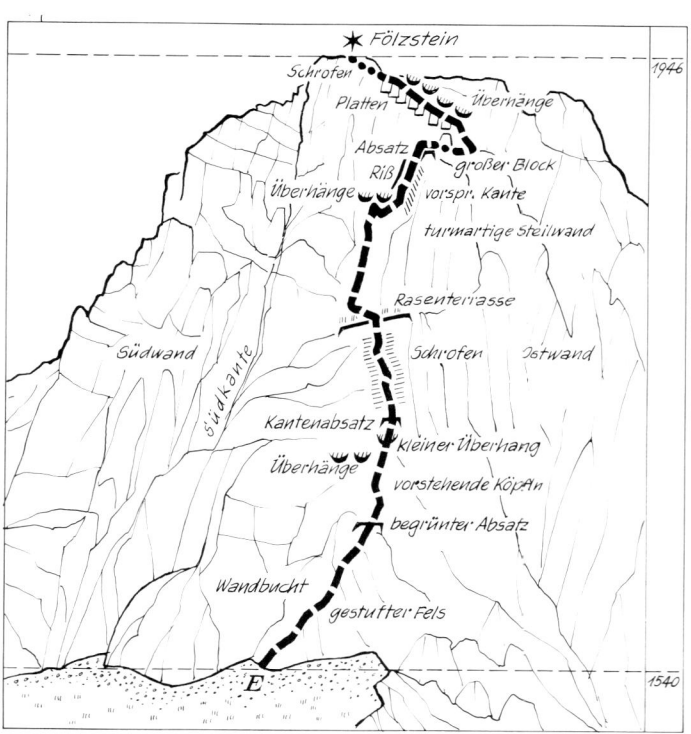

Wir bewegen uns diesmal in einem südlichen Vorwerk des Hochschwabzuges, im altberühmten Grazer Felsklettergarten der Fölzalpe. Westlich über dem runden Grünkessel der Fölzalm liegt das teilweise plateauartige Massiv der Karlalpe – östlich der Fölzalm das der Mitteralpe . . . Unser Fölzstein scheint unter den »leichten« Kletterführern dieses Buches keine bedeutende Rolle zu spielen, und doch wurde er 1904 von einem der berühmtesten alpinen Erschließer erstmals bezwungen: durch den Grazer Freiherrn Günther von Saar (mit Franz Kleinhans am Seil). Am selben Berg fand vor über 70 Jahren ein anderer großer Erschließer den Bergtod – es war Viktor Wolf von Glanvell mit den Gefährten Gottlieb Stopper und Leo Petritsch: Steinschlag tötete drei erfahrene Erschließer. Der damals 34jährige von Glanvell hatte vor seinem Tod schon 150 Erstbegehungen ausgeführt, auch die des Campanile di Val Montanaia (1902 mit von Saar) . . . Wir steigen am Südostwandsporn ein, und zwar links in der ersten seichten Wandbucht, klettern einige Seillängen über gut gestuften Fels gerade empor und dann gleich rechts auf den markanten Spornabsatz (in gleicher Höhe sieht man links an der Südkante eine gelbe Ausbruchstelle!). Nun 4 Meter senkrecht hinauf und weitere 20 Meter gerade bis unter den markanten, schräg links aufwärts ziehenden und von Überhängen überwölbten Riß (Höhe 1650 m). Rechts am Riß vorbei, über die vorstehenden Felsköpfln und gleich noch über einen 2 Meter hohen Überhang zum kleinen Kantenabsatz. Rechts von uns bricht die Wand in die Ostschlucht ab . . . Nun anfangs steil, dann über leichte Schrofen zu einer kleinen Fichtengruppe; von ihr gerade weiter empor über eine Steilstufe auf die große schräge Rasenterrasse (1750 m), also direkt an den Fuß des mächtigen, turmartigen Kantenaufschwunges. Nun links davon in einer schwach ausgeprägten plattigen Steilrinne drei Seillängen hinauf vor die dunklen Überhänge (rechts davon ein auffallender roter Fleck!); hier 6 Meter schräg abwärts an brüchigem Fels, hinter zwei Plattentafeln entlang, dabei unter einem überhängenden Doppelriß eine 8-Meter-Querung nach rechts an die Rippe (Haken!). Dahinter steigen wir im Riß (rechtsseitig eine glatte Wand) volle 40 Meter bis an sein Ende hinauf, und dort aus einer Nische zu dem 3 Meter rechts sichtbaren Absatz mit einem Latschenfleck (etwa 1840 m Höhe; Höhe des dreieckigen, turmartigen Kantenaufschwungs). Vom Latschenfleck dann hinter einem an die Wand gelehnten mächtigen Block vorbei; es folgen ein kurzer Quergang nach rechts und eine ganze Seillänge gerade hinauf in eine überhängende Felszone. Dies klingt extrem – aber wir queren ja unter diesen Überhängen über rasendurchsetzte Platten eine Seillänge nach links, wieder genau über dem Latschenfleck, und zuletzt über Schrofen auf den Gipfel. Dort begreift man, was Fritz Benesch mit dem Ausspruch meinte: »Charakteristisch ist die Klarheit der Felsformen, die sich wie ein reicher Fassadenschmuck an dem ungeheuren Bau des Gebirges ausnehmen.«

194

95 Hochschwab
Vom Trawiessattel durch die Südwand

TALORTE Thörl, 638 m, Bus von Station Kapfenberg/Bruck a. d. Mur. − Seewiesen, 974 m, an der Seebergstraße, Bus von Kapfenberg über Thörl/Aflenz.

STÜTZPUNKTE Alpengasthof Bodenbauer, 877 m, im Talschluß des Ilgner Tales, priv., Bus und Kfz bis zum Haus. − Voisthaler Hütte, 1660 m, ÖAV, in der Oberen Dullwitz; von Seewiesen 2.45 Std. (Pkw bis Lettanger/Seetal möglich, dann 2 Std.).

EINSTIEG Auf etwa 1980 m Höhe nahe dem Trawiessattel; ab Bodenbauer bez. Weg durchs Trawiestal und über »G'hacktbrunn«, 3 Std; ab Voisthaler Hütte bez. Weg, 1.15 Std.

CHARAKTER/SCHWIERIGKEIT II, nur eine Stelle III −! − Zeit für Zweierseilschaft 1.30 Std.

ABSTIEG Vom Gipfel übers »G'hackte« (versicherter Steig) und über »G'hacktbrunn« zum Bodenbauer, 2.30 Std. − Über das Schiestl-Haus, 2150 m, und den Edelsteig zur Voisthaler Hütte, bez., 2 Std. (normaler Hochschwabweg).

FÜHRER/KARTEN AV-Führer, Hochschwab, Rieder; Rother-Verlag, München. − Österr. Karte, Nr. 102, Aflenz, 1 : 50 000; Nr. 4, Hochschwab, 1 : 100 000.

BILD Die »Wiener« Südwand des Hochschwab mit der S-förmigen Diagonale des den Wienern und Grazern so wohlbekannten Rinnensystems des Domeniggweges über den »Eisgruben«. Genau genommen sehen wir nur den Kleinen Schwaben, wie ihn die Stammkunden nennen. Der Große folgt auf den Kleinen Schwaben links oben, außerhalb des Bildrandes.

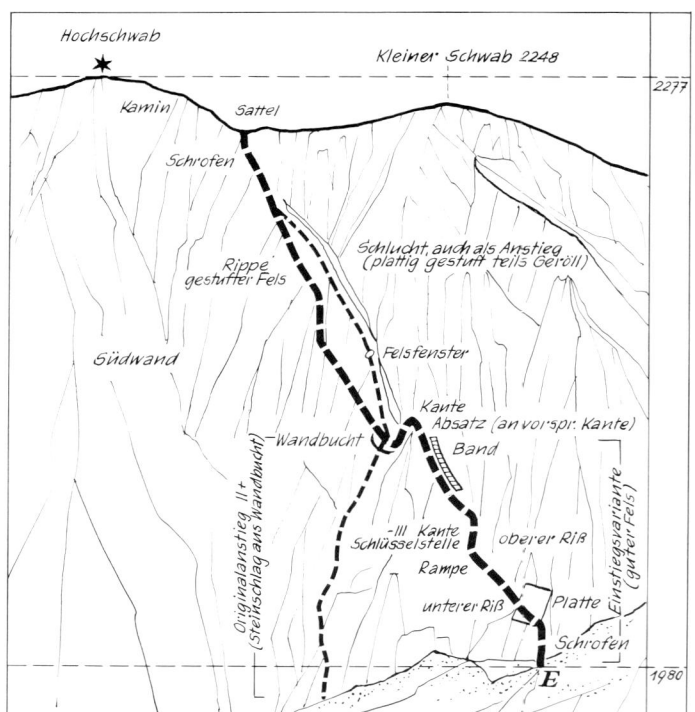

Das Massiv des Hochschwab, vor Schneeberg und Rax letzte interessante Gruppe der Ostalpen und damit zugleich letztes Kletterparadies, ist erstaunliche 40 Kilometer lang, dazu noch 15 Kilometer breit. Der geographische Witz daran: Der Kletterer kennt von den 40 Kilometer Hochschwab nur knappe 4 Kilometer, eben die Südwand des Hochschwab zwischen Stangenwand und Schwabenkar . . . Trawiestal und Obere Dullwitz geben dafür das Parkett ab, Bodenbauer und Voisthaler Hütte sind die Umschlagplätze, von wo aus die Südwand-Aspiranten herzklopfend ansteigen und wohin sie hinterher aufs glücklichste erschöpft wieder absteigen . . . Diese berühmte Südwand mit ihren nur 300 Metern Höhendifferenz entdeckt man vom Einstieg ins »G'hackte« (Normalweg) oder vom »Edelsteig« aus durchaus mit Herzklopfen: kein Totenkirchl, keine Große Zinne, kein Crozzon − aber doch gewaltig als Kalkstock, auch gewaltig verlockend . . . Das jahrzehntelang aufgewärmte Problem platzte erst 1893. Was den verschworenen Erschließern Emil Zsigmondy, Markgraf Pallavicini und August von Böhm an dieser Südwand trotz vieler Versuche nicht gelang, das meisterte der blutjunge Karl Domenigg mit dem jüngsten St. Ilgener Führer (Honorar: ein »neuer Wettermantel«) am 12. Juli 1893 − in schlechten Nagelschuhen! Auf unserem Bild ist dieser Anstieg links als durchgehend S-förmige Steilrinnenfolge gut erkennbar. Er zieht durch die Südwand des Kleinen, nicht des Großen Schwaben! Einstieg also dicht links der unten hellbesonnten Schrofenpyramide bzw. an deren »Gipfel«. − Hier gibt's bis in den Frühsommer hinein noch Randklüfte! Von hier ziehen nach links oben und parallel zwei Risse: Wir benützen erst den unteren Riß auf eineinhalb Seillängen bis zur (einzigen) markanten Schlüsselstelle (III −, aber Haken) − einer 8 Meter hohen senkrechten Platte mit Plattenkante. Sehr luftig! Dann exponiert über Kalkstufen weiter 15 Meter bis zum oberen Riß, der auch bald endet und sich als links aufziehendes Schrofenband fortsetzt. Wir verfolgen es bis zur vorspringenden Kante mit dem guten Absatz im Steilfels − im Bild als Türmchen erscheinend. Von diesem auffallenden Absatz nun abwärts in den Wandkessel, in dem der »originale«, gerade Aufstieg durch Kamine und (steinschlaggefährdete) Risse der Fallinie einmündet. − Es folgt nun die gut sichtbare, untere »Domenigg« so scharf charakterisierende lange S-förmige Schlucht, die an ihrem Beginn durch ein eigenartiges doppeltes Felstor führt. Die Schlucht ist plattig, aber gut gestuft, sehr lang, stellenweise mit etwas Geröll »gepolstert«. − Auch die linke Begrenzungskante dieser riesigen Diagonalschlucht kann benützt werden, wenn etwa in der Schlucht unten eine Seilschaft aufkreuzt. Man steigt bei 300 Meter Wandhöhe in den Schwabensattel aus, geht zu dem großen Gipfelkreuz, dankt für das kleine Glück, das den großen Sieg erlaubte. Die Abstiege übers »G'hackte« zum Bodenbauer oder über Schiestl-Haus und Edelsteig zur Voisthaler-Hütte sind heiterer Ausklang.

96 Prisojnik
Nordwestwand mit Felsenfenster

TALORT Kranjska gora (Kronau), 810 m, im Savetal.

STÜTZPUNKTE Voß-Hütte (Erjavceva kova), 1515 m, nördlich der Vrišic-Paß-straße, bewartet; 3 Std. von Kranjska gora; oder vorher Gozd-Hütte (Koca na gozdu), 1256 m, ebenfalls an der Paßstraße; 2 Std. von Kranjska gora.

EINSTIEG Von der Voß-Hütte am Waldweg absteigend, dann Querung zur gegenüberstehenden Nordwestwand; ein kurzer Schuttkegel leitet zum Einstieg; 1 Std. (großer roter Markierungspunkt). – Anstiegszeit 3.30 Std. bei fast 1000 Höhenmetern! Führe durchweg bezeichnet und eisenversichert.

CHARAKTER/SCHWIERIGKEIT I+, da mit Drahtseilen versichert; dennoch eine anstrengende Hochtour in ausgesetztem Fels.

ABSTIEG Es gibt drei Möglichkeiten: 1. Am Westgrat hinab, das »Felsenfenster« passierend, am bezeichneten Steig zum Vrišic-Paß; 2. Vom Westgrat durch das domartige »Fenster« und rechts wieder am Steig zum Paß; 3. Ebenfalls westwärts am neuangelegten Steig »Kopiscarjeva« zur Vrišic-Paßstraße.

FÜHRER/KARTEN AV-Führer, Julische Alpen, Schöner; Rother-Verlag, München. – »Hochtourist«, Bd. 8, Purtscheller/Hess. – FBK, Nr. 14., Julische Alpen. 1 : 100 000.

HINWEIS Der Prisojnik hat in der Wandmitte ein mächtiges Schneekar, hier äußerste Vorsicht; Grödel und Pickel vorteilhaft! – Für Spezialisten: Am Ostgrat gibt es den versicherten »Jubiläumsweg«, der in der Scharte zwischen Razor und Prisojnik beginnt, von Süden das sogenannte »Zweite Fenster« erreicht und damit den Ostgrat, den er bis zum Gipfel verfolgt.

BILD Der Prisojnik in den östlichen Julischen Alpen mit seiner mächtigen Nordwestwand über dem Vrišic-Paß mit dem Poštar-Haus an der Paßhöhe. Das berühmte »Felsenfenster« befindet sich oben nahe dem rechten Bildrand.

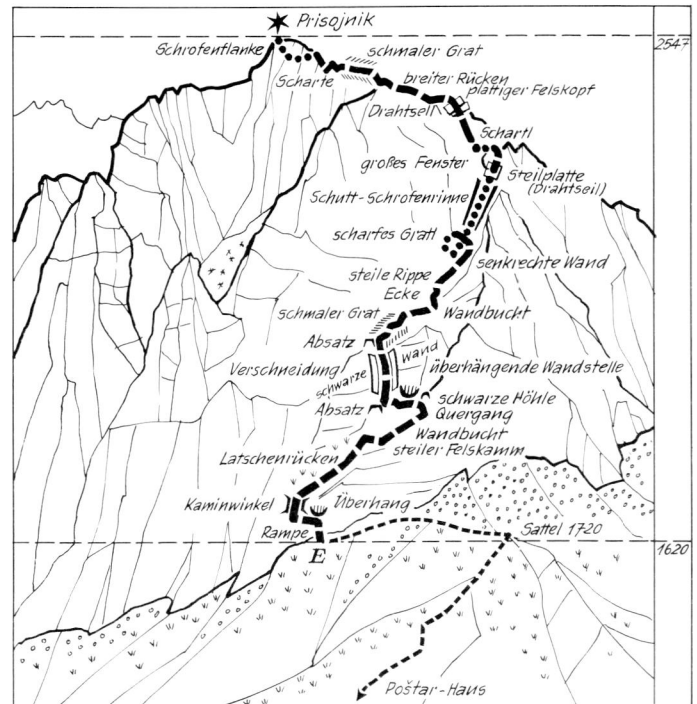

Der Prisojnik – oder Prisank – in den östlichen Julischen Alpen liegt mit seinen Nachbarn Mangart, Razor, Jalovez, Scrlatica und »König Triglav« weit südlich von Villach. Aber auch nicht nur südlich der Karnischen Alpen und der Karawanken – keine Rede: Er liegt auch noch südwärts des Savetales. Wer von München oder Buxtehude dorthin reist, meint zum Schluß, jetzt müsse aber gleich Athen kommen . . . Das hat zur Folge, daß um diese Julischen Alpen seit Julius Kugys Zeiten eine Wolke von Wunschträumen schwebt, von südlicher Sonne vergoldet . . . Unser Bild zeigt – dicht über der leider üppig frequentierten Vrišic-Paßstraße – eine Riesenwand mit zwei oft firnweiß gepuderten Hochkaren: Das ist unsere fast 1200 Klettermeter hohe, ausladende Nordwestwand! Beim Vergleich von Bild und Skizze kennt man sich gleich aus: Man steigt vom Vrišic-Paß kurz absteigend dem mittleren Wandsockel entgegen. Dort entdeckt man, daß die Riesenwand reich ist an Schuttkesseln und Schrofenbändern und daß man deshalb einen eisenversicherten Steig durch die Wand baute. Normalerweise ein böses Malheur in alpinen Bereichen! Aber ohne sichernden Steig wäre diese Riesenwand höllisch gefährlich. Dieser versicherte Klettersteig »Hanzova pot« hat in dieser Wand seine Berechtigung: Jetzt erst kann auch der Normalbergsteiger durch diese Wand klettern und dabei Hochgefühle empfinden, die sonst nur der Kletterer genießt. Der Steig ist »natürlich« angelegt, also besonnen, geschickt und vernünftig den Felsstrukturen, Bändern, Kesseln und Terrassen angepaßt. Er führt auch zu dem berühmten »Fenster« – einem gewaltigen Felsenfenster mitten im Bergmassiv –, das man »gesehen haben muß«, wie es in Führern heißt. Ich für meinen Teil sehe im Bild oder vom Vrišic-Paß lieber in das riesige, stille Traumkar der kolossalen Wand. Wir durchsteigen sie im westlichen Wandteil, in einem großen Bogen, der oben mit dem ungeheuren Naturwunder des »Prisankfensters« unterm Westgrat endet – aber im unteren Bereich bis nahe an das (im Bild) von einem besonnten Felsturm bewachte Märchenkar heranführt. Man muß zugeben: Ohne sicherndes Drahtseil könnte man die ungewöhnliche Exposition dieser Riesenwand kaum ertragen; sagen wir dazu: für die, die vom »leichten Fels« träumen! Hier haben sie also die sonst nur den Extremen zustehenden raffinierten Schockgefühle, und am »Fenster« gibt's ein da capo, und dann kommt gar noch der lange freie Westgrat zum Gipfel . . . Man wählt nach dem großen Erlebnis einen von drei Abstiegen zur Vrišicstraße hinunter und zu den diversen Wirten, die unseren Superdurst zu würdigen wissen. Eine lange, anstrengende Hochtour über fast 1000 Meter Höhe, in ausgesetztem steilen Fels (freilich mit Drahtseil), mit einem ebenfalls nicht kurzen Abstieg. Das soll heißen: Man komme ausgeruht, in wetterfester Kleidung, vielleicht mit Pickel und Grödeln! Man sieht ja vom Paß her schon, wie es in der Wand mit Firntafeln bestellt ist! Sie ist nun mal hoch, die Tour lang, letzte Firntafeln sind zuweilen glashart.

97 Wildes Gamseck
Der Nordwestgrat vom Sattel

TALORTE Im Norden: Hinter-Naßwald, 711 m (Bus von Payerbach-Reichenau). – Im Süden: Altenberg, 782 m (Bus von Mürzzuschlag über Kapellen).

STÜTZPUNKT Keiner!!

EINSTIEG In 1700 m Höhe am »Sattel«, dem Gratbeginn. Hierher von Hinter-Naßwald oder von Altenberg jeweils 3.30 Std. über den Naßkamm, 1210 m (Verbindungskamm Raxalpe–Schneealpe) – und von der Gamsecker Hütte, 1330 m (geschlossen); daneben die Zimmermann-Hütte (offener Unterstand).

CHARAKTER/SCHWIERIGKEIT II. Route ist bezeichnet. – Zeit für Zweiseilschaft: gut 1.15 Std.

ABSTIEG Am Gamseck-Steig (Zahmes Gamseck, bezeichnet, teilweise versichert) durch das Kar »Im Schabernack« hinab und über Gamsecker Hütte und Naßkamm nach Hinter-Naßwald oder Altenberg, jeweils 3 Std.

FÜHRER/KARTEN Führer auf die Raxalpe, Benesch/Pruscha/Holl; Verlag TVN. – Spezialkarte Schneeberg und Rax, 1 : 25 000. – FBK, Nr. 2, Schneeberg, Rax, Semmeringgebiet, 1 : 100 000.

BILD Ausblick vom Hohen Gupf (1554 m) auf den Sattel unter den steilen Westwänden der Raxalpe. Dicht am Sattel, hell besonnt, der dreieckige Gamseckturm, den wir beim Einstieg rechts umgehen. Sonne und Schatten markieren rechts darüber unseren Nordwestgrat. Links im Schatten die Kahlmäuer, die ganz links oben das Habsburg-Haus verdecken.

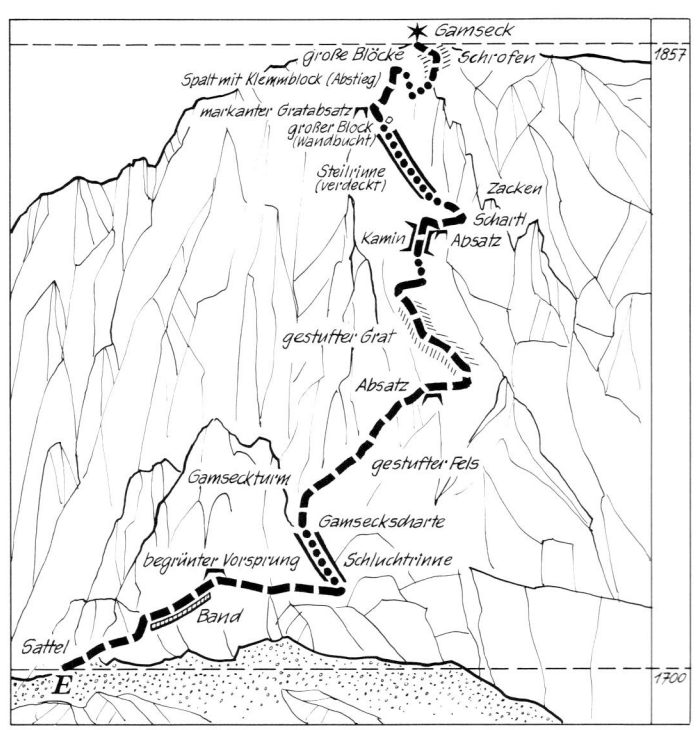

Im Südosten der alten Kaiserstadt Wien haben deren allererste Bergsteiger vor genau hundert Jahren – natürlich mit dem jungen Emil Zsigmondy dabei – das »Bergsteigen auf allen vieren«, also das Klettern im Fels erfunden, erprobt und zu erster Meisterschaft ausgebildet. Kein Hermann Buhl, kein Hubert Peterka ohne jene hohen Ahnen! Sie begannen an den Kahlmäuern (im Bild links, im Schatten), also an den Südmauern der Raxalpe, dieses Riesenplateaus, das alsbald zum beliebten oder auch gefürchteten »Wiener Klettergarten« avancierte. »Nur für die Elite der Felsensteiger«, schrieb Emil Zsigmondy damals an den weißen Kalkfels unterm Gamseck und ahnte nichts von einem Schwierigkeitsgrad II – und schon gar nichts von Grad IV . . . – Wir steigen zu unserem genußreichen Nordwestgrat des Gamseck dicht rechts des dreitürmigen weißen Vorbaues ein, Gamseckturm genannt, und kommen gleich in eine aus rotem Gestein bestehende Schluchtrinne (nach links) und in die eigentliche Gamseckscharte zwischen Turm und Bergkörper. Da geht es dann an der rechten Gratseite in gutmütigen Stufen aufwärts, es folgen dabei kurze Querungen und kleine Aufschwünge, bis zu einem luftigen Absatz unter der Steilwand (rechts oben). Dahinter bzw. darüber in einer Wandbucht zu einem tiefen Kamin und in ihm hinauf und dann rechts heraus in das Schartel des Nebengrates. Alles interessant, spannungsreich, für den Neuling bei fiebriger Erregung – die sich wie immer ganz oben in taumelndes Gipfelglück verwandelt . . . Aber noch sind wir ja am Schartel des Nebengrates: Auf dieses Schartel folgt nun allerschönster Kalkfels, der uns in einer steilen, festen Rinne (im Bild in Gänze verdeckt) zum »Adlerhorst« eines markanten Absatzes führt – unmittelbar über der hier senkrechten Gratkante. Verdoppelte Hochgefühle . . . Aber es geht trotzdem munter weiter auf dem kräftig gestuften Grat, große Felsblöcke garnieren den bevorstehenden Ausstieg, zwingen uns zu häufigerem Auf und Ab, wobei es noch zu einem kurzen Steilabstieg in einen tiefen Spalt kommt, in dem ein großer Klemmblock wartet. Wir bezwingen auch diesen Riesenblock, steigen ahnungsvoll über Schrofen dem Himmel entgegen – bis uns das Gamseck bremst, unser Gipfel, unser Ziel, unsere höchste Lust . . . Ich übertreibe hier nicht. Dieses Kletterglück ähnelt haargenau dem an Münchens Ruchenköpfen, dem an Kampenwand, Trettachspitze, Gimpel, Scheffauer, Altmann, Hochschwab und Spitzmauer. – Der Gamseckgrat ist trotz . . . zigtausend Besteigungen beliebt geblieben; er ziert die Rax, und er erhöht wie einstens so auch heute noch das Selbstgefühl der jungen und alten Wiener. Rax muß sein, wie Prater und Alter Stefl und »Weißer Rauchfangkehrer« . . . Dies mindert auch nicht die grausame Tatsache, daß am Ende unserer Tour kein Gipfel, sondern nur eine platte Hochebene wartet: die Rax – auch ein Unikum der Alpen. – Übrigens: Zu Zeiten Zsigmondys gehörte es für die »Elite« zum guten Ton, diesen »einzigen Gratweg auf der Raxalpe« »gemacht« zu haben.

98 Peilstein
Über den Hahnenkamm

TALORTE Im Osten: Schwarzensee, 530 m, 3 km von Raisenmarkt. – Im Nordosten: Raisenmarkt, 371 m (Bus vom nahen Wien).

STÜTZPUNKT Peilstein-Haus, 718 m, ÖAV, am Peilsteingipfel.

EINSTIEG Auf etwa 600 m Höhe im »Zinnenkessel«, am Südende der Peilsteinwand. Vom Peilstein-Haus den Wandabstürzen entlang, dann Abstieg zum Wandfuß; 10 Min.

CHARAKTER/SCHWIERIGKEIT II, aber zwei Stellen III −! Zeit für Zweierseilschaft: 1 Std. bei einer Höhendifferenz von höchstens 120 m.

ABSTIEG Vom Ausstieg am Hochflächenrand in 5 Min. zum Peilstein-Haus.

FÜHRER/KARTEN Peilstein-Kletterführer, Land/Peterka; Österr. Gebirgsverein. – FBK, Wienerwald, Nr. 1, 1 : 100 000. – FBK, Umgebungskarte Wienerwald, 1 : 50 000.

BILD Am Hahnenkamm des Peilstein im Wienerwald. Wir erkennen – beim Vergleich mit der Skizze – die klassischen Stellen dieses berühmten Wiener Hausberges. Von links: Hahnenkammgrat, tiefe Scharte, kleine Zinne, Zinnenschartel, große Zinne, Grat zur Hochfläche.

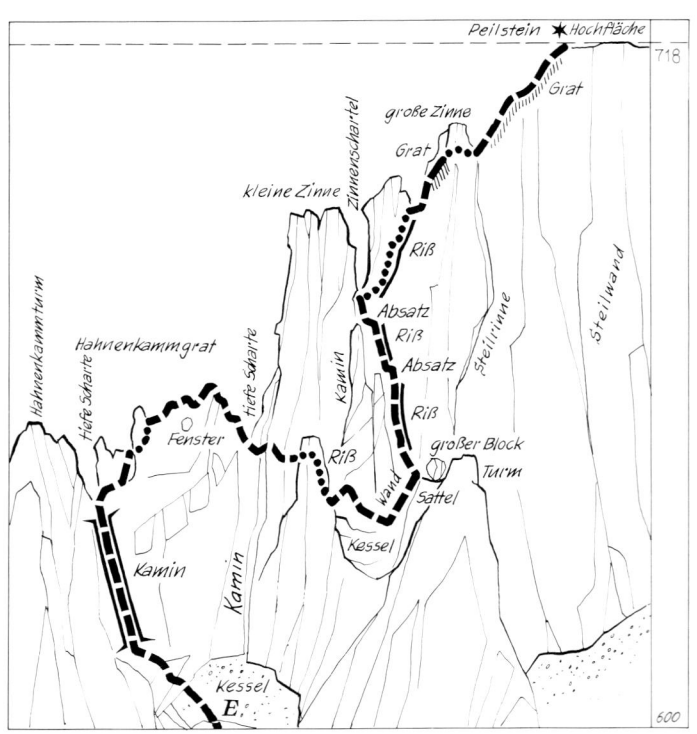

Hier fällt sich das jüngste Wien gegenseitig in die Arme, wenn es zum ersten Mal »Hand an den Fels« legt – hier am Peilstein, der gar kein Berg ist, sondern eine Wiener Institution, von allerlei Geheimnissen umweht. Nicht umsonst passiert man bei der Anfahrt kurz vor dem Hahnenkamm Schloß Mayerling, in dem einst ein Kaiserthron zu wackeln begann . . . Dieser Peilstein ist nur der südlichste Eckpfeiler des schönen, vielbesungenen Wienerwaldes. Seine 800 Meter lange Westwand erreicht stellenweise gute 100 m Höhe. In der Mitte dieser Peilsteinwand ist das »Cimone-Couloir« eingeschnitten: In ihm vollzieht sich von oben her der übliche »Abstieg« zu den Einstiegen der vielen Wandführen. Dieser Cimone als stattlicher Felsturm und der südliche Grenzgrat der Peilsteinwände um den Hahnenkamm sind feste Begriffe. – Interessant ist noch, daß der Hahnenkamm eine Nordseite und eine Südostwand absetzt, beide überhängend, beide Grad V–VI, daß auf deren Scheitel aber, einer nur 20 Zentimeter breiten, zerhackten Gratschneide, unser eigentlicher Hahnenkamm verläuft: unser Anstieg! – Aus dem kleinen »Zinnenkessel« also durch einen Kamin mit kleinem Überhang (III −) in das enge tiefe Schartel zwischen Turm und Hahnenkammgut. Dann folgt eine Spreizstelle und sogleich eine Wandstelle zu dem guten Stand in einer Nische. Nun von links her (Nordseite) auf den Hahnenkamm selber: Dabei wird seine schmale Schneide zu 90 Prozent im Reitsitz überwunden!! Nur souveräne Kletterer, aber auch manche Angeber probieren es da, aufrecht über den Angstgrat zu steigen! . . . Dann Abstieg in die tiefe Scharte vor der »kleinen Zinne« . . . Drüben in den Dolomiten wäre von 300 Metern, hier ist nur von 300 bis 500 Zentimetern die Rede. Es ist meist so, das heißt, es ergibt sich meist wie von selbst, daß der Seilerste, aus der Nische beginnend, den gesamten Hahnenkamm überschreitet und erst aus jener tiefen Scharte vor der »kleinen Zinne« sein »Nachkommen« schreit . . . Der Seilzweite und wohl logisch der Schwächere muß nun also den Hahnenkamm, allein auf sich gestellt, überschreiten. Zum Sichern nicht gerade ideal! Dafür ist aber die Kletterei nur »mäßig schwierig«, es schockiert höchstens die absolute Ausgesetztheit – aber die wiederum salbt auch Nerven und Selbstgefühl. Natürlich geht »tout le monde«, das heißt das ganze junge Wien zum Hahnenkamm, und wer für Oper und Burgtheater keine Karten mehr erwischt, schaut sich Tragödien, Komödien und alpine Komik hier am Peilstein an . . . Vom tiefen Schartl um die »kleine Zinne« rechts absteigend geht's in den kleinen Wandkessel. Es folgt der »Zinnensteig« (III −) in den weiten Sattel mit dem großen Block, dann die lange Rißreihe zum Absatz, das enge Zinnenschartl und – die Sensation – der Tiefblick über die überhängende Wand hinab in den Tod: genauer – auf den nahen Waldboden. So geht's am Peilstein zu, im Wienerwald . . . »Leichten Fels« finden wir am Peilstein noch beim Nordanstieg zum Cimone. Übrigens: ein »Matterhorn« steht hier unweit der »Zinne«.

202

99 Schneeberg
Über den Stadelwandgrat

TALORT   Hirschwang, 500 m (Bus von Bahnstation Payerbach-Reichenau).

STÜTZPUNKT   Weichtal-Haus, 563 m, TVN, an der Einmündung des Weichtales in das Höllental (Schwarzatal); Bus von Payerbach.

EINSTIEG   In 1180 m Höhe am eigentlichen Gratbeginn; rechts davon drei auffallende Gratzacken. 2 Std. vom Weichtal-Haus.

CHARAKTER/SCHWIERIGKEIT   II +. – Zeit für Zweierseilschaft: 1.30 Std., bei einer Kletterhöhe von knapp 250 m.

ABSTIEG   Auf dem Jagdsteig hinab in den Sattel. 1131 m, vor dem Hochgang, 1217 m, dann westwärts der Stadelwand entlang – abwärts in den Stadelwandgraben und ins Höllental (Weichtal-Haus), 1.30 Std.

FÜHRER/KARTEN   Schneebergführer, Reidinger; Eigenverlag ÖAV. – Führer auf den Schneeberg, Benesch; Artaria-Verlag. – Karte Schneeberg-Rax, 1 : 25 000. – FBK, Nr. 2, Schneeberg/Raxalpe, 1 : 100 000.

BILD   Der beliebte Stadelwandgrat – ein Westgrat im Südwestabfall des Wiener Schneebergs in das Höllental. Rechts oben, über dem Schwarzatal, die Raxalpe.

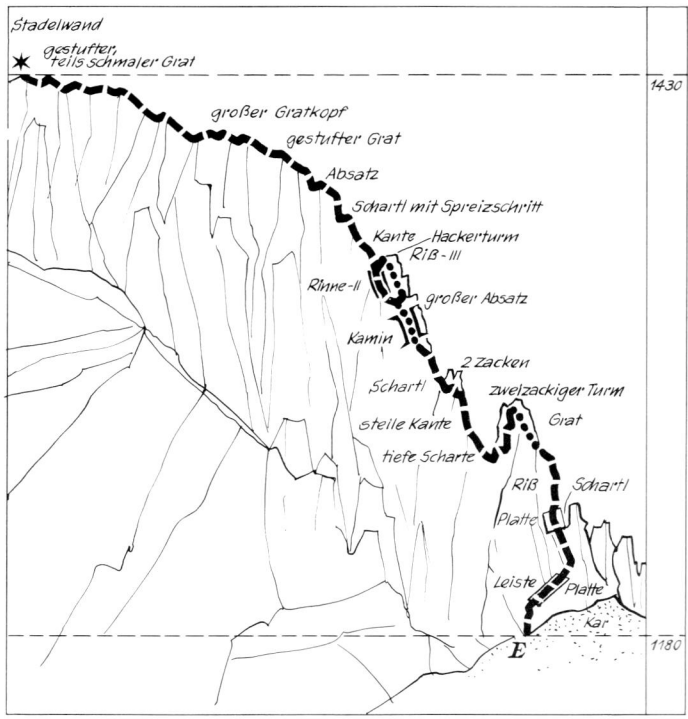

Die altehrwürdige, im Tempo vornehm zurückhaltende Zahnradbahn aus dem Jahre 1897 ist sicher nicht schuld daran, daß der Wiener Schneeberg als originaler »Wiener Hausberg« nicht mehr überlaufen ist. Die Wiener Autos, genauso zahlreich wie die Menschen, rasen heute blindlings an den lieben alten Hausbergen vorbei – sie zielen auf Höheres wie Hochschwab und Dachstein – und zielen obendrein auf immer noch nicht verdaute Hochgefühle des Benzinsteuermannes . . . Natürlich bleibt es dennoch beim guten alten Kern kluger Wiener Liebhaber, Kenner, Kletterer und gottfroh bummelnder Philosophen, und es bleibt auch bei eigensinnigen Vereinsmitgliedern, die »grad zum Fleiß« nicht die Nordwand der Jorasses, sondern eben ihren geliebten Schneeberg und ihren Stadelwandgrat besteigen wollen . . . Wir sind also nicht allein, wenn wir unten am Waldboden anseilen, um in die markante Gratschneide einzusteigen, die vom Stadelwandgipfel, 1407 m, westwärts ins Höllental absetzt . . . Von der Höllentalstraße, bzw. vom Weichtal-Haus, erst 15 Minuten flußabwärts, dann im Stadelwandgraben am Jagdsteig aufwärts. Am Wandfuß nun nach links, und durch die schluchtartige Rinne des »Gassl« ins rote Gestein hinauf. Man passiert den baumbestandenen Schrofenriegel, schließlich den Schutthang nach rechts zum westlichen plattigen Wandabsturz. Beim Einstieg in 1180 Meter Höhe stehen rechts drei auffallende Gratzacken! . . . Es beginnt mit einem Steilaufschwung, auf den eine längere waagrechte Gratstrecke folgt, dann kommen wir in einem Rechtsbogen auf den ersten massigen Gratturm. Vor dessen Besteigung geht es – wendeltreppenartig – abwärts in eine tiefe Scharte (mit Wandbuch!). Dann folgt das »Gustostückl« einer sehr luftigen, aber gutgriffigen, steilen Plattenkante zu zwei Türmchen. Nach ihnen wieder gestufter Fels und ein Kamin zum großen Absatz vor dem – ab hier 15 Meter hohen! – berühmten »Hackerturm« . . . Hier gibt es drei Möglichkeiten: 1. links durch eine Steilrinne (II); 2. rechts über eine Platte mit folgendem überhängenden Riß (III–); und 3. den direkten Anstieg an senkrechter Wand (IV). – Auf dem Turm dann ein guter Sicherungsplatz, daher für den Nachfolgenden gefahrlos! Auch wenn man bei der Wahl eines der drei Anstiege seine Fertigkeiten überschätzt haben sollte . . . Hier ist es stets recht aufregend, das heißt auf Wienerisch: gemütlich, sehr amüsant! Man kennt sich schließlich irgendwie, und 15 bis 20 Seilschaften am Tag sind keine Seltenheit! – Es folgt ein tiefes Schartl mit Spreizschritt, dann legt sich der gut gestufte Fels zurück, wird aber nochmals sehr schmal und luftig: linksseitig tiefer Absturz in den »Fluch-Christi-Graben«! Dieses letzte Gratstück kann auch rechtsseitig auf einem Wildpfad umgangen werden . . . Dann endet alle Plage am höchsten Punkt auf 1430 Meter Höhe! Unweit vom »Gipfel« wartet ein Rasenfleck mit Fichten und hübscher (abgesperrter) Jagdhütte: ringsum wilde Felsszenen, dazu Tiefblicke, die das Herz bewegen, hinunter ins Höllental, hinüber zur Raxalpe.

100 Hohe Wand
Der Tirolergrat am klassischen Wiener Hausberg

TALORT Maiersdorf, 460 m, in der zwischen Hoher Wand und Fischauer Bergen gelegenen Ebene der »Neuen Welt« Zugang 4 km von Bahnstation Unterhöflein oder Urschendorf.

STÜTZPUNKT Keiner!

EINSTIEG In etwa 640 m Höhe bei einer gelben Wandnische mit der Tafel »Tirolersteig«; 15 Min. von der Kirche in Maiersdorf über Weiden zum Wandfuß.

CHARAKTER/SCHWIERIGKEIT II, 4 Stellen III – (jeweils nur wenige Meter). – Zeit für Zweierseilschaft: 1.30–2 Std. bei 210 m Kletterhöhe.

ABSTIEG Am bezeichneten Weg »Völlerin«, oder am »Frauenluckensteig« (gesicherter Felsensteig); 1.15 Std. bis Maiersdorf.

FÜHRER/KARTEN Führer auf die Hohe Wand, Hösch; Verlag Österr. Touristenklub, Wien. – Österr. Karte, Hohe Wand und Umgebung, 1 : 50 000. – FBK, Nr. 2, Schneeberg, Raxalpe, Semmeringgebiet, 1 : 100 000.

BILD Blick in die Ausstiegsfelsen des Tirolergrats im Südostabfall der Hohen Wand über der Ebene der »Neuen Welt«.

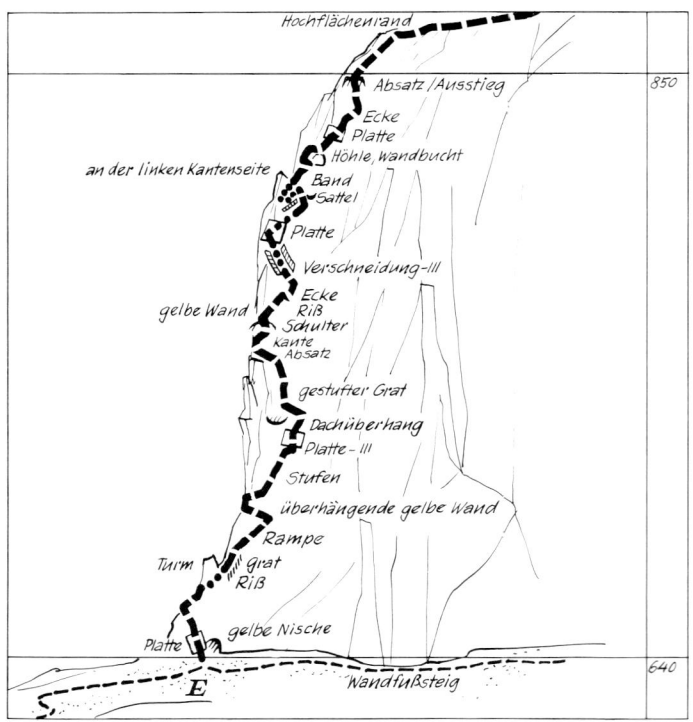

Die Hohe Wand, allerletzte Welle des östlichen Alpenkammes und schon weit ostwärts von Rax und Schneeberg, ist ein 11 Kilometer langer Höhenzug, der über der kleinen Ebene der »Neuen Welt« mit einer langen felsigen Mauer aufwartet. Diese Mauer steht auf vier markanten, gratartigen Pfeilern. Dies sind, von Südwest her: Kanzelgrat (II), Tirolergrat (II; 4 Stellen III –), Draschgrat (III–IV) und Teufelsgrat (III). Am Sockel dieser Grate steht auf felsigem Hügel die Kirche von Maiersdorf, in Urkunden schon 1138 als »Burg Stein« erwähnt und 1379 zur Kirche geweiht. Der »Berchfrit« der Burg wurde so zum wuchtigen Ostturm der alten, mit Schießscharten verzierten Wehrkirche ... So abweisend unser 210 Meter hoher »Kulissengrat« von Maiersdorf her ausschaut, so überraschend einfach ist seine Begehung. Die Führe verläuft zunächst meist auf der rechten Kantenseite und serviert – wie schon die Skizze beweist – vielerlei alpine Spezialitäten: Risse, Nischen, Grate, Bänder, Platten, Stufen, Höhlen, Kanten, aber – durchwegs – auch gute Sicherungsplätze! Zum Klettergenuß kommt beim Trainieren, den keine kleinen Ängste mehr martern, ein fesselnder Tiefblick ... Der Pfeiler, als den wir den Tirolergrat sehen wollen, schimmert als blendend weiße Kalkfelssäule aus und über den letzten Baumwipfeln; er wird links vom tief eingeschnittenen und arg verwachsenen Schwarzlochgraben auch noch besonders auffallend markiert. Er wurde nicht umsonst »Kulissengrat« benannt, nämlich von seinen ersten Klettergästen, so dem großen bergsteigenden Domprälat Alois Wildenauer (erst 1967 gest.), der einst als Pfarrer von Grünbach die Hohe Wand erschließen half und ungelogene 100 neue Anstiege eröffnete: darunter den Tirolergrat. Er machte das alles in Alleingängen, ohne Haken und Seilschlingen; der fröhliche Gottesglaube ersetzte ihm alle »künstlichen« Hilfsmittel. Er gestand in einem Briefe wortwörtlich: »Überhaupt war das nächtliche Klettern mein Hauptvergnügen, und ich machte sehr schwere Kletterein alleingehend in den strengsten Wintermonaten auch zu mitternächtlicher Stunde – wobei ich selbst im Jänner das Gewand in den Rucksack steckte ...« – So war »der Wildenauer« von der Hohen Wand! – Die Überwindung des obersten Kantenaufschwunges ist verblüffend: linksseitig Abstieg im 3-Meter-Riß, dann an der in den Schwarzlochgraben absetzenden senkrechten Wand auf schmalem Band in eine Nische (»Wildenauer-Riedel-Rast«) mit improvisierter Sitzbank und Steigbuch. Dieses Steigbuch, wohl behütet, verzeichnet bis 1979 über 3500 Seilschaften! Es folgen ein überhängender Felsspalt, dann eine seichte Höhle und endlich die berühmte Ausstiegsplatte (siehe End-Foto) rechts zurück an die Kante. Ganz unten am Wandfuß die Weide, Rinder, Kuhglocken – und von da nur eine Stunde bis zur Millionenstadt Wien ... Hinterm Gipfel – als tollste Überraschung – mehrere Wirtschaften! Und das am kalkfesten Ostsockel der europäischen Alpen: Die »alte Welt« hoch über der »neuen Welt«.

206

Klettern im »leichten Fels«

Kommentare, Ratschläge, Hinweise

Die Schwierigkeitsgrade

Die Schwierigkeiten beim Klettern werden in sechs (neuerdings sieben) mit römischen Ziffern bezeichnete Grade eingeteilt. Der »Internationale Verband der Bergsteigervereinigungen« (UIAA) hat sich in den vergangenen Jahren auch auf eine einheitliche Bezeichnung festgelegt. Es gibt demnach folgende sechs Bewertungsstufen:

I = geringe Schwierigkeiten
II = mäßige Schwierigkeiten
III = mittlere Schwierigkeiten
IV = große Schwierigkeiten
V = sehr große Schwierigkeiten
VI = überaus große Schwierigkeiten.

Ab dem III. Grad wird mit Plus- bzw. Minuszeichen eine noch genauere Einteilung erreicht. Bei meiner Auswahl von 100 Touren im »leichten Fels« habe ich diese zusätzliche Unterscheidung auch auf die beiden unteren Schwierigkeitsgrade angewendet, um somit neben den rein klettertechnischen Schwierigkeiten auch Faktoren wie Höhe, Länge der Tour und Ausgesetztheit einbeziehen zu können.

Du mußt vorher wissen, was dir im Hochgebirge bevorsteht

Das Hochgebirge ist, wie das Meer, eine extreme Landschaft. Noch vor 150 Jahren wurde es von den Menschen gefürchtet und gemieden. Heute gilt es als interessantes Ferienparadies für jedermann. Seine Gefährlichkeit wird gröblich verkannt. Unkenntnis der alpinen Gefahren und bodenloser Leichtsinn fordern jedes Jahr eine große Zahl an Todesopfern. Wer deshalb die besonderen Freuden einer Hochgebirgstour haben will, der muß auch deren besondere Gefahren kennen und zu meistern lernen. Wer jung ist, sollte grundsätzlich in die klassische Schule einer Alpenvereins-Sektion gehen. Dort kann er im Kreise erfahrener Bergfreunde das Abc des Bergsteigens am gründlichsten und am angenehmsten erlernen: durch regelmäßige Vorträge, durch Teilnahme an Führungstouren, durch die alpine Literatur.

Der Kletteranfänger kann sich theoretisches Wissen – aber auch nicht mehr! – am besten bei der Lektüre folgender Bücher aneignen, die alle von hervorragenden und erfahrenen Bergsteigern verfaßt wurden:
Sturm/Zintl, Alpin-Lehrplan, Band 2, »Felsklettern«; BLV Verlagsgesellschaft, München. – Pit Schubert, Die Anwendung des Seiles; Bergverlag Rudolf Rother, München. – Hermann Huber, Bergsteigen heute – Der Leitfaden für die Praxis Bruckmann-Verlag, München.

Das Bergsteigen verlangt außer einem gesunden, widerstandsfähigen Körper auch einen gesunden und hellwachen Geist. Das ist wichtiger als heillose Begeisterung. Umsicht, Geistesgegenwart, zuweilen eine gewisse Kaltblütigkeit sind im Hochgebirge unerläßlich. Der Geist soll sich schon vor Antritt der ersten Bergtour mit dem Phänomen des Hochgebirges beschäftigen. Man muß den Führer und die Karte studieren, man soll über das Gebiet, in dem man unterwegs ist, Bescheid wissen. Die alpine Literatur ist reich, die spezielle Führer-Literatur auf der Höhe. Was man nicht beim Buchhändler findet, kann man – als Mitglied – meist bei einer Alpenvereinsbücherei entleihen.

Du mußt für die schlechtesten Umstände gerüstet sein

Voraussetzung für hohe Sicherheit und richtige Technik beim Klettern ist – wie generell beim Bergsteigen – die richtige Ausrüstung und Bekleidung. Wer einmal Berichte aus der Pionierzeit des Kletterns gelesen hat, der weiß, welch enorme Fortschritte auf dem Sektor der Ausrüstung erzielt wurden. Diese Fortschritte kosten manchmal viel Geld, das in einigen Fällen schon den Beitrag zur Lebensversicherung ersetzt hat; modischer Schnickschnack ist mitunter auch dabei, weshalb der Rat eines erfahrenen Bergsteigers beim Kauf der Ausrüstung durchaus nützlich sein kann. Bei Ausrüstung und Bekleidung für Klettertouren im »leichten Fels« dürfen folgende Gegenstände nicht fehlen:

Feste Bergschuhe aus strapazierfähigem Leder mit Profilsohle; eine Kniebundhose aus festem Stoff, möglichst mit doppelter Gesäßpartie und verschließbaren Taschen (Jeans sind zwar modischer und in geringen Höhen auch brauchbar, sie saugen aber zu schnell Wasser auf); ein Wollpullover, ein wetterfester Anorak, ein Paar gute Handschuhe, ein Woll- oder Flanellhemd, eine Wollmütze, dazu unbedingt ausreichende Unterwäsche.

In der Firn- und Eisregion sind außerdem vonnöten: ein zweiter, etwas dünnerer Pullover; Ersatzstrümpfe; eine Ersatzgarnitur Wäsche; Segeltuch-Überhandschuhe; Schneebrille; Labiosan für die Lippen; eine Creme mit entsprechend hohem Sonnenschutzfaktor.

Als Ausrüstungsgegenstände braucht man: einen festen Rucksack in schmaler Ausführung und mit Pickel- und Steigeisenhalterung; ein 11-mm-Seil, 40 m lang (wenn keine Gefahr für freie Stürze besteht, reicht auch ein 9-mm-Seil); einen Klettergürtel; mehrere Reepschnüre und Bandschlingen; einige Leichtmetall-Karabiner sowie Steinschlaghelm und Biwaksack.

In großen Höhen, also über 2800 m, und im Gletschergebiet braucht man zusätzlich: einen leichten Eispickel; leichte Steigeisen; eine Bussole (Kompaß). Auch sollte man bei langen Übergängen und in großen Karstlandschaften stets einen modernen, leichten Perlon-Zeltsack zum Überstülpen bei sich haben. Er hat schon vielen vom Unwetter überraschten Bergsteigern das Leben gerettet. Auch eine feste Sturmhaube erweist oft gute Dienste.

Unerläßlich ist ein eiserner Bestand an Lebensmitteln. Am besten hat man dabei: Knäckebrot, Dörrobst, Nüsse, Schokolade, Traubenzucker und Speck.

Du mußt genau wissen, mit wem du gehst

Der Anfänger darf im Hochgebirge nie und nimmer allein unterwegs sein. Wer keinen Gefährten hat, vertraue sich einem Bergführer an. Man sucht sich keinen fremden Bergsteiger als Zufallsgefährten. Ein Begleiter, dessen Erfahrung und Fähigkeiten man nicht kennt, kann oft nachteiliger sein als gar keiner. Man gehe auch nicht hinter fremden Seilschaften und Gruppen her, um sich solchermaßen »schwarz« einer Führung zu versichern. Das ist unfair, denn man lädt dabei fremden Menschen eine Verantwortung auf.

Auch der vielerfahrene Bergsteiger kann im Hochgebirge durch Wetterumschlag, Absturz, Verletzungen oder Unwohlsein in Gefahr kommen. Ist er allein, so kann die Gefahr tödlich werden. Mit einem Begleiter ist meist Hilfeleistung und Rettung möglich. Wer mit einer Frau oder mit jüngeren Gefährten geht, richte Schwierigkeiten der Tour und Tempo nach deren Leistungsvermögen. Im übrigen versteht es sich von selbst, daß eine Gruppe oder eine Seilschaft niemals einen einzelnen Mann allein zurückläßt (weil er verletzt, erschöpft oder willenlos geworden ist) – auch wenn die eigene Rettung dadurch gefährdet erscheint, muß wenigstens ein Kamerad bei dem Zurückbleibenden ausharren.

Du mußt rechtzeitig auf das Wetter achten

Bergsteigen führt meist in einsame, entlegene Urlandschaft, wo man dem Wetter ausgesetzt ist, wie es kommt. Die Beobachtung des Wetters gehört deshalb zu den wichtigsten Aufgaben des Bergfreundes. Sehr oft kann eine einmal begonnene große Tour, etwa eine lange Überschreitung, unterwegs nicht mehr abgebrochen werden: dann sitzt man im Wettersturz wie in einer Mausefalle.

Wetterstürze im Gebirge sind, vor allem im Frühsommer, zahlreich und stets gefährlich. Die Temperatur verringert sich auch im Hochsommer auf je tausend Höhenmeter um 10–20 Grad! Das wird immer wieder vergessen. Dabei sehen die Leute, wie es im August oft bis in die Almregion herab schneit. Abendhimmel, Frühhimmel, die Farbe des Sonnenlichtes, das Wolkenbild geben dem erfahrenen Mann stets Aufschluß über die Wetteraussichten. Wer in den Wolken nicht zu lesen versteht, frage Führer, Hüttenwirte oder Almhirten nach den Wetteraussichten. Bei bevorstehenden Wetterstürzen bleibe man in der Hütte oder im Tal. Dagegen soll man schlechtes Wetter nicht einfach fürchten, im Gegenteil: wir werden mit der Natur erst eins, wenn wir ihre Elemente auch in ihrer schaurigen Schönheit begreifen. Erst Sonne und Wolken verzaubern die Urlandschaft zum Reich der Götter.

Du mußt objektiven Gefahren mit Besonnenheit begegnen

Objektive Gefahren nennt man, was durch die Gebirgsnatur bedingt ist: Steinschlag, Lawinen, Kälte, Nebel, Gewitter, Sturm, Sonnenstrahlung, Gletscherspalten.

Gegen Steinschlag hilft nur Vorsicht. Vorsicht in Rinnen und Schluchten, vor allem bei Regen und Sturm. Möglichst auf Rippen und Grate ausweichen. Unbedingt einen Helm tragen!

Die Kälte ist der gefährlichste Feind des Bergsteigers, vor allem in Verbindung mit Wind und Sturm. Hier hilft nur Vorsorge. Eine Ersatzgarnitur trockener Unterwäsche kann ein Leben retten. Denn erst Erschöpfung und dazukommende Unterkühlung sind gefährlich. Wer durch Verirren oder Wettersturz zur Freinacht gezwungen ist, kann mit einem Perlonzeltsack leicht davonkommen – ohne ihn nur schwer. Muß man ohne Zeltsack und Schneehöhle biwakieren, dann ist Bewegung alles: Nicht stillsitzen, ständig turnen, bis der Morgen kommt.

Bei Nebel ist Umkehr stets das Beste. Im Nebel, vor allem in großen Höhen und auf Eis, findet sich nur der erfahrene Mann zurecht, der den Kompaß richtig bedient und die Karte zu lesen weiß. Niemals eine Gruppe trennen! Stets zusammenbleiben!

Gewitter, vor allem Blitze, sind zu fürchten. Die Gefahr erhöht sich auf Graten und Gipfeln. Man meide Seilsicherungen, eiserne Gipfelkreuze und Verspannungsdrähte, man meide einzelne Bäume und wasserführende Rinnen und Kamine! Metallteile, Karabiner, Haken, Eispickel usw. muß man in einiger Entfernung deponieren. Auf freien Flächen lege man sich auf den Boden. Für den Sturm gilt, was bei der Kälte gesagt wurde.

Die Gefahren der Sonne werden von Anfängern immer unterschätzt. Man geht in Höhen über 2000 Meter nicht mit nacktem Oberkörper, auch nicht mit nackten Armen. Die Schutzsalbe trägt man vor dem Verlassen der Hütte auf.

Gletscherspalten überwindet man nur mit einem Führer, mit höchster Vorsicht, niemals allein, nur mit Seilsicherung.

Du mußt subjektive Gefahren gewissenhaft ausschalten

Subjektive Gefahren sind nicht in der Bergnatur, sondern stets im Menschen begründet. Sie heißen: mangelnde körperliche Leistungsfähigkeit, mangelndes Training, mangelnde Beherrschung der alpinen Technik, Nichtbeachtung alpiner Erfahrungsgrundsätze, Leichtsinn durch Unkenntnis der Gefahr, durch Übermut, Begeisterung, falschen Ehrgeiz.

Die schlimmste Gefahr wird heraufbeschworen, wenn das eigene Können überschätzt wird. Gegen die subjektiven Gefahren helfen nur Besonnenheit, Gewissenhaftigkeit und Fairneß. Man muß die Schule der Berge Rang für Rang absolvieren, um sie gründlich kennenzulernen und ihre Gefahren meistern zu können. Eines Tages werden die Berge zum Freund, dann haben sie einen dazu erzogen, ihrer Natur mit Demut zu begegnen.

Du mußt Wächten, Firnfelder und Schrofen fürchten

Wächten können jahrelang den stärksten Stürmen standhalten, eines Tages brechen sie unter der geringsten Belastung ab. Meide Wächten! Betritt sie niemals ohne Seilsicherung!

Eine große Unsitte ist es, über steile Firn- und gefrorene Schneefelder abzufahren. Oft werden von oben unsichtbare Felsabstürze übersehen, oft wird das eigene Standvermögen überschätzt und man landet schwer verletzt im Geröll. Niemals sitzend – immer stehend abfahren! Nur abfahren, wenn das Gelände völlig zu übersehen ist! Am besten ist es, gar nicht abzufahren, sondern in Stufen abzusteigen.

Schrofengelände gilt als leicht. Deshalb passiert dort am meisten. Schrofen sind grasdurchsetzte Felsabsätze und Sokkel, sie führen oft in anscheinender Harmlosigkeit über großen Abbrüchen dahin. Bei Nässe sind sie stets gefährlich! Hier hilft nur Vorsicht und ein gutes Auge.

Du mußt das alpine Notsignal kennen

Den SOS-Ruf der Bergsteiger wendet nur an, wer sich in absoluter Gefahr befindet: Wer sich verstiegen hat, verirrt, verletzt. Das Signal besteht aus sichtbaren oder hörbaren Zeichen, je nach Sicht, Witterung und Örtlichkeit. Man ruft, schreit, pfeift sechsmal in der Minute in regelmäßigen Abständen, wartet eine Minute, dann wiederholt man das Signal. Oder man schwenkt ein Tuch, ein Hemd, man gibt Blinkzeichen mit einer Lampe oder einem Feuerbrand – aber auch hier gilt die Regel: sechsmal in einer Minute, dann eine Minute Pause, dann abermals das Signal, und so fort.

Die Antwort, bestehend aus drei regelmäßigen Zeichen binnen einer Minute, soll dem Verirrten oder Verunglückten zeigen, daß seine Rufe verstanden worden sind.

Gibt jemand das alpine Notsignal und weiß er sich dann doch noch aus eigener Kraft zu retten, bevor die Bergungsmannschaft kommt, dann hat er sofort die Hütten bzw. die Talstationen zu verständigen.

Du mußt wissen, wie man zulänglich Erste Hilfe leistet

Oft kann sofortiges Eingreifen die Folgen eines Bergunfalles abschwächen. Was muß man auch als Anfänger schon wissen? Bergkrankheit, durch mangelnden Sauerstoff entstanden, äußert sich durch Atemnot, Kopfschmerzen, Brechreiz und Erschöpfung. Erste Hilfe: Ruhe, viel Getränke, aber keinen Alkohol, Abstieg nach erster Besserung.

Gegen schwere Erschöpfung hilft meist leicht verdauliche Nahrung, Schokolade und Traubenzucker.

Sonnenbrand wird mit Lebertransalbe und Puder begegnet. Niemals Blasen öffnen, sondern austrocknen. Gegen Hitzschlag hilft nur schnelles Abkühlen, evtl. Wind mittels ausgezogener Kleidungsstücke. Keinen Alkohol verabreichen! Erfrierungen, die man immer erst merkt, wenn sie bereits eingetreten sind, werden nicht mit Schnee eingerieben, sondern mit Frostheilsalbe massiert. Die Massage muß sehr lange fortgesetzt werden. Die Auskühlung des Körpers ist gefährlicher als eine örtliche Erfrierung. Die Erfrierung wird durch langsame Erwärmung geheilt, die Auskühlung durch schnelle Erwärmung.

Blutende verletzte Glieder senkrecht in die Höhe halten und Druckverband auflegen. Keine Wunde mit den Fingern berühren, keine Wunde mit Wasser auswaschen. Ein steril verpacktes Verbandspäckchen hat jeder Bergsteiger im Rucksack.

Wer regelmäßig in die Berge geht, besorge sich aus der alpinen Literatur einschlägige Bücher (z. B. Alpin-Lehrplan), in denen auch Erste Hilfe und Rettung aus Bergnot behandelt werden.

Du mußt selber ein Stück Bergnatur werden

Du mußt die Gefahren der Berge nicht fürchten, sondern respektieren. Solange du ihnen nicht gewachsen bist, mußt du ihnen ausweichen. Du mußt aber auch wissen, daß es kein schöneres Bewußtsein gibt als das des bergerfahrenen Menschen, der die Gefahren meistert, wie sie ankommen, und der gerade in der ständigen Begegnung mit der Gefahr das größte Glück findet. Einsamkeit, Stille, Aussicht, heroische oder auch innig-romantische Landschaftsbilder zu genießen, ist schön, den Kampf aber aufzunehmen gegen die Fährnisse der großen Urlandschaft und gegen die eigenen Schwächen, das erst führt auf den höchsten Gipfel der Bergfreude. Bergsteigen ist eine Lebensschule.

Erklärung der Zeichen und Abkürzungen

Die Zeichen in den schematischen Darstellungen haben folgende Bedeutung:

▬▬ ▬▬ ▬▬	=	Route
●●●●●●	=	unsichtbare Route
E	=	Einstieg
✳	=	Gipfel
▱▱▱	=	Band
][	=	Kamin
▱	=	Platten
⫽⫽	=	Schrofen
∖∕	=	Rinne

‖	=	Verschneidung
⌐‾	=	Absatz, Terrasse
⌒	=	Schulter/Nische
⥊	=	Überhang

DAV	=	Deutscher Alpenverein
ÖAV	=	Österreichischer Alpenverein
SAC	=	Schweizer Alpen-Club
CAF	=	Club Alpin Français
CAI	=	Club Alpino Italiano
AAC	=	Akademischer Alpenclub
TVN	=	Touristenverein Naturfreunde
AV-Führer/-Karte	=	Alpenvereins-Führer/-Karte
TCI-Karte	=	Kartenwerk Touring Club Italiano
CdF-Karte	=	Carte de France
BLVA-Karte	=	Karte d. Bayer. Landesvermessungsamtes
FBK	=	Wanderkarte Freytag & Berndt
SLK	=	Schweizer Landeskarte
bez.	=	bezeichnet

Fotonachweis

Die Nummern beziehen sich auf die Touren

Foto Arnold, Füssen 35
Photohaus Beckert, Garmisch-Partenkirchen 37
Willi End, Baden bei Wien 36, 40, 45, 47, 52, 60, 61, 63,
65, 66, 69, 78, 82, 84, 85, 86, 87, 89, 90, 91, 92, 93, 94,
95, 96, 97, 98, 99, 100
Foto Ghedina, Cortina 53
Erich Grießl, München 41
Fritz Heimhuber, Sonthofen 31, 32, 33, 56
Werner Heiss, München 44, 49, 51, 54, 55
Horst Höfler, München 77
Heinz Kliem, Ottmarshausen 1
Foto Klopfenstein, Adelboden 4
Alfred Kloske, Augsburg 30, 42, 70
Herbert Maeder, Rehetobel 10, 11

Mauritius Verlag, Mittenwald 6
Alfons Meier, Augsburg 50
Walter Pause, Irschenhausen 2
Hubert Peterka, Wien 48, 64, 88
Eva Pouget, München 46
Dölf Reist, Interlaken 7
Helmut Sager, Salzburg 83
Hans Schmied, München 57
Photo Thoma, Benediktbeuern 39
Franz Thorbecke, Lindau 8, 9, 12, 13, 17, 18, 19, 20, 21,
22, 23, 24, 25, 26, 27, 28, 29, 34, 38, 43, 58, 59, 62, 67,
71, 72, 73, 75, 76, 79, 80, 81
Jürgen Winkler, Wolfratshausen 3, 68, 74
Hans Wunderle, München 5

Pause-Bücher für Bergwanderer, Skiläufer und Hochalpinisten

Berg Heil

100 schöne Bergtouren in den Alpen

Das Hauptbuch der Pause-Serie. Eine neue Auswahl unter den schönsten und lohnendsten Bergwanderungen und Bergtouren zwischen Grenoble und Wien. Dieses Buch hat viele Tausende bewegungsarmer Städter zum Bergsteigen angeregt.
211 Seiten, 100 Fotos, davon 32 von Franz Thorbecke, 100 Tourenskizzen

Von Hütte zu Hütte

100 alpine Höhenwege und Übergänge

Ein alpines, leichte wie strenge Übergänge umfassendes Buch, der Beliebtheit nach zum klassischen Bestand der Bergbücher von heute zählend. Die Gipfel warten am Wege, wenn man von Hütte zu Hütte wandert und dabei stets einen »Gipfel« an starker, stiller Daseinsfreude passiert.
21. Auflage, 211 Seiten, 100 Fotos, davon 48 von Franz Thorbecke, 100 Tourenskizzen

Münchner Hausberge

Das beliebte Wanderbuch vieler Münchner Familien und Sommergäste Oberbayerns: amüsant schon als Lektüre, lustig und doch genau. Einfache bis mittelschwere Wanderungen, Bergtouren und Genußklettereien.
14., neubearb. Auflage, 181 Seiten, 84 Fotos, davon 29 von Franz Thorbecke, 84 Tourenskizzen

Schöne Bilder und amüsante Texte finden Sie in

Walter Pause's Bergkalender 1980

Umfang 37 Blatt, 8 Farbfotos, 29 Schwarzweißfotos

Ski Heil

Die 100 schönsten Skipisten der Alpen

Für alle Freunde schneller und schöner Skipisten eine qualifizierte Auswahl aus den ganzen Alpen – das reine Pistenbuch.
19., völlig neubearbeitete Auflage, 211 Seiten, 100 Fotos, davon 69 neue von Franz Thorbecke, 100 Abfahrtsskizzen

Abseits der Piste

100 stille Skitouren in den Alpen

Hier ist der Kronschatz der klassischen Skitouren dargestellt – die großartigsten Touren zwischen Dauphiné und Dachstein. Für alle, die Skiglück abseits des Rummels in stillen Karen, auf Gletschern und Firngraten suchen.
12. Auflage, 211 Seiten, 100 Fotos, davon 88 von Franz Thorbecke, 100 Tourenskizzen

Wandern bergab

100 schöne Abstiegswege in den Alpen

Bergauf gefahren – aber abwärts gewandert: der erste Schritt zur Passion des Bergsteigens. Pause stellt vor allem für wanderfreudige Familien 100 Abstiege vor, meist stille, abseitige »Geheimtips«. Fast alle sind leicht, einige lang, die Information ist präzise.
15., neubearbeitete Auflage, 210 Seiten, 100 ganzseitige Fotos, davon 18 von Franz Thorbecke, 100 Tourenskizzen.

Walter Pause / Jürgen Winkler

Im extremen Fels

100 Kletterführen in den Alpen

Die mit einem Halbhundert extremer Kletterer diskutierte Auswahl dieser Spitzentouren des V. und VI. Grades kann als souverän gelten. Der Band vereinigt alle hohen Ziele der europäischen Kletterer-Elite von heute: vom Kalkfels des Dachstein und Gesäuse bis zum Granit von Dauphiné und Montblanc.
2. Auflage, 210 Seiten, 94 Fotos von Jürgen Winkler, 6 Fotos von Franz Thorbecke, 100 Kletterskizzen

Klassische Alpengipfel

100 Touren in Eis und Urgestein

Diese 100 Gipfeltouren in Granit, Gneis und Firn des Alpenhauptkammes bedeuten die 100 Traumziele jedes Alpenfreundes. Unter diesen »Normalwegen« sind 22 relativ leicht, 60 weniger und nur 18 wirklich schwierig.
7., neubearbeitete Auflage, 211 Seiten, 100 Fotos, davon 53 von Franz Thorbecke, 100 Tourenskizzen

Im Kalkfels der Alpen

100 klassische Gipfeltouren in den Kalkalpen

Die Auswahl ergänzt die Touren des Bandes »Berg Heil«. Ein Drittel bewegt sich auf markierten Wegen und Steiganlagen, zwei Drittel der Touren setzen absolute Trittsicherheit bzw. klettertechnische Bewährung voraus.
5., neubearbeitete Auflage, 211 Seiten, 100 ganzseitige Schwarzweißfotos, davon 33 von Franz Thorbecke, 100 Tourenskizzen

 **BLV Verlagsgesellschaft München**

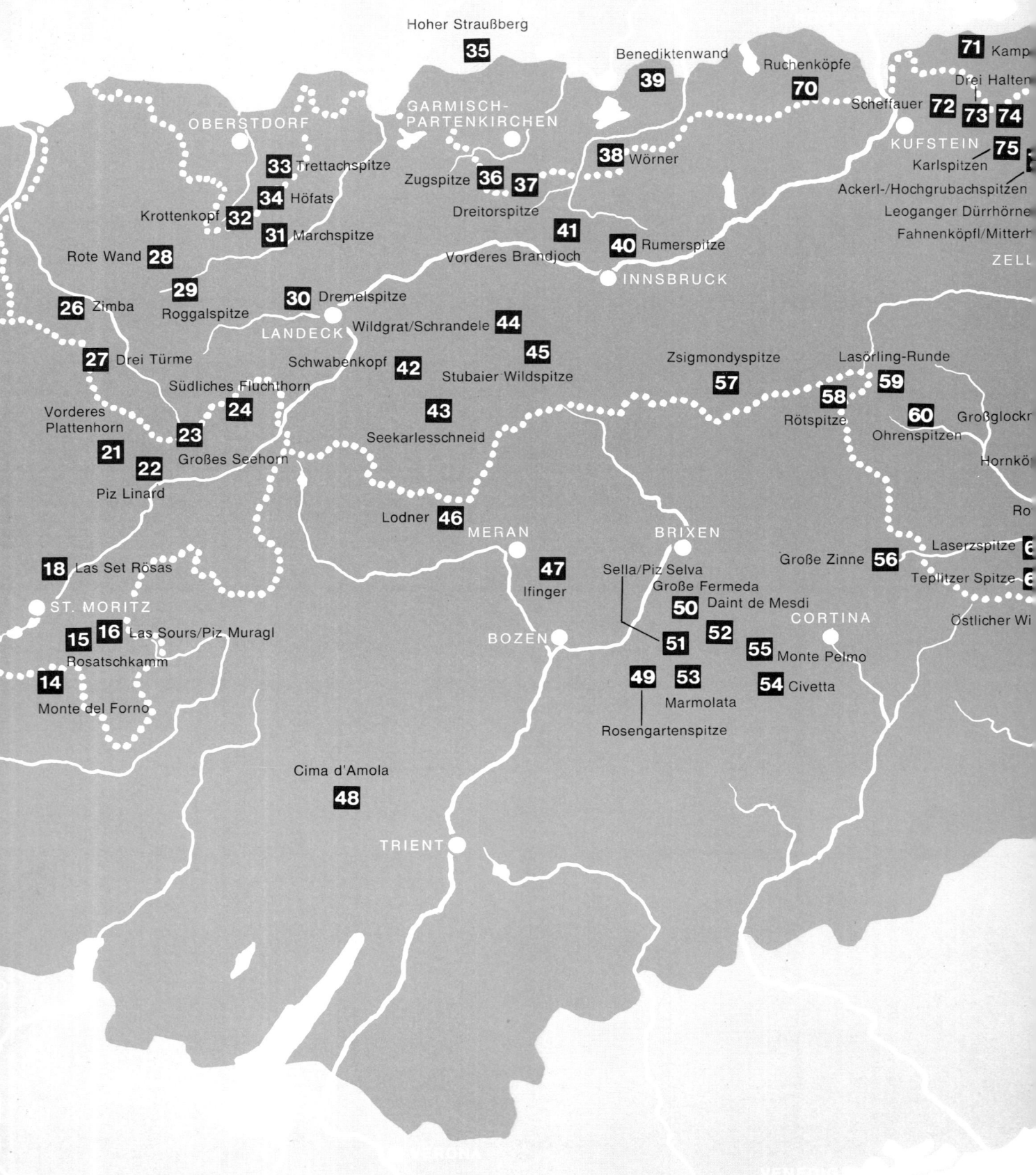

Hoher Straußberg
35

Benediktenwand
39

Ruchenköpfe
70

71 Kamp

Drei Halten

72 **73** **74**

Scheffauer

KUFSTEIN

75

Karlspitzen

Ackerl-/Hochgrubachspitzen

Leoganger Dürrhörne

Fahnenköpfl/Mitterh

ZELL

OBERSTDORF

GARMISCH-
PARTENKIRCHEN

33 Trettachspitze

38 Wörner

34 Höfats

Zugspitze **36** **37**

Krottenkopf **32**

Dreitorspitze

31 Marchspitze

41

Rote Wand **28**

Vorderes Brandjoch

40 Rumerspitze

29

INNSBRUCK

Roggalspitze

26 Zimba

30 Dremelspitze

Wildgrat/Schrandele **44**

Zsigmondyspitze

Lasörling-Runde

27 Drei Türme

Schwabenkopf **42**

45

57

58 **59**

Stubaier Wildspitze

Rötspitze

60 Großglockr

Südliches Fluchthorn

43

Ohrenspitzen

Vorderes
Plattenhorn

24

Seekarlesschneid

Großglockr

21

23

Hornkö

22 Großes Seehorn

Lodner **46**

MERAN

Piz Linard

BRIXEN

Ro

18 Las Set Rösas

Sella/Piz Selva

Große Zinne **56**

Laserzspitze

Ifinger

Große Fermeda

47

50 Daint de Mesdi

Teplitzer Spitze

ST. MORITZ

BOZEN

51 **52**

CORTINA

Östlicher Wi

15 **16** Las Sours/Piz Muragl

55 Monte Pelmo

Rosatschkamm

49 **53**

54 Civetta

14

Marmolata

Monte del Forno

Rosengartenspitze

Cima d'Amola

48

TRIENT

VENED